成功法则

受益一生的

鬼谷子智慧

宋犀堃 编著

四川人民出版社

图书在版编目(CIP)数据

受益一生的鬼谷子智慧 / 宋犀堃编著. —2版. —成都：四川人民出版社，2022.1
(成功法则)
ISBN 978-7-220-12401-3

Ⅰ. ①受… Ⅱ. ①宋… Ⅲ. ①纵横家②《鬼谷子》-通俗读物 Ⅳ. ①B228-49

中国版本图书馆CIP数据核字(2021)第165018号

SHOUYI YISHENG DE GUIGUZI ZHIHUI
受益一生的鬼谷子智慧
宋犀堃/编著

责任编辑	段瑞清
技术设计	松　雪
封面设计	松　雪
责任印制	李　剑
出版发行	四川人民出版社(成都市槐树街2号)
网　　址	http://www.scpph.com
E-mail	scrmcbs@sina.com
新浪微博	@四川人民出版社
微信公众号	四川人民出版社
发行部业务电话	(028)86259624 86259454
防盗版举报电话	(028)86259624
印　　刷	三河市众誉天成印务有限公司
成品尺寸	140mm×203mm
印　　张	4
字　　数	96千
版　　次	2022年1月第2版
印　　次	2022年1月第1次印刷
书　　号	ISBN 978-7-220-12401-3
定　　价	128.00元(全五册)

前言

在风起云涌、征战不休的春秋战国时期，诸子百家众说纷纭，士人谋臣各为其主，纷纷寻求机会登上政治舞台。他们积极推销自己的主张、策略，将中国古代的政治、军事、外交、经济智慧发挥到了极致。也正是在这样一个时代背景下，诞生了被称为“纵横家的鼻祖”的鬼谷子以及他享有“旷世奇书”之称的《鬼谷子》。

《鬼谷子》是一部由鬼谷子讲授，经后人补充、修改而成的集纵横家、兵家、道家、阴阳家等思想于一体的政治、军事、外交理论著作。从其主要内容来看，是针对谈判游说活动而言的，但由于其中涉及大量谋略问题，与军事问题触类旁通，也被称为兵书。

《鬼谷子》共有十四篇，其中《转丸篇》《胠乱篇》两篇现已失传，存世的仅有十二篇。书中以《捭阖篇》开篇，以纵横捭阖之术为总起；接着通过《反应篇》《内揵篇》《抵巇篇》《飞钳篇》《忤合篇》五篇，多角度、多层次地阐明了纵横家的政治态度和辩证法思想，并且详尽阐述了游说人主所必备的言谈技巧；再用《揣篇》《摩篇》《权篇》《谋篇》四篇，从思维方式到行为手段，引导人们依据彼时彼地的具体条件设法靠拢和接近目的；最后用《决篇》讲决断，用《符言篇》丰富和深化上述内容。

本书再现了《鬼谷子》中的经典原文，对其中深奥艰涩的文字进行了注释和通俗翻译，让大家能够领略一代谋略大师的高深智慧。与此同时，本书还从现实出发，对《鬼谷子》进行了深入浅出的智慧评析，并佐之以古代的谋略典故，帮助大家活学活用《鬼谷子》的智慧精华和谋略精髓。

当今世界，充满了激烈、复杂的竞争。一条妙计，可以赢得一场战争；一个点子，可以振兴一家企业；一计良策，可以成就一番事业；一番“心机”，可以化险为夷、反败为胜。由此来看，倚重智谋，用心、斗智、出奇、弄巧是现代竞争不得不用的手段，这样才能在现实生活中纵横捭阖，游刃有余。

德国史学家、社会政治学家施宾格勒曾高度评价鬼谷子的智谋，并强调它在当今社会中的借鉴意义，他的观点受到了基辛格这位被称为当代纵横家的美国前国务卿的高度称赞；日本学者大桥武夫运用《鬼谷子》的谋略思想，结合个人工作经验，阐述了鬼谷子智谋在现代竞争中的应用价值。今天，《鬼谷子》越来越受到人们的重视，它正在被广泛应用于商业竞争、企业管理、产品推销、广告宣传、招揽人才、言谈辩论等方方面面的各种活动。

2021 年 6 月

扫码点目录听本书

目录

捭阖篇

扫码点目录听本书

“捭阖”是《鬼谷子》的开篇。在本篇中，鬼谷子洋洋洒洒，反复铺陈，证明“捭阖之术”是世间万物的根本道理，也是解决一切矛盾的钥匙。“捭”意为开启，“阖”意为闭藏。在鬼谷子的思想体系中，“捭阖”是一对极为重要的哲学概念，既是万事万物发展变化的规律，也是纵横家游说活动的根本方法。通过游说中的应对、较量最后达到“乃可以纵，乃可以横”，而无敌于天下。这些靠游说、靠言辞平天下的人被称为“纵横家”。鬼谷子先生主张谋之于阴，成之于阳，也就是说在暗中、在不知不觉中已经以实力战胜了对手。

捭阖之术，是世间万物的根本道理，是解决一切矛盾的钥匙。

游说诸侯　操纵局势

阴阳相济　刚柔相间

阴

高与大，均为阳，应该用崇高的语言去说服君子。

下与小，均为阴，应该用卑下的语言打动小人。

捭阖之道

捭

让对方开口说话

阖

让对方闭口沉默

纵横捭阖　说动天下

【经典原文】

粤若稽古，圣人之在天地间也。为众生之先，观阴阳之开阖以命物，知存亡之门户，筹策万类之终始，达人心之理，见变化之朕焉，而守司其门户。故圣人之在天下也，自古之今，其道一也。变化无穷，各有所归。或阴或阳，或柔或刚，或开或闭，或弛或张。是故圣人一守司其门户，审察其所先后，度权量能，校其伎巧短长。

夫贤、不肖、智、愚、勇、怯、仁、义，有差，乃可捭，乃可阖；乃可进，乃可退；乃可贱，乃可贵：无为以牧之。审定有无，与其实虚，随其嗜欲以见其志意。微排其所言，而捭反之，以求其实，贵得其指，阖而捭之，以求其利。或开而示之，或阖而闭之。开而示之者，同其情也；阖而闭之者，异其诚也。可与不可，审明其计谋，以原其同异。离合有守，先从其志。

即欲捭之，贵周；即欲阖之，贵密。周密之贵微，而与道相追。捭之者，料其情也；阖之者，结其诚也。皆见其权衡轻重，乃为之度数，圣人因而为之虑。其不中权衡度数，圣人因而自为之虑。故捭者，或捭而出之，或捭而纳之；阖者，或阖而取之，或阖而去之。捭阖者，天地之道。捭阖者，以变动阴阳，四时开闭，以化万物。纵横、反出、反覆、反忤必由此矣。

捭阖者，道之大化，说之变也；必豫审其变化。口者，心之门户也；心者，神之主也。志意、喜欲、思虑、智谋，皆由门户出入，故关之以捭阖，制之以出入。捭之者，开也、言也、阳也；阖之者，闭也，默也、阴也。阴阳其和，终始其义。故言长生、安乐、富贵、尊荣、显名、爱好、财利、得意、喜欲为阳，曰“始”。故言死亡，忧患、贫贱、苦辱、弃损、亡利、失意、有害、刑戮、诛罚为阴，曰“终”。诸言法阳之类者，皆曰“始”，言善以始其事；诸言法阴之类者，皆曰“终”，言恶以终其谋。

捭阖之道，以阴阳试之。故与阳言者，依崇高；与阴言者，依卑小。以下求小，以高求大。由此言之，无所不出，无所不入，无所不可。可以说人，可以说家，可以说国，可以说天下。为小无内，为大无外。益损、去就、倍反，皆以阴阳御其事。阳动而行，阴止而藏；阳动而出，阴随而入。

阳还终始，阴极反阳。以阳动者，德相生也；以阴静者，形相成也。以阳求阴，苞以德也；以阴结阳，施以力也；阴阳相求，由捭阖也。此天地阴阳之道，而说人之法也，为万事之先，是谓“圆方之门户”。

【通俗译文】

纵观从古至今的历史，可以知道，圣人生活在世界上，就是要成为众人的先导。通过观察阴阳的开合变化来对事物做出判断，并进一步了解事物生存和死亡的途径，计算和预测事物的发展过程，通晓人们思想变化的规律，揭示事物变化的征兆，从而把握事物发展变化的关键所在。所以，圣人在世界上始终是奉守大自然阴阳之道的变化规律，并以此驾驭万物的。然而事物是变化无穷的，各有不同的归宿。有的阴，有的阳；有的柔，有的刚；有的开放，有的闭合；有的松弛，有的紧张。因此，圣人专一地掌握住关键，周密地考察事物的先后顺序，衡量人们的权谋和才能的优劣，比较技艺的短长。

贤能和不贤，聪明和愚蠢，勇敢和怯弱，慈爱与坚持原则，是有差别的，应该区别对待。有的要放手使用，有的要拒绝不用；有的提拔，有的斥退；有的可以轻贱，有的可以推崇。要顺应自然之道对待他们。如果要重用某人时，便要周详地判断他有没有才能，为人是真诚还是虚假，根据他的嗜好来发现他的志向、思想。再试探性地驳斥他的言论，让他反复阐明自己的见解，从而探寻对方的真实情况，注重于了解他的志向主张。如果对方闭口不说，要想办法使他开口，以了解他追求什么利益。然后，或者开口向对方展示自己的想法，或者表示沉默，以进一步试探对方。向对方展示自己的想法，用赞同的办法使双方思想相合；向对方表示沉默，用反对的办法来试探对方的诚意。对方赞同或者不赞同，一定要审察清楚他的计谋，考察双方意见同异的根源。意见背离或者相合，有一个根本点要守住，即首先抓住对方的思想。

如果想开启发动，以周详为贵，不可草率；如果想闭合不动，以隐秘为贵，不可泄露。周详和隐秘的可贵，在于它们的微妙，并与自然之道相合。开启发动，是为了探测对方的虚实真假；闭合不动，是为了争取对方的真诚合作。首先全部了解他对事物重要与否的判断，再确定处理标准，并对他的意见进行思考谋划。如果对方的意见不符合要求，就要针对情况自己另行考虑。所以说，开启发动之后，对适合的计谋要付诸实施，对不适合的计谋要收藏不用；闭合观察之后，了解到对方有诚意便争取他，了解到对方无诚意便离开他。总之，开启和闭合是与自然之道相符合的办法。天地通过开启和闭合，使阴阳二气发生变化，使四季交替运行，万物孕育生长。游说中的纵横变化，对道理的反复阐述，都必定通过开启与闭合的途径。

开启与闭合，是自然之道的最重要的变化，也是游说之辞的主要变化。一定要预先周详地研究开合变化的方法。口是心的门户，心是精神的主宰。人们的志向、欲望、思想、智谋等，都通过口这座门户说出来。所以，要用开启和闭合的变化来控制思想的表达。所谓“捭”，便是开启，便是说话，便是阳；所谓“阖”，便是闭合，便是沉默，便是阴。说话要阴阳协调，始终适宜。讲长生、安乐、富贵、尊荣、扬名、宠爱、财利、得意，这便是“阳”，这便叫“始”；讲死亡、忧患、贫贱、困苦、受辱、抛弃、失利、失意、有害、受刑、被罚，这便是“阴”，这便叫“终”。各种言论属于阳一类的，都叫作始，它从正面宣传利益好处，从而使事情有一个好的开端；各种言论属于阴一类的，都叫作终，它从反面宣传危害坏处，从而结束不适当的谋略。

开启和闭合的方法，要从阴阳两个方面试探。跟性情阳刚、积极进取的人说话，内容要高远积极；跟性情阴柔、消极退守的人说话，内容要微小切近。用低下的言论来适应志向微小的人，用高昂的言论来适应志向远大的人。根据这个办法游说，没有什么地方不能出入，没有什么对象不能说服。可以游说普通人，可以游说大夫，可以游说诸侯各国，可以游说天下。从小的方面入手，可以是小得不能再小；从大的方面着眼，可以是大得不能再大。增加或减少，离开或接近，背离或返回，都用阴阳开合之道来控制。阳，活动前进；阴，静止隐藏。阳，活动外出；阴，隐藏入内。

阳反复运动，转化为阴；阴发展到极点，转化为阳。凭阳气活动的人，要用道德相互促进感化；凭阴气静止的人，要用可见的行动相互帮助成功。从阳的方面去追求阴，要用德行去包容对方；从阴的方面去接近阳，要尽力气去办事。阴阳相互追求，相互结合，必须通过开启与闭合的途径。这便是天地间的阴阳之道，也是游说别人的方法。它是办好万事的先决条件，也是方正、圆融等各种手段变化的途径。

【谋略精要】

1. 观阴阳之开阖，知存亡之门户

在鬼谷子看来，圣人之所以为圣人，最根本的就是要“守司其门户”。用现代话来说，就是顺应时代发展的潮流，遵循天下兴亡之道。

按照中国人的传统思维，一说起“兴亡之道”，往往要从夏、商、周这“老三代”中去寻找。这是什么缘故呢？一个合理的解释是，在商代夏、周代商的过程中，后世所倚重的谋略尚未取得足以决定胜负的地位。不仅如此，儒、道、法、阴阳等诸子百家的思想也通通不存在，人们的社会政治思想还是混沌一片。在这样一个时代里，“兴亡之道”就显得很纯粹，纯粹到可用简单的“天命”来概括。无论是君还是民，都十分相信“天命”的说法，认为它决定着天下兴亡。即便是夏桀和商纣这样的暴君，也都自诩天命所归。

商汤征伐夏桀之前，曾做了一篇“汤誓”，以鼓舞军队的士气。这篇短文后来收录在《尚书》一书中。在文中，商汤说：“来吧！你们各位，都来听我说。不是我敢于贸然进攻夏朝！实在是因为夏王犯下大罪，上天命令我去讨伐他。现在你们大

家会说：‘我们的国君不体贴我们，不让我们种庄稼，却去攻打夏王？’这样的话我早就听过，实在是因为夏王犯下大罪，上天命令我去讨伐他。夏王剥削他的人民，大家都说：‘这个太阳什么时候才能落下？我们宁可和你一起灭亡。’夏桀的德行败坏到这种程度，现在我一定要去讨伐他。”

果然，商汤打败了人民恨不得与其同归于尽的夏桀，建立了商朝。商朝末年，王位落到了纣王的手中，政治黑暗，民不聊生，而西边的周族逐渐兴起，在周文王的领导下，实力已足以与商相抗衡。然而，深通易理的文王没有贸然兴兵东进，而是对内施以仁政，对外剪除商纣王的帮凶，同时扩大自己的势力范围。武王即位后，认为伐商的准备工作尚未完成，仍然韬光养晦，耐心地等待时机。据司马迁在《史记·周本纪》中所说，武王曾率兵东进至孟津，天下诸侯纷纷响应，但武王认为商朝气数未尽，于是果断退兵。在吕尚等一班贤臣良将的辅佐之下，周族的实力得以迅速增长。与此同时，商朝统治集团内部的矛盾却呈现白热化，商纣王饰过拒谏，肆意胡为，残杀王族重臣比干，囚禁箕子，逼走微子。武王、吕尚等人遂把握这一有利战机，决定大举伐纣，经过牧野之战，一役而胜，结束了商朝的统治。

商汤伐桀开武力改朝换代之先河，武王伐纣则充分展现了韬光养晦的制敌之道，在中国古代政治、军事史上，两者都具有开创性的意义。当后世的英雄豪杰或野心家们企图推翻一个政权的时候，也都标榜自己是在行“汤武之事”。然而由于不同的动机和方式，往往产生不同的结果。

纵观古今，可知圣人通过观察阴阳两类现象的变化来对事物做出判断，并进一步了解事物生存和灭亡的途径。计算和预测事物的发展过程，通晓人们思想变化的规律，揭示事物变化的征兆，从而把握事物发展变化的关键，顺势而为，就能克敌制胜。今天的我们，若能学习古时圣人之法，并将其正确地运用于各类所做之事中，定能使自己不断走向成功。

2. 或阴或阳，或柔或刚

“或阴或阳，或柔或刚，或开或闭，或弛或张”是说世间万事万物，都有阴阳、柔刚、开闭、张弛之道，如果能够灵活掌握、运用自如，便可以在人生的各个领域轻松自如、有所成就。

阴阳之理、刚柔之术、张弛之道对我们的现实人生颇具指导意义。

阴阳协调、风雨调顺、万物各得其所、万事各得其宜是一种顺其自然、合乎自然规律的理想状态。阴阳互补、协调运行，人才能健康，社会才能稳定，大自然才能和谐，做事才能顺利，做人才能安乐。

天人和谐是一种理想的状态。人生活在天地之间，如何才能体现出人在天地间的固有价值呢？如何才能求得人与天地万物的和谐相处与和谐发展呢？这是每一个人都必须思考的人生问题。阴阳之道提倡人与自然的和谐关系，人不但要利用、改造自然，更重要的是适应、协调自然，从而达到与自然环境和谐相处的目的。这是阴阳之道在人与自然关系上的意义所在。

阴阳作为权术，在敌我对垒和斗争中则是克敌制胜的智慧和法宝，但它绝不是“放诸四海而皆准”的真理，所谓“上山不怕伤人虎，只怕人情两面刀”，在生活中不管是交朋友、谈感情还是谈生意、求合作，都应该以真诚为基本前提，而不能做“阴阳双面人”甚至阳奉阴违，否则，就可能失去朋友、真情、信誉、合作和发展的机会。总之，阴阳之术只是一种应对敌人的策略和手段，用之不当，则会适得其反。

刚柔之术是一个人生存和发展的必备武器。刚，是一个人刚直不阿、坚守自我立场、把持自我原则，即为“方”，但一味地刚，则难免变成脆，脆，则易断，所以不足取；柔，就是要在不失大原则的前提下，在细枝末节和一些技巧上适时、适度地让步、弯曲，以达到双方满意、不失和气的双赢状态，即为“圆”，但一味地柔，则难免变成软，软则弱，易受人欺，所以亦不足取。在人生道路上，只有刚柔并济、外圆内方，才能顺利而快捷地达到目标，走向成功。

所谓“文武之道，一张一弛”，无论做任何事，都要张弛有度。一个懂生活、会生活的人，能够兼顾严肃和活泼，该工作的时候工作，该休息的时候休息，潇洒自如。一味地张，就会让自己绷得过紧，往往会导致自己失去弹性和张力；一味地弛，往往会让自己变得松垮、懒散，失去进取心和斗志，进而停步不前。所以，凡事有度、过犹不及。成功的时候不要得意忘形，以免乐极生悲；失败的时候不要灰心绝望、萎靡不振，只要坚持就能峰回路转、柳暗花明。人生之中，任何事情都要保持一个平衡，包括张弛有度的工作和生活。

3. 乃可捭，乃可阖

“夫贤、不肖，智、愚、勇、怯、仁、义，有差，乃可捭，乃可阖；乃可进，乃可退；乃可贱，乃可贵：无为以牧之。审定有无，与其实虚，随其嗜欲以见其志意。微排其所言，而捭反之，以求其实，贵得其指。”从这段话中可以看出，鬼谷子认为，世间之人，有贤良与不肖，有聪明与愚蠢，有勇敢者与怯懦者，有仁人君子，也有苟且小人，总之是有差别的，因而针对不同的人品的态度和方法也就彼此不同。对于贤德之人可以迎为上宾，对于不肖之人可以拒之门外；对于聪明之人可以引进重用，对于愚蠢之人可以废黜斥退；对于怯懦之人可以使其卑贱，对于勇敢之人可以使其尊贵。总之一句话，要顺应人的自然本性，遵循无为而治的原则加以控驭和掌握，可使人尽其才。鬼谷子还告诉我们：用人之道，贵在识人，利用捭阖之术让对方开启，使对方无所顾忌、侃侃而谈，使我们能够更多地掌握对方的情况，并以此来决定取舍。

反应篇

本篇讲述一种游说之术。主要含义是：通过正面或反面的反复观察、了解、辩说，准确地掌握对方的反应，包括心理、语言等方面的反应，以便紧紧抓住对方，并准确地制定自己的基本策略。本篇说理不仅层次井然，而且形象生动，运用了多个独特的比喻，如：钓人之网、比目之鱼、响之随声、影之随光、后羿射日等。

反应术：洞察对方真实意图

以象动之

以形象化的手法让对方开口

注意对方反应，进行详尽观察

反引法

想要对方讲话，自己先沉默

挑动对方谈话情绪，令对方夸夸其谈

正引法

引动对方，观察对方反应

让对方主动开口，吐露实情

见微知类　善于观察

声音、语气的变化

神态、情绪的变化

肢体动作

考察、发掘、辨别、探知对方的真情实意，最终说服对方

【经典原文】

古之大化者，乃与无形俱生。反以观往，覆以验来；反以知古，覆以知今；反以知彼，覆以知己。动静虚实之理，不合来今，反古而求之。事有反而得覆者，圣人之意也，不可不察。

人言者，动也；己默者，静也。因其言，听其辞。言有不合者，反而求之，其应必出。言有象，事有比；其有象比，以观其次。象者象其事，比者比其辞也。以无形求有声，其钓语合事，得人实也。其张罝网而取兽也，多张其会而司之。道合其事，彼自出之，此钓人之网也。常持其网驱之，其言无比，乃为之变。以象动之，以报其心，见其情，随而牧之。己反往，彼覆来，言有象比，因而定基。重之、袭之，反之、覆之，万事不失其辞，圣人所诱愚智，事皆不疑。

古善反听者，乃变鬼神以得其情。其变当也，而牧之审也。牧之不审，得情不明；得情不明，定基不审。变象比，必有反辞，以还听之。欲闻其声，反默；欲张，反敛；欲高，反下；欲取，反与。欲开情者，象而比之，以牧其辞，同声相呼，实理同归。或因此，或因彼，或以事上，或以牧下。此听真伪，知同异，得其情诈也。动作言默，与此出入；喜怒由此，以见其式。皆以先定，为之法则。以反求覆，观其所托。故用此者，己欲平静，以听其辞，察其事，论万物，别雄雌。虽非其事，见微知类。若探人而居其内，量其能射其意也。符应不失，如螣蛇之所指，若羿之引矢。

故知之始己，自知而后知人也。其相知也，若比目之鱼，见形也，若光之与影也。其察言也不失，若磁石之取针，舌之取燔骨。其与人也微，其见情也疾。如阴与阳，如阳与阴；如圆与方，如方与圆。未见形，圆以道之；既形，方以事之。进退左右，以是司之。已不先定，牧人不正，事用不巧，是谓“忘情失道”；己审先定以牧人，策而无形容，莫见其门，是谓“天神”。

【通俗译文】

古代以大道教化众生的圣人，所以能与无形共生共存，是自然物化的规律。反顾而回溯以往，再回首察验未来，既可以知古，也可以知今。既可以了解对方，又可以知道自己。依动、静、虚、实的运动原理，如果在未来及现在得不到实践，就可以反思历史去研求前人的经验。有些事要反复考察探索才能把握。这是圣人的见解，不可不认真研究。

别人说话，是动态的；自己缄默，是静态的。要根据别人说的话，听他的辞意内涵，如果对方言辞有矛盾，要反复地追问他，对方（真正）的答辞就会出现。语言有形象性，事物可用比喻。因为有形象与比喻，所以要观察藏在言辞下面的含义。一般地说，形象可以模拟事件，比喻可以比附言辞，然后以“无形”的规律来求得有声的言辞，引诱对方说出（我方）所要知道的事，从而得到与人、事相吻合的真相。这就像张开网逮野兽一样，多张一些网，汇集而来的野兽就会多些。如果把捕野兽的方法用在人事上，只要方法合宜，对方就会自己“出来”，这就是钓人的“网”。要经常拿着这个“网”追逐对方，如果从对方的言辞上不能进行比较，就要改变方法。用“形象”的手段使之感动，以体会对方的思想、情感，进而控制对方。自己返回去，对方再度来，双方言辞均有形象、类比，于是心中就有数了。反复地用言语攻击、偷袭对方，事虽万变但不失于“言辞”，用“言辞”申明大道。圣人以此诱导愚人、智者，使万事不容置疑。

古人善于从反面听别人言论，这可以刺探到实情。他们随机应变，行动很得当，对对手的控制，也很周密。如果控制不周密，得到的情况就不明了，得到的情况不明了，心里底数就不实。要把形象和类比灵活运用，就要会说反话，以便观察对方的反应。想要听别人讲话，自己就要沉默；想要敞开，就要先收敛；想要升高，就要先下降；想要获取，就要先给予。要想了解对方的内情，就要运用模仿和类比的方法，以便把握对方的言辞。同类的声音可以彼此呼应，合乎实际的道理会有共同的结果。或者由于这个原因，或者由于那个原因；或者用来侍奉君主，或者用来管理下属。这就要分辨真伪，了解异同，以分辨对手是真实情报还是诡诈骗术。活动、停止、言说、沉默都要通过这些表现出来，喜怒哀乐也都要借助这些模式，都在事先确定法则。用反向形式来得到对方的回应，以观察其寄托。所以用这种反向思维的方法，自己要平静，以便听取对方的言辞，考察事理，论说万物，辨别雄雌。虽然没有论及事情本身，但是可以根据细微的征兆，探索出同类的大事。就像刺探敌情就要深居敌境，估计敌人的能力，再摸清敌人的意图，像验合符契一样可靠，像飞龙一样神速，像后羿张弓射箭一样准确。

要想掌握情况，要先从自己开始，只有了解了自己，然后才能了解别人。了解别人，就像比目鱼一样形影相随，就像光和影子一样不走样；侦察对方的言辞，就像用磁石来吸引钢针，用舌头来剥取焦骨上的肉一样万无一失。自己暴露给对方的微乎其微，而侦察对手的行动要十分迅速。就像由阴变阳，又像由阳转阴；像圆变方，又像方转圆一样自如。在情况还未明朗以前，要用圆略来诱惑对手，在情况明朗以后就要用方略来战胜对方。无论是向前还是向后，无论是向左还是向右，都可用这个方法来控制。如果自己不事先确定策略，统率别人就没有规范。做事没有智术，叫作“忘情失道”，自己首先认真确定策略，再以此来统领众人，策略要不暴露意图，让旁人看不到其门道所在，就可以称为“天神”。

【谋略精要】

1. 反以知古，覆以知今

古人云：“以铜为镜，可以正衣冠；以人为镜，可以明得失；以史为镜，可以知兴替。”在这里，鬼谷子以一个纵横家的视角，阐明了“反以观往，覆以验来；反以知古，覆以知今；反以知彼，覆以知己”的方法论。

他人的实践经验可以成为自己的借鉴。生命有涯而知无涯，有限的生命不可能体验所有的事物。直接经验是宝贵的，但却是有限的。人的伟大之处，就在于能借助别人的思维从间接经验中获得智慧。借鉴别人成功的经验和失败的教训，是自己获得智慧的路径之一。

“以史为镜，可以知兴替。”一般情况下，借用历史人物和事件去劝说别人，更能令对方肃然警醒，收到良好的说服效果。

“以人为镜，可以明得失。”借用自己或别人过往的经验，方能以更稳健的步子走过今天，迈向未来。

2. 因其言，听其辞

“因其言，听其辞。”主要讲要善于倾听，并且在听的过程中要善于诱导对方发言，通过对对方发言的反复推敲，来把握对方内心的真实情况。

鬼谷子教导我们，要耐心地倾听别人说话，如果别人话里有话，要弄清楚其中隐含的意思。同时要抓住机会提问，从对方的回答中了解真情。

对一个聪明人来说，空话、大话是不起作用的。即使别人说得天花乱坠，我们也要保持理智，绝不可以轻信。有时，可以通过有效的诘难，了解事情的真相。

“因其言，听其辞”在今天同样具有现实的指导意义，尤其在销售和谈判方面。谈判中一定要善于倾听。因为谈判中有一半左右的时间要听对方说话。常言说：“锣鼓听声，听话听音。”会不会倾听，能不能听懂对方的话中之意、听准对方的“弦外之音”，能不能在倾听中摸准对方的“软肋”或“破绽”，从而迅速调整应对的策略，关系着整个谈判的成败。一个高明的谈判者不仅要善于用耳倾听，还要善于用嘴在不显山露水的情形下，引导对方多多地说、不停地说。

“因其言，听其辞”是说话的一个不可或缺的重要组成部分，是交谈艺术中的重要技巧。在与人沟通的过程中，尤其是以推销或说服为目的的谈话中，必须学会倾听，善于倾听。

3. 张置网而取兽也，多张其会而司之

要用巧妙无形的方法引诱对方说话，若“钓语”合乎人情事理，就不难从其话语中窥测内心的实情。以张网逮兽为例：若多设置一些网，并加以密切关注，就能多捕获一些野兽。这个方法用于人事上，只要方案合宜，对方自然会被你网住，这就是钓人的“网”。经常拿着这张“网”与人周旋，可使对方向你推心置腹。如果你用的比喻对方不明白，就要改变方法，用形象来打动对方，以体会其真情实感，从而加以控制。若能你一言我一语地进行交流，且双方言辞均有形象、比喻，这就有了沟通的基础。若双方言语投机，你来我往，则世间万物没有说不清楚的。无论对方是愚人还是智者，圣人都有办法诱使他说出真情。

鬼谷子提出的“钓语”，意味深远，是一种很微妙的语言艺术。所谓“钓语”，就是像钓鱼投饵一样，为了引诱对方说出真话，在发言时故意说些刺激对方的话题。“其钓语合事，得人实也。其张置网而取兽也，多张其会而司之。道合其事，彼自出之，此钓人之网也。常持其网驱之，其言无比，乃为之变。以象动之，以报其心，见其情，随而牧之。”钓语是言谈开始时的导引性、启发性语言，以便引出对方的话头以及对方不愿外露的思想情感。用简单而富有引诱力的话语引导、开启对方，使得对方非得开口说话不可。就像拿饵钓鱼一样，把别人的真话钓出来。还要像张网捕兽一样，让别人无处躲藏，只有据实相告。熟练使用这些技巧，就不难听到真话。

在日常生活中，让别人对你说真话，不是一件容易的事情。在法庭审讯当中，要让狡猾的犯罪嫌疑人开口说真话，更是难上加难。一些有经验的执法人员，善于通过各种有效方式取得供词，值得我们研究和借鉴。

第二次世界大战期间，法国反间谍机关收审了一位自称来自比利时北部农村的流浪汉，法国反间谍军官吉姆斯认定他是德国纳粹的间谍，可是还缺少有力的证据。审讯开始了。吉姆斯用法语提问："会数数吗？"这个问题很简单，流浪汉用法语流利地数数，没有露出一丝儿破绽，甚至在说德语的人员容易说漏嘴的地方，他也能说得极熟练。于是他被押回小屋去了。过了一会儿，有人在屋外燃起火来，哨兵用德语大声喊："着火啦！"流浪汉无动于衷，照样睡他的觉。后来，吉姆斯又找来一位农民，和流浪汉谈论种庄稼的事，他谈的居然也不外行。看来吉姆斯凭外观判断的第一印象是不能成立的。第二天，流浪汉被押进审讯室的时候，吉姆斯正在审阅一份文件，在上面签完字，抬起头突然说："好啦，你可以走了，你自由了。"流浪汉长长地松了一口气，愉快地呼吸着自由的空气。然而，他刚想转身，忽然发现吉姆斯的脸上露出了胜利者的微笑，顿时恍然大悟。原来，吉姆斯在说上面那句话时用的是德语，而他表示听懂了。这个德国纳粹间谍的真实身份也因此暴露了。

吉姆斯之前使用的一系列方法，表面上看都是失败的，其实不然。这些就像张开了一张大网，为最后的收网做好了准备。德国间谍百密一疏，最终露出了狐狸尾巴。

需要说明的是，鬼谷子用“钓人之网”这样的字眼，难免会引起后人的猜疑，以为这位“智圣”在鼓励行奸使诈的行为。其实这是一种误解。所谓的“钓人之网”，我们可以把它理解为一种交际之法。在深入了解对方心理的基础上，通过言辞或其他方式的引诱，获得对方真实的信息。在当今社会生活的许多方面，这种方法都大有用武之地。

内揵篇

内揵术是《鬼谷子》关于进献说辞和固守谋略的方法，主要论述了领导者与被领导者之间的关系。“内”，就是使人采取自己的计策；“揵”，就是设法坚持自己的计策，可以以情动人，以理动人。在内揵术的运用中，最关键也是最核心的是要把握清楚被说者的心理，这是一切游说技巧发挥的出发点。

内揵术：进献说辞和固守谋略的方法

出谋划策应顺应君主心意，投其所好

向君主公开言明谋略的优劣得失

游说君主前要修炼好自己的言辞说服能力

认真揣摩形势，详细思考后再进言

【经典原文】

君臣上下之事，有远而亲，近而疏；就之不用，去之反求；日进前而不御，遥闻声而相思。事皆有内揵，素结本始。或结以道德，或结以党友，或结以财货，或结以采色。用其意，欲入则入，欲出则出；欲亲则亲，欲疏则疏；欲就则就，欲去则去；欲求则求，欲思则思。若蚨母之从子也；出无间，入无朕。独往独来，莫之能止。

内者，进说辞。揵者，揵所谋也。

故远而亲者，有阴德也。近而疏者，志不合也。就而不用者，策不得也。去而反求者，事中来也。日进前而不御者，施不合也。遥闻声而相思者，合于谋待决事也。

故曰：不见其类而说之者，见逆。不得其情而说之者，见非。得其情乃制其术，此用可出可入，可揵可开。故圣人立事，以此先知而揵万物。

由夫道德仁义，礼乐计谋，先取诗书，混说损益，议论去就。欲合者用内，欲去者用外。外内者，必明道数。揣策来事，见疑决之。策无失计，立功建德，治名人产业，曰揵而内合。上暗不治，下乱不寤，揵而反之。内自得而外不留，说而飞之，若命自来，己迎而御之。若欲去之，因危与之。环转因化，莫知所为，退为大仪。

【通俗译文】

君臣上下之间的关系很微妙，两者之间，有的相距遥远却关系亲密，有的相隔很近却关系疏远。有的臣子主动投靠国君，但得不到重用；而有的臣子虽然已经离开国君了，但国君却又很想找回并重用他。有的臣子天天都能谒见国君，但没有被信任使用；而有的臣子则与国君距离遥远，但国君只是听到关于他的消息就想得到并重用他。归根结底，这些情况都是因为在君臣之间、上下之间、人与人之间相互交往时有内在的东西联系的，而这种联系是靠平时的交往积累而来。感情的联系往往来源于平时的接触，臣子结交君王，有的用高尚的道德情操来结交，有的用像交朋友的方式来结交，有的则用送给对方财物来结交，有的则用美貌的容颜来结交。臣子只要摸清了国君的意图和愿望，想进来就可以进来，想退出就可以退出；想要亲近国君就可以亲近，想要疏远国君就可以疏远；想出仕做官就可以做官，想隐退山林就可以隐退；想向国君所求就能求到，想要让国君挂念就可以让他挂念。使君臣之间的关系就像母蜘蛛与它的孩子之间的关系一样亲密，谋臣想出就出，毫无间隙让他人可钻，没有一点漏洞；想入就入，毫无征兆让他人捉摸，进退出入随心所欲，独来独往没有任何人能够阻止自己。

所谓“内”，就是臣下对君上进献说辞；所谓“揵”，就是臣下对君上呈献谋略。

所以与国君相距很远却关系亲近的臣子，是因为他们的主张能与国君心意暗合；距离国君很近却关系疏远的臣子，是因为他们的策略与国君意图不一；身在职位却没有被重用的臣子，是因为他的计策没有得到国君心理上的认可；离开职位而能再被国君召回的臣子，是因为他的主张正中了国君的心意；每天都和国君谒见的臣子，却不被信任，是因为他的施政策略与国君的想法不一致；而与国君距离遥远，但国君只是听到关于他的消息就想得到并重用他，是因为他所想的策略与国君正在计划做的事情相同。

所以说，不了解对方是哪类人、有什么想法就去游说的人，必定会事与愿违，适得其反；在不掌握对方意图的时候就去游说的人，定要受到否定。只有了解对方的真实意向和情感，再依据实际情况确定方法，这样去推行自己的主张，才可能控制对方，进退自如；既可以进谏国君，坚持己见；又可以放弃自己的主张，随机应变。因此圣人立身处世、建功立业，都是由此预先了解事物的真相，从而把握万事万物的。

向国君进辞献策，由道德、仁义、礼乐和计谋开始，首先引用《诗经》和《尚书》的教诲，再综合分析利弊得失，讨论自己策略的得失，然后考虑去留的问题。如果想要留下和国君处好关系，那么就需要了解他的意图和想法，才能用“内”主动接近国君，争取其宠信；如果想隐居离开，就用“外”，不必去探究他的真实意图和想法。无论是用外情还是内情，都必须先明确道理和方法，揣测预知未来的事情，在遇到各种疑难时就能相机决断。在运用策略时只要不失策，就能建立功业和积累德政，治理人民，使他们从事生产事业，这叫作“揵而内合”，也即君臣上下同心，臣子的计谋与国君的意向相一致了。如果国君昏庸，不理国家政务，百姓纷乱，事理不明，这就是计谋与内情不相合，臣子就算有好的谋略也不被国君所用，那么就应该隐居山林。对于那种对内自以为是、对外又不能礼贤下士的国君，说客可以奉迎他，获得他的信任后再慢慢说服他，从而达到自己的目的。如果国君征召自己，则应该主动去迎合，接受任命，为其所用，实现自己的目标。如果想归隐山林，应该趁着国家危乱的时候行事。要依据情况伺机而动，见机行事，运转自如，就像圆环旋转往复一样灵活，顺应变化，使旁人看不出你想要干什么。

【谋略精要】

1. 事皆有内揵，素结本始

如何在进言之前察言观色，先行试探，以彻底了解对方的人情所好，使得自己的进言能够有的放矢、对症下药，最终达到预期效果，这实在是一门不可忽视的大学问！

战国时的改革家商鞅，原是卫国人，年轻时便有大才，可惜得不到重用。他听说秦孝公励精图治，广揽人才，便带着十几车书，浩浩荡荡地跑到秦国来应聘。他这种举动比较出奇，人们议论纷纷，连秦孝公也有耳闻，起到了比较好的宣传效果。

商鞅第一次见秦孝公时，大谈“仁道”——这是孔夫子的当家学问，商鞅颇有心得，讲得口沫横飞、头头是道。可秦孝公却听得差点睡着了，完全是出于礼貌才耐着性子听他高谈阔论。商鞅察言观色，顿时明白：人家不爱这个。于是他知趣地告退。

过了十几天，商鞅又得到一个见秦孝公的机会。这次他不讲“仁道”讲“王道”，大谈治国平天下的学问，谁知秦孝公对这个也不感兴趣，商鞅只得再次告退。

过了一个多月，商鞅好不容易才得到再次见秦孝公的机会。这次他不谈“王道”谈“霸道”——这是法家以法治国、富国强兵的一套学问，一下子吊起了秦孝公的胃口。两人促膝相谈，越谈越投机。不久，秦孝公授命商鞅改革，成就了历史上有名的“商鞅变法”，为秦国日后兼并六国、统一天下奠定了基础。

2. 得其情乃制其术

我们平时说话、办事，怎样才能达到预期的效果呢？鬼谷子认为，要“得其情乃制其术”，就是说，必须通过调查研究，掌握实情，然后根据实情锁定目标，制订计划，采取行动。如果在掌握实情之前就盲目行动，必然会遭遇失败。

人与人之间都是相互依存的，因此，做到你知我知，相当重要。这就是说，只有看透对方，才能不致陷入误区，才能行之有效地处理棘手的问题。

抵巇篇

在本篇中，鬼谷子讲到了发现、消除裂痕的重要性及方法。这里所说的“抵巇”，就是在裂痕刚刚出现时，就要通过各种手段使其得以控制；在裂痕不可弥补时，就要通过破坏使其彻底瓦解，并重获完整。

抵

接触、利用

巇

缝隙、漏洞

针对出现的矛盾、漏洞采取不同的手段

朝廷没有明君

公侯无德

小人谗害圣贤，君臣互相欺骗

贪婪奸邪之徒兴起作乱

贤者不得重用，圣人逃避浊世

天下土崩瓦解，四分五裂

诸侯相互攻击

百姓家破人亡

叛乱纷纷兴起

世可以治则抵而塞之

圣智之人的态度

不可治则抵而得之

充分利用抵巇之术

【经典原文】

物有自然，事有合离。有近而不可见，远而可知。近而不可见者，不察其辞也；远而可知者，反往以验来也。

巇者，罅也。罅者，涧也。涧者，成大隙也。巇始有朕，可抵而塞，可抵而却，可抵而息，可抵而匿，可抵而得，此谓抵巇之理也。

事之危也，圣人知之。独保其用，因化说事，通达计谋，以识细微。经起秋毫之末，挥之于太山之本。其施外兆萌牙蘖之谋，皆由抵巇。抵巇隙，为道术。

天下分错，上无明主，公侯无道德，则小人谗贼，贤人不用，圣人窜匿，贪利诈伪者作，君臣相惑，上崩瓦解，而相伐射，父子离散，乖乱反目，是谓萌牙巇罅。圣人见萌牙巇罅，则抵之以法。世可以治，则抵而塞之；不可治，则抵而得之；或抵如此，或抵如彼；或抵反之，或抵覆之。五帝之政，抵而塞之；三王之事，抵而得之。诸侯相抵，不可胜数，当此之时，能抵为右。

自天地之合离终始，必有巇隙，不可不察也。察之以捭阖，能用此道，圣人也。圣人者，天地之使也。世无可抵，则深隐而待时；时有可抵，则为之谋；可以上合，可以检下。能因能循，为天地守神。

【通俗译文】

万事万物都有自然而然的道理，事物在发展过程中，有时相合，有时背离。有时近在眼前却看不到，有时远在天边却了解得很清楚。近在眼前却看不到的原因，是不能考察对方的言辞：远在天边却了解得很清楚的原因，是能够借鉴过去已经发生的事而测验将要发生的事。

所谓“巇”，便是裂缝的意思，裂缝不及时堵塞，便会成为大裂缝，使得事物崩裂。裂缝开始发生时是有征兆的，可以采取不同的措施对待它：或者堵塞，或者排除，或者使事故平息，或者使事故消失；如果已经无法挽救了，便用新的事物来取代它。这就是抵巇的道理。

事物出现危险征兆时，圣人便能察觉。他能独自保持清醒认识，精神活动不受干扰，顺应变化之道来分析事物，因而能通达计谋，辨析细微的现象。万物开始时，经常都微小得像秋天鸟羽的末端；一旦成长壮大，就像泰山的山脚那样巨大稳固。圣人把他的智谋用于处理外界情况时，不管征兆如何细微，都要运用抵巇之术。针对裂缝采取措施的抵巇之术，是一种道术。

天下分裂纷乱，上面没有英明的君主，公侯大臣没有道德，小人当权，毁谤和残害好人，有能力的人不被任用，圣智的人远远逃避躲藏，贪图财利、虚伪欺骗的人到处活动。君臣互相蒙蔽，国家土崩瓦解，互相残杀攻击，百姓流离失所，父子分隔，亲友反目成仇。这种情况便叫作产生了裂缝。圣人见到产生了裂缝，便用各种方法来治理它。如果世界还可以治理，便采取措施堵塞裂缝；如果已经不可挽救，便用新的秩序来取代它。或者用这种措施治理，或者用那种措施治理；或者使它返回到原来的状态，或者使它翻转覆灭。上古时代，五帝相互禅让，发现裂缝便及时堵塞；夏、商、周建立新王朝，除掉原来的暴政，建立新的秩序。这都是历史上的先例。现在，诸侯之间乘人裂缝的事，数也数不清。在这种时代，能及时采取抵巇措施的人便是值得推崇的人。

自开天辟地以来，万事万物都会有裂缝产生，不可以不仔细观察研究。观察的方法是运用捭阖的手段。能够用抵巇之道来研究处理事物的人便是圣人。圣人便是体现天地自然之道的使者。世上没有什么裂缝可处理，他们便深深隐居，等待时代召唤；时代发生裂缝，可以采取措施时，他便出来谋划。他能够与国君遇合，取得信任；也可以约束民众，取而代之。他能够遵循这种方法，掌握住天地间的神妙变化。

【谋略精要】

1. 抵巇之理

鬼谷子认为，天下万事万物都有合有离，都难免会产生裂缝，产生矛盾，从政者一定要善于观察矛盾的征兆，采取不同的态度对待："巇始有朕，可抵而塞，可抵而却，可抵而息，可抵而匿，可抵而得。"这五种态度中，"抵而塞"与"抵而得"是两种最常用的方法。大到国家的治理，小到企业经营、人际交往，都会出现矛盾和裂缝，在这种时候，一定要及时查漏补缺、弥补缝隙，正所谓"亡羊补牢，为时未晚"！

人与人之间相处，产生隔阂和裂痕是在所难免的。不管是亲人之间、夫妻之间、朋友之间，还是同事之间，有了裂痕就要及时主动地去补救，不要让裂痕越来越大，以致无法挽救。

生活就是这样，如果有了隔阂和"缝隙"不及时"缝补"，缝隙就会越来越大，隔阂就会越来越深，矛盾就会越积越重，最终难以弥补、无法挽救，倘若及时弥补，把矛盾和隔阂消灭在萌芽状态，不但可以和好如初，还能拉近心理距离、增进彼此感情。

家庭关系如此，朋友关系、同事关系都是如此，有了缝隙，一定要及时“抵而塞之”。当然，我们更不能人为制造矛盾、破坏团结，因为利益而争得头破血流，否则不但无法获得应得的利益，还会失去应有的和谐与幸福，成为他人的笑柄。

2. 圣人见萌芽巇罅，则抵之以法

对待做事过程中的各种危机和不利局面，鬼谷子主张要预之在先，准备在先，这就是所谓“抵巇隙”。有了“抵”的意识，就能时时掌握主动权。

人们常常十分关心危机的处理手段，这是“临时抱佛脚，病危之时才寻医”的具体表现。实际上，大家都知道，一个人要想活得长、活得好，仅仅靠“临病求医”是远远不够的，进行经常性的身体检查，预防疾病更加重要，企业也是如此。正如鬼谷子所说的“圣人见萌芽巇罅，则抵之以法”。

危机是可以避免或减轻的，对待危机，或未雨绸缪，或亡羊补牢，结果有着天壤之别。

有一天，猴子在树林里见到山猪在一棵大树旁拼命地磨牙。猴子非常奇怪，走过去问山猪：“现在既没有别的动物来伤害你，也没有猎人来捕捉你，为什么还要这样努力地磨牙呢？”

山猪笑着说：“现在磨牙正是时候，你想一想，一旦危险来临，我哪还有时间磨牙呀！现在磨得锋利点，等到用的时候就不会慌张了。”

这头山猪太聪明了，它知道在危险来临之前就把牙磨利，不然的话，很可能会在与其他猛兽的搏斗中丢掉性命。唉！有些时候，动物比人要聪明许多。动物已经把居安思危、未雨绸缪变成了一种本能，而有些人却没有明白这个道理，往往自恃强大而忽视准备的重要性。

应该说，外界的危机并不是最可怕的，可怕的是对这种危机的麻木不仁和茫然无知，不去做任何应对的准备。

对于一个庞大的企业，防患于未然的重要性远远高于得病后的治疗。中国有句古话：“凡事预则立，不预则废。”市场如战场，有备治人，无备则治于人。

对企业来说，危机不仅仅指企业面向公众或顾客的重大事故，还包括不论客观还是主观因素，抑或是不可抗力所引发的能够导致企业处于危险状态的一切因素。从分类上，包括人力资源危机、产品服务危机、客户危机、行业危机、财务危机、媒体危机、计算机技术危机、工作事故、诉讼危机、侵权危机、合同危机、政策法规变更、天灾人祸、破产危机、并购危机、保卫工作危机、企业战略危机、供应链危机、文化冲突、多元化危机、权力交接危机等21种危机模式。当前企业经常面临的前三种危机依次是人力资源危机、行业危机、产品服务危机。

企业不能有丝毫鸵鸟心态，认为危机绝不会降临到自己的头上，等到事后发出“假如当年不那样就不会有今天这样”的慨叹，只能伴着遗恨写进历史。与其抱着侥幸心理去消极面对危机，还不如制订切实可行的、周密的危机管理计划，化被动为主动。周密的危机管理计划是危机管理的指导方针。

危机的突发性和不可预料性决定了危机的不可避免性，对企业来说，只有尽早制订周密的应急计划，才能将危机扼杀在襁褓之中，将其所带来的严重后果降到最低。

3. 世可以治，则抵而塞之；不可治，则抵而得之

“世可以治，则抵而塞之；不可治，则抵而得之”是《鬼谷子》中最有特色的内容，已接近了民主思想的边缘。作者并不是站在最高统治者的立场来看待和处理社会矛盾，而是站在一种比较公正的立场，他公开宣布：国家发生了矛盾，如果还可以挽救的话，就协助当权者挽救；如果国家已经腐败不堪，无可救药，就推翻它，取而代之。

所谓“穷则变，变则通”，当一个国家的统治出现了危机和矛盾，若能“抵而塞之”，则可以变法图强，以挽救危机。但是，这种改革只限于阶级矛盾还有余地缓和的基础之上，倘若阶级矛盾和统治危机已达到无法挽救的地步，则只能“不破不立”，即通过革命“破旧”以“立新”，取而代之。周武王顺天应命、替天行道、兴周伐纣便是“抵而得之”。

商朝最后一个国王是商代的第三十一位帝王子辛，也叫“帝辛”，“纣王”并不是正式的帝号，是后人硬加在他头上的恶谥，意思是“残义损善”。据正史所载，商纣王博闻广见、思维敏捷、身材高大、臂力过人。他曾经攻克东夷，把疆土开拓

到东南一带，开发了长江流域。殷商末年，它有两个主要的敌手：西部的周方国及东部的夷人部族(甲骨文里被称作人方)。

这个时候，活动在渭河流域的姬姓周部落逐渐强大起来，首领周武王姬发正在积极策划灭商。他继承父亲文王遗志，重用姜尚等人，使国力增强。当时，商的军队主力正远在东方与东夷作战，国内军事力量空虚。周武王把握时机，联合各个部落，率领兵车300辆，虎贲(卫军)3000人，士卒4.5万人，进军到距离商纣王所居的朝歌只有70里的牧野(今河南淇县西南)，举行了誓师大会，列数纣王罪状，鼓励军队同纣王决战。

而此时商纣王的大军远在东南，无力回援，牧野之战的商军并非商王朝的精锐之师，而是临时武装起来的奴隶和囚徒。交战中，部分奴隶与囚徒临阵倒戈，周武王最终赢得了胜利，取代了商纣。

自古以来，变法改革以及王朝更替都是顺应社会发展规律的举措和行为，能不能通过变法得以图强，能不能通过革命取而代之，是要看能否顺应历史发展潮流、社会发展规律以及是否顺应民心，而并非一人之力所能为也。

“世可以治，则抵而塞之；不可治，则抵而得之”是符合社会发展规律、符合民心的正确思想和行为。

因此，变革旧的事物，绝不是什么轻而易举的事情，需要一段时间的准备，才能逐渐被人们理解、接受。古代明君的变革都是顺天应人、大公至正的，没有什么阴谋可疑之事，就像是老虎身上的斑纹一样昭然可见，天下人看得清清楚楚，无不信从。东汉的马融说“虎变，威德折冲，万里望风而信”。可见“德”

是多么重要，任何人在推行变革之时，能够做到德行天下，天下人自然会云集响应，这样的变革前景当然美好。

变革本身是一个循序渐进的过程，不是一蹴而就的，更不是靠一股热情就能奏效的。它需要分步骤、分阶段地进行。经过反复研究，当天时、地利、人和都具备时，只需顺势而行。变革是非常严肃的事情，需要热情，更需要冷静；需要勇敢，更需要智谋。盲目采取行动会有风险，所以一定要审慎稳进，不宜贸然行动。对变革的舆论，必须要经过反复多次的研究探讨，进行审慎周密的考虑安排，证明变革确实合理可行。同时，还要能够得到人们的理解与信任，只有到了这个时候，才可以大刀阔斧地进行变革。

一旦变革成功之后，一定要小心翼翼地维护变革的成果。历朝历代在经济与政治改革获得一定的成功之后，会一再强调要稳定，稳定压倒一切，这样做的目的只有一个，就是维护变革后的成果，使老百姓逐渐享受到变革的利益。

这是一个竞争日益激烈的时代，唯有积极变革的企业才能生存，才能在市场竞争中站稳脚跟，走出新的道路，迈上财富的康庄大道。世界某旅馆业巨头为了把自己的旅馆建成第一流的旅馆，第一次在房间里使用了空调、电视，还为孩子们设计了游泳池，增加了照顾孩子的服务项目，甚至设计了为旅客的小狗居住的免费狗屋。所有这些，在当时都是闻所未闻的。正因如此，当别人的旅馆生意冷清时，他的旅馆却总是满满当当。

他的旅馆的成功之处，就在于突破了当时一般的经营策略，勇敢地采用最先进的设备，有针对性地设计服务项目，拥有了别人无法企及的优势。反之，若一味固守老传统、老经验，就会掐断财富的源泉。“当此之时，能抵为右”，这可以看作是鬼谷子对现代人的忠告。

在今天看来，鬼谷子的这一思想也是可以运用于很多地方的。如当我们在生活中遇到某些矛盾时，我们应先考察矛盾是否可以“治”，若可以“治”，则可“抵而塞之”以解决；若不可“治”，则应坚决地“抵而得之”。

飞钳篇

“飞”者是指情绪放纵，言论自由。而“钳”者，则是指夹住，使之不能自由活动。在实践中，是指说服人的方法，按照自己的意图牵着人走的方法。简言之，作为统治者（领导人）要施行任贤之道，利用人的专长，不失时机地获得人和社会舆论的拥护，来成功大业。飞钳之术可以说是引人之术、服人之术。

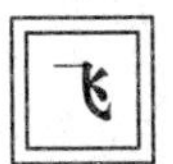

飞

褒扬、激励

钳

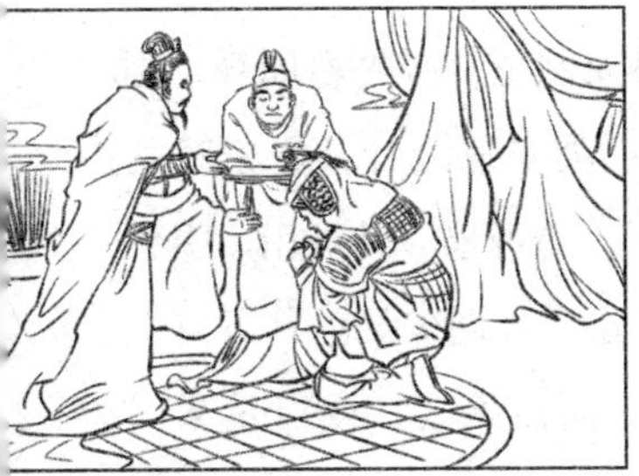

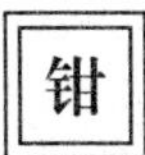

钳制、控制

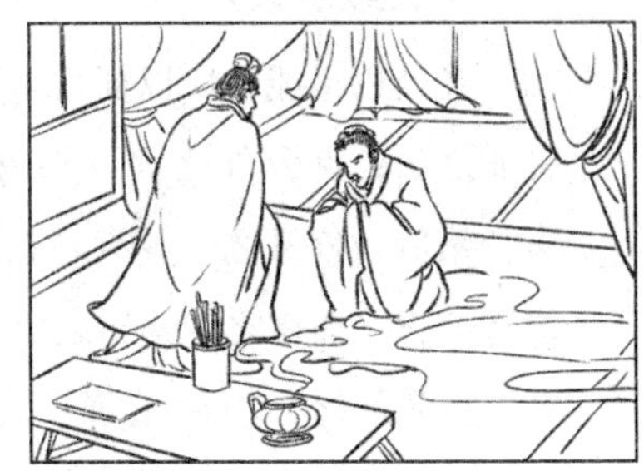

钩钳人才的方法

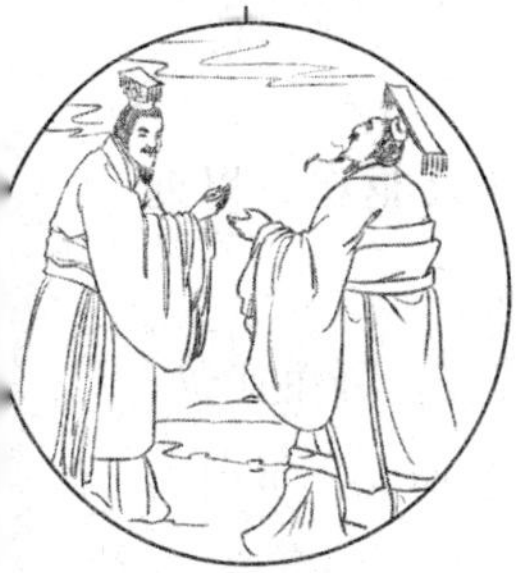

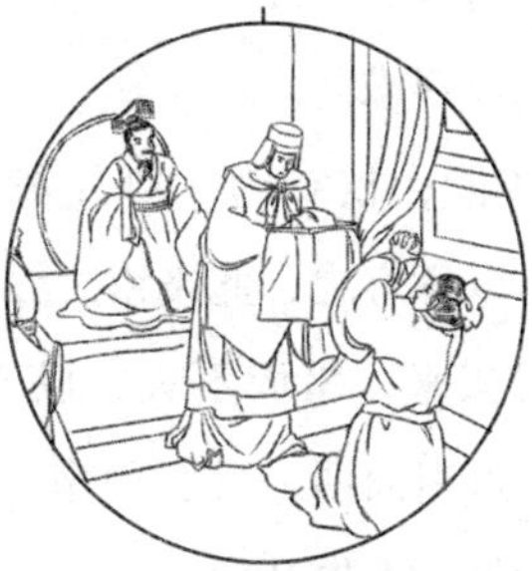

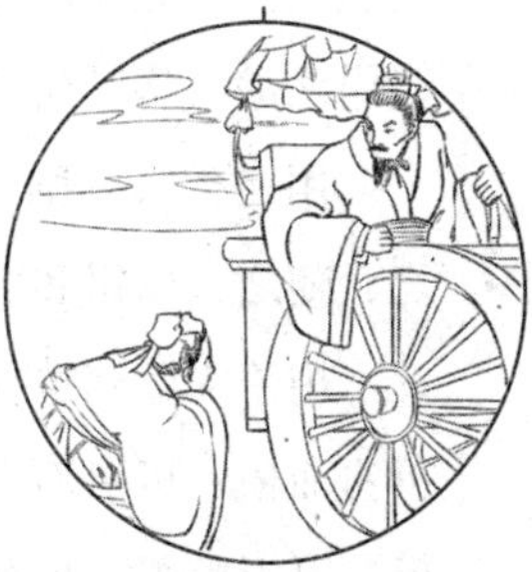

了解对方思想 → 用好听的话笼络

清楚对方喜好 → 用利益引诱

掌握对方弱点 → 用弱点说服

让对方按自己的心意行事

【经典原文】

凡度权量能，所以征远来近。立势而制事，必先察同异，别是非之语；见内外之辞，知有无之数；决安危之计，定亲疏之事；然后乃权量之。其有隐括，乃可征，乃可求，乃可用。引钩钳之辞，飞而钳之。钩钳之语，其说辞也，乍同乍异。其不可善者，或先征之，而后重累；或先重累，而后毁之；或以重累为毁，或以毁为重累。其用，或称财货、琦玮、珠玉、璧白、采色以事之，或量能立势以钩之，或伺候见涧而钳之，其事用抵巇。

将欲用之于天下，必度权量能，见天时之盛衰，制地形之广狭，阻险之难易，人民、货财之多少，诸侯之交，孰亲孰疏，孰爱孰憎。心意之虑怀，审其意，知其所好恶，乃就说其所重，以飞钳之辞，钩其所好，以钳求之。

用之于人，则量智能，权材力，料气势，为之枢机，以迎之，随之，以钳和之，以意宜之，此飞钳之缀也。

用于人，则空往而实来，缀而不失，以究其辞。可钳而纵，可钳而横；可引而东，可引而西，可引而南，可引而北；可引而反，可引而覆。虽覆能复，不失其度。

【通俗译文】

只要善于揣度人的智谋，考量人的才干，就能吸引远近人才。要造成一种声势，使事情获得成功，就得先观察人们相同和不同之处，区别议论的是与非，了解对内对外的各种进言，掌握其真假，决定事关安危的计谋，确定与谁亲近和与谁疏远。然后再看看这样做的利弊得失。衡量这些关系时，如果还有不清楚的地方，就要进行研究，进行探索，使之为我所用。借用引诱使对方说出真情，然后通过恭维来钳住对手。钩钳之语是一种游说辞令，其特点是忽同忽异。对于那些没法控制的对手，或者先对他们威胁利诱，然后再对他们反复试探；或者先对他们反复试探，然后再摧毁他们；或者在反复考验中，毁灭对方，或者把摧毁对方作为反复考验。想要重用某些人时，可先赏赐财物、珠宝、玉石、白璧和美女，以便对他们试探；或者通过衡量其才能创造气氛，来吸引他们；或者通过寻找机会来控制对方，在这个过程中要运用抵巇之术。

要把“飞钳”之术向天下推行，必须考量人的权谋和才干，观察天地的盛衰，掌握地形的宽窄和山川险阻的难易，以及人民财富的多少，诸侯间交往中谁与谁亲密，谁与谁疏远，谁与谁友好，谁与谁相恶。要详细考察对方的愿望和想法，了解他们的好恶，然后针对对方所重视的问题游说他，先用“飞”的方法诱出对方爱好之所在，最后再用“钳”的方法控制住对方。

如果把“飞钳”之术用于他人，就要揣摩对方的智慧和才能，度量对方的实力，估计对方的气势，然后以此为突破口与对方周旋，进而争取以“飞钳”之术达成妥协，有意识地适应对方。这就是“飞钳”的秘诀。

如果把“飞钳”之术用于外交，可用华美的辞藻套出对方的实情，保持联系，勿使失误，以便考究游说的辞令。这样就可以把握关键实现合纵，也可以实现连横；也可以引而向东，也可以引而向西；可以引而向南，也可以引而向北；可以引而返还，也可以引而复去。虽然如此，还是要小心谨慎，不可丧失其节度。

【谋略精要】

1. 见内外之辞，知有无之数

鬼谷子认为，征召人才之后，就应该去了解人才。看看对方的专长所在，观察对方是哪方面的人才。“必先察同异，别是非之语；见内外之辞，知有无之数；决安危之计，定亲疏之事；然后乃权量之。其有隐括，乃可征，乃可求，乃可用。”要考察他们之间的相同和不同之处，区别他们正确的和错误的言行；要了解他们进言的真实性，能看出他们是否有真才实学；要与他们讨论、决策事关国家安危的大计，以便确定君臣之间关系的远近亲疏。最后通过权量这些关系，根据其表现出来的才能，矫正其短处，使他们都能被君王所利用。只有了解了人才，国君才可以在需要的时候征召、聘请、重用他们，也才能够做到用其所长、避其所短。

为统帅者，必须得到人才的辅佐，才可能成就大业。要得人才，首先要识人才，这就需要有鉴人之术。为统帅者若不能鉴人识人，即便是身边人才济济，也会视而不见。

春秋时期，楚国人卞和为国献宝玉，楚厉王与楚武王有眼无珠，卞和一献失左足，再献失右足。幸好贤明的楚文王即位后，主动召卞和进宫，并慧眼识玉，这块宝玉才没有被埋没。楚文王为表彰卞和几次冒死献宝，就将这块宝玉命名为“和氏璧”。

真正有才能潜质的人，往往就像那块“和氏璧”一样，一眼看上去平淡无奇，只有通过有识之士的发现、举荐和精心培养，才能展现出真正的才华和价值。

美国人卡罗林·威尔斯·霍登编写了一本《世界幽默选》，在《人才》篇中有一段，讲一个政治家对一个哲学家说：“聪明人真难找啊！”哲学家说：“的确，因为只有聪明人才能了解和发现聪明人。”这句话道出了人才的发现必须有善于发现人才的人。我国把善于发现人才的人通常比作伯乐。关于伯乐的地位，汉朝政治家桓谭说：“得十良马，不如得一伯乐。”唐代大文学家韩愈又做了进一步的论述：“世有伯乐，然后有千里马。千里马常有，而伯乐不常有。”这可以说是经验之谈。事实证明，“千里马”是常有的，关键是如何发现他、识别他。

“何代无贤，但患遗而不知耳”是唐太宗继帝位后与右仆射封德彝对话中的一句。这句话的意思是，每一个时代都有贤才，关键在于知，而知贤才，首先要能识别。但是，识别人这一工作，自古以来都是非常困难的。人之所以不同于其他动物，在于他的复杂性。人的智商、情商以及在实践中的选择能力，其他的动物是无法比拟的。实践证明，看准人，并加以妥善使用，事业则无往而不利；看不准人，就会用人不当，即使再好的事情也会一塌糊涂。

关于识人难的问题一直困扰着领导们，针对这一问题，白居易曾在他的《放言五首并序》的第三首中做了这样的描述，他写道：“赠君一法决狐疑，不用钻龟与祝蓍。试玉要烧三日满，辨材须待七年期。周公恐惧流言日，王莽谦恭未篡时。向使当初身便死，一生真伪复谁知？”这首诗的大意是说，识别人才的优劣、好坏，是非常不容易的，得经过长期的观察和多次的实践考验。就如同鉴别一块玉要用火烧三天，经过三天的火烧，这块玉还不热，那它便是真的；分辨一棵树是不是乔木，得需要等待七年时间；一个人的好与坏，真与伪，忠与奸，不能凭一时一事，也不能凭某些人的某些评断，而是要看他的整个过程。就好像周公和王莽一样，假如周公摄政时、王莽未篡位时就死了，那么他们一生的真伪又有谁会知道呢？可见识别一个人，它不但是复杂的，而且还需经过长期的观察和考验。

识别人难是公认的，但是人并不是不可识别的，只要我们有一定的识人的标准和原则，在此基础上我们就可以形成一套方法。

以德才兼备作为知人善任的标准，是中国文化的结晶。落实到识人方面，在我国古代有许多精辟的论述。三国时代蜀国的丞相诸葛亮在《前出师表》中就提出“亲贤臣，远小人”。这对兴亡有至关重要的意义。他借此对汉朝进行了概括，并指出，先汉时期之所以兴隆，是因为“亲贤臣，远小人”。后汉之所以倾颓，是因为“亲小人，远贤臣”。后来在《便宜十六策》中又进一步指出：“治国之道，务在举贤。若大国危不治，民不安居，此失贤之过也。”在唐朝有个大臣叫魏徵，他把识人与行结合起来，主张才行兼备。他提出要识人，要审查这个人的行为，做到知其善始用之。他说乱世用人，可不顾其行，但“丧乱既平，则非才行兼备不可用也”。这也明确地提出了德才兼备的标准。宋代政治家司马光在前人的基础上又提出“才者德之资，德者才之帅”的主张，这对后来的人产生过一定的影响。

从历史上看，凡按此原则识人并加以使用的，这样的群体都有过一番业绩。诸葛亮不但有知人的思想，而且在实践中也把这一思想充分地体现了出来。其中对待蒋琬就是一例。刘备率大军入蜀初期，蒋琬是广都的县令。有一次刘备下去巡视，见蒋琬酒醉不理政事，大怒之下就要杀他。诸葛亮非常了解这个人，替他讲情，说：蒋琬这个人，是国家的栋梁之材，非常难得，他为政以安民为本，不大重视粉饰自己。刘备尊重了诸葛亮的意见，没有给他治罪。蒋琬果然不负所望，后来做了不少有益的事情，并被诸葛亮提拔为丞相府长史，诸葛亮每次出征，他都能保障兵粮的供给。因此他被诸葛亮称为“忠雅之士”。诸葛亮临死前，又向刘禅推荐他。蒋琬果然没有被看错。在他执政期间，大公无私，胸襟广阔，善于团结人，能审时度势，使国治民安。

历史上也曾有过很多用人不当导致事业失败的教训。如北宋杰出的政治家王安石，在宋神宗的支持下开始变法。一场轰轰烈烈的变法运动，最终却归于失败。失败的原因，除了深刻的社会、政治原因外，与王安石本身也有很大的关系。王安石很有才华，但过于自信，以至于到了自大的地步；他识人不准，在实施变法的用人方面多有失误。当时，由于得不到朝中重臣的支持，王安石只好找那些急于上进的新人，且把他们都想象成像他一样为国分忧、为民请命的清官。然而，这些人不仅缺乏实际操作经验，而且都把变法作为晋身之阶，参与变法的动机不纯。王安石的重要支持者与助手如吕惠卿、章惇、曾布、蔡卞、吕嘉向、蔡京、李定、邓绾等，都属于人品不正者，甚至大多数后来都被列入了《宋史》的“奸臣传”中。用一些人品不好、胸怀私心的人进行变法，再好的设想也是得不到正确实施的。

人们都知道“滥竽充数”这个典故。南郭先生滥竽充数的伎俩之所以能够得逞，其最大的责任不在南郭，而在齐宣王。身为一国之君的齐宣王被南郭的花言巧语所蒙骗，犯了失察的大过。还好南郭先生只是一个在乐队里混饭吃的市井无赖，要是在一个集体里面，所谓的“人才”都像南郭这样，其后果将不堪设想。

2. 引钩钳之辞，飞而钳之

通过鉴人之术锁定人才之后，怎样吸引人才为我所用呢？只知鉴才而不能用，则毫无价值。在这里，鬼谷子提出了“飞而钳之”的办法，即首先要了解对方，其次要以褒扬的方式俘获其心。只有热情、诚恳地对待人才，才能赢得有识之士的诚心相助，成就大业。

《世说新语》中记载了一个故事，说一个洛阳的高官叫顾荣，一次应邀赴宴，发觉端烤肉的人露出很想吃烤肉的神态，就把自己那一份让给了他。同席的人都讥笑顾荣，顾荣说：“哪有成天端着烤肉，却不知道烤肉滋味的道理？”后来顾荣遇上战乱，过江避难，路上每逢遇到危难，总有一个人在身边保护。一问缘由，原来就是受赠烤肉的那个人。

风平浪静的时候，聚集在身边的人，不一定是真正的知己，一旦事到临头，这些人就作鸟兽散了。但在危难之时能不离不弃、携手共渡难关的人却一定是真正值得珍惜的朋友。所谓“疾风知劲草，日久见人心”，说的就是这个意思。

李元度被曾国藩称为“患难与共”的人，他早期与曾国藩的关系十分密切。曾国藩兵败靖港的时候，曾数次愤而自杀未遂。当时，在他身边“宛转护持，入则欢愉相对，出则雪涕鸣愤”的人就是李元度。后湘军在九江水域大败，损失惨重，曾国藩“愤极，欲策马赴敌而死”，被罗泽南、刘蓉劝止。在此困难之时，李元度投笔从戎，“护卫水师，保全根本”。在咸丰六年（1856）的时候，湘军周风山的军队在江西樟树镇被太平军击溃，曾国藩部下再无得力陆军，完全依仗李元度率领的平江勇“力撑绝续之交，以待楚援之至”。在曾国藩困守江西的那些最为艰难困苦的岁月里，李元度始终不离不弃、倾力辅助，最终帮助他走出了艰难的时期，为以后的东山再起赢得了宝贵的机会。

把人才当作朋友、知己一般对待，使其怀有知遇之感，自然不难赢得人才之心，从而为自己的事业加上一枚重重的砝码，这是古今中外无数成功者的成功秘诀。

美国IBM创始人沃特森说：“你可以接收我的工厂，烧毁我的厂房。然而，只要留下人，我就可以重新组建IBM。”可见，国外很多的知名企业家都把人力资源看得比物质资源更为重要，在现如今人力资源争夺激烈的环境下，国内的企业要想不被社会淘汰，就应该多多注重吸引人才的重要性，多向国外知名企业学习经验。

曾经有一个瑞士籍的研究生发明了一种电子笔及其辅助设备，这种笔和设备可以用来修正遥感卫星所拍摄的照片。这一发明引起了世界各国的关注，很多企业争相聘请这位研究生加盟。当时，一家美国公司和一家瑞士公司争夺这个人才，双方像在拍卖场上一样，不停地加价，都势在必得。最后，美国公司胜出，因为该公司对瑞士那家公司说："我不加价了，等你们加够了，我在你们的数额上乘以50。"此言一出，吓退了那家瑞士公司。

这家美国公司可谓是魄力十足。事实上，很多美国公司都是这样。美国企业能够打遍天下，和他们重视人才分不开，全世界的精英都往那里会聚，怎么可能不发达？

忤合篇

“忤”是忤逆、反忤的意思，也就是违背了事物发展的要求，与其规律背道而驰的；“合”则是符合、顺应的意思，即遵循事物的发展要求和变化规律。本篇忤合术讲述的就是关于分合与向背的问题，强调要善于把握两者间相互转化的态势，只要顺势而行，便可纵横自如。

根据不断变化的情况，做对自己最有利的事

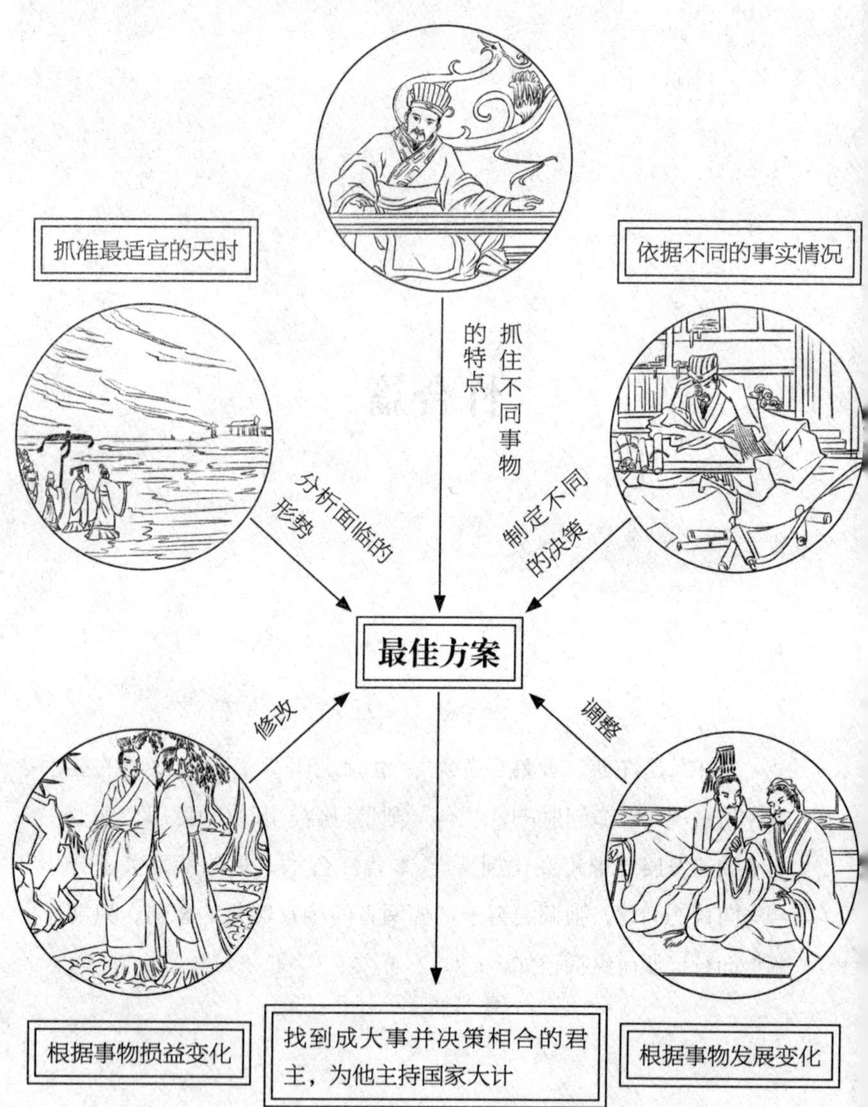

【经典原文】

凡趋合倍反，计有适合。化转环属，各有形势。反复相求，因事为制。是以圣人居天地之间，立身御世，施教扬声明名也，必因事物之会，观天时之宜，因之所多所少，以此先知之，与之转化。世无常贵，事无常师。圣人常为，无不为；所听，无不听。成于事而合于计谋，与之为主。合于彼而离于此，计谋不两忠，必有反忤。反于是，忤于彼；忤于此，反于彼。

其术也，用之天下，必量天下而与之；用之国，必量国而与之；用之家，必量家而与之；用之身，必量身材能气势而与之。大小进退，其用一也。必先谋虑计定，而后行之以飞钳之术。

古之善背向者，乃协四海、包诸侯，忤合之地而化转之，然后以之求合。故伊尹五就汤，五就桀，然后合于汤。吕尚三就文王，三入殷，而不能有所明，然后合于文王。此知天命之钳，故归之不疑也。非至圣人达奥，不能御世；不劳心苦思，不能原事；不悉心见情，不能成名；材质不惠，不能用兵；忠实无真，不能知人。故忤合之道，己必自度材能知睿，量长短远近孰不如，乃可以进，乃可以退，乃可以纵，乃可以横。

【通俗译文】

大凡联合与对抗的行动，都有相应合宜的计策。变化和转移就像铁环一样连锁而无中断。然而，变幻着的事物各有具体情况，彼此间互相依赖，要根据实际情况处理。圣人生活在世界上，立身处世是为了教化众人，扩大影响，宣扬名声。他们必须根据事物之间的联系，来观察天时，抓住有利时机，根据国家哪些方面有余，哪些方面不足，据此先把握实质，并设法促进事物向有利的方面转化。世上没有永远显贵的事物，事物没有永恒的师长和榜样。圣人常常是无所不做，无所不听。办成要办的事，重要的是不违背预定的计谋。如果为了自己的君主，合乎这一方的利益，就要背叛那一方的利益。凡是计谋不可能同时忠于两个对立的君主，必然违背某一方的意愿。合乎这一方的意愿，就要违背另一方的意愿；违背另一方的意愿，才可能合乎这一方的意愿。这就是“忤合”之术。

如果把这种“忤合”之术运用到天下，必然要把全天下都放在“忤合”之中权衡；如果把这种“忤合”之术用到某个国家，就必然把整个国家放在“忤合”之中权衡；如果把这种“忤合”之术运用到某个家族，就必然要把整个家族都放在“忤合”之中权衡；如果把这种“忤合”之术用到某一个人，就必然要把这个人的才能气势都放在“忤合”之中权衡。总之运用“忤合”之术的范围或大或小，其功用是相同的。所做之事都要预先谋划、分析、计算之后再实行“飞钳”之术。

古代那些善于以背离一方、趋向一方而横行天下的人，常常驾驭着四海之内的各家势力，控制各个诸侯，在“忤合”中促成转化，然后达到“合”于圣贤君主的目的。过去伊尹五次臣服商汤，五次臣服夏桀，然后才决定一心臣服商汤王。吕尚三次臣服周文王，三次臣服殷纣王，其行动目的仍未显露于世人，最后归服了周文王。这就是懂得天命的制约，所以才能归顺一明主而毫不犹豫。如果不具备高尚的品德、超人的智慧，是不能驾驭天下的；如果不用心冥思是不可能揭示事物的规律的；如果不全神贯注地考察事物的实情，就不可能功成名就；如果才能、胆量都不足，就不能统兵作战；如果只是愚忠呆实而无真知灼见，就不可能有察人之明。所以，“忤合”的规律是：首先估量自我聪明才智，度量自身的优劣长短，分析在远近范围内还比不上谁。这样就可以前进，可以后退；可以合纵，可以连横了。

【谋略精要】

1. 反复相求，因事为制

在纷繁复杂的社会生活中，当对立的各方都邀请自己加入的时候，应该接近谁、远离谁？ 弄清这一点是很重要的。 鬼谷子给出的答案是“因事为制”，也就是根据事态的发展来决定。

有一则寓言，说有一天，狼的使者来到羊群里，许诺说：“如果你们把守护你们的狗抓住杀了，我们以后就不再吃你们了，让你们过上安静的日子。”那些愚蠢的羊答应了狼的要求。这时，有只年老的羊站出来说：“我们怎能相信你们，并同你们共同生活呢？ 有狗保护我们的时候，你们还闹得我们不能安心地吃顿饭呢。”

聪明人不会轻信敌人的诺言，而放弃自己的安全保障。 相信敌人的诺言无疑是愚蠢的，而选择自己盟友的时候，则一定要睁大眼睛。

春秋时期，鲁国是一个弱小的国家，经常受到其他大国的威胁。 鲁国国君为了巩固统治，想和晋、楚这两个大国结交，就准备把自己的几个儿子派到晋、楚两国去，名义上是当官，其实是做人质。 鲁国大夫犁鉏不同意这样做，他对鲁君说：“大王，如果您的儿子落水了，您到越国去求人救他，越国的人虽然善于游泳，但也救不活您的儿子；如果鲁国失火了，您到海里去取水，海水虽多，也不能及时扑灭大火，这是因为远水难救近火啊！ 现在晋国和楚国虽然强大，但距离鲁国很远。 离我们最近的大国是齐国，如果让公子去齐国，我们和齐国结交，当鲁国有难时，齐国能不来相救吗？”鲁君认为他说得很有道理。

鲁国国君舍近而求远，准备结交一些根本帮不上忙的盟友，这种做法违背了常理，显然是错误的。 但是他联合大国、寻求安全保障的做法是正确的。 有时候，当我们面临共同的威胁时，单打独斗是很难有胜算的，此时应该建立一个战略联盟，团结一切可以团结的力量以克服困难。 古语云：“人心齐，泰山移。”只要有足够的力量联合，即使是泰山挡道，也可以将它移开。

历史上许多有远见的政治家都因做到了这一点，而改变了敌我力量的对比，使自己走出了困境。 比如三国时期，蜀军败于夷陵，被吴国陆逊火烧连营七百里，损兵折将，导致刘备悲愧交加，病死于白帝城。 此时，蜀国内部政权不稳，外部魏国大兵压境，其危急形势，正如诸葛亮在《出师表》中所说：“先帝创业未半，而中道崩殂；今天下三分，益州疲敝，此诚危急存亡之秋也。”在这国难当头之时，诸葛亮没有盲目决定向东吴复仇，而是首先考虑建立战略联盟，恢复与东吴的联盟关系。 由于战略联盟建立，进攻蜀国的曹真大军被吴将徐盛打得大败，而诸葛亮由于再无后顾之忧，得以放手南征，七擒孟获，北伐中原，六出祁山，取得了一系列的胜利，为蜀国的生存空间又赢得了几十年的时间。

在政治和军事斗争中，当对立的双方势均力敌、难解难分的时候，第三方的态度就显得非常关键了。当第三方加入某一方以后，就迅速促成了另一方的失败。历史上有不少这样的例子。

明朝末年，李自成率农民军攻占北京，崇祯帝自缢于煤山，明朝灭亡了。李自成为招降驻守山海关的辽东总兵吴三桂，派降将唐通带着 5 万两白银和吴三桂父亲的书信，前去游说他。吴三桂原本打算归顺闯王，但又得知李闯王政权镇压明朝权贵，自己的父亲被追赃拷打，家产全被查抄，连他最宠爱的小妾陈圆圆也被掳走了，他一气之下，杀了李闯王的使者，给清朝的睿亲王多尔衮写信，请求他发兵征讨李自成。清军早就想进关统治整个中原了。所以，多尔衮立刻率清兵进入山海关。李自成得知吴三桂不肯投降，就亲率大军，和吴三桂的大军在山海关附近决战。两万清军骑兵从右边突袭农民军，农民军大败。后来，清军彻底打垮了李自成，进入北京，顺治皇帝登位，统一了中国。

站在一起的盟友，并非各方面都完全一致，因此必须异中求同。这需要有人积极主动，才可以很快地找到共同点来解决共同面对的问题。如果双方都自顾矜持，不去主动解决问题寻找共同点，只是盯着别人与自己不同的地方，那无论到什么时候，都不可能找到彼此的共同点。

同样，在现代商业社会中，凭个人的单打独斗很难取得事业上的飞跃。学会与人合作，则显得至关重要。那么，该怎样选择合作者呢？借用一句名言来说：“我们没有永远的朋友，也没有永远的敌人。”——凡事要根据形势来判断，这也是鬼谷子思想的精髓。

商业史上有这样一件让人津津乐道的事：在西方许多家庭的餐桌上，习惯于同时摆上美国“水晶杯”公司和“细瓷”公司生产的水晶玻璃高脚杯和细瓷餐具，它们都是高档的名牌餐具。过去，这两家公司因为是竞争对手，关系一直不好。可后来他们经过协商，决定联合推销。“水晶杯”公司利用细瓷餐具在日本市场的信誉，通过联合销售，将其产品打入日本等国；而“细瓷”公司则利用“水晶杯”50％的产品销在美国的优势，使细瓷餐具占领了美国家庭与饭店的餐桌。结果，联合推销使双方相得益彰，两家的销售额均大幅提高。

2. 世无常贵，事无常师

鬼谷子认为，要达到某一目的，实现某一意愿常常要曲折地、灵活地应变，以求成功。

事物总在变化中，正如鬼谷子所言，“世无常贵，事无常师”，圣人就是要了解掌握这一规律，促使两者之间的转化。世上的事没有永远不变的，或忤于彼或忤于此，反忤则通过计谋使之合，这就是反忤之术，因为反忤之结果可以合，也称为忤合之术。由此可知，“忤合”是事物发展变化中的应变常规，所以，忤合之术基于“反”“合”可以互相转化的原理，有些事情顺势去做可以成功，有些事情逆反去做也可以成功。

因此“忤合”术即“以反求正”之术。为了实现某个计划，正面进攻常常难以实现，这时就需要曲折、灵活地应变，从侧面或者反面突破，以求成功。

“司马光破缸救人”早已传为佳话，脍炙人口，这是典型的以反求正的案例。按照通常的想法，人掉进水里以后，人们采取的办法就是把人从水里捞出来，也就是“让人脱离水”，这是符合常规的思维。但是，对于年仅10岁的司马光来说，要把另一个掉进水缸里的小孩子抱出水面，是不可能的。也就是说，常规的方法只能使他陷入困境。司马光的聪慧之处就在于没有按照常规的方法，而是从相反的方向，开通出一条思路，也就是“让水脱离人”。他打破了水缸放水，从而顺利地把水缸里的小孩子抢救了出来。事实上，有许多问题在用顺向思维无法解决的时候，要攻克这个难题，摆脱困境的最好、最有效的方法就是把我们的脑袋反转一下。

清朝著名学者纪晓岚在他的《阅微草堂笔记》中讲了这样一个故事：沧州城南，有一座靠近河岸的寺庙，山门倒塌，一对石雕的野兽也随之滚到河里去了。过了十几年，准备重修山门，需要把那一对石兽打捞起来，但河很长，到哪里去寻找呢？按照一般人的看法，石兽必然在下游。但一老河工却不同意这种看法，他认为“凡河中失石，当求之于上流”，认为石兽应到河上游去找，他说：“石兽是坚固沉重的，河沙是稀松轻浮的，流水的力量不能一下子把石头冲动，但是被石头挡回来的水的力量必定在面对流水的石头下边，把河沙冲开，形成一个窟窿，越冲窟窿越大，这个石头下边的窟窿扩大到中部，石头不能再保持平衡，必定倒转到窟窿里去。流水再冲击河沙，到一定时间石头再倒转一次，不断地倒转，这个石兽就逆着流水跑到上游去了。”人们按照老河工的话去寻找，果然在上游几里远的地方把那对石兽找到了。

鬼谷子认为，任何事物都有正反逆顺的发展形式，施用“忤合”之术的前提是必须对具体事物多方研究，从而采取具体的应变方法。缺乏针对性的以反求合，不仅不能实现原先意图，而且可能适得其反。

实施“忤合”之术，必须充分认识万物皆在变化中，变化才有发展，所以有效的忤合智谋必须使实施者相信要超过自己的对手有两个必备条件，其一是知己知彼。知己知彼才能进退纵横，游刃有余。其二是应在对方处于谋略、攻势状态中，即在不如我方谋略的情况下，行“忤合”之术，必将使我方获得主动权。

诈退之法常被军事家广泛使用，曹操就曾用此计巧取阳平关。

公元215年春，曹操率兵攻伐汉中张鲁，自陈仓出发，一路夺关斩将，进行得极为顺利。阳平关地势险要，易守难攻，守将为张鲁之弟张卫与大将杨昂，他们在山顶筑长墙10余里，更增加了进攻的难度。几次攻击之后，曹操损兵折将，却没有踏上阳平关半步。这时，曹操眉头一皱，计上心来。他见阳平关着实难以攻破，便引军后退。敌人见曹操大军已退，守备也就松弛下来。不料曹操的退兵乃是诈退，正欲以松懈敌人守备。他立即命令张郃、夏侯渊领兵乘夜偷袭，终获大胜，登上了阳平关。阳平关一破，汉中已无险阻，张鲁仓皇逃走，曹操遂占有汉中。

在军事上，诈降之术、诈败之法均为“忤合”之计。

在现实生活中，要达到成功处世的目的，常常要迂回曲折地采取灵活的应变措施，这正是“忤合”之术的妙用。施展此智谋时，首先必须知己知彼，即了解自己和对方的情况，因人而异，因事而异；其次要注意保密性。只有这样才能左右逢源，办事成功。尤其是在商业活动中，要想获取成功，就一定要领悟“忤合”术的真正内涵，在曲中见直、直中见曲中，转患为利。

3. 忤合之道，己必自度材能知睿

“己必自度材能知睿，量长短远近孰不如，乃可以进，乃可以退，乃可以纵，乃可以横。”是说一个人无论做任何事，首先要自我估量，然后度量他人的优劣、长短，分析、对比自己与他人的差距所在。只有在这样知己知彼以后，才能进退自如、淡然若定。

一个人只有先了解自己，才能明确地为自己的人生定位，才能清清楚楚地知道自己该做什么、能做什么、适合做什么乃至做什么能成功；一个人只有对所要交往的众人有清晰而全面的了解，才能知道自己何去何从，才能正确决断自己的去向，才能找到自己的用武之地，如果不了解对方就草率从事，往往会落得怀才不遇、明珠暗投的下场。所以，在做出决断之前，一定要清楚自己、了解对方。

这个道理最适合于当今最热门的话题——求职。兵书上说，“知己知彼”方能“百战不殆”，求职应聘，一定要知己知彼，才能成功地找到自己称心如意的工作，让自己的才能有真正的用武之地。

一家外贸公司想要招聘一名搞贸易的人才，并且招聘单位要求此人会外语。一位女大学毕业生知道后喜出望外，马上赶到

那家公司应聘。一到公司她才知道，已有几名比她外语还出色的应聘者被淘汰了。

女大学生立即调整了思路，在回答完考官提出的相关问题的同时，又主动介绍了自己的情况："我对经济贸易很感兴趣，因为我上高中时，对世界地理的学习特别用功，所以对各个国家的地理概貌、矿产资源都比较了解，我可以用英语介绍美国西部地区的情况。同时，我也可以用日语介绍一下战后日本经济腾飞的情况。我曾在商业部门实习半年，颇懂一些经营之道，如果你们能认真考虑我的条件，我想我可以胜任此项工作。"这位女大学生恰到好处的"画蛇添足"，说到了考官的心里，最终她被聘用了。

这位女大学生之所以成功，在于她清楚地了解自己的长处和优势，而这个优势又恰恰符合招聘单位的需要，成功也是情理之中的事。

所以，在求职过程中一定要谨记这条重要法则："己必自度材能知睿"，即知己知彼。

所谓"知己"，就是求职者要了解自己，能客观地分析自己的性格、专长、爱好、学历、知识背景、工作背景，既能认清自己的优点和长处，又能客观地对待自己的缺点和短处，并且尽量扬长避短。但是在用人单位面前，"扬长"要适度，要实事求是，切不可张扬甚至刻意炫耀；"避短"并非刻意回避，有意掩饰，而是顺其自然、客观对待。若用人单位问起，则说；不问，则不提。只要确定自己的长处和优势完全符合招聘单位的要求、自己的能力完全可以胜任所要应聘的岗位即可。

所谓“知彼”，就是求职者要了解招聘单位。要做到“知彼”，可以从以下三个方面入手：

首先，是对招聘单位整体情况进行了解。招聘单位的名称、行业属性、产品或服务的大致类型是求职者必须要了解的。在此基础上，求职者还要有意识地去了解招聘单位的规模、行业地位、发展态势、企业文化，等等。

其次，是对应聘岗位的了解。求职者要了解应聘岗位的工作职责、工作方式、在企业组织架构中的位置、在企业中的发展空间、工资福利、待遇，等等。

最后，是对面试官的了解。面试官代表招聘单位对应聘者进行考查。面试官往往影响着应聘的成功率。所以应聘者应避免那些过于个性化的装扮，如怪异的发型、奇装异服，等等。此外，应聘者还可以有意识地去了解面试官在招聘单位的职务，特别是面试官的职务与自己所应聘的职务之间的关系。还有就是面试官的性格、爱好等也是应聘者应该有所了解的。

总之，“知己知彼”的根本目的在于准确找到自己的职业定位和人生定位，所以求职时一定要谨慎对待，切勿操之过急，以免入错行，耽误自己的职业规划和人生规划。

“己必自度材能知睿”还有另外一层现实意义，就是要承认自己的不足，同时了解他人的长处，学会取长补短。在鬼谷子看来，不管是与人竞争还是联合，要想得利，都必须以自己本身的实力作为保证，否则就会归于失败。

揣　篇

“揣”是指揣摩、估计、推断，等等，通过这些方法对游说对象作出较为准确的判断，以达到自己的目的。文章一开头便指出，善于治理天下者，其胸中必须揣有天下之一切。立志于当政治家的谋臣策士，必须明于“量权”，善于“揣情”，然后才能有所成就。

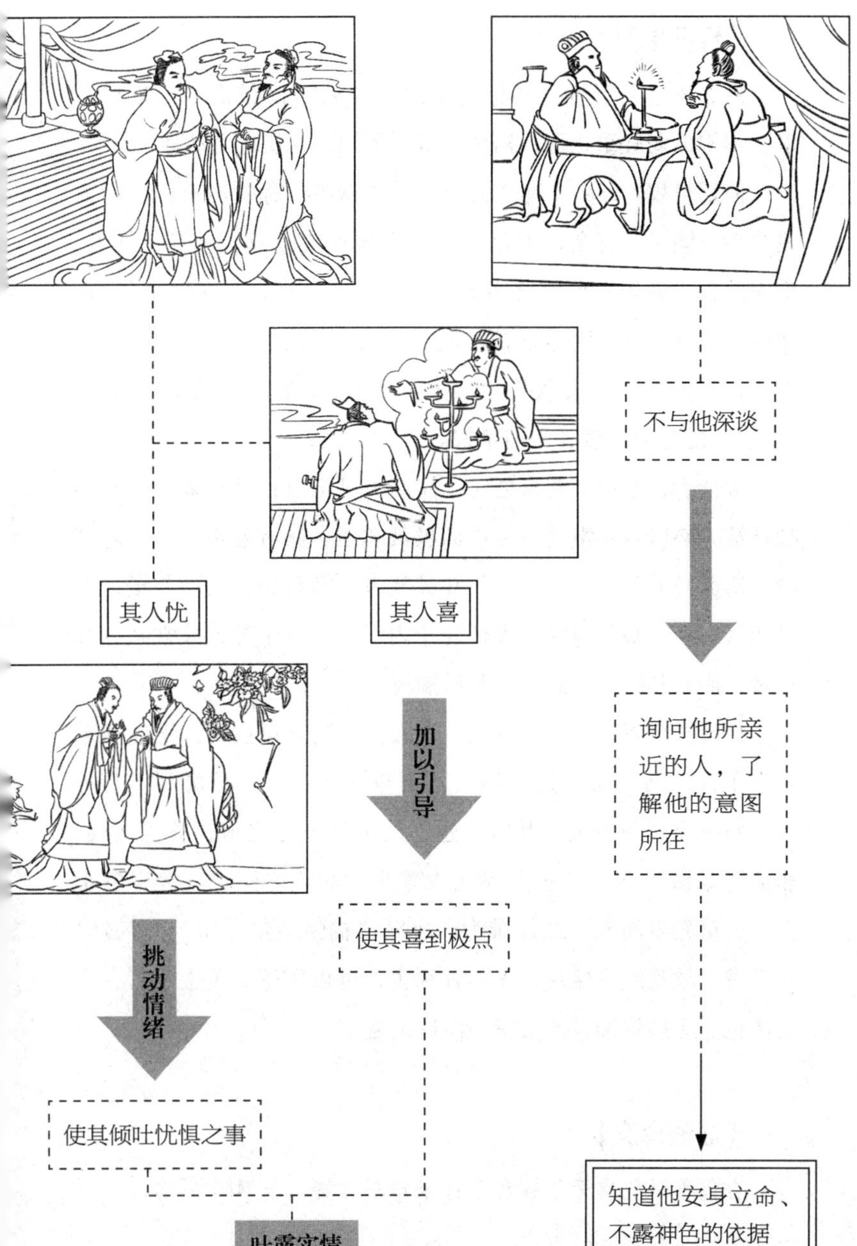

对一般人
对深藏不露的人
其人忧
挑动情绪
使其倾吐忧惧之事
其人喜
加以引导
使其喜到极点
吐露实情
不与他深谈
询问他所亲近的人，了解他的意图所在
知道他安身立命、不露神色的依据

【经典原文】

古之善用天下者，必量天下之权，而揣诸侯之情。量权不审，不知强弱轻重之称；揣情不审，不知隐匿变化之动静。

何谓量权？曰：“度于大小，谋于众寡。称货财有无，料人民多少、饶乏、有余，不足几何；辨地形之险易，孰利、孰害；谋虑孰长、孰短；群臣之亲疏，孰贤、孰不肖；与宾客之知睿，孰少、孰多；观天时之祸福，孰吉、孰凶；诸侯之亲，孰用、孰不用；百姓之心，去就变化，孰安、孰危；孰好、孰憎；反侧，孰便。”能知如此者，是谓量权。

揣情者，必以其甚喜之时，往而极其欲也；其有欲也，不能隐其情。必以其甚惧之时，往而极其恶也；其有恶也，不能隐其情。情欲必失其变。感动而不知其变者，乃且错其人勿与语，而更问其所亲，知其所安。夫情变于内者，形见于外；故常必以其见者，而知其隐者；此所谓测深揣情。

故计国事者，则当审量权；说人主，则当审揣情；谋虑情欲必出于此。乃可贵、乃可贱、乃可重、乃可轻、乃可利、乃可害、乃可成、乃可败，其数一也。故虽有先王之道、圣智之谋，非揣情隐匿无所索之。此谋之大本也，而说之法也。常有事于人，人莫先事而至，此最难为。故曰“揣情最难守司”。言必时其谋虑，故观蜎飞蠕动，无不有利害，可以生事。美生事者，几之势也。此揣情饰言成文章，而后论之。

【通俗译文】

古代善于凭借天下各种条件来施展才能、发挥作用的人，一定要衡量天下的权势实力，揣测各位诸侯的真实心情。如果对权势实力的衡量不详明周密，就不了解各国强弱虚实的差别；如果对真实心情的揣测不详明周密，就不了解隐蔽和变化的状况。

什么叫衡量权势实力呢？回答是："那便是估量并思考大小和多少的情况。包括衡量和计算：有没有财物；人民有多少；贫富状况怎样；哪些方面有余，哪些方面不足；还要分辨比较：地形险峻还是平坦；哪里地形有利，哪里地形不利；哪一国善于谋划，哪一国不会谋划；君臣间的关系，哪一国君主亲近贤人疏远小人，哪一国君主亲近小人疏远贤人；哪一国的宾客足智多谋，哪一国的宾客缺少智谋；还要观察天命，即观察国家命运的发展趋势，谁有祸，谁有福；谁凶，谁吉；观察诸侯间的关系，看谁有可靠的盟国，亲密可用；谁没有可依靠的盟国，不能利用；观察民心向背和变化状况，哪国民心安定，哪国民心不稳；谁被人民热爱，谁被人民憎恶。对以上情况反复辨识并准确把握，知道如何去行动。"了解以上一切，这便叫作衡量权势实力。

揣测真实心情，一定要选在那个人最高兴的时候，前去会见他，最大限度地刺激他的欲望，因为他被欲望蒙蔽，便不能隐蔽真情；一定要选在那个人最担心的时候，前去会见他，最大限度地诱发他想起所憎恶的对象，因为他被憎恶所激动，便不能隐蔽真情。还一定要了解那个人感情欲望的变化。如果触动了那个人的感情，但还是摸不清他的变化，便暂且放开那个人，不跟他交谈，转而去询问他亲近的人，从而了解到他所满足的是什么。内心发生感情变化，一定会从外部表现出某种形态。所以，一定要经常从外部表现出来的形态去深入了解内心隐藏的思想感情。这便叫作揣测内心深处的思想感情。

如果要谋划国家大事，就一定要衡量天下的权势实力；如果要游说君主，就一定要周详地揣测他的真实思想感情。一切计谋和愿望，都要通过这种揣测之术。有的人显贵，有的人低贱；有的人被重用，有的人被轻视；有的获利，有的受害；有的成功，有的失败，其规律是一致的。那就是，善于揣测的人便显贵、获利、成功；否则，便低贱、受害、失败。所以说，即使有先王的治国方法，有圣人智者的谋略，如果不揣测真情的话，也无法寻求那隐蔽的东西。可见，这揣测之术是谋略的根本，是游说的法则。善于揣测的人，经常跟别人接触谋事，却没有谁能够超过他。他在事情发生之前便能准备好，这是最难办到的。所以说，揣情是最难掌握的，这就是说最难掌握别人内心的谋划。即使是昆虫飞行爬动那样微末的事情，也都包含着利益与祸害，可以使事物发生变化。使事物发生变化的原因往往是微小的势态。实行这揣情之术，必须要修饰言辞，使之富于文采，然后再进行论说。

【谋略精要】

1. 度于大小，谋于众寡

在这里，鬼谷子阐述了量权的主要内容。量权就是：“度于大小，谋于众寡。称货财有无之数，料人民多少、饶乏、有余，不足几何？辨地形之险易，孰利、孰害？谋虑孰长、孰短？君臣之亲疏，孰贤、孰不肖？与宾客之知睿，孰多、孰少？观天时之祸福，孰吉、孰凶？诸侯之交，孰用、孰不用？百姓之心，孰安、孰危？孰好、孰憎？反侧，孰便。”量权主要是针对“计国事者”（谋划国家大事的谋臣说客）的一种策略。

谋臣在游说前必须知晓游说对象的国际国内政治、经济、军事、外交等局势。

“辨地形之险易，孰利、孰害”提到的是如何辨别地形的利弊，从而为自己谋划策略创造有利条件。赤壁之战是历史上著名的以少胜多的战役。分析曹操失败的原因，除了个人的骄傲轻敌之外，更重要的一个原因就是对地形分析不够。北方人不善水战的致命弱点被孙刘联军加以利用，从而被孙刘联军用火攻，导致了魏军的惨败。

我们说一件事的成败要考虑“天时、地利、人和”。战场上不仅要善于观察“地利”，还要重视“人和”的作用。

李膺是南朝宋时涪县(今四川绵阳)的县令。公元501年，萧衍在襄阳起兵讨伐南齐，立萧宝融为帝。此后，萧衍又联合邓元起进攻郢州城。不久便攻下郢州，萧衍便让邓元起任益州刺史，代替原益州刺史刘季连。

刘季连原是南齐皇帝萧宝卷任命的，萧衍起兵讨伐萧宝卷时，刘季连犹豫不定，左右摇摆。当他得知自己将被取代时，就征召士兵，誓守益州。

邓元起得到刘季连誓守益州的消息后，便先进兵巴西郡(今四川阆中一带)，太守禾士略开城投降。于是他开始招兵买马，一时间便使自己手下增至三万人。可是蜀地长期战乱频繁，人们大多逃亡，田地荒芜，无人耕种，三万人马的粮草供应竟成为问题。邓元起对此一筹莫展，不知如何是好。

这时有人出主意说：“蜀地政治混乱，连年争战，很少有人想在这获取东西。他们认为这里的百姓已所剩无几，即使有，也是伤残带病的，没有丝毫用处。实际上并非如此，老百姓往往趁政治混乱、管理松懈的时机，在户籍上假装残疾，以欺骗官府、逃避赋税，这种情况在巴西郡尤为严重。如果您现在下令核实户籍，把那些假装残疾的人给以重罚，粮草之事，几天便可解决。”

邓元起听从了这个意见，准备派人核查户籍，以筹备粮草。

涪县县令李膺知道了这个消息后，连忙拜见邓元起说：“请大人先不要这样做，我对巴西郡的情况很熟悉，让我来告诉您怎么办吧。”

邓元起见李膺相貌堂堂，一股浩然正气，便下令先不要核查户籍，看看这位涪县县令有什么高明之策。李膺说：“刘季连拥兵誓守益州，又派出强将准备来讨伐大人，现在您是前有强敌，后无增援。如今又处在粮草短缺的境地，巴西郡人民刚刚依附于您，正在观望您的德政如何。这时候如果核查户籍，对隐瞒的人施以重罚，则会造成他们的不满。他们忍无可忍，便会趁机作乱，对您有百害而无一利。万一离心离德，您后悔都来不及了。孟子说过‘为渊驱鱼者，獭也；为丛驱雀者，鹯也；为汤武驱民者，桀与纣也。’大人该不会不懂这个道理吧！”

邓元起听了之后高兴地说：“我差点听信小人之言啊！既然你能分析透这件事情，又对巴西郡很了解，那粮草之事，就交给你去办吧！”

于是李膺答应邓元起，五天之内筹备齐粮草。他命人把当地的富户找来，对他们说道：

“如今形势朝不保夕，谁能预料到第二天还能不能活！难道你们不想过太平日子吗？现在邓元起将军领兵接任益州刺史，而原益州刺史刘季连却陈兵反对。邓元起将军一心要为民造福，却因粮草短缺不能实现。我劝各位往长远处着想，帮邓灭刘，如果到时天下太平了，我们巴西郡也可沾光；如果死守财物，说不定哪天就会被乱兵抢夺一空啊！”众人听了，都连声说：“正应如此，正应如此。”

不到三天，李膺便将粮草如数交给邓元起。

“称货财有无，料人民之多少、饶乏、有余，不足几何”说的就是在制订策略时要考虑到百姓钱财的多少、民众的反应如何。在战乱纷纷的年代，百姓深受其害，所以才假装残疾以逃避征兵和纳税，这是他们谋求生存的最后一道防线，如果把它也打破了，后果不堪设想。李膺深明此理，所以不向穷苦的百姓筹粮，只从富户身上想主意。富户虽然爱钱，但是毕竟性命重要，为了保住性命，就只能拿钱来换了。

宋仁宗时期，富弼采用了李仲旦的计策，从澶州的商胡河开凿六漯渠流入横陇的故道，以增加宋朝的水利灌溉渠道。贾昌朝素来憎恨富弼，于是暗地勾结宦官武继隆，想置富弼于死地。正在这时候，宋仁宗生病，不能上朝理政，贾昌朝便密令两个司天官趁朝中官员商讨国事时上奏道：“国家不应该在北方开河，以致皇上身体不安。”众大臣听了，都不以为然。宰相文彦博知道他们是别有用心，但当时却无法制止。

数天之后，那两个司天官又上疏请皇后一同听政，并罗列许多理由来证明皇后听政是上策。

内侍史志聪把他们的奏疏交给宰相文彦博，文彦博看后默不作声，把它藏在怀中，没有给任何大臣看，脸上却露出得意的神色。诸大臣都很奇怪，问他上面写的是什么，他只字不提，只是命人把那两个司天官召来责问：“你们两人的职责是静观天象，只要略有动静，应马上上报朝廷，可是现在你们怎么想干预国家大事啊？你们的所作所为按法律应当灭族！”

两人听后非常害怕，脸色惨白，浑身发抖。

文彦博又说：“我看你们只不过是自作聪明，所以不想治你们的罪，从今以后不准再如此狂妄了。”

两人连忙退出，文彦博这才取出奏疏让诸位大臣观看。

大臣们看后全都愤怒地说：“这两个人如此大胆，为什么不斩首呢？”

文彦博说：“把这两个人斩首，事情就会传扬开来，对皇后和在宫中养病的皇上都不是好事，一定会影响他们。”

诸位大臣连忙说：“你说得有道理。”

接下来他们一同商议派遣司天官去测定六漯渠方位，文彦博便指名让那两人前去。

武继隆请求把他们留下，文彦博说道：“他们只不过是小小的司天官，竟敢如此胆大妄为，议论国事，这其中一定是有人在暗中教唆！”

武继隆铁青着脸，一言不发。

那两个人到了六漯渠以后，恐怕朝廷治他们的罪，于是就改口说：“六漯渠在京师的东北方向，不是正北方向，开河之事根本没有什么害处。”

后来宋仁宗的病渐渐好了，精神也渐渐地恢复，这件事就这样化于无形之中。

“群臣之亲疏，孰贤、孰不肖”，文彦博不但明察秋毫，还有一双善辨忠奸的眼睛。为了平息这场风波，他尽量把大事化小，小事化了，以免事态扩大而导致无可挽回的损失。面对两个司天官的无理，他丝毫没有动怒，而是在平静中制止了一场争斗，同时又让皇上、皇后得到了安宁，而武继隆也受到了震慑，真可谓一箭三雕。

商场如战场，想要获得成功，必定要先付出一定的代价。

辛亥革命前，是山西大德通票号最兴盛的时候，但总经理高钰没有得意忘形，而是冷静处事，凡重大进退总是三思而后行。当时，三岁的溥仪被扶上了皇帝宝座，高钰就看出天下将不安的苗头，于是在经营上采取保守的做法。稍后，革命党人在南方的活动加剧。高钰便觉得事必大变，所以采取了急流勇退的方式，迅速收敛业务。高钰的这一举措，与当时票号界的隆盛局面极不相称，受到世人的讥讽。很快，他的收敛之计刚刚就绪，辛亥革命就爆发了！于是，绝大多数票号由于准备不足，猝不及防，在挤兑风潮的袭击下纷纷关门！而在这些票号遭受这场灭顶之灾时，大德通票号却有备无患，安然渡过了这场金融风暴！

高钰的聪明之处，就在于他知道票号的经营与政局关系极大，一有大的政变，就可能引起灾难性的后果。因此，他密切关注时局的变化，以此为根据决定自己的经营策略，显然这是一种十分明智的做法。

人是社会性的动物，社会环境对于个人和企业的发展具有重要的影响。人们一般用“天时、地利、人和”来对社会环境加以概括。对于渴望成功的人而言，这三者都是需要加以考虑的因素。鬼谷子这里所说的“量权”，是需要下大功夫的。

2. 往而极其欲，往而极其恶

“揣情者，必以其甚喜之时，往而极其欲也；其有欲也，不能隐其情。必以其甚惧之时，往而极其恶也；其有恶也，不能隐其情”是告诉我们要把握好揣情的时机，大喜、大惧的时候是最好的时机，我们要善于在对方最高兴的时候去加大他们的欲望，在对方最恐惧的时候去加重他们的恐惧，从而让对方将实情暴露出来。

有时候，把握住了对方的恐惧心理，不妨再“危言耸听”一番，即以恐吓的手段刺激对方，人一旦受到这种刺激，往往会因为恐惧而心慌意乱，失掉原来的立场，进而答应你所提出的要求。

春秋战国时期，秦国宰相范雎受到秦昭襄王的充分信任，在内政和外交上为秦国做出了很大贡献，使秦国在当时建立了霸主地位。他的权势不仅在秦国国内，对其他诸侯亦有很大影响力。

但是，在他为相的后几年，出现了令范雎“惧而不知所措”的事情。事情发生在他为相的第七年，由他所推荐而被提拔为将军的郑安平，在和赵国的一次征战中苦战不敌、率兵投降。过了两年，他所推荐的河东太守王稽，又因私通诸侯被诛。按照秦国当时的法律，投降和私通外邦都是重罪，而推荐者也须连坐，就是说推荐者和犯罪者一样，也得被诛杀头。只是由于他深受昭襄王信任，才被豁免，存得一命。

相继发生的这两件事，使得范雎心里留下了很深的伤痕，也使他感到恐惧和不安。 这个消息很快传开了，那些早已虎视眈眈等候时机的各国说客们莫不大感兴奋。

燕国有一位名叫蔡泽的说客听到这一消息认为“机不可失”，于是立即动身前往秦国。 一到秦国，他便托人介绍，晋见范雎。 游说的人以及被游说的人都是说客出身。 蔡泽现在的情形和 15 年前范雎的经历大同小异，这使得范雎不禁产生了一种沧桑之感。 他苦笑着接见了蔡泽。

蔡泽说道：“史书上有记载：‘成功者不可久处。’你该趁这个时机辞去相位才算聪明，这样人们才会赞誉你的清廉如同赞誉伯夷，同时你也才能够保持长寿如同赤松子（仙人名，相传为神农时雨师）。 如果你只知晋升不知隐退，只知伸不知屈，只知往不知退，必然会带给自己祸害。 这个比喻，请您三思。”

范雎答应着说：“善。 吾闻‘欲而不知止，则失其所欲；有而不知止，则失其所有。’先生幸教，雎敬受命。”

几天之后，范雎进朝，推荐蔡泽，而自求隐退。 昭襄王挽留他，但范雎辞意坚定，并假托重病在身，最后终获应允。

这个故事中的蔡泽正是应用了“以其甚惧之时，往而极其恶”的策略，这在今天的推销领域也非常适用。

顾客是销售人员要攻克的堡垒，销售人员需要做的是抓住他们内心最柔软的部分，然后狠狠地出击。 目前，越来越多的企业都在利用顾客的不安全感、恐惧感来展开营销。 比如保险公司会对你描述你失业或得绝症之后的后果有多么多么的可怕，而你投资一项保险业务之后又会有多好、多大的保障，等等。这种事不胜枚举。

不仅仅是“往而极其恶”可以作为销售的手段，“以其甚喜之时，往而极其欲”同样可以。

有个商人到小镇去推销鱼缸，尽管鱼缸做工精细，造型精巧，但问津者寥寥。商人尝试了很多促销手段，都没有什么效果。有一天，他突发奇想，跑到花鸟市场以低价买了500尾小金鱼，来到穿镇而过的水渠上游，把这500尾金鱼都投了进去，于是小渠里有了一尾尾漂亮、活泼的小金鱼，这条消息很快就传遍了小镇！镇上的人们争先恐后地涌到渠边，许多人跳到渠里，小心翼翼地捕捉小金鱼。捕到小金鱼的人，立刻兴高采烈地去买鱼缸；那些还没捕到的人，也纷纷拥上街头抢购鱼缸。大家都兴奋地想：“既然渠里有了金鱼，虽然自己今天没捕到，但总有一天会捕到的，那么鱼缸早晚能派上用场。”卖鱼缸的商人趁机把售价不断地抬高，几千个鱼缸还是很快就被人们抢购一空。这个聪明的商人利用人们贪小便宜和爱凑热闹的弱点，耍了点小手段，于是人们就心甘情愿地把钱送上了门。

所以说，鬼谷子老先生“往而极其欲，往而极其恶”的方法是非常具有现实意义的。

3. 更问其所亲，知其所安

鬼谷子是见缝插针的行家，他强调游说要抓住对方“甚喜”“甚惧”两个时机，如果对方不为所动，不要再对他说什么了，而应改向他所亲近的人去游说。这样就可以知道他安然不为所动的原因。这里，鬼谷子是以对方亲近的人作为突破口。

有一本书中曾提到，在航空业刚刚兴起的时候，美国某航空公司发觉乘客几乎都是在不得已的情况下，才肯搭乘飞机。起初，他们认为这是“怕死”的心理在作祟，因此，花了庞大的宣传费，强调飞机的安全可靠，可惜并未收到预期的效果。于是，这家航空公司决定进行调查，并聘请著名的心理学家狄希特博士主持这项工作。

狄希特博士先就经常搭乘飞机的旅客做了一项假想测验，请教他们：“如果获悉自己的座机即将撞山而毁时，首先闪入脑海的景象是什么呢？”调查的结果显示，这些旅客所关心的并非自己的生死问题，而是亲人将如何接受这个不幸的消息，即面临死亡的威胁，乘客想到的是爱人如何自处，如有的脑海中浮现自己的太太声泪俱下地说：“就是这么傻，如果听我的话，搭火车去不就没事了。”等等如此情景。

航空公司按照这个结论，对“家属”展开了宣传攻势。宣传单上告诉为人妻者：“若让先生搭乘飞机，他会在最短的时间回到你的身边。”同时，还举办“全家同游”的活动，使一些家庭主妇也能享受搭乘飞机旅游的乐趣。航空公司利用宣传以说服乘客的背后权威人物——家属，而避免了直接游说乘客时可能遭受的困扰，公司的业务果然大为改观。

可见，在求人办事时，如果所求之人对你根本没有好感，就应把求人的重点放在与对方非常亲近，而且在对方心中占有非常重要地位的人身上。向这个人发起感情攻势，使这个人欠你的情，事情就好办了。

例如旧上海的黑社会头子杜月笙，他能在上海滩崭露头角，“枕边风”就帮了他很大忙。刚出道时，杜月笙头脑机灵，办事老练，苦于没有出人头地的机会。后来他投靠黄金荣，在黄府做了一名打杂的仆役，混在用人之中，生活倒也安稳。杜月笙存心要飞黄腾达，不甘为人下。因此，他“眼观六路、耳听八方”，处处谨慎，把分配给自己的活做得又快又好，但他地位太低，还拍不上黄金荣的马屁。好在他常与黄金荣的贴身奴仆接触，靠此机会百般讨好，黄公馆上上下下对他都有好感。

终于，机会来了！

有一次，黄金荣的老婆林桂生得病，经久不好，求神占卜，提出要年轻力壮的小伙子看护，据说可以取其阳气，杜月笙是被选中的一个。

这个时候，黄金荣正宠爱林桂生，杜月笙善于察言观色，又善于动脑筋，马上想到这林桂生的枕边风不亚于台风中心，威力强大，拍不上黄金荣的马屁，拍林桂生的马屁更有效，何况，异性相吸，这马屁又容易拍些。

于是，杜月笙“衣不解带，食不甘味”，十二分尽力侍候林桂生。别人照顾，无非是随叫随到或陪坐一旁，杜月笙则全神贯注，不但照顾周到，而且能使林桂生摆脱烦恼，心情愉快，林桂生往往尚未开口，他已知道林桂生要什么东西，林桂生想到的，他想到了，有些林桂生没有想到的，他也想到了，把林桂生服侍得心花怒放，引他为贴己心腹。

在林桂生枕边风的吹动下，黄金荣终于将当时法租界的赌场之一——公兴俱乐部交给杜月笙经管。

需要注意的是，求人办事并不总是在熟人之间进行，有时不得不闯入陌生人的领地。进入一个陌生的家庭环境里，想要迅速打开局面，人们眼光总是寻求理想的“突破口”。有了“突破口”，便可以点带面或由此及彼地铺展发挥开去，从而实现目的。 前面所说，对方的“红颜知己”固然是一个极好的目标，同时，老人和小孩也是一个理想的“突破口”。

第一，老人、小孩容易接近。

老人因体力虚乏，在家休养，或因年岁高而退职在家，工作是没的做，家务是不让做，话是心里有而没处说，因此常常显得孤寂。 如果有人主动接近老人，哪怕是暂时地解除老人的孤寂，老人自然非常乐意。 而小孩天真纯朴，喜新好奇爱动：一句唐诗、一段故事、一个鬼脸、一声哄捧就能很快赢得小孩亲近。

第二，通过老人、小孩，可以融洽全家。

一家之中，老人是长者。 而中国人有敬老、尊老、孝老的传统。 假如老人心悦神怡，全家随之活跃和愉快。 中国人又十分看重传宗接代的希望——小孩，视小孩为家庭的未来，祖辈如此，父辈更甚。 况且现代家庭小孩多是“独苗”，家里人更是哄捧宠爱，如果能和小孩玩在一块，家长自然会对你另眼相看。

4. 以其见者，知其隐者

“故常必以其见者，而知其隐者。 此所谓测深揣情。”是说揣情要善于察言观色，从对方的外在表现探测其内心深藏的思想感情。

为人处世，最重要的本领之一就是察言观色。 不清楚对方心里想什么，就无法把话说到对方的心里去，做事情当然就无法取得满意的结果。 要想把事情做好，就一定要在洞察人心、揣摩人意上多下功夫，正所谓“进门看脸色，出门观天色”。一个人的情绪和心理往往会通过面部表情表现出来。懂得察言观色的人，往往可以通过对方的一句话、一个眼神就读懂对方的心意，从而随机应变、见机行事，办起事情来自然也就得心应手、游刃有余了。

不过，倘若对方是个喜怒不形于色、城府很深的人，或者从正面不方便下手，那么直接从正面察言观色往往就会收效甚微，此时不妨考虑一下旁敲侧击，通过侧面的敲打来观察对方的反应，以洞悉对方的心理。

摩 篇

“摩”篇是“揣”篇的姊妹篇。“摩”意为研究、揣摩，推测事情。所以“摩意”就是“揣情”之术。“揣情”和“摩意”的规律，则是秘中成事。所谓“用之有道，其道必隐”，而隐微之道的关键是：“隐貌逃情，而人不知，故成事无患。”秘中成事是成就各种事业的规律，在政治、经济、军事等活动中概莫能外。

摩术

寻求琢磨外在表象的内在心理原因

我方

对方外在表象

分析其欲望

推测其内心，掌握其内在心理

隐蔽地运用这些信息做出应对

要遵循一条基本原则，就是必须在秘密中进行

就像渔翁投下钓钩、鱼饵，悄然等待鱼儿上钩

【经典原文】

摩之符也。内符者，揣之主也。用之有道，其道必隐。微摩之以其所欲，测而探之，内符必应；其应也，必有为之。故微而去之，是谓塞窌、匿端、隐貌、逃情，而人不知，故成其事而无患。摩之在此，符之在彼。从而应之，事无不可。

古之善摩者，如操钓而临深渊，饵而投之，必得鱼焉。故曰："主事日成而人不知，主兵日胜而人不畏也。"圣人谋之于阴，故曰"神"；成之于阳，故曰"明"。所谓"主事日成"者，积德也，而民安之，不知其所以利；积善也，而民道之，不知其所以然；而天下比之神明也。主兵日胜者，常战于不争不费，而民不知所以服，不知所以畏，而天下比之神明。

其摩者：有以平，有以正，有以喜，有以怒，有以名，有以行，有以廉，有以信，有以利，有以卑。平者静也，正者直也，喜者悦也，怒者动也，名者发也，行者成也，廉者洁也，信者明也，利者求也，卑者谄也。故圣人所独用者，众人皆有之，然无成功者，其用之非也。

故谋莫难于周密，说莫难于悉听，事莫难于必成；此三者摩，然后能之。故谋必欲周密，必择其所与通者说也。故曰："或结而无隙也。"夫事成必合于数，故曰："道数与时相偶者也。"说者听必合于情，故曰："情合者听。"故物归类：抱薪趋火，燥者先燃；平地注水，湿者先濡。此物类相应，于势譬犹是也，此言内符之应外摩也如是。故曰："摩之以其类，焉有不相应者？"乃摩之以其欲，焉有不听者，故曰'独行之道'。夫几者不晚，成而不抱，久而化成。"

【通俗译文】

所谓“摩”是一种与“揣情”相类似的方法。内心活动是“揣”的对象。进行“揣情”时，有“揣”的规律可依，而这些规律却是隐而不现的。适当地去“摩”时，要根据对方欲望投其所好进行测探，其内情就会通过外部形象反映出来。内在的感情要表现出来，必然要有所作为，这就是“摩”的作用。在“揣摩”之后，要适当地离开对方，像把地窖盖上一样隐藏起来，消除痕迹，伪装外表，回避实情，使人无法知道是谁办成的这件事。这样，办成了事，却不会留祸患。在此处“揣摩”对方，而要在另一处，观察对方表现，顺应事物规律，使我方“揣摩”能在对方应验，则办事无所不成。

古代善于“摩”的人，就像拿着钓钩到水潭边上去钓鱼一样。只要把带着饵食的钩投入水中，就一定可以钓到鱼。所以说，主办的事情一天天成功，却没有察觉；指挥的军队日益压倒敌军，却没人感到恐惧（才是高明的）。圣人谋划什么行动总是在暗中进行的，所以被称为“神”；而办事成功都显现在光天化日之下，所以被称为“明”。所谓“主事日成”的人是暗中积累德行，老百姓安居乐业，却不知道为什么会享受到这些好处，他们还在暗中积累善行，老百姓生活在善政中却不知道为什么会有这样的局面。人们把“谋之于阴，成之于阳”的政治策略称为“神明”。那些指挥军队而日益压倒敌人的统帅，坚持不懈地与敌军对抗，却不去争城夺地，消耗人力物力，老百姓也不知道为何敌国拜服，也不知道什么是恐惧。为此，普天下都称“谋之于阴，成之于阳”的军事策略为“神明”。

在实施“摩”时，有用和平进攻的，有用正义征服的，有用娱乐麻痹的，有用愤怒激励的，有用名望威吓的，有用行为逼迫的，有用廉洁感化的，有用信誉说服的，有用利害诱惑的，有用谦卑争取的。和平就是宁静，正义就是刚直，娱乐就是喜悦，愤怒就是威吓，名望就是声誉，行为就是实施，廉洁就是干净，信誉就是清明，利益就是求取，谦卑就是谄媚。所以，圣人所施用的“摩”之术，平常人也都可以具有，然而没有能运用成功的，那是因为他们运用不当。

因此，谋划策略，最困难的就是周到缜密；进行游说，最困难的就是让对方全部听从自己的主张；主办事，最困难的就是必办成功。这三个方面只有成为圣人才能胜任。所以说谋划必须周到缜密，游说要选择与自己观点相通的对象。所以说：“办事情要稳健，无懈可击。”要想使所主持之事取得成功，必须有适当的方法。所以说：“客观规律是与天时互相依附的。”进行游说的人必须使自己的说辞合于情理，合情合理才有人听。世界上万事万物都有各自的规律。好比抱着柴草向烈火走去，干燥的柴草就首先着火燃烧；往平地倒水，湿的地方就要先存水。这些都是与事物的性质相适应的。以此类推，其他事物也是这样的。这就是“内符”与“外摩”相适应的道理。所以说按照事物的不同特性来实施“摩”之术，哪有不发生反应的呢？根据被游说者的欲望而施行“摩”之术，哪有不听从游说的呢？所以说只有圣人能实行揣摩之术。大凡通晓机微的人都会把握好时机，有成绩也不居功，天长日久就一定会取得成功。

【谋略精要】

1. 塞窌、匿端、隐貌、逃情，而人不知

“故微而去之，是谓塞窌、匿端、隐貌、逃情，而人不知。故能成其事而无患。摩之在此，符之在彼。从而应之，事无不可。”就是要告诉我们，要秘密地符合对方，就需要巧妙地隐藏自己的想法，不能轻易暴露自己的真实意图，在符合别人观点的前提下，揣摩对方的心境，只有这样，事情办成之后才不会留下后患，这也是“揣摩”的高明之处。

“揣情”“摩意”，常常因机而发，顺情而得。当人们明确自己的行为目的之后，即可择法而行之。而“摩”的行为方式也是有一定规律的。高明的“摩”者，善于独立思考，能辨明对方的内心欲求。能够正确把握对方的内心，利用智慧来将对方说服，完全按照自己的计划行事，这的确不是易事。然而物以类聚，人以群分，如果遵循相应的规律，从不同的思维角度去认识它，反复思量，不断探索，则往往能够驾驭他人，驾驭天下。

例如，皇帝身边如果有奸人，国家大事会常被他们干扰。要整肃国政的话，就必须清除这些奸人，这叫“清君侧”。但是，如果直接提出让皇帝赶走他身边最信赖的人(奸人往往都能够得到皇帝的信赖)，不但不会成功，而且还可能会招来杀身之祸。这时，就需要你隐藏自己的真实意图，通过巧妙的方式来达到自己的目的。

宋真宗时的王钦若是有名的奸相，为人阴险奸诈，而又善于逢迎献媚，深得真宗信任。他常常在真宗面前进谗言，中伤其他正直的人士。而被中伤者却为他的假心假意所蒙蔽，多数不知自己已被他所中伤。

契丹进犯北宋时，王钦若借口局势危急，力劝宋真宗向江南逃跑，到他的老家去建立小朝廷。寇准以其惊人的胆识和指挥若定的雄才，坚决挫败了王钦若的逃跑计划，力劝宋真宗亲征，直抵前线。王钦若也跟随宋真宗到了前线，仍旧在宋真宗面前叨咕这，叨咕那，事事掣肘寇准，干扰他抗击契丹的军国大计。寇准一直在捕捉机会，想把这个奸臣从真宗身边赶走，以清君侧。

有一天，真宗正在为人事安排发愁。他对寇准说："现在，契丹直逼城下，天雄军被隔绝在敌后。天雄军若有不测，河朔全境便会落入敌手。你看，该让谁去镇守呢？"寇准回答说："当前这种形势下，没有什么妙计可施。古人说，智将不如福将。参知政事王钦若仕途顺利，长得白白胖胖，真是福星高照。让这样一位有名的福将去镇守的话，定会吉人天相，可保万无一失。"

真宗历来看重王钦若，今天难得寇准也这样看重他，心中特别高兴，便欣然同意寇准的意见，命令寇准草拟诏书，通知王钦若上任。当寇准把真宗的旨意传达给王钦若时，王钦若吓得脸色惨白，说不出话来。他原本是个胆小鬼，只会溜须拍马，挑拨离间，哪有深入敌后去固守孤城的本领？此去准是白白送死。

寇准见他可怜兮兮的模样，便对他说："国家危急，皇上亲自挂帅出征，你是皇帝一贯倚重的执政大臣，现在正宜体贴皇上心意，为国效力。”并说：“护送你上任的部队已经集合待命，皇上指示免去了上朝告辞的礼节，让你马上出发，不可耽误军机。”说罢，举杯为王钦若饯行，祝他早日奏凯归来。

王钦若没办法，只得硬着头皮去上任。他来到驻地一看，田野全是契丹兵，王钦若哪有退敌良谋，只好堵死城门，固守待毙。

赶走王钦若后，宋军上下齐心，一致对敌，迫使契丹退兵求和，解除了宋朝开国以来最大的一次军事危机。天雄也因契丹撤军而得以解围。

2. 饵而投之，必得鱼焉

鬼谷子说：“古之善摩者，如操钓而临深渊，饵而投之，必得鱼焉。故曰：‘主事日成而人不知，主兵日胜而人不畏也。’”大意是古代善于运用“摩”术的人，就如同拿着钓钩到水边钓鱼一样。只要把鱼饵投下去，就一定可以钓到鱼。所以说，他主办的事情日益成功，而人们仍不知他是如何成功的；他指挥的军队日益压倒敌军，而人们仍不知战争的可怕。

三国时代，蜀将关羽围困魏地樊城、襄阳时，曹操想迁都，以此避开关羽的锋芒。司马懿和蒋济力劝道：“刘备和孙权表面上联盟，其实疏远。关羽得意，是孙权不愿意看到的。可以派人劝孙权攻击关羽的后方，并答应把江南一些地方分给孙权，则樊城的包围自然可以解除。”曹操用了他们的计谋，关羽终于兵败麦城，被东吴俘虏。

接下来是关于我们大家都熟知的纪晓岚巧答乾隆皇帝的故事。

纪晓岚是翰林院大学士，能言善辩，机智过人，被誉为“铁齿铜牙”。

有一天，纪晓岚陪乾隆在御花园里散步。乾隆忽然问纪晓岚：“纪爱卿，忠和孝到底应该怎么解释呀？”

纪晓岚答道：“君要臣死，臣不得不死，此为忠；父要子亡，子不得不亡，此为孝。”

乾隆一听，说：“我现在以君王的身份，要你立刻去死！”

“这——”纪晓岚慌乱了一下，随即想出一个好主意，便说：“臣遵旨！”乾隆于是好奇地问：“那你打算怎样死？”

纪晓岚显得又害怕、又紧张地小心回答：“跳河。”

乾隆一挥手，说：“好！你现在就去跳吧！”等纪晓岚走后，他便在花园里踱着步，心想纪晓岚将会如何渡过这道难关。

不一会儿，纪晓岚便跑了回来。乾隆很奇怪，就板起脸来问道：“纪爱卿，你怎么还没有去死呢？”

纪晓岚说：“我刚刚走到河边时，不料碰到了屈原，他不让我跳河寻死。”

乾隆感到更加奇怪了：“你这话是什么意思？”

“刚才我站在河边，正想跳下去。河里突然涌起了一个大漩涡。好像要有东西从水里冒出来一样。我一看，竟从中出来了一个人——投江自沉的楚国忠臣屈原。”纪晓岚一板一眼地说。

“真的吗？那他对你说了些什么呢？”乾隆明知他故弄玄虚，但仍想看看他如何作答。

纪晓岚不慌不忙地回答道：“屈原指着我问为什么要跳河，我就把刚才皇上要臣尽忠的事情告诉了他。他说：‘这就不对了！当年楚王是昏君，我不得不跳河。可是我看当今皇上是个圣明之人，不应该再有忠臣要跳河啊！你应该赶紧去问问皇上，他是不是也是昏君？如果他自认是，那时我们再做伴也不迟！’因此臣只得跑回来。”

乾隆听了，忍不住哈哈大笑：“好一个巧舌如簧的机智人物！朕算服你了。”

乾隆本想以“君叫臣死，臣不得不死”来为难纪晓岚，却没想到纪晓岚将计就计，以碰到屈原为饵下了钩。如果乾隆确实让其投河，就证明了他的昏庸；如果就此作罢，那为难纪晓岚的计谋就以失败告终。权衡利弊，乾隆也只能暗自认输。

使用“以饵投鱼”策略，能够巧妙地蒙骗住对方，借给对方一定的利益之机，使自己获得更大的利益，这在经济生活中经常碰到。

里力是美国一家口香糖公司的老板。一天，他突然对电话发生了兴趣，一个人坐在办公室里拿着纽约的电话簿悉心研究。

女秘书问道：“里力先生，你在研究什么？”

里力说：“我在研究口香糖的促销策略。现在已有了眉目，你去把各办公室的人都叫到会议室！”

原来，这个公司生产的口香糖尽管品质优良，包装精美，价格适宜，但在市场上并不畅销。原因很简单，它是新牌子，并不为人们熟悉。所以，里力准备采取“先尝后买”的推销方法。

各办公室的工作人员很快到了会议室。里力对他们说：

“我已调查过，纽约共有150万户居民，我打算每户居民赠送4块口香糖。”

生产部门的负责人说：“那需要600万块口香糖，仓库里有现货。”

“不，还要继续准备。”里力说，“我们要赠送一段时间，使人们对我们的产品留下深刻的印象。”

生产部门遵命去做准备了。里力又对储运部门的负责人说：“请各位按电话号码簿的地址，开列收糖人的姓名和地址，邮寄口香糖。”全体工作人员便整整忙了一天。

第二天，纽约各家各户不约而同地接到了里力公司赠送的口香糖，于是外出的孩子都边嚼着里力公司生产的口香糖，边吹着泡泡，一个个成了“活广告”。

隔了一天，孩子们又收到里力公司的礼品。日复一日，大家吃里力口香糖已习以为常了。这时，里力公司的口香糖不再寄来了，人们只好到各个店家去买这种口香糖。就这样，里力口香糖一下就占领了市场，成为孩子们必不可少的糖果。

“先尝后买”这种“以饵投鱼”的经营方式，并非里力的独创，但使用得如此巧妙，声势如此之大，效果如此之好，却是里力的独特之处。

3. 谋之于阴，成之于阳

鬼谷子阐释了“摩”之术的具体方法，即“谋之于阴，成之于阳”。

“摩”之术的运用必须讲究技巧，为了顺利实现“摩”之目标，就不能暴露任何蛛丝马迹。要做到这一点，往往就需要采取“声东击西”的方法。

“声东击西”，是一种忽东忽西、即打即离、制造假象、造成错觉、乘机歼灭敌人的战法。唐朝杜佑在其所著《通典》中说：“声言击东，其实击西。”在我国古代兵书中，有关“声东击西”的论述是十分丰富的。《孙子兵法·势篇》有“故善动敌者，形之，敌必从之”。《淮南子·兵略训》指出：“将欲西，而示之以东。”《百战奇略·声战》：“声东而击西，声彼而击此，使敌人不知其所备。则我所攻者，乃敌人所不守也。”《三十六计》则将“声东击西”作为胜战谋略的第六计。这一谋略的核心在于我方通过佯动、伪装攻击方向，以造成敌人的错觉，吸引与分散敌军的兵力，打乱敌人的既定部署，保证真正找准自己的进攻方向，实现出奇制胜的目的。当然，这里的“声”与“击”并不局限在东、西两面，而是可以指任何两个不同的方向、路线、目标和对象，包括南北、前后、左右等。总之，是指声言进攻或佯动一面而实际进攻另一面的策略。

声东击西关键在于“声东”能够成功。历史上，不乏战争的一方因“声东”失策而导致此谋略未能奏效的例子。这就要求人们能够采取灵活机动的战术，巧妙地制造假象，假戏真唱，惟妙惟肖，促使对手的意志发生混乱；否则，就无法达到预期的目的。同时，应该看到，声东是关键，击西是目的。没有声东的掩护，击西难以得逞。在击西时要迅速出击，打击有力，一举成功。如果不能做到这样，一旦敌方发现自己受到蒙骗，就会迅速重新调整兵力部署，以阻挡真正方向的进攻，这样，“击西”的难度就会大增，严重时还可能功亏一篑。

西汉景帝时，吴楚七国叛乱，派重兵围困汉将周亚夫坚守的城池。叛军百般辱骂挑战，周亚夫坚不与战。当叛军向城东南角落发起进攻时，周亚夫立即命令自己的军队加强西北方向的守备。很快，叛军便使用主力进攻城西北。由于周亚夫早有防备，叛军的阴谋归于失败。

可见，在使用此计时，保密与主动是处事的最高手段，不保密的等于自己不设防；被动则处处受牵制。不管在战场、商场或政治舞台上，声东击西之计都时时可见，处处可用，花样很多，只不过是有的利用得好，干得很漂亮，有的使用不当，反而弄巧成拙罢了。

4. 圣人独用

“其摩者：有以平，有以正，有以喜，有以怒，有以名，有以行，有以廉，有以信，有以利，有以卑。平者静也，正者直也，喜者悦也，怒者动也，名者发也，行者成也，廉者洁也，信者明也，利者求也，卑者谄也。故圣人所独用者，众人皆有之，然无成功者，其用之非也。”

在这里，鬼谷子阐述了实施“摩意之术”的手段。即要恰当地运用“摩意之术”，就需要掌握好“平正”“喜怒”“名行”“廉信”“利卑”等手段。

“平”，就是要让自己表现出心平气和且没有任何的追求和奢望，要让别人觉得一切都是那么的顺其自然、顺理成章，没有丝毫的歪理存在。

“正”，就是要让自己本身的正气体现出来，不存在任何的私心与杂念，毫不利己，专门利人，只有这样才不会引起他人的抵触与反感。

“喜”，就是做的事情要完全是对别人有益处的好事，这样才能讨得对方的欢心，而不至于被拒绝。

“怒”，就是当感情交流到某一程度时，将他人不高兴的事情披露出来，让其怒不可遏，在对方不能自控的时候，便可以捕捉到变化的征兆了。

“名”，就是当捕捉到变化的征兆之后，就要马上制定出相应的应变策略，然后告诉其功过是非、成败利害，再观察变化征兆，最后再制定应变策略。

“行”，就是说当事情已经发展到可以实施谋略的某种程度时，就要不失时机地大胆实施。

“廉”，就是在实施谋略的过程中，要表现出完全是为了他人着想，而不是为了一己私利，要让别人自始至终都觉得自己永远是廉洁无私的。

“信”，就是要自始至终都诚实守信，言必信，行必果。

“利”，就是从始终围绕“让别人获得好处”这个宗旨出发，让别人无法抗拒利益的诱惑。

“卑”，就是在别人面前要谦虚低调，不要锋芒毕露，争强好胜。

以上阐述的手段，似乎众人皆知，但实施起来往往是件不易之事，如果运用不得当，则会适得其反，导致失败。

权　篇

“权”，是度量权衡的意思。这是进行游说活动所采用的根本方法之一。在本篇中，鬼谷子全面阐释了“权”术的原则和方法。他认为，对游说对象的度量乃游说之本。通过对方的言谈，可权衡出对方的智能、品性和欲望，找出其弱点作为游说的突破口，以实现自己的游说意图。要做到这一点并不容易。游说者不但要耳聪目明、智慧超人，还要拥有杰出的语言表达能力。

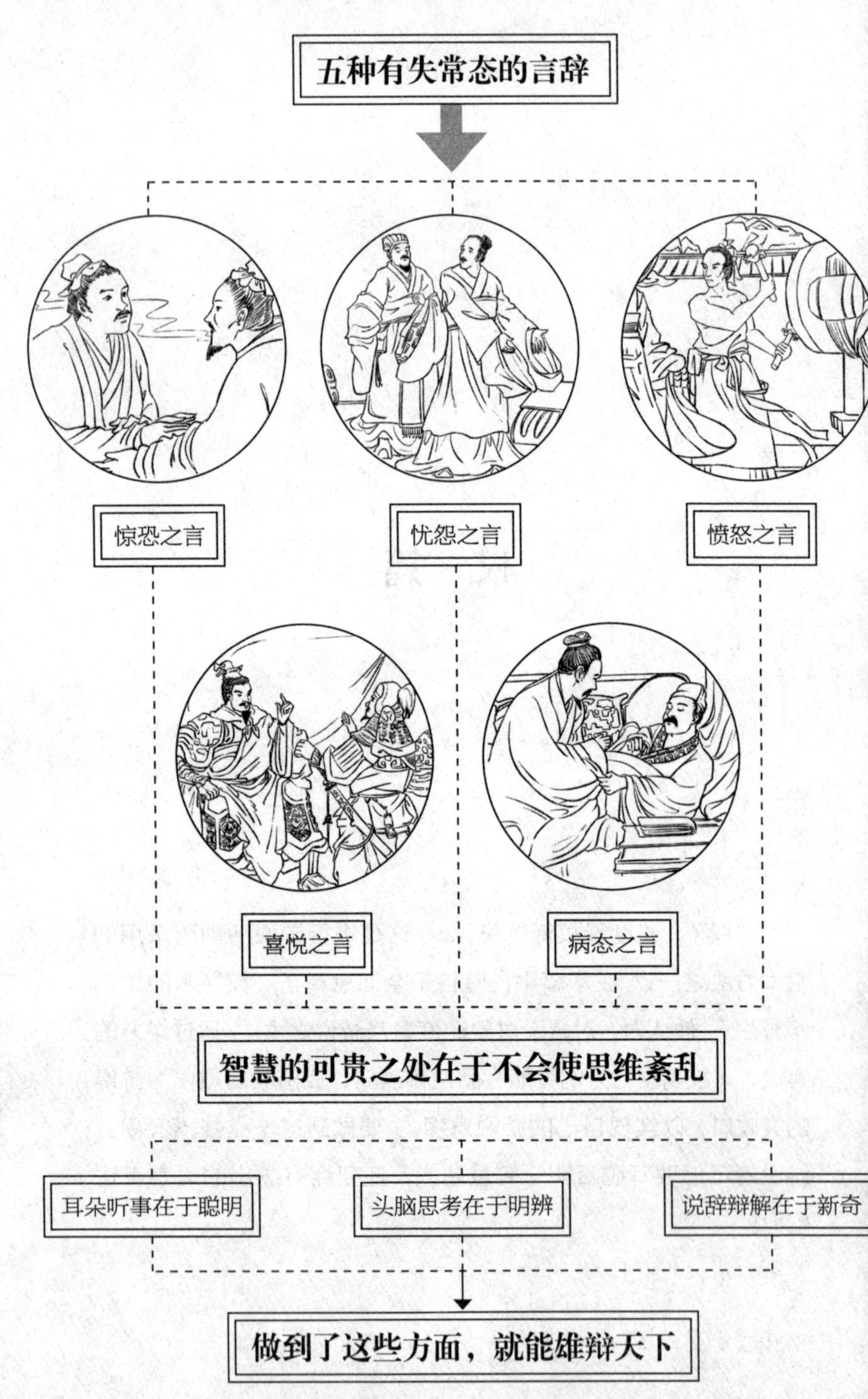
五种有失常态的言辞
惊恐之言
忧怨之言
愤怒之言
喜悦之言
病态之言
智慧的可贵之处在于不会使思维紊乱
耳朵听事在于聪明
头脑思考在于明辨
说辞辩解在于新奇
做到了这些方面，就能雄辩天下

【经典原文】

说者，说之也；说之者，资之也。饰言者，假之也；假之者，益损也。应对者，利辞也；利辞者，轻论也。成义者，明之也；明之者，符验也。难言者，却论也；却论者，钓几也。佞言者，谄而于忠；谀言者，博而于智；平言者，决而于勇；戚言者，权而于信；静言者，反而于胜。先意成欲者，谄也；繁称文辞者，博也；策选进谋者，权也。纵舍不疑者，决也；先分不足而窒非者，反也。

故口者，机关也，所以关闭情意也。耳目者，心之佐助也，所以窥间见奸邪。故曰："参调而应，利道而动。"故繁言而不乱，翱翔而不迷，变易而不危者，观要得理。故无目者，不可示以五色；无耳者，不可告以五音。故不可以往者，无所开之也；不可以来者，无所受之也。物有不通者，故不事也。古人有言曰："口可以食，不可以言。"言有讳忌也。众口铄金，言有曲故也。

人之情，出言则欲听，举事则欲成。是故智者不用其所短，而用愚人之所长；不用其所拙，而用愚人之所工，故不困也。言其有利者，从其所长也；言其有害者，避其所短也。故介虫之捍也，必以坚厚；螫虫之动也，必以毒螫。故禽兽知用其所长，而谈者知用其所用也。

故曰辞言五：曰病、曰怨、曰忧、曰怒、曰喜。故曰：病者，感衰气而不神也；怨者，肠绝而无主也；忧者，闭塞而不泄也；怒者，妄动而不治也；喜者，宣散而无要也。此五者，精则用之，利则行之。

故与智者言，依于博；与博者言，依于辩；与辩者言，依于要；与贵者言，依于势；与富者言，依于高；与贫者言，依于利；与贱者言，依于谦；与勇者言，依于敢；与过者言，依于锐，此其术也，而人常反之。是故与智者言，将此以明之；与不智者言，将此以教之，而甚难为也。故言多类，事多变。故终日言，不失其类，故事不乱。终日不变，而不失其主，故智贵不妄，听贵聪，智贵明，辞贵奇。

【通俗译文】

所谓“游说”就是对人进行劝说。对人进行游说的目的，就是说服人。游说者要会粉言饰词，用花言巧语来说服他人。借用花言巧语说服别人，要会随机应变，有所斟酌。回答他人的问话，要会用外交辞令。所谓机变的外交辞令是一种轻俏的言辞。具有正义与真理价值的言论，必须要阐明真伪；而阐明真伪，就是要验证是否正确。责难对方的言辞，是反对对方的论调，持这种论调时，是要诱出对方心中的机密。说着一些奸佞之话的人，会因谄媚而显得忠诚。说着奉承话的人，会因吹捧对方而显得有智慧。说着一些平实之话的人，由于果决而显得勇敢。说忧愁话的人，由于握着权，而显得有信用，而说稳重话的人，却由于能反抗而胜利。用华美的词藻来鼓吹欲望者，就是谄媚。用夸大与吹嘘来进献谋略，博取上司欢心的人，就是揽权者。前后进退而不犹疑者，就是果决的人。自己不对而又指责他人过错的就是反抗者。

一般说来，“口”就是人的“政府机关”，用它来封锁、宣传信息。耳目，就是心的辅助器官，用它来侦察奸邪。所以说，只要（口、耳、目）三者相互呼应，就会走向成功。一般说来，虽有繁琐的语言并不纷乱，虽有翱翔之物并不迷惑人，虽有局势的变化并不危险，就是要在观物时，掌握要害。由此可知，没有眼睛的人，没有必要拿五色给他们看；同理，没有耳朵的人，没必要让他们听五音；所以不可以去的地方，不必让他们去；不可以来的人，也没有必要接受他们；有些行不通的事，就不要办。古人有言，说："嘴可以吃饭，不可以说话。"说的是讲话是有忌讳的。警惕人言可畏，那是可以把事实歪曲的。

人之常情，只要自己说出话，就希望有人听，只要办事情就希望能成功。所以一个聪明人不用自己的短处而用愚者的长处。不用自己的笨处而用愚人的长处，这样就使自己永远不会陷于窘迫。说到有利的一面，就要发挥其长处，说到有害的一面，就要避其短处。因而，甲虫防卫，是用其坚硬的甲壳。而毒虫行动，一定用那有毒的螯子。连禽兽都知道用自己的长处；何况进谏的人，更应该会用游说术了。

所以说，在外交辞令中有五种情况：一是病态之言，二是幽怨之言，三是忧郁之言，四是愤怒之言，五是喜悦之言。一般说来，病态之言是神气衰弱，说话没精神。幽怨之言是伤心痛苦，没有主见。忧郁之言是心情郁结，不能畅言。愤怒之言是轻举妄动，不能控制自己的话。喜悦之言是说话自由散漫，没有重点。以上这五种外交辞令，精要者可以使用，有利者可以付之实行。

所以与智者谈话，就要以渊博为原则；与博者说话，要以强辩为原则；与善辩的人谈话，要以简要为原则；与高贵的人谈话，要以鼓吹气势为原则；与富人谈话，要以高雅潇洒为原则；与穷人谈话，要以利害为原则；与卑贱者谈话，要以谦恭为原则；与勇敢的人谈话，要以果敢为原则；与上进者谈话，要以锐意进取为原则，这些都是与人谈话的原则。然而不少人却常常背道而驰。所以，与聪明人谈话时，就要让他明了这些方法，与笨人谈话时，就要把这些方法教给他。然而事实上很难做到。所以说谈话有各种方法，所论事情会不断变化。（掌握这些）终日谈论，也不会把事情搞乱。事情不断变化，也不会失其原则。故就智者而言重要的是要不乱不虚，听话善辨真伪，聪颖则善断是非，出言要变化莫测。

【谋略精要】

1. 饰言，应对，成义，难言

本文一开篇，鬼谷子首先讲述了游说的目的。“说者，说之也；说之者，资之也。”游说的目的就是要说服对方，而说服对方的目的是要从对方那里有所收获，得到自己想要的东西。

接着，他讲述了游说的基本方式。由于说服对象不同，目的也不同，形势环境也不同，游说也存在不同的类型，以适应对方的情况。分别是“饰言”（修饰言辞、注意语言的增删）、“应对”（回答别人问话，言辞简洁）、“成义”（言辞成理，辨明真伪）、“难言”（双方意见不合时诘难对方）四种。饰言，是为了避开心理阻力而采用修辞和逻辑手段，或运用寓言等旁敲侧击，晓谕对方，以改变其思维方式和行为趋势。应对，在论辩、外交、礼仪场合、观点争论中要求简洁、准确、有力地回答对方的问题，语言明快，对答如流才能制服对方。成义，提出主张，说明道理，要求观点鲜明，论述清楚，并要有事实证据，才会有说服力。难言，提示对方语言逻辑的漏洞、观点上的错误，从而挫其锐气达到否定对方观点的目的，使对方不得不接受自己的主张，有时候则是为了诱使对方暴露深层的思想。

苏秦是鬼谷子门徒，善于游说。他曾以一席话换来十座城。由此可知纵横术的价值。

秦惠王将女儿嫁给燕国太子。这一年恰巧燕文侯去世，太子继位。齐宣王就趁燕国国丧出兵攻燕，占据了十座城。

燕王对苏秦说："当初你来到燕国，我父亲帮你，使你见到赵王，才完成六国合纵的大业。如今齐国却先攻打赵国，然后又攻打燕国。你主持六国合纵的大业，天下都在笑你。你能为燕国取回齐国侵占的土地吗？"

苏秦很惭愧地说："请让我为大王效劳。"

苏秦去见齐王。一拜再拜，先低头庆贺，然后仰头哀悼。齐王说："怎么一下子庆贺，一下子又哀悼呢？"

苏秦说："我听说饥饿的人之所以不吃乌头（一种可入药的有剧毒的块根作物），是因为吃了与饿死没有两样。现在燕国虽然弱小，燕王却是秦王的女婿。您得了燕国的十座城值得庆贺，但隐藏着祸。因为大王贪图燕国十座城，却与强大的秦国结仇；让燕国成为秦国的伙伴，秦国成为燕国的后盾，这样招来天下的精兵，这不等于是饥饿的人吃乌头一般吗？"

齐王说："那该如何是好呢？"

苏秦说："我听说，古时候善于处理事务的人，能转祸为福，反败为胜。大王如果真听我的，就立刻归还燕国的十座城。燕国想不到能回收十座城，一定十分高兴。秦王如果知道因为秦国的关系而归还燕国的城，也一定高兴。这样齐国少了仇人而得到知交。 而一旦燕和秦都臣服了齐国，那么大王号令天下，谁敢不从？ 这是大王用空话附和秦国，而用十座城取得天下。 此乃完成您称霸的大业。”

齐王说：“好啊！”

于是齐国就把十座城归还给燕国了。

其实，当今的推销行业是和劝说之道分不开的，推销无非劝谏客户接受自己的商品或服务。 孔子说过：“言不顺，则事不成。”在销售行业中，如何与客户有效地交谈是一项很重要的商业技能，这就需要借鉴古代智者的劝谏之道。

一次，林经理请客户小王吃饭，由于客户小王与客户小谢关系很好，于是便一起邀来吃饭。

席间，林经理夸夸其谈，说自己的公司如何大，自己的本事如何高，又如何会做生意，等等。 而客户小谢是个性情中人，当林经理说到“没有我搞不定的客户”时，小谢一拍桌子，指着林经理说道：“你要是这样说的话，那你就肯定搞不定我！”果不其然，林经理至今也没将客户小谢搞定。

这位林经理不是没有能力，而是忽略了说话的细节，“没有我搞不定的客户”是一句具有挑衅意味的话，直白而盛气凌人，结果造成了不必要的损失，这种例子实在应该引以为戒。

客户是上帝，甚至是被宠坏的上帝，在与客户交谈时，注意说话的策略就显得尤为重要，因为你的每一句话都会使客户产生不同的心理反应。 要让别人知道，自己所说的每一句话都是经得起推敲和验证的，都是一心一意为了“他好”，经过不动声色地诱发“变化”、引导“变化”来朝着对我们有利的方向发展，从而最终达到预期的目的。

2. 佞言，谀言，平言，戚言，静言

在阐述了游说的目的和基本方式之后，鬼谷子进而论述了运用语言游说的技巧，有五种：佞言、谀言、平言、戚言和静言。佞言是在游说过程中，顺着对方的心理需要，强调共同点，采用花言巧语，讨好对方，取得对方信任使对方接受自己的观点；谀言是引经据点，纵横健谈，来显示自己的知识渊博，采用不实之词褒奖对方，来取信对方；平言是指采用平实公正的言辞，以果断不疑的方式增强言语的严肃性；戚言是有意识地采用忧患的言辞，通过权诈的方式来显示自己了解对方的想法，并善于权衡得失，善于进谋；静言是采用稳重沉着的言辞，以退为进的方式来取得游说的胜利。

佞言、谀言其实就是奉承话。自古以来，对于喜欢说奉承话的谄媚之徒，人们一般都比较反感。但是奉承话有时并不是毫无用处。赞美的语言永远是人际关系的润滑剂，现代紧张枯燥的生活中，赞美的语言可以缓解一个人紧张的神经，给生活带去一份美丽。赞美话让人自信，但如何来说好赞美话，就要看自己如何把握了。

罗杰斯是某皮革公司的销售经理，一次，他向客户介绍完他们的一种新产品后，微笑着问对方："您认为我们公司的产品如何？""啊，我非常喜欢，但是我想它是非常贵的，我应该为它付出一个非常高昂的价格，在您之前我就听说过。"罗杰斯微笑着说，"看来您是一个非常有贸易经验的人，而且懂得皮革和兽皮。您猜想它的成本是多少？”那人受到赞美，回答说他认为可能是45美分1码。“您说得对。”罗杰斯用惊奇的眼光看着他说，“我不知道您是怎样猜到的。”结果，罗杰斯以45美分1码的价格获得了他的订货单，双方对事情的结果都很满意。而罗杰斯绝不会告诉他的客户，公司最初给产品的定价是39美分1码。

在生意场上，赞美话有说不尽的妙用。在销售产品的过程中，适当地赞美别人，让别人觉得他自己很聪明，就可能做成生意。罗杰斯的故事就告诉了我们这一点。

在现代商业社会中，为了争取更大的利益或避免更大的损失，有时难免要有一番唇枪舌剑。善于灵活运用各种语言技巧的人，无疑会占据先机。

3. 此其术也，而人常反之

鬼谷子认为，与智者、博者、辩者、贵者、富者、贫者、贱者、勇者这些不同类型的人交谈，所使用的方式是截然不同的。现实生活中，说话不光要看一个人的贫贱、富贵、智拙，还要根据他的生活环境、性格特征来综合考虑。

春秋时，孔子周游列国，走累了，在路上休息。他的马逃脱了束缚，吃了别人的庄稼，农民把马牵去了。子贡请求去说服那个农民，孔子同意了。子贡是当时著名的雄辩家，可他把什么话都说了，农民就是不理他那一套。有个刚刚跟随孔子学习的郊野之人，请求孔子让自己去。他对那个农民说：“您不是在东海种地，我不是在西海种地，我的马怎么可能会不吃你的庄稼呢？”那农民很开心，对他说：“说话都像你这么清楚就好了，怎么能像刚才那个人那样！”说完，解开马的缰绳就给了他。

不同生活背景和文化背景的人会有不同的思维定式，对于圈内的人来说，相互理解起来更容易；但对于圈外的人来说，却几乎无法沟通。因此，交谈之前要先了解对方，才能达到有效的沟通。

电话的发明人贝尔有一次来到他的朋友、大资本家许拜特先生的家里，希望他能够对他的新发明投点资。但他知道许拜特脾气古怪，向来对赞助电气事业不感兴趣。怎么能让他产生兴趣，并热心于对此投资呢？两人见面寒暄一阵之后，贝尔并没有立刻向许拜特解释他的发明，也没有说明预算和预期利润。他坐下来，轻松地弹起了客厅里的钢琴。弹着弹着，他忽然停了下来，对许拜特说：“你知道吗，如果我踏下这块脚板，向这钢琴唱一个声音，这钢琴便会跟着我学。譬如我唱一个 DO！这钢琴便会应一声 DO！你看这事有趣吗？”许拜特放下手中的书本，好奇地问：“这是怎么回事？”于是，贝尔详细对他解释了一些科学原理。结果，许拜特非常乐意为贝尔提供一部分实验经费，令贝尔如愿以偿。

谋 篇

“谋”是“计谋”，意思是施展谋略计策，本篇的主旨是如何针对不同的人或事去设立和使用计谋，以达到自己的目的。在谋略的运用中，除了掌握技巧方法外，还应懂得公开运用不如暗中实施、遵循常理不如出奇制胜，因为谋的目的在于控制游说对象，而不是受制于人，使自己在对方出乎意料、不知不觉中便达到目的。这才是运用智谋的高明之处。

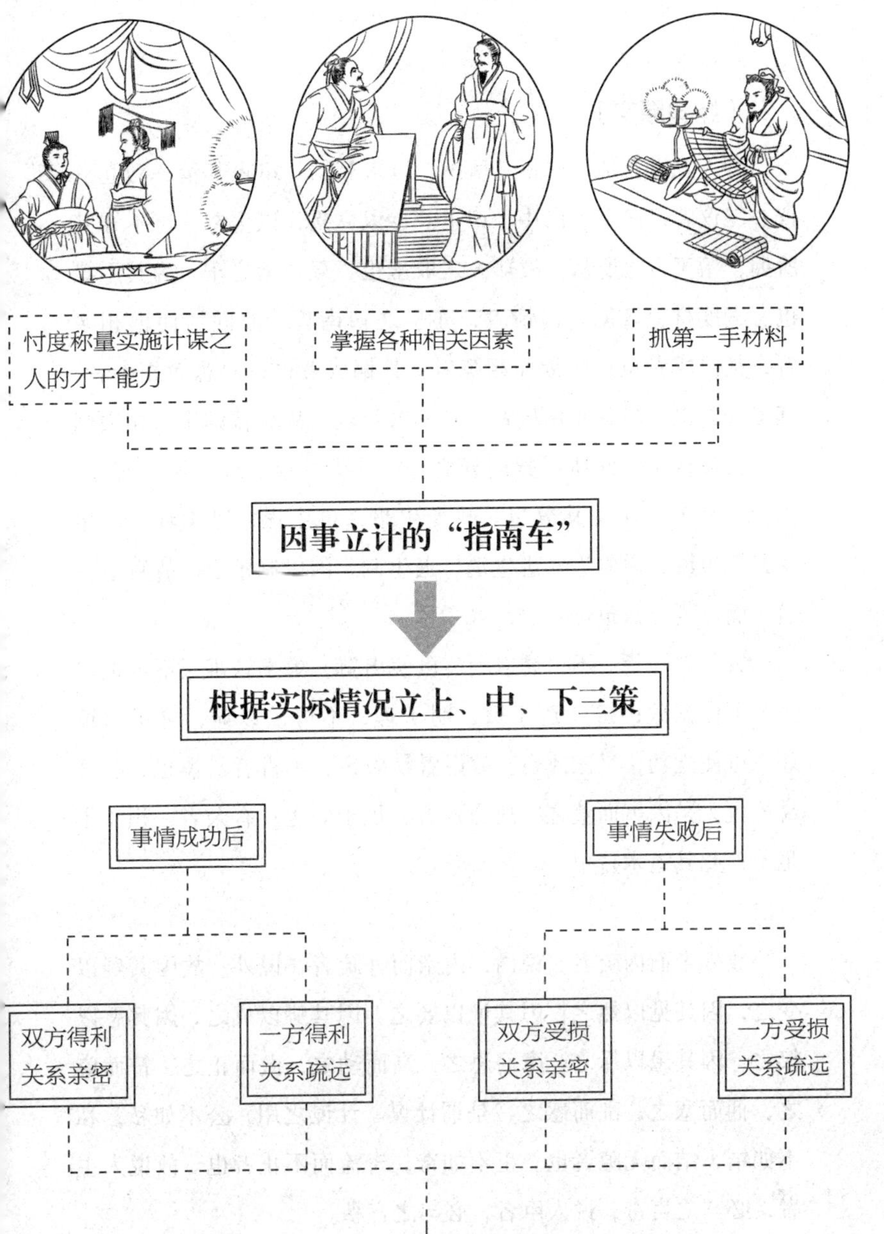
忖度称量实施计谋之人的才干能力
掌握各种相关因素
抓第一手材料
因事立计的“指南车”
根据实际情况立上、中、下三策
事情成功后
事情失败后
双方得利
关系亲密
一方得利
关系疏远
双方受损
关系亲密
一方受损
关系疏远
只有兼顾共同利益才能保持亲密关系

【经典原文】

为人凡谋有道，必得其所因，以求其情。审得其情，乃立三仪。三仪者，曰上、曰中、曰下。参以立焉，以生奇。奇不知其所拥，始于古之所从。故郑人之取玉也，载司南之车，为其不惑也。夫度材、量能、揣情者，亦事之司南也。故同情而俱相亲者，其俱成者也；同欲而相疏者，其偏成者也；同恶而相亲者，其俱害者也；同恶而相疏者，其偏害者也。故相益则亲，相损则疏，其数行也，此所以察同异之分，其类一也。故墙坏于其隙，木毁于其节，斯盖其分也。故变生事，事生谋，谋生计，计生议，议生说，说生进，进生退，退生制，因以制于事。故百事一道，而百度一数也。

夫仁人轻货，不可诱以利，可使出费；勇士轻难，不可惧以患，可使据危；智者达于数，明于理，不可欺以诚，可示以道理，可使立功；是三才也。故愚者易蔽也，不肖者易惧也，贪者易诱也，是因事而裁之。故为强者，积于弱也；有余者，积于不足也；此其道术行也。

故外亲而内疏者，说内；内亲而外疏者，说外。故因其疑以变之，因其见以然之，因其说以要之，因其势以成之，因其恶以权之，因其患以斥之。摩而恐之，高而动之，微而正之，符而应之，拥而塞之，乱而惑之，是谓计谋。计谋之用，公不如私，私不如结，结而无隙者也。正不如奇，奇流而不止者也。故说人主者，必与之言奇；说人臣者，必与之言私。

其身内，其言外者，疏；其身外，其言深者，危。无以人之所不欲而强之于人；无以人之所不知而教之于人。人之有好也，学而顺之；人之有恶也，避而讳之，故阴道而阳取之也。故去之者，纵之；纵之者，乘之。貌者不美又不恶，故至情托焉。可知者，可用也；不可知者，谋者所不用也，故曰："事贵制人，而不贵见制于人。"制人者握权也，见制于人者制命也。故圣人之道阴，愚人之道阳；智者事易，而不智者事难。以此观之，亡不可以为存，而危不可以为安，然而无为而贵智矣。智用于众人之所不能知，而能用于众人之所不能见。既用，见可，择事而为之，所以自为也；见不可，择事而为之，所以为人也。故先王之道阴，言有之曰："天地之化，在高与深；圣人之道，在隐与匿。非独忠、信、仁、义也，中正而已矣。"道理达于此义者，则可与言。由能得此，则可与谷远近之义。

【通俗译文】

凡是遵循一定的法则去筹划计策，必须查明事情的原委，以探得实情。要想得到对方实情，就需确立"三仪"。所谓"三仪"就是上智、中才、下愚。此三者互相参验，就能定出奇谋。这样产生的奇谋，拥有无所不到的威力，然而也不过是遵循古代的哲理而形成的。据说，郑国人入山采玉时，都要开着指南车去，为的是不迷失方向。在考量才干能力、揣情度理方面也如同做事时要使用指南车一样。凡是观点相同、感情亲密的人一同谋事，大家都可以成功。凡是志向相同而感情疏远的人，办事之后只能部分人得利；凡是恶习相同，而又感情亲密的人，办事之后，一定是共同受害；凡是恶习相同，而又感情疏远的人，一定是在办事后，一部分人先受损害。所以说，想要互相都有利就必须密切关系。如果相互间受到损害，就要疏远关系。依此方法行事就可以判断事物的异同。这是有一定规律的。比如墙壁都是由于有裂隙才倒塌，树木是由于有疖疤才毁坏。这就是事物一般的规律啊！所以，事物不断变化，才能产生问题；因为要解决问题才需谋划；只有通过谋划才会产生计策。研究计策才能产生相应的方法；有了方法才能游说决策者，使前进，进而不通，再退一步，进退之中形成制度，以此制度解决现实中的问题。如此看来，万事万物的变化都是一个道理。控制万事万物也是同一法则啊！

一般说来，仁德的人不看重财货，不可以用物质引诱他们，却可以让他们提供财货。勇敢的人不能用危难去吓唬他们，却可以用他们解除危难。智慧的人有谋略通事理，不可以假装诚信去欺骗他们，却可以向他们讲明道理，让他们建功立业。这是三种人才啊！由此观之，愚昧的人是容易蒙蔽的，不肖之徒是容易被吓住的，贪婪的人就容易被引诱，所有这些都要根据具体情况来判断。然而，强者是由弱小的力量不断积累而变强大的；由于积累才使不足者成为富裕者。这就是道术反致的规律啊！

所以，表面上亲善而内心疏远的人要从内心入手去游说他；对于那些内心亲善而表面上疏远的人要从表面上入手去游说他。可以根据对方所疑惑的问题，来改变自己游说的内容；根据对方的表现来判断游说活动是否见效；根据对方的答辞来确定自己游说的要点，根据情势的变化来征服对方。根据对方的所厌进行权衡，确定利弊；根据对方所虑对之申斥，加以防范。揣摩之后对其施以恐吓；抬高对方之后，策化行动；削弱对方之后，加以扶正；验证对方真假后，再决定是否响应他；拥堵对方后，加以阻塞；搅乱之后，迷惑对方。这些就叫作计谋。说到运用计谋，公开者不如保密，保密不如结党，结党而内部没有矛盾。另外，正常的策略不如奇谋，施以奇策是无往不胜的。所以说，游说人主的时候，必须先与他谈奇策；同理，向人臣游说时，必须先与他谈私交。

虽然是自己人，却把家丑外扬，说着有利于外人的话，就会被人疏远。同理，他是外面人，却知道许多内情，也会有危险。不要把人家不喜欢的东西强加于人；不要把人家不懂的事，强教于人。如果对方有某种嗜好，可以迎合他的兴趣；如果对方厌恶什么，要加以避讳，以免引起反感。所以说，所进行的虽是阴谋，所得到的却是公开的获取。因而，想要除掉的人，可以放纵他，让他犯错，然后抓住机会除掉他。无论做什么事，在外表既不喜形于色，也不怒目相视，是感情深沉的人，可以以机密大事相托。对于能了解的人，可以任用他；对于一个不了解的人，一个有谋略的人，是不会重用他的。所以说，办事情最重要的是控制人，而不是被人控制，控制别人的人，手中握权；被人控制的人是被统治者。一般说来，圣人处世之道称为“阴”——谋略原则为隐而不露。愚人处世之道称为“阳”——谋略原则为大肆张扬。聪明智者，成事容易；而愚鲁的人成事困难。由此看来，一个国家灭亡了是难以复兴的，一旦国家动乱也难以安定。然而运用“无为”则是最高的智慧了。“无为”之智要运用在众人所不知、众人所不能见之处。如果在施用智谋之后发现了可行的迹象，就要见机行事，可做，自己就去做；如果发现不可以做，就要选择一些相应的事，让别人去做。所以，圣人能行的大道，都是属于“阴”隐而不露。古语说：天地造化在于高、深。圣人之道在于隐而不露。不单单要求忠诚、信守、仁慈、义理，主要是维护不偏不倚的正道。只有真正地认清这种道理的真谛，才能游说他人。如果双方都谈得很融洽，就可以发展长远的和目前的关系。

【谋略精要】

1. 奇不知其所拥，始于古之所从

“为人凡谋有道，必得其所因，以求其情。审得其情，乃立三仪。”意思是说凡是筹划计谋都要遵循一定的法则。一定找准事情的突破口，以便推测出事情的真实情况。在制定谋略时，要洞悉事情发生及发展的原委，制订出三种谋略方案，然后根据“一切从实际出发”“具体情况具体分析”的原则来确定最切实可行的应变对策，想出出奇制胜的绝招。

万事万物有因必有果，制定谋略就需以事物变化的起因为依据。任何谋略都由计策组合而成。计策中可分为“三仪”：“上策”“中策”和“下策”。如果事情对彼此都有利，就可以和睦相处；对彼此不利，就会疏远。这是一个普遍存在的规律，也是观察异同的办法，如果我们能够充分利用他们之间的微妙关系，那么制定出奇制胜的策略将不再是难事。

在这里，鬼谷子道出了出奇制胜的奥妙，“奇不知其所拥，始于古之所从”。正如《孙子兵法》所说：“凡战者，以正合，以奇胜。故善出奇者，无穷如天地，不竭如江海。”出奇制胜，正是优秀将帅的追求。

齐湣王是个骄傲且贪图享乐的人，他统领的百姓生活苦不堪言。于是作为齐国邻居的燕国便派大将联合另外几个国家一同进攻齐国。齐国百姓对齐湣王痛恨极了，因此在敌军面前，齐

国的士兵根本无心抗敌，士气也非常低落，结果齐国大败。但是齐国百姓看到燕兵奸淫掳掠，想到国仇家恨，心里非常难过，于是逃往莒城和即墨，开始誓死抵抗。

燕军攻打多年，始终没将莒城攻下，只好转攻即墨城。即墨城中的守军得知大将田单是位足智多谋的勇士，也很善于战略，于是齐国的百姓、士兵就将其推举为守城的大将军。聪明的田单想出了一个叫“火牛阵”的新计谋，他先叫城内的商人拿着金银珠宝偷偷送到燕军将领手中，并且让他们假装投降，说：“即墨城的守军兵力不足，即将投降，这些珠宝献给你们，请求大人您入城之后莫杀我们！”燕军一听，以为即墨城里已经准备投降，高兴之余便放松了警戒。

这时田单从城里搜集一千多头牛，并且将牛都披上五彩龙纹衣，双角绑尖刀，尾巴上绑草。正当黑夜来临时，只见他一声令下，军士们立即点燃牛尾巴上的草，牛被火烫到之后，就拼命往前跑，冲入燕军驻地。燕军从睡梦中惊醒，看到这一大群五彩怪兽，吓得惊慌失措，四处乱逃，不是死于牛印之下，就是葬于乱箭之中。之后田单又乘胜追击，最后收复了被燕军占领的七十多个城邑。

大将田单采取“火牛阵”这样的奇计来打败敌人，真可谓出奇制胜。

楚汉争霸之际，韩信背水一战大破赵军。在庆祝胜利的时候，将领们问韩信：“兵法上说，列阵时应该背靠山，阵前可以临水泽，现在您让我们背靠水排阵，竟然取胜了，这是一种什么策略呢？”韩信笑着说：“这也是兵法上有的，只是你们没有注意到罢了。兵法上不是说‘陷之死地而后生，置之亡地而后存’吗？ 如果是有退路的地方，士兵早都逃散了，怎么能指望他们拼命呢？”

韩信精通兵法，但不囿于兵法，而是充分领会兵法之精华，将其融会贯通，最终达到出奇制胜的效果。

在毛泽东的军事生涯中，“四渡赤水”是其得意之笔。 面对数十万国民党军队的围追堵截，毛泽东指挥红军来回穿插，忽东忽西，连战连捷。 当时，红军受阻于云南的国民党军队。 毛泽东出奇兵，下令袭击防备空虚的贵州。 蒋介石此时正在贵州督战，在红军的猛烈攻击下，急忙调动最近的云南军队来支援。等援兵到达后，却根本找不到红军，蒋介石方知中计。 此刻，红军已借蒋之手调出了云南军，顺利地进入了云南省，把几十万追兵甩在身后，跳出了包围圈，渡江而去。

“四渡赤水”创造的军事奇迹，正如《孙子兵法》上所说：“水因地而制流，兵因敌而制胜。”看准对方虚弱的要害狠插一刀，远比正面硬碰硬高明多了。

2. 三才

世界上有三种人才，即：仁者、勇士、智者。 仁者重视理想与信念，轻视财富与地位，即使是最具诱惑的利益摆在他们面前，他们也不为所动；勇士有着百折不挠的信念和坚忍不拔的意志，不会轻易被外来的压力和威胁所恐吓，即使是最具危险的事情他们也能如期完成；智者有着极强的逻辑思维，他们甚至一眼就能看穿一切不诚信的欺骗手段，如果对其晓以大义，必能立下盖世奇功。

“因人制宜”四字，在政治和军事较量中有重要意义。在《三国演义》一书中，就有大量这样的例子。三国时代的所有枭雄中，袁绍的出身是最尊贵的，“四世三公”的家世与声望，在当时确实是一块响亮的招牌，能够获得更多人的拥戴。然而孔融和曹操都说袁绍是“冢中枯骨”。历史上的“官渡之战”，曹操就是利用了袁绍的“志大而智小，色厉而胆薄，忌克而少威”等弱点，引袁绍轻举冒进，曹军则后撤筑垒设防，集中兵力坚守要隘。结果在两军力量悬殊的情况下对峙数月，曹操寻找到抄其后路、焚其粮草的机会，终于打败了袁军，创造了以少胜多的经典战例。而一度以织草鞋为生的刘备虽暂栖他人门下，却依然是曹操眼里的“英雄”。曹操的知人，是他取得巨大成功的一个重要因素。

3. 计谋之用

“摩而恐之，高而动之，微而正之，符而应之，拥而塞之，乱而惑之，是谓计谋。计谋之用，公不如私，私不如结，结而无隙者也。正不如奇，奇流而不止者也。故说人主者，必与之言奇；说人臣者，必与之言私。”意思是说：揣摩之后对之施以恐吓；抬高对方之后，策划行动；削弱对方之后，加以扶正；验证对方真假后，再决定是否响应他。拥堵对方后，加以阻塞。搅乱之后，迷惑对方。这些就叫作计谋。说到运用计谋，公开者不如保密，保密不如结党，结党而内部没有矛盾。另外，正常的策略不如奇谋，施以奇策是无往不胜的。所以说，游说人主的时候，必须先与他谈奇策；同理，向人臣游说时，必须先与他谈私交。

鬼谷子还阐述了如何使计谋顺利实施的方法。要想使计谋顺利实施，必须注意下面的顺序：用公事公办的方法，不如求之于私交；求之于私交，不如与人密谋；只有与人密谋的方法才可以做到无懈可击；用常规正统之法，不如用出奇制胜的“奇谋”。

4. 圣人之道，在隐与匿

鬼谷子认为，控制者，是拥有一定智慧的人；而被控制者，命运只能永远掌握在他人手里。愚人运用智慧是大肆张扬的，而圣人运用智慧却是隐而不露的。隐而不露是一种谋略，是为了达到某种目标，故意将自己的内心掩盖起来以麻痹对方，而一旦时机成熟，条件具备，就会露出利牙，刀枪出鞘，置对手于死地。

那些相貌沉稳、面无表情的人，实则是可以托付真情的人；那些通过考验、了解透彻的人，是可以大胆重用的人；那些深藏不露、即使考验也不能了解的人，是不能轻易重用的。“智用于众人之所不能知，用于众人之所不能见。”在运用智慧时，不仅要运用在对方所看不见的地方，还要时刻观察事物的规律性，探索事物变化的征兆，分析引起变化的原因，制定隐秘又合理的应变措施，并通过适当的时机，让措施得以实施。如果条件不够成熟，切莫将计划仓促实施。此时，可以做一些对方喜欢的或完全为其服务的事，要让对方感觉你是在全心全意为他服务，等到对方对你另眼相待、开始接受你时，再寻找机会将计划实施。

深谙为人处世之道的曾国藩在练兵时，每天午饭后总是邀来幕僚们一起下围棋。一天，忽然有个人来向他告密，说某统领要叛变了，而前来告密者就是这个想要叛乱的统领的部下。

曾国藩闻言大怒，立即命令将那位告密者斩首示众。不久，那位被告密要叛变的统领前来给曾国藩谢恩。没想到曾国藩却脸色一变，又命令左右将统领拿下。

看到这一幕，幕僚们都不知道曾国藩唱的是哪一出戏，纷纷表示不解。曾国藩笑着说道："这就不是你们所能明白的了。"说罢，便命令把已经拿下的那位将领斩首了。然后他才对幕僚们解释说："告密者说的是真话，但如果我不杀他，这位将领一旦得知自己被告发了，势必立刻发动叛变，控制起来就费力多了！我之所以要杀那位告密的人，就是要把他给骗来，让他自投罗网。"众幕僚听了皆自愧弗如，对曾国藩的不露声色、料事如神佩服不已。

日本一位围棋高手，曾以"流水不争先"为座右铭。他在和别人对弈时，常把阵式布置得如同缓缓的流水一样悠闲散漫，让对手掉以轻心，丝毫不加戒备。而一经发动，自己的阵势却能在瞬间聚集起流水波澜中所蕴藏着的无限能量，使对手在惊慌失措中迅速被击溃，乖乖投子认输。

这种"明修栈道，暗度陈仓"的做法，无论是在战场、官场、商场还是为人处世中都屡见不鲜，而且往往能够出奇制胜，收到奇效。

为人处世，学会隐藏自己的意图非常重要。一方面，它可以使你始终保持清醒的头脑，避免自误；另一方面也可以借此迷惑你的对手和敌人，减少干扰，等到他们惊觉时，你早已是一骑绝尘，他们只有望而兴叹的份儿了。

决 篇

“决”就是决断。本篇主要讨论决断事物的有关问题，旨在告诉我们决断的重要性，以及教我们如何去下决断。鬼谷子认为：“决情定疑，万事之机，以正治乱，决成败，难为者。”此话指出了决断的重要意义，决策在社会活动中有着举足轻重的作用。决策是极难做的，而影响又极深远，因而必须谨慎从事。

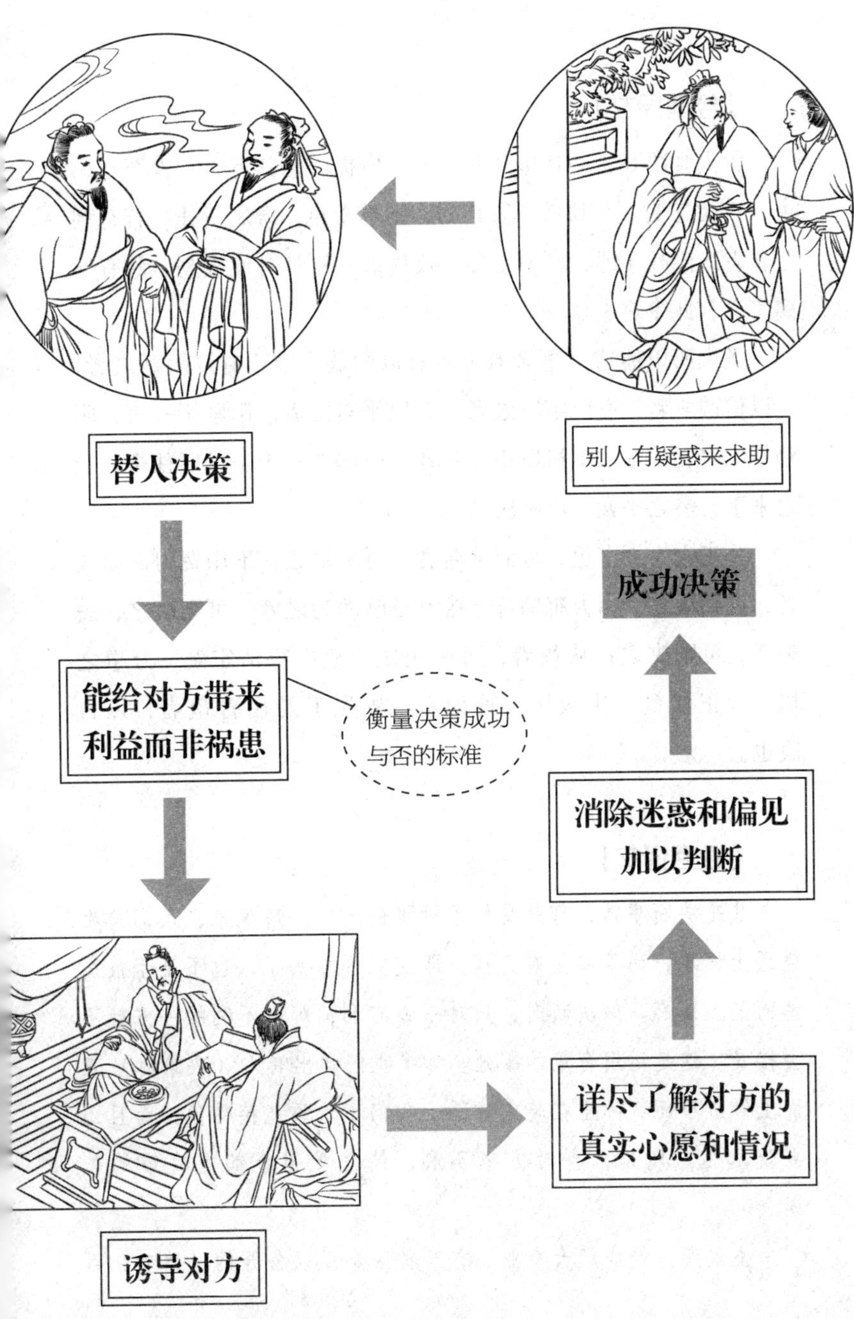
别人有疑惑来求助
替人决策
能给对方带来利益而非祸患
衡量决策成功与否的标准
诱导对方
详尽了解对方的真实心愿和情况
消除迷惑和偏见加以判断
成功决策

【经典原文】

为人凡决物，必托于疑者，善其用福，恶其有患，害至于诱也，终无惑偏。有利焉，去其利，则不受也，奇之所托。若有利于善者，隐托于恶，则不受矣，致疏远。故其有使失利，其有使离害者，此事之失。

圣人所以能成其事者有五：有以阳德之者，有以阴贼之者，有以信诚之者，有以蔽匿之者，有以平素之者。阳励于一言，阴励于二言，平素、枢机以用；四者微而施之。于是度以往事，验之来事，参之平素，可则决之。

公王大人之事也，危而美名者，可则决之；不用费力而易成者，可则决之；用力犯勤苦，然不得已而为之者，可则决之；去患者，可则决之；从福者，可则决之。故夫决情定疑，万事之机，以正治乱，决成败，难为者。故先王乃用蓍龟者，以自决也。

【通俗译文】

凡是决断事情，都是受托于疑难的人。一般说来，人们总希望遇上好事，而不希望有灾祸，即使灾祸临头了，也不至于被引诱而陷入迷惑。做决断时，只对一方有利，那么不利的一方就不会接受。这是运用奇策的基础。如果我们觉出有人（决策时）表面上做善事而实际上在暗中作恶，我们不仅不能接受他，而且还要疏远他。所以，有时办事不利，使之受损害都是决策的失误啊。

圣人所以能成就大事业，有五种因素：以公开的道德教化百姓；以谋略惩治坏人；以信义取信人民；以爱心庇护大众；以廉洁净化社会。实施公开的鼓励法，应坚持守常如一；用谋略管理百姓；要遵循矛盾法则，掌握事物的对立面；还要特别注意平常与关键时刻。如果能小心巧妙地把握上述四个方面，那么推断以往的事情，预测未来的事情，再参照平日的情况，就可以决策了。

王公大臣们，都享有高尚的美名，如果他们可以作出决断，那么不用费力就很容易获得成功，不用气力就能成事的可以作出决断。有些虽然费力辛苦，然而不能不作出决策，那么可以作出决断；如果能排除忧患，就可以作出决断；如果能带来幸运，就可以作出决断。所以说决断事件，解决疑难，是万事的关键。用澄清治乱来预测成败是很难办的事啊！所以先圣是用蓍草、龟甲卜筮做决定的（避免了错误的人为因素）。

【谋略精要】

1. 阳励，阴励

由于不同的对象、不同的事情、不同的目的，决断的方法要求大家灵活掌握，鬼谷子列出了圣人成事的五种方法：

一是“阳德”，就是说对有的人应明施德泽，公开肯定他、鼓励他，稳定其内心状态，影响其行为的趋势，以获取对方的好感，密切双方关系，适用于事情能成功、道理很充足的人。

二是“阴贼”，是指暗地里对别人有意设置障碍，让对方的弱点充分暴露，贬其优势，以便牵制对方，适用于隐瞒实情、言辞虚伪的人。

三是“信诚”，是指用诚心诚意、将心交心、忠信诚实来取得对方信任的方法，示人以诚，取人以信，适用于明白事理、品性正直的人。

四是“蔽匿”，是指用仁爱之心，稍作保留、稍隐实情的方法来包容他人，对别人的弱点或差错，加以宽容和遮掩，宽宥人过，调动其积极性，适用于小奸或者小错的人。

五是“平素”，是指对于常人、常事、常理，要用平时常用的规范性的方法来决断，适用于循规蹈矩的老实人。

总而言之，这五种方法实际上也就是两个方面：明施阳德，暗施阴贼。 明暗结合阴阳互通，于是方法也会跟着变化多端。高明的人深知其理，善于变通，根据实际情况和目标要求，灵活运用上述办法。

2. 可则决之

鬼谷子从事物的动态发展过程提出了决断的客观依据，注重从前因后果来对事物作出决断。

一要以往事来衡量。 善于总结事物规律性的经验，注重事实，注重经验，注重从前因进行分析，作出判断。 二是用来事来验证。 善于预测事物的发展趋势，注重前瞻，注重超前，注重从后果进行分析，作出决策。 三是以现实来参照。 善于观察事物的外部和内部条件，注重实际，注重环境，作出符合实际情况的决断。

成功法则

LANGDAO

道

宋犀堃 编著

四川人民出版社

图书在版编目(CIP)数据

狼道 / 宋犀堃编著. —2版. —成都 : 四川人民出版社,
2022.1

(成功法则)

ISBN 978-7-220-12401-3

Ⅰ.①狼… Ⅱ.①宋… Ⅲ.①成功心理-通俗读物
Ⅳ.①B848.4-49

中国版本图书馆CIP数据核字(2021)第163852号

LANGDAO

狼道

宋犀堃/编著

责任编辑	邹　近
技术设计	松　雪
封面设计	松　雪
责任印制	李　剑
出版发行	四川人民出版社(成都市槐树街2号)
网　　址	http://www.scpph.com
E-mail	scrmcbs@sina.com
新浪微博	@四川人民出版社
微信公众号	四川人民出版社
发行部业务电话	(028)86259624 86259454
防盗版举报电话	(028)86259624
印　　刷	三河市众誉天成印务有限公司
成品尺寸	140mm×203mm
印　　张	4
字　　数	96千
版　　次	2022年1月第2版
印　　次	2022年1月第1次印刷
书　　号	ISBN 978-7-220-12401-3
定　　价	128.00元(全五册)

前　言

狼是一种值得学习的动物，在狼的身上，有许多值得人们学习的精神。这些精神都是成功人士必备的精神。人生想要获得成功，就需要知道通向成功的密码，狼道，是你人生走向成功的宝贵智慧。

狼道，是追求卓越的野心，是猎获成功的目标。

狼道，是一往无前的勇气，是不屈不挠的毅力。

狼道，是舍我其谁的自信，是挑战困难的积极。

狼有着这样的韧性，那就是对猎物坚定不移地追赶。它能够将自己的全部力量集中在锁定的猎物上，即使成功的机会十分微小，但是它们决不会轻易放弃，最终，成功的确到来了。

忠诚是一种美德，更是一种风骨。在狼族世界里，它们不可能知道这样的概念，但它们知道这样去做。同时它们知道，即便是残废了也要好好地活着，不单单是为了自己，更是为了同伴对自己的忠诚。

狼的团队合作精神和集体观念，是其他任何动物都无法比拟的，它们成群猎物，齐心协力，通力合作。 在狼群中，每一只狼都在扮演重要的角色，在狼还是幼崽的时候，它们就耐心地训练承担其领导狼群的重任了，它们认为生活本来就应该是这样的。 其实，成功的团队都是如此，每一个成员不仅要承担自己的义务，还要随时准备承担更大的责任。

人们在学习狼的时候，最多的就是学习它的组织性和纪律性。 古语有云：“工欲善其事，必先利其器。”没有组织和纪律，一切都是空谈。 对于一个狼群就是这样，它们的组织和纪律就是它们得到食物的最大保证，也是它们在自然界中立足的根本所在。

为了生存，狼必须学会坚忍，否则的话，将会成为其他动物的猎物或者饿死，欺软怕硬是动物的天性，弱肉强食是自然界的规律。 逆境生存，王者必胜，靠的就是坚忍。

狼道，实际上就是今天的优秀者、成功者可贵的人道；是那些敢于向命运挑战、永不服输、安身立命者不可或缺的人道；也是我们在竞争中立于不败的人道！ 没有其他动物能像狼一样让人敬佩，值得学习。

本书从多方面对狼道、人道进行诠释，既是一本个人生存的智慧之书，又是一本关于团队管理之书，更是一本企业发展应奉行的准则之书，你可以从中找到你最需要的精神力量。

2021 年 6 月

目　录

CONTENTS

第一章
忍躁求稳，百炼成刚：狼族战无不胜的战斗谋略

扫码点目录听本书

无法避免，那就忍耐

“要是你无法避免，那你的职责就是忍耐。如果你命运里注定需要忍耐，那么说自己不能忍耐就是犯傻。”这是一句至理名言，它告诉我们忍耐的必要性。

一个年轻人毕业后被分配到一个海上油田钻井队工作。在海上工作的第一天，领班要求他在限定的时间内登上几十米高的钻井架，把一个包装好的漂亮盒子拿给在井架顶层的主管。年轻人虽然不情愿，但还是拿着盒子，快步登上狭窄的、通往井架顶层的舷梯，当他气喘吁吁、满头大汗地登上顶层，把盒子交给主管时，主管只在盒子上面签下自己的名字，又让他送回去。于是，他又快步走下舷梯，把盒子交给领班，而领班也是同样在盒子上面签下自己的名字，让他再次送给主管。

年轻人看了看领班，犹豫了片刻，又转身登上舷梯。

当他第二次登上井架的顶层时，已经浑身是汗，两条腿抖得厉害。主管和上次一样，只是在盒子上签下名字，又让他把盒子送下去。年轻人擦了擦脸上的汗水，转身走下舷梯，把盒子送下来，可是，领班还是在签完字以后让他再送上去。

年轻人终于开始感到愤怒了。他尽力忍着不发作，擦了擦满脸的汗水，抬头看着那已经爬上爬下了数次的舷梯，拿起盒子，步履艰难地往上爬。当他上到顶层时，浑身上下都被汗水浸透了，汗水顺着脸颊往下淌。他第三次把盒子递给主管，主管看着他慢条斯理地说："领班签字以后你再送上来。"

年轻人撕开盒子外面的包装纸，打开盒子，里面竟然只是两个玻璃罐：一罐是咖啡，另一罐是咖啡伴侣。年轻人终于无法克制心中的怒火，把愤怒的目光射向主管。当场把盒子扔在地上之后，感到心里痛快了许多，刚才的愤怒发泄了出来。

这时，主管站起身来，直视他说："对不起，你可以走了。不过，看在你上来三次的份儿上我可以告诉你，刚才让你做的这些叫作'承受极限训练'，因为我们在海上作业，随时会遇到危险，这就要求队员们有极强的承受力，承受各种危险的考验，只有这样才能成功地完成海上作业任务。很可惜，前面三次你都通过了，只差这最后的一点点，你没有喝到甜咖啡。"

忍耐，大多数时候都是痛苦的，因为忍耐会使我们寂寞和孤独，会使我们感到压抑，会使我们在一段时期之内不能实现自己的抱负。而且很多时候，这种痛苦是常人所不能承受的。但是，成功往往就是在你忍耐了常人所无法承受的痛苦之后，才出现在你面前的，希望就在拐角附近，也许当你转弯之后，就会得到自己梦寐以求的东西，所以，千万不要在成功之前轻言放弃。

作为普通人，我们不可能经常面对金钱、权力与美色，但在我们的生活中也经常存在着各种各样或大或小的诱惑。比如：你明明知道吸烟对身体不好，却因为吸烟的快感放纵自己继续吸烟；明明知道努力学习有利于今后的成功，却难以放弃现在轻松自在的生活而投入紧张的学习中。

在一粒芝麻与一个西瓜之间，你一定明白什么是明智的选择。也许某种诱惑能满足你暂时的虚荣，却会妨碍你获得更大的成功或长久的幸福。所以，无论在什么情况下，一定要站稳立场，耐得住寂寞。不仅一个人是这样，一个企业、一个社会也是这样。

> 一家著名企业在招聘推销员时，公司人事经理只粗略地看了一下应聘人员的自荐材料，便说电梯坏了，于是带着几十个应聘者从1楼往位于32楼的办公室爬去。结果大多数人不是待在1楼等电梯修好，就是走了一半就放弃了。看着坚持到最后的几位应聘者，人事经理宣布："你们被聘用了。"——其他人则全部淘汰。

以爬楼梯来考核一个员工是否具有坚持不懈的精神，再合适不过。一个连几层楼梯都不愿爬的人，成不了优秀员工，更成不了优秀的推销员。

◆ 耐心是成功的制胜法宝 ◆

忍耐是通往成功的必经之路，坚持下去才能攻克那些曾经阻碍我们的难关。成功之前需要长久蛰伏，我们要沉下心来，厚积薄发。

坚持不懈地付出努力，不仅是优秀推销员取得良好业绩的法宝，也是任何一个职场人士取得成功所必须要做到的。

一个人做一件事情并不难，难的是持之以恒，直到最后成功。

一位成功学家曾经说过：“在失败了之后，我们不仅要重整旗鼓，而且还要做三次、四次甚至更多次的努力。在每个人的体内都有巨大的储备力量，但除非你懂得并坚持下去，否则它毫无意义。”

不管是在职场还是在生活中，坚持不懈都是打开成功之门的钥匙。忍耐是思想的提高、能量的积蓄，是无声的奋斗，我们要学会忍耐，在忍耐中锲而不舍地去追求，从而实现自己的职业理想和人生志向。

忍躁求稳：挑战快速成功学

狼族在猎食的过程中，表现出令人叹为观止的忍耐力。忍耐，就是等待一段时间，坚持一个过程，并在这段时间、这个过程中默默地奋斗下去，直到成功。

忍耐也是把痛苦的感觉或某种情绪抑制住、不使其表现出来的能力，它是意志顽强的一个前提。

有作为的人，多数都具备这种品质。从狼族的忍耐力磨炼中，人们可以获得很多益处，从而加强对自身忍耐力的认识、培养及提高。

修身养性，培养自己的浩然之气、容人之量，保持自己的高远志向，必须要抑制浮躁的心态。

浮躁，乃轻浮不沉稳之意。 一个人如果有急躁不沉稳的缺点，是干不成大事的。

在工作中，常有人犯浮躁的毛病。 他们做事情往往既无准备又无计划，只凭脑子一热、兴头一来就动手去干。 他们不是循序渐进地稳步向前，而是恨不得一锹挖成一眼井，一口吃成胖子。 结果呢？ 事与愿违，欲速不达。

人心浮气躁，不能静不下心来做事，将一事无成。 荀子在《劝学》中表达了这样的观点：蚯蚓没有锐利的爪牙、强健的筋骨，但向上却能够吃到地面的黄土，往下能够喝到地底的黄泉，原因是它用心专一。 螃蟹有六只脚和两个大钳子，但它不靠蛇鳝的洞穴，就没有寄居的地方，原因就在于它浮躁而不专心。

战国时期魏国人西门豹，性情非常浮躁，他常常扎一条柔软的皮带来告诫自己。 魏文侯时，西门豹做了邺县令。 他时时刻刻提醒自己，不能浮躁，要忍躁求稳、求安求静。 后来，他在邺县做出了成绩。

做事戒急戒躁，人一急躁则必然心浮，心浮就无法深入到事物的内部中去仔细研究和探讨事物发展的规律，无法认清事物的本质。 气躁心浮，办事不稳，差错自然会多。

浮躁对人对己都没有好处，假如狼在漫长的狩猎过程中，忍受不了饥饿，忍受不了蚊虫的折磨，那么它势必会惊动猎物，被活活饿死。 无论狩猎还是生存，我们切忌心浮气躁，而应该学习狼族的忍耐精神。

2007 年，有一部军事题材的电视剧非常火爆，那就是《士兵突击》。剧中王宝强饰演的许三多给观众留下了深刻的印象。

> 青山绿水之间，人们日出而作、日落而息，笨拙且经常被人欺负的农村孩子许三多就生活在这里。但有一天，他的命运被改变了，因为史今班长的一个承诺，他和村里聪明世故的成才一起进了新兵连。
>
> 在需要像成才那样聪颖、灵巧的年轻人的部队，迟钝、一根筋的许三多步入了绝境，连长讨厌他，班副伍六一排斥他，老乡成才也觉得很没面子，骡子与马的区别显而易见。新兵训练结束了，许三多被分到了偏远艰苦的后勤管道维护班五班，一同来部队的老乡成才则去了鼎鼎大名的钢七连。在红三连二排五班的半年里，许三多并没有像五班的其他人一样浑浑噩噩虚度日子，他一个人踏踏实实地做了一件有意义的事情——铺路，让五班班长和其他士兵惭愧不已。
>
> 后来一个偶然的机会，团长知道了许三多一人修路的事情，于是把他调回了团部，并安排他进了钢七连——一个铁骨铮铮、傲气冲天的连队。连长高城说什么也不同意，但在班长史今的恳求下，许三多还是被留下了，被安插在史今的班里——钢七连一排三班，从此开始了他真正意义上的士兵生涯。
>
> 到了钢七连后，许三多越来越没有信心：对长途高

速奔袭、潜伏侦察一无所知；错误不断，作为装甲侦察兵，他竟然晕车；周围的人都比他强，身边的战友都排斥他……许三多拖累了全班的成绩，甚至危及史今班长的前程。

班长认为自己当初既然答应他父亲，要把他带成堂堂正正的兵，那么自己一定要负责，所以他始终耐心地启发、教导许三多。在一次保养战车时，班长为了鼓励许三多就让他帮忙拆履带，自己掌钎，许三多抡锤。但第一锤他就把班长的手给砸伤了，气得旁边的伍六一直跺脚。许三多吓傻了，认为自己什么都干不好，绝望地哭了起来。班长气得骂他，说他是逃兵。最后在班长的鼓励下，许三多再次抡锤，这时，他手中的铁锤一锤接一锤地砸了下去，准确地砸在铁钎上。

为了克服晕车，班长让许三多练习腹部绕杠，他一次次地在单杠上旋转，又一次次摔下来。在一次全团考核中，许三多惊人的记忆力让全连上下大吃了一惊。为了向连长证明许三多有实力，班长要许三多腹部绕杠，他一口气绕了333个，远远破了伍六一以100个大回环破的集团军纪录，这一次他给班长长了脸，连长开始对他刮目相看。

渐渐地，许三多成为连里训练和比赛的尖子。而班长史今由于年龄的原因，也因为许三多的表现突出，他申请了退伍复员。为了将班长留下而拼命训练出成绩的许三多蒙了……

在离别的痛苦和艰苦的训练中，许三多成长了起来。

然而他所在的钢七连却因为军事改革的需要，奉命改编。

短短时间内，战友一个个走了，营房只剩下连长和他两个人。虽然只有两个人，但是许三多坚守着七连的纪律，每天坚持出操、跑步，吃饭前喊口令、唱歌，不但让别的连队汗颜，连长高城也惭愧得不行。

最后连长也调到另外的部队，一直依附于班长和战友的许三多成了钢七连的最后一个兵，留守看护着以往充溢着青春热血的营房。许三多无怨无悔地承受着孤独和失落，时间长了甚至开始自言自语。但靠坚持和每天一成不变的行动，许三多默默坚守着……最后他凭着自己的坚忍、执着、沉稳，成了优秀的特种兵。

许三多的成功给现代人很深的思考，在因 CPI 上涨、房价浮动、股市起落而略显浮躁的当今社会，许三多的迟钝、笨拙、一根筋、不放弃，感召着人们跟现实相悖的内心，为我们提供了一次自我反思的契机。《新周刊》一篇名为《“许三多”成为浮躁社会的反义词》的文章里说：“这种钝感的力量，是一种社会稀缺资源，是快速成功学的反义词，是功利职业伦理的反义词、机会主义的反义词，甚至是这个浮躁社会的反义词……”

从许三多的身上，我们可以学到很多东西，譬如善良、真诚、认真、执着、忍耐。中国文化给人的感觉一直是沉稳、含蓄，就如太极拳般心平气和、不急不躁。但是，中国经济正在高速发展，物质水平不断提高，不少人的心态和处世态度少了耐心，多了急躁；少了冷静，多了盲目；少了脚踏实地，多了急于求成。莫非是现代社会的快节奏和高压力，助长了浮躁之风吗？

浮躁是一种情绪，一种并不可取的生活态度。人浮躁了，会终日处在又忙又烦的应急状态中，脾气会暴躁，神经会紧绷，长久下来，会被生活的急流所挟裹。

所以，我们必须向许三多学习，学会认真、执着、坚忍，让浮躁在忍耐中沉淀。

学会等待：放慢脚步，加快速度

狼在捕捉猎物时从不蛮干，而是善于等待机遇。它们知道，鲁莽草率地做出行动，即使有充沛的体力跑完所有草原、高山、森林、沙漠，也很难达到自己的目的，捕到好的猎物。

> 白天时，狼盯上一只黄羊，先不动它。一到天黑，黄羊就会找一个背风草厚的地方卧下睡觉。这会儿狼也抓不住它，黄羊身子睡了，可它的鼻子耳朵不睡，稍有动静，黄羊蹦起来就跑，狼也追不上。一晚上狼就是不动手，趴在不远的地方等。等一夜，等到天亮了，黄羊憋了一夜尿，尿脬憋胀了，狼瞅准机会就冲上去猛追。黄羊跑起来撒不出尿，跑不了多远尿脬就会颠破，后腿抽筋，就跑不动了。这样一来，狼很轻松地就能将黄羊

捕获。

事实上，狼身上的忍耐精神对人而言就是一种对人生的等待。在每次行动之前，狼都会考虑如何创造、发现及利用机遇。正因如此，狼才能更容易捕捉到猎物。

那什么是等待呢？等待就是在坚守时不任意妄为，不铤而走险，不降格以求，不随风摇摆，不违背原则，不出卖灵魂。等待的后面是一种尊严、一种信念、一种节操、一种原则、一种大道。等待的同时也应该是学习，是发展，是充实，是自我完善的过程。

在我们的一生中，有许多时光都是在等待中度过的。虽然，等待的结果是未卜之事，但在等待的过程中，我们可以充实自己，积蓄足够的力量。

在成功之前，一个人要积蓄足够的力量。一个年轻人刚踏入社会，等待他的将是数不胜数的机会，但是如果他没有足够的学识、没有捕获机会的敏锐，那么再多的机会也会和他擦肩而过。所以，捕获机会之前，你必须学会等待，给自己创造更多成功的可能性。

全国著名的推销大师，即将告别他的推销生涯，应行业协会和社会各界的邀请，他将在该城中最大的体育馆，做告别职业生涯的演说。

那天，会场座无虚席，人们在热切地、焦急地等待着那位最伟大的推销员做精彩的演讲。当大幕徐徐拉开，舞台的正中央吊着一个巨大的铁球。为了这个铁球，台上搭起了高大的铁架。

一位老者在人们热烈的掌声中，走了出来，站在铁架的一边。他穿着一件红色的运动服，脚下是一双白色胶鞋。

人们惊奇地望着他，不知道他要做出什么举动。

这时两位工作人员，抬着一个大铁锤，放在老者的面前。主持人这时对观众讲："请两位身体强壮的人，到台上来。"好多年轻人站起来，转眼间已有两名动作快的跑到台上。

老人这时开口和他们讲规则，请他们用这个大铁锤，去敲打那个吊着的铁球，直到把它荡起来。

一个年轻人抢着拿起铁锤，拉开架势，抡起大锤，全力向那吊着的铁球砸去，一声震耳的响声，那吊球动也没动。他就用大铁锤接二连三地砸向吊球，很快他就气喘吁吁。

另一个人也不示弱，接过大铁锤把吊球打得叮当响，可是铁球仍旧一动不动。

台下逐渐没了呐喊声，观众好像认定那是没用的，就等着老人做出解释。

会场恢复了平静，老人从上衣口袋里掏出一个小锤，然后认真地，面对着那个巨大的铁球。他用小锤对着铁球"咚"地敲了一下，然后停顿一下，再一次用小锤"咚"地敲了一下。人们奇怪地看着，老人就那样"咚"地敲一下，然后停顿一下，就这样持续地做。

10 分钟过去了，20 分钟过去了，会场早已开始骚动，有的人干脆叫骂起来，人们用各种声音和动作发泄着他们的不满。老人仍然一敲一停地工作着，他好像根本没有听见人们在喊叫什么。人们开始愤然离去，会场上出现了大块大块的空缺。留下来的人们好像也喊累了，会场渐渐地安静下来。

大概在老人进行到40分钟的时候，坐在前面的一个妇女突然尖叫一声："球动了！"霎时间会场鸦雀无声，人们聚精会神地看着那个铁球。那球以很小的幅度动了起来，不仔细看很难察觉。老人仍旧一小锤一小锤地敲着，人们好像都听到了那小锤敲打吊球的声响。吊球在老人一锤一锤的敲打中越荡越高，它拉动着那个铁架子"哐哐"作响，它的巨大威力强烈地震撼着在场的每一个人。终于场上爆发出一阵阵热烈的掌声，在掌声中，老人转过身来，慢慢地把那把小锤揣进兜里。

老人开口讲话了，他只说了一句话："在成功的道路上，你没有耐心去等待成功的到来，那么，你只好用一生的耐心去面对失败。"

所以，要学会等待，用耐心去等待，不可心浮气躁。俗话说，饭要一口一口地吃，路要一步一步地走。一步不能登天，一口吃不出胖子。

在匆匆忙忙、风风雨雨的人生之旅中，我们难免会遇到失意碰壁后的茫然和困惑。

我们需要等待。等待，不是消极颓废，而是像狼那样整装待发；不是停滞不前，而是缜密思索，以便选准出手的最佳途径和突破口。

屡败屡战：拼搏到底的狼

面对挫败，狼族的反应不是倦怠、沮丧和屈服；它们也不会像人类那样，表现出忧虑疑惑、郁郁寡欢；狼族只是重新整装待发，投入眼前的任务。

彭端淑在《为学》中讲了这样一个故事：四川边远地区有贫富悬殊的两个和尚，他们都想到南海朝圣，富和尚几年来一直打算雇船顺江而下直到南海，最终却没有去成；穷和尚只凭着一个盛水的瓶和一个讨饭的钵，步行到达了南海。

有些人认为，这说明逆境能造就人才，而顺境只能埋没人才。 辩证唯物主义理论告诉我们，外因是变化的条件，内因是变化的根据，外因通过内因而起作用。 逆境、顺境都是外在条件，而不是成才的主要原因，成才的关键在于主观能动性的发挥。

身处顺境的富和尚没能到达南海，而身处逆境的穷和尚却最终到达，原因何在呢？ 根本原因就在于穷和尚有着坚韧不拔的意志、不达目的不罢休的坚定信念。 正是这种意志和信念存于心中，穷和尚才能到达南海。 这也为我们学习狼性的法则提供了动力的源泉。

许多先贤都是在经历了很多苦痛的转折之后，更深刻地体会到了人生的意义之所在，依靠坚忍延续他们的生命力，写下了一篇篇传世经典，成就了许多奇功伟业。就是在这些转折中，先哲们的坚忍和坦荡，使他们的人格和思想在历史长河上空凝聚成了一股恒久的馨香；也正是这些转折，使他们的意志磨炼得更加坚忍，同时也激发了更多人的感喟。

狼的坚忍让我们看到的不只是这些。王羲之是我国历史上最杰出的书法家之一，作为中国艺术史中被尊为“书圣”的王羲之，书界赞美他“贵越群品，古今莫二，兼撮众法，备成一家”。在少年时为了能写得一手好字，他刻苦磨炼，精研笔势，独辟蹊径，坚忍而行，一直以来都是后人的楷模。在国外同样也有很多例子是狼的坚忍法则的体现。

19世纪末，电灯、电话、电报、电唱机等电器的问世，给我们的生活带来了极大的便利和快乐。然而，这些电器都是要用电的。没有了电，这些东西就毫无价值，成了一堆废物。但当时的蓄电池使用时间却很短。爱迪生，这位举世闻名的发明家，意识到解决蓄电池“短命”问题的重要性：如果不延长蓄电池的供电时间，将会影响许多电器的使用。于是，爱迪生把研制新型蓄电池的工作排上了日程。一旦确定了目标，爱迪生就把全部的精力投入到工作中去。在他的头脑里，其他的一些事情，包括衣食住行似乎全部淡化了，只是清晰地留下研究工作。

有一天，爱迪生在家里吃饭时，突然举着刀叉的手停留在半空中，面部表情呆板。他的夫人看惯了他的这类事，知道他正考虑蓄电池的问题，便关切地问：“蓄电池‘短命’的原因在哪里?”“毛病出在内脏。要治好它的根，看来要给它动手术了，换器官。”“不是大家都认为，只能用铅和硫酸吗?”夫人脱口而出。她想了想，对她的丈夫说这种话毫无意义。他不是在许多“不可能”之中创造了奇迹吗? 于是，夫人连忙纠正道：“世上没有不可能的事，对吗?”爱迪生被夫人的这番话逗乐了。“是啊，世界上没有什么不可能的事，我一定要攻克这个难关。”爱迪生暗自下定决心。

问题看起来非常简单，然而，一旦做起来却是非常困难。

爱迪生和他的助手们夜以继日地做着实验。一个春天过去了，又一个春天过去了，苦战了3年，爱迪生试用了几千种材料，做了4万多次的实验，可依然没有什么收获。这时，一些冷言冷语也向他袭击而来，可爱迪生并没有理会，而是对自己的研究充满信心。

有一次，一位不怀好意的记者向爱迪生问道：“请问尊敬的发明家，您花了3年时间，做了4万多次实验，都有哪些收获呢?”爱迪生笑了笑说：“收获嘛，比较大，我们已经知道有好几千种材料不能用来做蓄电池。”爱迪生的回答，博得在场的人一片喝彩声。那位不怀好意的记者也被爱迪生的坚忍所感动，红着脸为爱迪生鼓掌。

凭着这种坚韧不拔的意志，爱迪生将他的实验继续下去。1904年，爱迪生终于用氢氧化钠（烧碱）溶液代替硫酸，用镍、铁代替铅，造成世界上第一台镍铁碱电池。它的供电时间很长，爱迪生凭借自己的坚忍找出了延长蓄电池供电时间的方法。

每个人心中都存有不断向前的使命感。努力奋斗是每个人的责任，我对这样的责任怀有一份舍我其谁的信念。

生下来就一贫如洗的林肯，他这一生始终都在面对挫败，八次选举八次都落败，两次经商失败，甚至还精神崩溃过一次。“此路破败不堪又容易滑倒。我一只脚滑了跤，另一只脚也因而站不稳，但我回过气来告诉自己，这不过是滑一跤，并不是死掉爬不起来了。”在竞选参议员落败后，亚伯拉罕·林肯如是说。也正因为他根本就没有放弃，自始至终不断地向自己的目标努力，永不言败，才成了美国历史上最伟大的总统之一。

而对于那些弱者，挫折便成了他们生活中不可逾越的一道鸿沟。他们在此徘徊、唉声叹气，却没有想到这条鸿沟正是他们自己。只要征服自己，超越自我，拥有狼性般拼搏到底的精神，成功自然随之而来。但是他们没有勇气面对挫折，因而也失去了目标，自己放弃了很多本应属于自己的东西。

狼是不畏惧失败的，促使它们勇往直前的是“猎物”，它们知道如果选择了放弃，就要面临着饥饿，甚至死亡；它们更不会害怕失去，有时我们可能会认为自己遭受的挫折很大，或许有的人会说遭受的打击太沉重了，而且成功的希望也非常渺茫。但是，只要我们像狼一样锁定目标，紧随目标，凭着坚忍的承受力，我们就还有希望，“猎物”就不会逃出我们的掌心。

第二章
坚持本色，超越自我：
相信自己是世界上独一无二的头狼

改变本色是成大事者的忌讳

在一个狼群内部，每一只狼都具有自己独特的声音，这声音与群体内其他成员的声音都不同。

虽然每只狼的叫声独特，但是，当狼群深情地嚎叫时，它们却成为一个最完美的整体。狼群虽然有严格的等级制度，也是最注重整体的物种，但这丝毫不妨碍它们个性的发展和展示。即使是具有最大权力的头狼，也没有权力要求其他的狼模仿自己的声音嚎叫，也没有权力要求其他的狼模仿自己的行为。

老牧民圣地亚哥最喜欢听狼嚎。在月明星稀的深夜，狼群发出一声声凄厉、哀婉的嚎叫，老人经常为此泪流满面。他认为那是来自天堂的声音，因为那声音能震撼人们的心灵，让人们感受到生命的存在。老人说："我认识这个草原上所有的狼群，但并不是从形体上区分它们，而是通过声音——狼群在夜晚的嚎叫。每个狼群都是一个优秀的合唱团，并且它们都有各自的特点以区别其他的狼群。在许多人看来，狼群的嚎叫并没有区别，可是我的确听出了不同狼群的不同声音。”

狼群在白天或者捕猎时很少发出声音，但它们却喜欢在夜晚仰着头对着天空嚎叫。对于狼群的嚎叫，许多动物学家都进行过研究，但都不能确定这种嚎叫的意义。也许是对生命孤独的感慨，也许是通过嚎叫表明自身的存在，也许仅仅是深情的歌唱——一种艺术行为。

在狼群中，每一只狼都要尊重其他狼的嚎叫，因为尊重个体的本色是狼一贯的风格。

爱默生在他的短文《自我信赖》中说过：

一个人总有一天会明白，嫉妒是无用的，而模仿他人无异于自杀。因为不论好坏，人只有自己才能帮助自己，只有耕种自己的田地，才能收获自家的玉米。上天赋予你的能力是独一无二的，只有当你自己努力尝试和运用时，才知道这份能力到底是什么。

另一位诗人道格拉斯·马洛奇是这么说的：

如果你不能成为山巅上一棵挺拔的松树，就做一棵山谷中的灌木吧！

但要做一棵溪边最好的灌木。

如果你不能成为一棵参天大树，
那就做一片灌木丛林吧！
如果你不能成为一丛灌木，
何妨就做一棵小草，给道路带来一点儿生气？
你如果做不了麋鹿，
就做一条小鱼也不错，
但要是湖中最活泼的一条！
我们不能都做船长，总得有人当船员，
不过每人都得各司其职。
不管是大事还是小事，
我们总得完成分内的工作。
做不了大路，何不做条羊肠小道？
不能成为太阳，又何妨当颗星星！
成败不在于大小——
只在于你是否已竭尽所能。

正如世上没有两片完全相同的树叶一样，在这个世界上，也没有两个人是完全相同的。遗传学告诉我们，人是由父亲和母亲各自的23条染色体组合而成，这46条染色体决定了这个人的遗传基因，每一条染色体中都有许许多多的基因，任何单一基因都足以改变一个人的一生。事实上，人类生命的形成是一种令人敬畏的奥妙。

我们每一个人都是崭新的、独一无二的。如果我们要独立自主，想发展自己的特点，只有靠自己。但这并不表示我们一定要标新立异，并不是说我们要奇装异服或是举止怪诞。事实上，只要我们在遵守团体规则的前提下保持自我本色，不人云亦云，不亦步亦趋，就会成为我们自己。

一个人放弃自我本色意味着什么？意味着模仿别人，跟在别人的屁股后面转，这样就把别人的特色误以为是自己应该追逐的东西，而渐渐失去自我。放弃自我、模仿他人是成大事者的忌讳。

> "做你自己！"这是美国作曲家欧文·柏林给后来的作曲家乔治·格希文的忠告。柏林与格希文第一次会面时，已声誉卓越，而格希文当时只是个默默无名的年轻作曲家。柏林很欣赏格希文的才华，并且以格希文所能赚的三倍薪水请他做音乐秘书。可是柏林也劝告格希文："不要接受这份工作，如果你接受了，最多只能成为欧文·柏林第二。要是你能坚持下去，有一天，你会成为第一流的格希文。"
>
> 格希文接受了忠告，终于成为美国当代作曲家。

即使成名人物如查理·卓别林在未出道前也曾放弃过自我。卓别林开始拍片时，导演要他模仿当时的著名影星，结果他一事无成，直到他开始塑造出自己的风格，做回自己，才渐成大事。鲍勃·霍伯也有类似的经验，他以前有许多年都在模仿他人唱歌跳舞，直到他发挥了自己机智幽默的特色才真正走红。

当玛丽·马克布莱德第一次上电台时，她试着模仿一位爱尔兰明星，但没有成功。直到她还自己以本来面目——一位由密苏里州来的乡村姑娘，才成为纽约市最红的广播明星。

美国乡村乐歌手吉瑞·奥特利未成名前一直想改掉自己的得克萨斯口音，打扮得也像个城市人，他还对外宣称自己是纽约人，结果只招来别人背后的讪笑。后来他开始重拾三弦琴，演唱乡村歌曲，才奠定他在影片及广播中最受欢迎的牛仔地位。

追求个性才能获得创造性成功

每只小狼在开始学习生存技能时，总会被培养成与众不同的个性，而每种个性都会为整个狼族的生存贡献不同的力量。

有这么一只狼，总喜欢独往，经常冒险，但又非常聪明，几乎每次外出都能捕得猎物。有一次，它胆大妄为，在大白天便潜入到有人放牧的羊群中。它利用中午猎人与猎狗休息松懈的机会，借助草丛、灌木做掩护，潜行到羊群的附近。突然一个急冲，便扑倒了一只羊，迅速掏开腹腔，吞食着内脏。眨眼工夫已经大快朵颐，把肚子撑得圆了起来。待牧羊人反应过来时，这条狼开始逃跑了，但它被包围了。这时狼弓腰收腹，吐出了一部分刚刚才吞下去的鲜肉，减轻了自身负担，然后猛回头，再次冲向羊群。羊群吓得四散奔逃，干扰了人和狗的视线和去路，狼终于又一次成功逃脱。群狼中的首领——头狼对于这只独狼的行为持默许的态度。因为它不仅分担了群狼捕食时的压力，有时还会为狼群带回猎物，并成为这群狼中的一个特立独行者。

在狼群的每次战斗前，头狼总对不同的狼分配不同的任务，是迷惑对方还是伏击对方，是冲在前面还是负责掩护，完全根据每只狼的个性而定。狼的个性不同所拥有的地位也不同。

一位生物学家在澳大利亚的高原上研究狼群，发现每个狼群都有一个半径 15 千米的活动圈。把三个狼群的活动圈微缩到图纸上，便会发现一个有趣的现象：三个圆圈是交叉的，既不隔绝，又不完全相融。狼群在划分地盘时，留有一个公共区域。相交部分为它们提供了杂交的可能性，不相交部分又使它们保有自己的独立性。这充分说明了狼是一种十分独立的动物。

彼得·克拉克曾说："狼非常有个性。就像对人类进行的研究一样，有的狼一直在帮助其他的狼，有的则懒散，有的则喜欢到处游荡，有些则不与其他的狼来往。即使在同一狼群中，你也会看到各种不同的个性。"

人也是如此，人也要有自己的个性，工作也要有自己的特色。

我们知道现在的流行歌手，由唱片公司一手打造形象，就连笑容何时出现，也由公司决定。不过王菲可是最出名的例外，她不喜欢迎合媒体，也不会刻意讨好歌迷或媒体，但她特立独行的行为却为她赢得了大批忠实的歌迷。

王菲在1987年前往香港发展，一开始人生地不熟，她也不会说广东话。在学了两年声乐后，老师将她推荐给新艺宝唱片公司。新艺宝在1989年替王菲出了第一张专辑，1990年又出了两张专辑，这三张专辑都有不错的成绩。不过当时王菲的专辑一定程度上说还是唱片公司精心包装的产品，艺名“王靖雯”也是讨好市场的步骤之一。

成名之后，王菲自己一个人来到美国学习和游览了好几个月。王菲常在外国的街头闲逛，参观博物馆，泡咖啡馆，认识了许多奇怪但是看来很有自信的人。王菲开始醒悟，原来她也和这些人一样，要独立而自信。

她决定转型。回到香港后，因为有过去销售量的支持，王菲与唱片公司沟通，给她自主的空间，也找来过去的合作对象制作专辑，而对演唱会的歌单、配乐、舞台与服装设计，也提出了自己意见。之后，王菲继续以特立独行的性格，自在地穿梭在歌手、作词者、作曲者、唱片制作人、广告明星和电影演员等不同角色之间。王菲受欢迎的程度只增未减，创造了一个实力偶像神话。

精密包装、讨好市场，这或许是成功的一种方式，但这种毫无个性、毫无新意的方式并非成功的必要前提，坚持自己独立的个性或许能让人耳目一新，取得创造性成功。 王菲的成名告诉了我们这一点。

特立独行的人不迷信命运天定，更不迷信成功法则，他们相信每个人都有自己的做人方式，只要找到属于自己的那种方式，那么成功就会像加减运算那样简便可得。

狼可杀不可养

一只瘦弱的老狼拖着疲惫的步子走到一座村庄旁边，看见一条壮硕的大狗。狗问狼：“老兄，你怎么成这么个落魄的样子了?”狼叹了口气，说：“现在生存下来可真难啊，食物难找，有时候拼了老命也弄不到一口吃的。而且草原上阴晴不定，夏天热得要死，冬天又冷得要命。这些还都好，最可怕的是还要时时防备猎人设下的陷阱，一不小心，连命都没了。我长这么大，连个安稳觉都没睡过。”

狗听了以后惊讶地说：“啊?那我可就幸福多了，住在一年四季都温暖如春的房子里，而且天天都有好吃的，从来不用担心肚子的问题。”狼的眼睛都亮了，羡慕地说：“那你一定要为主人做很多事情吧?”狗骄傲地说：“什么也不用做，只要主人摸我的时候，我把头靠上去，摇两下尾巴就可以了。你如果愿意，我可以把你介绍给主人。”狼高兴地刚要答应，却发现狗的脖子上有一条细细的铁链，一直延伸到狗窝旁边的一根木桩上，铁链周围的毛都已经被磨掉了很多。

“那里是……”狼疑惑地问。

“没什么，要知道，想生活好是需要一定代价的，这点儿不算什么。”狗无所谓地说。

这时候，远处响起人的脚步声，狼站起来，往树林当中跑去。

狗赶忙问：“别跑啊，我还没跟你介绍我的主人呢！”

“还是算了吧，如果用宝贵的自由去换取安逸，我还不如在丛林中受点儿苦。”狼头也不回地消失在丛林当中。

骨子里，狼就是自由的动物。自由的天性或天性的自由，已成为它们不可更移或改变的高贵基因。

“生命诚可贵，爱情价更高。若为自由故，二者皆可抛。”通俗易懂的一首诗，却充分表达出自由在人们心目中的地位及人类对自由的追求。匈牙利著名诗人裴多菲的诗已脍炙人口，它之所以广为人知，相信其中的一个原因莫过于写出了人们对自由追求的那种执着和义无反顾的精神。有多少人热爱自由、渴望自由？又有多少人为了自由置生命、爱情于不顾！让我们感念近代的先辈、先烈们！是他们，为了国家、民族的独立、自由，投身于轰轰烈烈的革命浪潮当中。谭嗣同、林觉民、孙中山、闻一多、李大钊……这许许多多的中华儿女，为了使祖国摆脱列强的压迫，抵抗帝国主义的侵略，义无反顾地用生命承担起扭转祖国命运、救民众于水火之中的重任。他们是值得我们赞美、值得我们缅怀的，特别是在我国日益强盛的今天，缅怀他们，就是为了不忘过去，不忘落后就要挨打的教训。

狼不会为了嗟来之食而不顾尊严地向人摇头摆尾。因为狼知道，虽不能有傲气，但绝不可无骨气，所以，狼有时也会独自高唱自由之歌——自由是一种心态，自由是一种境界。无自由，毋宁死！

以命搏食，自尊独立的生存信条

狼将以命搏食作为其生存的重要信条，狼的自尊注定了它们不会像家狗一样向主人摇尾乞食，它们不会接受别人的施舍，永远保持自己尊贵的独立。狼是一种有傲骨的动物，而身为万物之灵长的人更应该有傲骨。在狼的意识里，食物是要靠自己拼抢来的，它们不会接受别人的施舍，从不乞求别人的怜悯，宁肯饥肠辘辘，宁可冻饿而死，这就是狼睥睨一切的尊贵。狼在以死拼食的性格中，似乎有一种更为特立独行、桀骜不驯的精神在支撑着它。这份精神，就是尊严。

尊严是做人的基本准则，是为人处世的底线，它就像人的脊梁，可使人昂首挺立，亦可使人颔首弓腰。没有了尊严的人就如同没有了脊梁的身体，就算还是个人，却没有了立身做人的骨气。

◆ 人要捍卫自己的尊严 ◆

人须自重，一味迁就别人反而会被欺负，这样并不利于发展建立在尊重基础上的人际关系。你若不卑不亢，敢于捍卫自身的尊严和权利，自然会得到他人的敬佩。

尊严是我们的幸福不可或缺的元素，活着而没有尊严，那就等同于行尸走肉。因此，现实中，人们会拼命维护自己的尊严。尊严就像是成功的一把钥匙，我们手里握着钥匙，就会觉得有希望，即使在打开那扇门之前遇到再多的困难和失败，我们都不会退缩。

有一年的冬天，美国南部的一个小镇上忽然来了一大群逃难的流亡者。小镇的镇长为这些流离失所的人送去衣物和干粮。这些流亡者，在外面风餐露宿了很久，他们接到东西，连一句感谢的话语也来不及说，就个个狼吞虎咽，大口大口地吃起来。

其中有一个例外的人，当镇长将食物送到他的面前时，这个脸色苍白、骨瘦如柴的人问："先生，吃您这么多东西，您有什么活儿需要我做吗？"镇长想，给一个流亡者一顿果腹的饮食，每一个善良的人都会这么做。于是他说："不，我没有什么活儿需要您来做。"

那个流亡者的目光顿时暗下去了，他硕大的喉结剧烈地颤动着说："先生，那我便不能随便吃您的东西，我不能没有经过劳动，便平白得到这些东西！"镇长想了想又说："我想起来了，我家确实有一些活儿需要您帮忙。不过，等您吃过饭后，我就给您派活儿。"

"不，我现在就做活儿，等做完了您的活儿，我再吃这些东西！"那个青年站起来说。镇长十分赞赏地望着这个青年人，但他知道这个年轻人已经两天没吃东西了，又走了这么远的路，可是不给他做些活儿，他是不会吃下这些东西的。镇长思忖片刻说："小伙子，你愿意为我捏一捏肩膀吗?"说着，就蹲在那个青年人跟前。青年人只好也蹲下来，十分认真而细致地给镇长轻轻地捏肩膀。

捏了几分钟，镇长十分惬意地站起来说："好了，小伙子，你捏得棒极了，刚才我的肩还一直酸，可现在舒服极了。"镇长说完，将食物递给那个青年人。青年人立刻狼吞虎咽地吃起来。镇长微笑着注视着那个青年说："小伙子，我的工厂现在太需要人手了，如果你愿意留下来的话，那我可就太高兴了。"

那个青年人留了下来，并很快成了工厂里的一把好手。过了三年，镇长还把自己唯一的女儿许配给了他，镇长对女儿说："别看他现在什么都没有，但他一定会成为一个富翁，因为他有尊严!"

多年后，那个青年如镇长预期的一样拥有了一笔让大多数美国人都羡慕的财富。

正是那份在困境中依然没有放弃的尊严让这个年轻人取得了成功。一个人的尊严是最可贵的，失去的东西可以再重新获得，但失去了尊严就只剩下一副躯壳了，那么还谈什么成功呢?

有尊严是成功的前提，然而，尊严要以独立为前提。因为独立的个人才会有所作为，独立的国家才会不受欺负，实现繁荣富强。

易卜生先生曾经说过："世界上最坚强的人就是独立的人。"独立代表了我们对生活的掌控，我们在生活中的独立，意味着我们对生活的把握和规划，我们是生活的主人，而不是依附于它，或者事事依附于别人。此外，对于一个人而言，还有另一种更为重要的独立，那就是思想上的独立，不附和别人的想法，不盲从他人的思路，无论是生活上还是为人处世上，都有自己冷静而清醒的认识和思考。有了思想上的独立，我们生活中的独立才更有意义。思想决定了我们的行为，同时也完善着我们的人生。

在当今社会，市场竞争让我们所面临的困难和挑战是难以想象的，我们只有像狼那样，永远保持一份尊贵的独立，即使在最难熬的黑夜也咬牙坚持下去，我们早晚会看到属于自己的胜利曙光。

我们的内心深处都有着一份像狼一样尊贵的独立，在生活中，我们也同样拿出“以命拼食”的劲头向前冲，总有一天我们会握到胜利女神的双手，获得世界的尊重。

第三章
狼亦有情，人岂能无义：狼族肝胆相照的铁血丹心

狼岂能无义，把忠诚浇铸在脊骨里

毫无疑问，狼是一种和人类一样有着深厚情感的动物，甚至有时候狼与狼之间所表现出的情意和忠诚是人类所不及的，尤其是在生死攸关的时刻。

狼的忠诚众所皆知，下面一个关于狼与人之间忠诚的实例，能让我们真切地感觉到狼的可贵品质。

有一个人长期在阿拉斯加研究狼群，他认识一对夫妻及两个小孩儿，这一家人住在一个非常偏僻的地区，并且是住在他们亲手建造的圆木小屋中。这个家庭中还包括两匹狼，这两只狼从小被这对夫妻养大。母狼被人射杀，而可怜的小狼就被这对夫妻带回家抚养。它们认同的家庭，就是这个四口之家再加上自己，它们认为人类就是它们的同类。

有一天，这对夫妇到离家约一千米的地方去伐木，

留在家里的两个小男孩儿不小心弄倒了煤油灯（那儿没有电），猛烈的大火开始吞噬木质的建筑。父母距离他们太远了，两个小男孩儿身陷火海。这时，两只狼竟然不顾烟雾与恐惧，立刻冲入火海般的木屋中，将两名小男孩儿救到安全的地方。

忠诚对于我们并不陌生，中华民族悠久灿烂的古代文明，为后世的我们留下了取之不尽的精神财富。先辈们的人格魅力和品质素养经过千年的积淀，形成了今天中华民族伟大的品格。张骞出使西域、鉴真东渡，他们所具有的忠诚品质无不让人敬佩。

忠诚是人们在这个社会上生存的资本，只有“我口言我心”的人才能找到真正的自我。对个人来说，忠诚可以让你拥有很多朋友，能让你与其他人友好相处，最终为自己带来成功；对于一个团队而言，忠诚的意义在于它能够使整个团队无论从形式上，还是从实质上都成为一个有机整体，并且能够形成巨大的整合力，重新锻炼一些忠诚度低的员工，提高他们的忠诚度。现代企业，无论是发展还是变革，都离不开员工的忠诚。忠诚是共同努力的基础，它不仅能提高整个团队的战斗力，还能够让团队获得持久的生命力。

美国作家阿尔伯特·哈伯德是《把信送给加西亚》的作者，在一次公开演讲时，讲述了他几周前到一个国家的某个小镇的一次经历：

我们参观了那里的法庭、第一国家银行、砖场、医院和监狱。之后，他们带我参观了当地的水电站。那是一个壮观的钢混结构工程，大部分的时间都利用水力发电。

水电站的负责人是一个年方21岁的年轻人。我注意到他的纽扣处别着一枚发光的朱庇特徽章，所以我们的话题就从朱庇特开始了。

我注意到通往水电站的公路旁250米处有一条砖路，这个年轻的负责人无意中提到，那是他和他的工友们一起铺筑的。他开玩笑说，他们这样做仅仅是为了消磨时间。

通常，那样的工作都是交由包工队完成的，但我发现在这里却是由这个年轻人掌控着全局，他很有经济头脑。

我问了他几个问题，诸如他是哪里人等，但他微笑着将话题避开，然后又将我的注意力拉回到他们新引进的发电机上。在回城的路上，一个组委会官员对我说："你最好注意一下那个年轻的孩子，他3年前才来到这里的，当时我们正在建设发电厂，包工头就雇用了他当他们的送水员，而第二周，他就当上了计时员。"

一天晚上，老板看到他撕开几米长的红色法兰绒布，然后将它们包在日光灯上，看起来他们没有足够的红灯照明。他很抱歉地解释说，他们没有足够的资金购买相应的设备以替换已损坏的那些。

这就是他所有的回答，他从不多说什么无益的话，但他总是能将事情做得很好。他总是早上很早便来到电厂上班，而且往往是晚上最后一个离开。

他在水电厂勤勤恳恳地工作了一年，当包工队将要离开的时候，这个小伙子已经当上了包工队的老板助理。

每次老板去芝加哥开会的时候，都会把所有的权力交到他的手上。没有什么所谓的任命，他就那么自然而然地临时接替了老板的职务。

看完阿尔伯特·哈伯德的这一段经历，你是否有所感触呢？ 是的，一个人的忠诚源自他的内心，正如有人说："忠诚是血液里流出来的秉性。"

忠诚是一种人格特质，它能给人带来一种自我满足感，更加懂得自重，它是时时刻刻都伴随着我们的精神力量。

哈伯德先生说："在这个世界上，并不缺乏有能力的人，那种既有能力又忠诚的人才是每一个企业需求的最理想的人才。 那些忠诚于老板、忠诚于企业的员工，都是努力工作、没有任何借口的员工，他们的忠诚会让他们达到我们想象不到的高度。"

随着时代的变迁，许多东西会流逝变化，但闪烁在人性中最真实的东西、最可贵的品质是不会变的，相反，它会随着岁月的流逝更加弥足珍贵。 忠诚就是具有这一特性的高贵品质。

狼坚守信义，绝不损人以利己

在狼的生命中，没有"背信弃义"这个词，一个群体中的狼，即使是遇到危难时刻，也绝不会丢下同伴，"义"字在狼的身上体现得淋漓尽致。

在北美的原始森林里生活着一群狼。一天，有两只狼结伴外出狩猎，大雪过后的森林几乎没有任何动物出来觅食，它们就这样没有目的地四处寻找着。突然，其中一只狼发现前面有一溜兔子留下的脚印，于是它开始顺着这些痕迹追踪至一棵大树下。就在它仔细分辨脚印的去向时，一不小心触到了猎人专门为捕捉野兽而设下的捕兽钢夹。这只狼的前腿被牢牢地夹住，夹子上面粗大的钢针一下子刺穿了它的肌肉。随着一声凄厉的嚎叫，在附近狩猎的另一只狼迅速跑了过来，见此情景，它围着受伤的狼焦躁地转了一圈又一圈，不停地用前爪试探着钢夹，试图打开它救出同伴。

在这个过程中，施救的狼不断地警惕着四周，以防猎人在此刻巡查。它在通过一次次努力都宣告失败后，痛苦地望着同伴。受伤的狼非常绝望，随着时间的流逝，危险也在步步逼近，当施救的狼再次试图营救时，受伤的同伴向它发出了愤怒的吼叫。施救的狼明白，这是同伴让它远离危险的信号。

此时，它们都很清楚，在这里多待一分钟就接近死亡一分钟，因为猎人随时有可能发现它们。就这样，它们彼此默默守望着对方，受伤的狼越发不安起来，它的眼睛充满了忧伤和愤怒，喉咙不时地发出沉闷的低啸，督促着同伴赶快离开，但施救的狼始终不肯离去。

这时，令人震撼的一幕发生了。只见受伤的狼张开大口，用自己锋利的牙齿狠狠地咬向被钢夹夹住的前腿，希望舍弃自己的一条腿来换取自己和同伴的生命。由于失血过多，这一举动显得有些无力，它把目光投向了同伴。显然，施救的狼被这一幕惊呆了。少顷，它明白了受伤同伴的意思。为了能够活命，它在受伤同伴的鼓励下，一口咬断了同伴被夹住的前腿，随后，一起离开了危险的境地。

狼与狼之间的义气，让我们看到了一种至高的境界。在这个物欲横流的世界里，我们已很少有过这样的感动。

职场上，我们听到不少的尔虞我诈：为了升职，一些人可以置同事的情谊于不顾；为了利益，甚至把人与人之间的信义抛到脑后。在这些例子里，职场似乎是冷漠无情的世界。

很多人，为了满足自己的欲求，会坚守所有对他们有利的权利；对于会损害到自己利益的事，一件也不肯做。在今日的社会，这种倾向越来越明显。

同事、朋友之间，义气为先，如果能顾全彼此的情谊，就可以使对方感受到你对他的奉献精神，对方对你也会真心相待，从而达到职场上的双赢。

工作主要是为了谋生，谋求自己的利益并没有错误，但是如果时时事事采取利己主义，在职场的为人处世中，一定会失败。这种利己心理谁都会有，但是如果我们能稍微改变一下做法，不一味只想着自己的利益，我们的人际关系就会大有改善。你帮别人获得利益，最终这个利益还是会由你获得。这种“先义后利”的观念，是追求良好人际关系所不可缺少的。

狼爱憎分明：播撒爱心，收获责任

狼天生就是一种爱憎分明的动物，狼族的亲情与博爱在草原上人人皆知。

狼的忠诚信义、狼的知恩图报、狼的坚贞不渝、狼的自我牺牲、狼所付出的爱，让人为之心动！由于人们一向对狼怀有误解，才认为狼残忍凶暴，根本不会产生爱。

> 一只小狼跑进了灌木丛，开始寻找它最隐蔽的藏身处。它四处游荡，最后沿着小溪，走到了一个宽阔的峡谷中。突然，草丛中蹿出了一只狼，是只母狼，很像它的母亲，但毕竟有些不同，是只陌生狼。老狼跳起来扑向这只小狼，这个漂泊的小家伙本能地倒在了地上。毫无疑问，老狼按照自然界适者生存的规律，把这只小狼当作了猎物。但是，它立刻就闻到了小狼身上的气味，放松了已经扑上去的两条前腿。它低头看着这只小狼，看了好一会儿。小狼惊恐地趴在它的脚下，杀死这只小狼的冲动，或者至少是给小狼一个惊吓的想法，莫名其妙地消失了。小狼身上有一股浓烈的气味，它自己的孩

子正和小狼一样大小，它的心被感动了。当小狼有足够的胆量抬起鼻子闻它的时候，它没有生气的表示，只是发出了一声短短的半带着同情的吼声。

……

陌生狼就是敌人。老狼从洞里冲出来保卫家园的时候，又一次遇到了这只小狼。小狼身上的气味又一次感染了它，它不能狠下心来把小狼赶走。

……

小狼最终为自己找到了一个养母，这是它一生中最大的幸福。

也许，从狼的身上我们能读懂爱的另一层含义，并努力去寻找曾经缺失的爱。

爱具有无与伦比的力量，它能使人敞开心扉。人的一生应该是施与爱的一生，只有这样，我们才能活出真正的自我，获得一个充实而美好的人生。我们要用全身心的爱来迎接今天，对一切都满怀爱心，这样我们才能获得新生。

高尔基曾经说过："一个人只有爱着什么的时候，才能活下去。如果什么也不爱，那他活着还有什么意义呢？"

2005 年深秋的一个下午，北京王府井大街地下通道里一对求助的母子，吸引了不少路人的目光。孩子已经有四五岁，但是身体孱弱，头部大得出奇，活动也不太方便。母亲专注地照顾着怀中的孩子，似乎对身边的其他事物并不关心，偶尔有好心的路人给他们留下钱物，

◆ 懂得感恩的人更易成功 ◆

常怀感恩之心的人具有一种人格魅力，让人想要靠近，想和他们多接触。这种感恩带来了许多朋友与难得的机遇。感恩之心是每个人行走于世间不可缺少的美德。

母亲也没有什么反应，表情有些茫然。

中国平安保险的营销员王娟当天碰巧路过时看到了这对母子，便上前询问二人的情况。原来这对母子是贵阳人，妈妈叫刘燕，孩子叫小伟。小伟出生后不久便患了脑积水，由于所居住的县城医疗条件有限，得不到很好的医治，只好到北京求医。小伟曾经在北京一家医院动过一次手术，但是后来的状况并不好。刘燕想为孩子继续治病，无奈家里的积蓄已经花光了，只好在北京街头乞讨寻求帮助。王娟给母子留下了一些钱，并决定为他们提供一些帮助。随后王娟咨询了民政部门，得知按照现行的相关政策，小伟的情况可以在当地残联得到一定的救助，于是便把这一信息告诉了刘燕，并送母子二人回了贵阳。

然而一年之后，王娟再次在北京王府井大街的地下通道里遇到了母子二人。原来，在这一年中，小伟的病情逐渐加重，由于脑部受到积水挤压，已经影响了发育，四肢不能正常活动，连进食时的吞咽都非常艰难。之前为小伟动过手术的大夫告诉刘燕，目前找不到更好的办法，劝她放弃治疗。但刘燕并没有就此放弃，她坚信有一天小伟会康复，能像其他孩子一样，自己吃饭，自己玩耍。

同样身为母亲的王娟被刘燕深深打动，她向公司寻求帮助。公司的伙伴们得知这一情况后，也被小伟的不幸遭遇所打动，纷纷伸出了援助之手。通过联系，北京天坛医院为小伟重新做了一次检查，并准备制订进一步的治疗方案。在公司和同事的帮助下，王娟开始在中保网和博客网上筹划小伟的“爱心专栏”，呼吁更多的好心人为小伟提供帮助。

爱是生命中最好的养料，只要有爱就有彩虹，生命就有希望。虽然不是每个人都能成为名人英雄，但是，每个人都可以像王娟那样，在生活、工作中用点滴的关怀付出爱、播撒爱。

爱是尘世的幸福，或是创造尘世幸福的力量。如果你的心灵枯萎了、死亡了，那么医治它的唯一药剂便是爱。爱的奇妙和伟大之处就在于它能激发人们的热情、智慧和勇气。人是渺小的，但爱的力量却无与伦比，强大时可以支配一切、改变一切。

它能够使苦变甜，使忧变喜，使无为变有为，使弱者敢于藐视强者，使孤独者乐于拥抱世界。

有所爱的人是幸福的，因为他们的生活是有激情的，因为他们的心灵是有寄托的。拥有爱就等于拥有了一切！

执子之手，与子偕老

在狼族凶残的背后，狼的奉献、狼的忠诚、狼的知恩图报、狼的护崽母性、狼的助老哺幼、狼的家族亲情，等等，甚至超过了人类。狼可以说是全心全意地献身于家庭的。它们有灵敏纤细的感觉，能够察觉家庭其他成员的需要。狼对伴侣极度忠诚，对于爱侣充满深情，它们绝不会吝于付出情感。

“生命诚可贵，爱情价更高。”持有这种恋爱观的人，才能享受到爱情的真境界。

我们喜欢“牵手”这个朴素而有动感的词，爱的真谛，尽在其中；爱的温馨，扑面而来。伸出手去，牵住的不仅是另一只手，而且是一个跟自己的生命一样重要的人。牵手时，有一种拥有的愉快，也有一种沉重厚实的责任感。《诗经》中有这样的句子：“死生契阔，与子成说。执子之手，与子偕老。”

夫妻间应该多一些欣赏。皮格马利翁的故事值得夫妻们反复重温。

> 很久很久以前，塞浦路斯有一个名叫皮格马利翁的国王，善雕刻，他十分欣赏自己精心制作的爱情雕像，欣赏她每一个部位，欣赏她迷人的表情，以至于爱上了她。皮格马利翁恳求维纳斯，请她为自己所欣赏、钟爱的石制雕像赋予生命。最后，国王和自己的作品喜结鸾凤。婚后，皮格马利翁从对妻子的欣赏中获得了艺术的力量。后来，萧伯纳借用这个美好的故事编写了名叫《皮格马利翁》的戏剧及《我美丽的小姐》的音乐剧。在这两个剧本中一个名叫伊里莎·杜丽特尔的暴虐、孤僻的女人，被一位教师和他的欣赏训练成了美丽而迷人的

姑娘。

由此可见，夫妻双方在婚后没有理由要将婚前对对方的欣赏收回，更不能因缔结婚姻而忽视用欣赏来巩固爱情、增进感情。因欣赏而吸引、相恋、结合可能是短暂的，因欣赏而使夫妻相敬如宾、恩恩爱爱、甜甜蜜蜜却是永久的。生活中，夫妻间把对方的一次称赞、一个眼神、一个微笑储留心底。妻子的几句赞美，毫无疑问将大大调动丈夫洗衣做饭的积极性，尽管他洗的衣服领口、袖口还脏，他做的饭菜咸得难以入口。当妻子默默地挑着生活的重担，或白菜咽饭或咸菜就馍，却把煮熟的鸡蛋悄悄塞进丈夫的衣袋时，丈夫切莫将其简单地归结为“中国女性传统美德”而处之泰然，而应该对妻子的关心赠之以欣赏、报之以爱抚。

曾经有一对人人羡慕的恩爱夫妻，一起走过了50个春秋，而彼此感情依旧。50年的时光竟不能让他们的爱情有一丝的褪色，反而越来越炽烈。他们的那些为家庭矛盾困惑的朋友很是不解，便向他们询问：50多年的相随岁月，如何走过来？她答一个“忍”字；而他呢，答一个“让”字。

听在追求自我的年青一代耳中，简直不可思议！如此忍让度一生，人生还有什么乐趣？生命还有什么意义？

若再追问，忍字头上一把刀，难啊！她说：“一点儿不难嘛，凡事多替他想想，不就没怨没气了？”问他该怎么让，他说：“很简单啊，她喜欢的事，就让她去做，总得给她一片自己的天空。”

在他们庆祝金婚的庆典上，来宾请他们发表一下携手半世纪的感想。一向谨言慎行的他，站起来，看着她，慢慢地说：“我们结婚时，她19岁，我现在看她，好像还是19岁那时的模样。”

他说得是那样坦然自在，在他和妻子凝视的目光里，来宾们明白了什么叫50年的爱情。大厅里响起一阵热烈的掌声，久久不息。

爱情的艺术在很大程度上说也就是理解，但这并不是全部，还有就是容忍。

追求理解，寻找知音——其实上帝造出男人和女人是为了让他们相互爱恋、相互扶持，在人生的路上相濡以沫。

有人说过，爱情像一笔存款，相互欣赏是收入，相互摩擦是支出，相互忍让是节约开支。这样的比喻是十分形象与贴切的。

幸福是一种感觉，相爱是快乐的，相守是幸福的。下面一个真实的故事，会让我们从中体味到什么是相濡以沫的幸福。

傍晚，李强看见一个小伙子正吃力地背着个姑娘上天桥，额上渗出细密的汗珠儿，他赶快过去帮着搀扶，问小伙子：“她生病了吧？我帮你叫车送医院。”

来到天桥上，姑娘忽然大笑起来，小伙子忙向他道歉：“对不起，谢谢您，我们在玩游戏。”

“什么？”

姑娘好半天才停住笑，告诉他说今天是他们结婚3周年纪念日，他们特意请假出来逛街。“他没有钱，我不要他买什么礼物，但他有力气，所以要他背我上天桥，才背3个来回，就累了，将来结婚30周年，我让他背30个来回，累死他那把老骨头……”姑娘趴在小伙儿肩上又笑了起来。

向来以为，浪漫必定和鲜花、烛光、音乐相连，却不知道世上还有这样一种别致的浪漫。

婚姻生活本来就是平淡的，它是由一个个平淡的爱的细节组成的。相濡以沫就是，将每一个生活细节都演绎得爱意融融，都注入关爱的心意，那么，这样的婚姻，平淡也是浪漫，艰苦也能甜美。

爱情代表着真善美的崇高境界。爱情净化了相爱的人的心灵，同时也为双方带来一种甜蜜的责任——忠诚。爱一个人应是真诚的，不是儿戏，需要爱的双方彼此珍视。

第四章
锁定目标，专心致志：
狼族不达目标不罢休的战斗毅力

狂奔着的狼的前方必定有猎物

狼的生活就是生存，而狼的目标就是猎物，自然猎物就成了狼奋斗的动力。狼为了生存则练就了自己出众的奔跑能力。

关于狼奔跑的速度，美国探险家安德柳斯有一段精彩描述。安德柳斯于1918年在亚洲草原旅途中，遇到了狼，并开车进行了追踪：

> 当时，一只狼突然出现在草坡上。狼注视了我们片刻，然后矫健地跑起来。地面又滑又硬，我们的车时速64千米，眼看快追上狼了，但是狼和我们赛起跑来，和我们的距离始终保持在5千米左右。
>
> 狼悠然地疾跑着，时而停下来，回头朝我们张望。但是，几分钟后，它醒悟到这好奇心可能会带来危险，便使劲快跑起来。由于路面不平坦，汽车的时速已经到了最大限度的64千米。和狼的距离只差1千米左右，我

◆ 不达目的誓不罢休 ◆

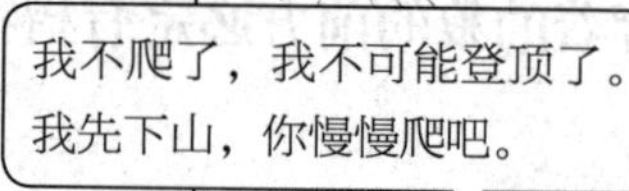

人要具有不达目的誓不罢休的精神。人人都想要成功，但大多数都因为看不到成功的希望而选择中途放弃，也就无法获得胜利。只有那些朝着目标不断进取的人，才能最终得偿所愿。

们拼命地追赶。而狼的时速似乎不到48千米。我们中的一个人，探出身子打了一枪，狼猛地一转身，没等汽车掉过头来，它已经跑出了300米开外。不久又快追上了，这回遇到了一个小丘。狼站在小丘上，疲惫不堪地垂着头，肚子一鼓一鼓的。然而令人吃惊的是，汽车刚要停的时候，它又一阵风似的跑远了。最后又追了5千米后，我们终于来到了戈壁滩。但是，狼没有发出一声哀叫，英勇奋战，实际上，它是20千米赛跑中的赢家。

在这个世界上有这样一种现象，那就是“没有目标的人在为有目标的人达到目标”。因为有明确、具体的目标的人就好像有罗盘的船只一样。

安利事业部创始人之一、拥有200万员工的跨国企业的领袖理查·狄维士先生说过，没有目标的人生是没有希望的。只有设定了目标，人生才会有意义。

有个年轻人去采访塞缪尔·斯迈尔斯博士。斯迈尔斯博士是美国哈佛大学的心理学教授，虽然已经70岁高龄了，却有着相当年轻的体态。

“我在许多年前遇到过一个中国老人，”斯迈尔斯博士缓缓地说道，“那是‘二战’期间，我在远东地区的俘虏集中营里。那里的情况很糟，简直叫人无法忍受，食物短缺，没有干净的水，放眼所及全是患痢疾、疟疾等疾病的人。有些战俘在烈日下无法忍受身体和心理上的折磨，对他们来说，死已经变成最好的解脱。我自己也想过一死了之。但是有一天，一个人的出现激发了我的求生意念——一个中国老人。”年轻人被斯迈尔斯博士的讲述深深地打动了。“那天我坐在囚犯放风的广场上，身心俱疲。我心里正想着，要爬上通了电的围篱自杀是多么容易的事。过了一会儿，我发现身旁坐了个中国老人，我因为太虚弱了，恍惚中还以为是自己的幻觉。毕竟，在日本的战俘营区里，怎么可能出现一个中国人？他转过头来问了我一个问题，一个非常简单的问题，却救了我的命。”年轻人马上提出自己的疑惑：“是什么样的问题可以救人一命呢？”“他问的问题是，”斯迈尔斯博士继续说，“‘你从这里出去之后，第一件想做的事情是什么？’这是我从来没想过的问题，也是我从来不敢想的。但是我心里却有答案，我要再看看我的太太和孩子们。突然间，我认为自己必须活下去，这件事情值得我活着回去做。那个问题救了我一命，因为它给了我某个我已经失去的东西——活下去的理由！从那时起，活下去变得不再那么困难了，因为我知道，我每多活一天，就离战争结束近一点儿，也离我的梦想近一点儿。中国老人的问题不只救了我的命，它还教给我从来没学过却是最重要的一课。”“是什么？”年轻人问。“目标的力量。”“目标？”“是的，目标、企图、值得奋斗的事。”

锁定目标就等于锁定了结果

狼的狩猎原则是始终将自己的精力集中在那些能促成它

们实现目标的行动上，因此，狼群从来不会漫无目的地围着某一个猎物乱跑、尖声狂吠，它们的目标从来都是精确无误的。

我们在制定自己的目标时，也要有狼的这种智慧，切忌目标过空、脱离实际。我们只有锁定目标，才有达成愿望取得成功的可能。

爱因斯坦被誉为20世纪最伟大的科学家，他之所以能够取得令人瞩目的成绩，和他一生具有明确的奋斗目标是分不开的。

爱因斯坦出生在德国一个贫苦的犹太家庭，家庭经济条件不好，小学、中学的学习成绩一般，他进行自我分析：自己虽然总成绩平平，但对物理和数学兴趣浓厚，成绩较好，为何不向物理和数学方面发展呢？因而他读大学时选读瑞士苏黎世联邦理工学院物理学专业。

由于奋斗目标选得准确，爱因斯坦的个人潜能就得以充分发挥，他在26岁时就发表了科研论文《分子尺度的新测定》，以后几年他又相继发表了四篇重要科学论文，发展了普朗克的量子概念，提出了光量子除了有波的性状外，还具有粒子的特性，圆满地解释了光电效应，宣告狭义相对论的建立和人类对宇宙认识的重大变革，取得了前所未有的显著成就。可见，爱因斯坦确立目标的重要性。假如他当年把自己的目标确立在文学上或音乐上（他曾是音乐爱好者），恐怕就难以取得像在物理学上那么辉煌的成就了。

特别值得一提的是，爱因斯坦不但有可贵的自知之明，而且对已确立的目标矢志不渝。1952 年以色列鉴于爱因斯坦科学成就卓越，声望颇高，加上他又是犹太人，当该国第一任总统魏茨曼逝世后，邀请他接受总统职务，他却婉言谢绝了，并坦然承认自己不适合担任这一职务。确实，爱因斯坦是一位伟大的科学家，如果他当上总统，则未必会有多大建树，因为他未显示过这方面的才华，又未曾为此目标努力和奋斗过。

在人生的竞赛场上，没有确立明确目标的人，是不容易得到成功的。许多人不乏信心、能力、智力，只是没有确立目标或没有选准目标，所以没有走上成功的道路。道理很简单，正如一个百发百中的神枪手，如果他漫无目标地乱射，就不能在比赛中获胜。

人的目标确立若要做到科学、准确，就须及时、准确地捕捉信息，且要有足够的信息量。一个人的志向与奋斗目标是一致的，选择奋斗目标时，必须首先了解自己最佳的才能、性格气质、思维特征、中心兴趣以及社会需求、本职工作、成才环境等多种因素。

我们要使自己成为一个目标明确的人必须要注意下列几点：

第一，制定目标。明确自己近期要完成的任务，分析自己性格、所处环境的优势和劣势，职场中可能遇到的机遇与挑战，制订一份详细的执行计划。

第二，长期和短期的目标。根据你的实际情况，在长期目标的基础上，你可以制定短期目标来一步步实现。

第三，找出阻碍。确切地说，写下阻碍你达到目标的缺点与不足。这些缺点一定是和你的目标有联系的，而不是分析自己所有的缺点。它们可能是你的素质、知识、能力、创造力、财力或是行为习惯等方面的不足。当你发现自己的不足时，就下决心改正它，这能使你不断进步。

第四，提升计划。在实现目标的过程中，你可能会需要掌握某些新的技能、提高某些技能或学习新的知识。

第五，寻求帮助。外力的协助和监督会帮你更有效地完成这一步骤。

第六，专注目标。不达目标不罢休，这是实现目标最可贵的品质。

我们做任何事情都要有明确的目标，并有达到目标的计划。例如早上开始工作时，如果不确定当天的工作计划，就很容易像无头苍蝇一样，不知道自己将要飞往何处，把时间浪费在不该做的事情上。有目标才能减少干扰，把自己的精力放在最重要的事情上，快速而有效地解决问题。

在人生的每一个关键时刻，要审慎运用智慧，做最正确的判断，选择正确方向，并及时检视选择的角度，适时调整。放弃无谓的固执，冷静地用开放的胸怀做出正确的选择。正确无误的抉择将使你走在通往成功的坦途上。

那些成功的人，他们总是在一开始时就确立了最终目标，因而总是能事半功倍，能卓越而高效。

心无旁骛，专注是狼族生存的重要技巧

狼，最矢志不渝的猎杀者，一旦下定决心，它的追杀便是被猎者的催命符，很少有猎物能从狼嘴下脱身。这种不达目的不罢休的本性，让每一个对手都感到震撼。心无旁骛、专心致志，有计划地锁定目标、分割目标，也是每一位职场员工的成功法则。

有一位父亲带着三个孩子，到沙漠去猎杀骆驼。他们到达了目的地。父亲问老大："你看到了什么？"老大回答："我看到了猎枪、骆驼，还有一望无际的沙漠。"父亲摇摇头说："不对。"父亲以同样的问题问老二。老二回答说："我看到了爸爸、大哥、弟弟、猎枪，还有沙漠。"父亲又摇摇头说："不对。"父亲又以同样的问题问老三。老三回答："我只看到了骆驼。"父亲高兴地说："答对了。"

朝三暮四是人们骨子里的一种劣性。我们常常在做事情之前不能为自己设立唯一的明确目标，眼中满是诱人的目标，前进中也就有了很多的行动方向，常常在选择的岔路口不知所措。一会儿想做这个，还没做完又想起了那个，结果

总在许多件事情之间徘徊，任何一件事都没能圆满完成。如果在做事之初，眼中就只有一个目标，就能够在最短的时间内积聚最大的力量，向着一个明确的方向前进。

关于“关注”，下面老者捕蝉的故事已给出了很好的阐释。

孔子带领学生去楚国采风。他们一行从树林中走出来，看见一位驼背翁正在捕蝉。他拿着竹竿粘捕树上的蝉，就像在地上拾取东西一样自如。

“老先生捕蝉的技术真高超。”孔子恭敬地对老翁表示称赞后问，“您对捕蝉想必是有什么妙法吧?”

“方法肯定是有的，我练捕蝉五六个月后，在竿上垒放两粒黏丸而不掉下，蝉便很少逃脱；如垒三粒黏丸仍不落地，蝉十有八九会被捕住；如能将五粒黏丸垒在竹竿上，捕蝉就会像在地上拾东西一样简单容易了。”

捕蝉翁说到此处，捋捋胡须，开始对孔子的学生们传授经验。他说：“捕蝉首先要先练站功和臂力。捕蝉时身体定在那里，要像竖立的树桩那样纹丝不动；竹竿从胳膊上伸出去，要像枯树枝一样不颤抖。另外，注意力高度集中，无论天大地广、万物繁多，在我心里只有蝉的翅膀。我专心致志，神情专一。精神到了这番境界，捕起蝉来，还能不手到擒来、得心应手吗?”

大家听完驼背老人捕蝉的经验之谈，无不感慨万分。孔子对身边的弟子深有感触地说：“神情专注，专心致志，才能出神入化、得心应手。捕蝉老翁讲的可是做人办事的大道理啊！”

老者捕蝉的故事向我们昭示了一个真理：对工作专心致志，心无旁骛，才能出色地完成工作。专注是成功的资本。

有个初中毕业的荷兰农民，无法在大城市里找到适合的工作，便回到了小镇上。小镇也没有太好的工作适合他这样的初中毕业生，实在没有办法，他只有到镇政府去看大门。

看门人的工作太清闲了，简直就和发呆没什么两样，他又太年轻了，漫长的岁月靠什么去打发呢？

他考虑来考虑去，决定选择既费时又费工的打磨镜片作为自己的业余爱好。不紧不慢、不慌不忙沉着性子地打磨，不但能磨好镜片，性子也在打磨中像水一般柔软了。

日复一日，月复一月，年复一年。春花开了谢，雪花飘了化。就这样他磨呀磨，不知不觉已经磨了60年！从一个小青年变成了一位老者。60多年的风霜染白了他的鬓角与眉梢。踏踏实实的60年，他从未离开过小镇，小镇以外的精彩似乎引不起他的任何兴趣。

靠着他的专注认真和耐心细致，他的技术早超过了专业技师，他磨出的复合镜片的放大倍数，比别人的都要高。

拿着自己研磨的镜片，他终于发现当时科技界尚未知晓的另一个广阔的世界——微生物世界。这在当时足以令整个世界震惊！

从此，他声名大振。为了表彰他为人类做出的杰出贡献，只有初中文化的他，被授予了在他看来遥不可及的巴黎科学院院士的头衔！就连英国女王都感到惊奇，不远万里来小镇上拜会他。

这是一个真实的故事。创造这个奇迹的，一生只磨镜片的小人物，就是科学史上大名鼎鼎、活了 90 岁的荷兰科学家安东尼·列文虎克！

马克思认为，研究学问，必须在某处突破一点。歌德曾这样劝告他的学生："一个人不能骑两匹马，骑上这匹，就要丢掉那匹。聪明人会把凡是分散精力的要求置之度外，只专心致志地去学一门，学一门就要把它学好。"

而生活的辩证法同时也告诉我们，越是那些在事业上取得巨大成就的人，往往越具有那种除了追求完整的意志以外把一切都忘掉的热忱。著名雕刻大师罗丹追求艺术生命的专注精神，无疑是最好的例证。

一天，罗丹的一位奥地利朋友去拜访他，临走前，罗丹把朋友带到工作室。

在他的工作室，有着大窗户的简朴的屋子里，有完成的雕像，许许多多小塑样——一只胳膊、一只手，有的只是一个手指或者指节，有他已动工而搁下的雕像，还有堆着草图的桌子。这是他一生为了不断追求而劳作的地方。

罗丹罩上了粗布工作衫，好像变成了一个工人。他在一个台架前停下："这是我的近作。"他说完，就把湿布揭开，现出一座女正身像。

“这已完工了。”奥地利朋友想。

罗丹退后一步，仔细地看着，但是在审视片刻之后，他低语了一句：“这肩上线条还是太粗，对不起……”他拿起刮刀、木刀片轻轻滑过软和的黏土，给肌肉一种更柔美的光泽。他健壮的手动起来了，他的眼睛闪耀着。“还有那里……还有那里……”他又修改了一下，走回去，把台架转过来，含糊地吐着奇异的喉音。时而，他的眼睛高兴得发亮；时而，他的双眉苦恼地蹙着。他捏好小块的黏土，粘在像的身上，再刮开一些。

这样过了半小时、一小时……他没有再向奥地利朋友说过一句话。他忘掉了一切，除了他要创造的更崇高的形体的意象。他专注于他的工作，犹如创世之初的上帝。

最后，他扔下刮刀，以一个男子把披肩披到他情人肩上的那种温存关怀般地把湿布蒙上女正身像。然后，他转身要走。

在他快走到门口之前，看见了奥地利朋友。他凝视着朋友，就在那时他才记起：“对不起，先生，我完全把你忘记了，可是你知道……”

奥地利朋友握着他的手，感慨地紧握着。也许罗丹已领悟朋友所感受到的，因为在他们走出屋子时他微笑了，用手抚着朋友的肩头。

再没有什么像亲眼见到一个人全然忘记时间、地点与世界那样使人感动。那时，那位奥地利人领悟到一切艺术与伟业的奥妙——专心、完成或大或小的事业的全力集中、把易于松散的意志贯注在一件事情上的本领。

我们都希望自己的一生能有所成就，专心致志、心无旁骛是学有所成的必要条件。每个人的精力都是有限的，只有当他全神贯注于某件事时，他才会在这方面取得成绩。从艺术的角度来说，专注者，必能创作不朽的作品；从商业的角度来讲，专注者，必能占领市场；从成败的角度来说，专注者，必定是永远的成功者。

想抓住机遇，需要主动出击

海洋的深处有一种鱼，它们总是在岩石的后面张开大嘴，等待着小鱼小虾送上门，这样的捕食方式只能维持基本的生存，它们始终处于一种活着但饥饿的状态；老虎、狮子等一般的食肉动物都有一个属于自己的领地，它们虽然凶猛，却一直在这个领地内活动，直到自己老死也不会离开；而狼却不同，它们在自己固定活动范围的基础上不断扩张，四处追击，不断寻求新的捕猎机会，以预防和应对食物紧缺的状况。

亚历山大在某次战役结束后，让部队进行短暂的休整。有个士兵问他："我们是不是等待机会来临时，才去进攻另一个城市?”亚历山大回答道:“等待?机会不是靠等的,而是要我们自己去创造的!”

善于创造机会,正是亚历山大取得胜利的法宝。只有懂得积极主动去创造机会的人,才有可能轰轰烈烈地做出一番事业。

社会学家托尼·坎波罗说:“我们正处于一个过分看重物质的年代,而且感情上也在逐渐退化乃至坏死。我们不再手舞足蹈,缺乏生机与活力。”这种消极被动的状态是不利于我们成长并发展的。只有以积极主动的态度对待一切,才能有一种蓬勃的动力,才能散发出无穷的魅力,使机遇不请自来。

不管是对个人来说,还是对一个企业来说,积极和热情都是很重要的,它是努力工作的原动力,是事业成功的源泉。只有对自己的事业拥有无与伦比的激情,并且让别人看到你的热情,通过你的热情感染别人,才会有所收获。

英特尔公司总裁安迪·葛洛夫在对加州大学伯克利分校毕业生演讲时,对职业心态问题有独特的见解,他说:“不管你在哪里工作,都别把自己当成员工——应该把公司看作自己开的一样。”这就要求我们主动以老板的角度去考虑问题,以主人翁的心态去工作,不能投机取巧,不要仅仅把工作当作一种谋生的手段,也不是只把自己当作打工者,而是要全身心地投入到工作中,发挥自己的创造性,付出自己相应的努力,并且愿意为工作做出牺牲。只有这样,你才能获得领导的赏识,取得一定的成就。

虽然不能保证拥有了某种态度就一定能成功,但成功的人们绝不会用消极悲观的心态面对生活、面对工作。每个人的经历与能力不同，也许我们永远都成为不了比尔·盖茨，但是拥有了积极主动的心态，我们就拥有了更多的机会、更多成功的可能。

很多人常常抱怨自己抓不住机会："为什么没有苹果掉到我的头上，那样我就能发现万有引力了；为什么水壶的水开没让我赶上，那样我就能发明蒸汽机了。为什么含有珍珠的巨贝没有在我家旁边的海湾？为什么千里马就可以遇到伯乐，而我却总是怀才不遇呢？"

不妨试想一下，如果上帝把一个苹果掉落在你的头上，你是会抱怨砸痛自己的头呢，还是垂青于苹果的美味呢？你会像牛顿一样思考为什么苹果会往下落吗？如果你也看到水开了，是不安地走开还是吩咐别人来提水壶？你会思考壶盖跳动的原因吗？如果在你必经的道路上出现一颗珍珠，你会埋怨它挡住了你的去路，还是会把它像皮球一样踢走？你会发现它的可贵之处吗？如果你已经具备了千里马的本领，那么是否会像其他马儿一样，主动地去推销自己，寻求伯乐呢？

有这样一个故事：

有个青年整天都在祈祷："上帝啊，请你保佑我中个大奖吧。"可是，很多年过去了，这个青年依旧一贫如洗，什么奖都没中。有一天，他终于忍不住了，向上帝抱怨道："都说你能听见人的祈祷，但是我祈祷了这么多年，你为什么就不能帮我实现这个愿望呢？"

"我可以帮你实现，但是至少，你也要买张彩票吧！"

上帝回答道。

所以，不要抱怨别人没有给你机会，机会是要自己争取的。不同的人面对相同的事情，身在相同的境地，所看到的东西、做的事情都是不同的。有的人能从绝境中看到希望和曙光；有的人却是一味地挑剔，只看到对自己不利的形势。

美国的一家皮鞋公司为了拓展业务，分别派出两个推销员到非洲某国家去考察市场。

一个月之后，两个推销员相继回来，谈到是否有市场时，第一个人垂头丧气地说："我看还是算了吧，那里的人根本不穿鞋子，要想开展业务举步维艰啊！"而第二个人却笑容满面地说："我们发现了一个新大陆，那里的人都没有鞋子，一旦让他们明白穿鞋子的作用与好处，我们肯定会销量大好！"

公司对第二个人的考查很满意，并让他在那里开设了一家分厂，果然，取得了很好的业绩。

拿破仑曾经说过："弱者等待机会，强者创造机会。"我们要善于从事情中看到机会，主动地去寻求机会，发挥自身的创造力，而不是守株待兔、坐井观天，让机会从自己身边溜走。

一个年轻人到山上去向一个武术高人拜师学艺，经过了十几年的艰苦训练，年轻人终于可以学成下山了。

临行前，他毕恭毕敬地让师父给他上最后一课。

这个著名的武术家并没有像平时一样教他功夫，而是问了他一个问题："如果你面对一个极强的高手，根本发现不了他的任何破绽，你会选择什么方式打败他？"

年轻人想了想回答道："防守，我要在保存实力的前提下去慢慢发现机会，发现他的破绽，只要找到机会，我就有足够的信心打败他。"

"你懂得机会的重要性，这点是值得肯定的。但是，记住：寻求最佳机会的最好办法并不是防守，而是进攻！只有在不断进攻的过程中，敌人才更容易露出破绽。"

年轻人下山之后，时刻谨记师父的教诲，任何时候都不忘主动出击，去开启机会的大门。没过几年，他也成为一代名家，面对慕名而来的学习者，他把师父的教诲一直传扬下去，教出了很多武术奇才。

要知道，天下没有免费的午餐，没有主动送入狼口的羊。馅饼也不是随随便便就掉下来的，即使有，也是微乎其微，说不定它是用来砸你的。机遇不仅仅是主动撞上来的兔子，只有主动出击的猎人才更有机会得到机遇的垂青。

不要以为"人的命，天注定"，要相信人定胜天。机会不仅是偶然获得，更是勇气和智慧的结晶。

英国的培根曾说："只有愚者才等待机会，而智者则造就机会。"不管外部的环境怎样，我们的命运应该掌握在自己的手中。我们要用自己的知识和努力去发现机会、抓住机会，不断进取，让自己获得更多成功的机会。

第五章
立即行动，主动复命：狼族雷厉风行的战斗作风

狼是思想家，更是行动派

狼不会将任何事物视作理所当然，它们倾向于亲身的体验和行动。狼仿佛天生便是个不折不扣的行动家，行动起来，它们才能捕获生存的食物。

狼的生存环境十分严酷，无论它遭受多少挫折，也无论每次挫折有多么严重，留给它思考的时间几乎是零，因为狼不得不马上从失败中崛起，如果一味地思索、空想或者懊恼，那么结果只能是一个：饿死！狼是思想家，但是狼从来不会因为思考而耽误行动。

在狼的世界里，时刻行动起来，就如同天空一样古老而真实，信奉这个真理的狼就能生存，违背这个真理就会死亡。在想到和得到之间，还要做到，我们想成功，除了思考之外，关键还在于行动。因此，我们在心动的同时，更重要行动。

狼的准则是你不主动生活，生活就会抛弃你。作为人类，我们更应该具有狼的这种主动精神。可惜，有许多人还

◆ 做个行动派，别当空想家 ◆

任何成功都不是理所当然的，所以要大胆尝试，先干起来，再逐步摸索改进。一味找理由、推卸责任不能改变现状，只会让人裹足不前，对结果于事无补。时刻牢记做个行动派而非空想家。

不如狼，不懂得行动胜于空谈的道理。他们总是站在荒芜的土地上，在遥远的天空中寻找着属于自己的机会，盼望着某一天一觉醒来就有美好的机会等在自家门口，自己可以一步登天。然而，机会是最公正的，它永远不会光顾那些生命中的看客。

德谟斯吞斯是古希腊的雄辩家，有人问他雄辩术的首要之点是什么。

他说："行动。"

第二点呢？

"行动。"

第三点呢？

"仍然是行动。"

人有两种能力：思维能力和行动能力。没有达到自己的目标，往往不是因为缺乏思维能力，而是因为缺乏行动能力。

在我们的一生中，总有种种的憧憬、种种的理想、种种的计划。假使能够将一切的憧憬都抓住，将一切的理想都实现，将一切的计划都执行，那在事业上的成就，不知要怎样宏大，我们的生命不知要怎样伟大。然而我们往往是有憧憬不能抓住，有理想不能实现，有计划不去执行，坐视种种憧憬、理想、计划幻灭并消逝。

有一个雅典人没有口才，可是非常勇敢。有一天开大会，许多人做了精彩的长篇演说，许诺说要办许多大事。

轮到这个人发言，他站起来，憋了半天只说出一句话：

“大家说的事情……我都要做！”

要想成功，取得最佳成绩，唯一的方法，就是在事务当前，立刻动手去做。

成功开始于心态，成功要有明确的目标，这都没有错，但这只相当于给你的赛车加满了油，弄清了前进的方向和线路。要抵达目的地，还得把车开动起来，并保持足够的动力。

俄国作家冈察洛夫曾塑造过一个奥勃洛莫夫的形象：

他胸怀大志，也颇有才气，常常突然产生一个思想，像大海里的波涛似的在他头脑中起伏奔腾。随后发展成为一种企图，使他的血液沸腾，筋肉蠕动，血脉偾张。于是，企图又变成志向。他受到精神力量的刺激，一分钟内迅速地改变了两三次姿势……可是，从早上到黄昏，他只是躺在床上，整整一天什么事情也没做。

这就是俄罗斯文学画廊中著名的“多余的人”的形象。这样的空想主义者，当然不可能成为真正的成功者。想到，还要做到，这是成功者共同的行为准则。同样，心动不如行动，目标再伟大，如果不去落实，永远只能是空想。成功在于意念，更在于行动。成功者的口号是：行动，行动，再行动！

所以，要记住，“现在”就是行动的时候。

最快的判断带来最果断的行动

荒凉无际的雪原上，狼在孤独地行走着，看似漫不经心的脚步中，一双琥珀般闪亮的眼睛在不停地搜索着，一天，两天，三天……目标终于出现了，慢慢地，一步一步地靠近，突然，一个身影似离弦之箭射了出去，以绝杀之技将目标擒下。

> 六只蜜蜂和同样数目的苍蝇被装进一个玻璃瓶中，瓶子平放，瓶底朝着窗户。蜜蜂盲目地想在瓶底上找到出口，却始终难以飞走，最后导致力竭倒毙或者饿死；而苍蝇则会在不到两分钟之内，穿过另一端的瓶颈逃脱出去。

蜜蜂之所以有着和苍蝇截然不同的命运，就在于判断的不同和想法的差异。

蜜蜂以为，玻璃瓶的出口必然在光线最明亮的地方，于是它们认定这是个真理，并不停地重复着这种看似合乎逻辑却错误的行动；而苍蝇懂得用行动去寻找最正确的出路，于是，它们轻易地飞了出去。

歌德曾经说过，最可怕的莫过于无知而行动。 如果你不能正确地判断一件事，那么就算采取了积极的行动，也是徒劳，只会耗费自己的力气，使自己走向失败甚至灭亡。要想开辟出一条新的道路，就要换一种思维方式，选择最正确的行为。

白兔、乌龟、青蛙、海螺、蚂蚁等一群小动物，站在一起，准备赛跑。它们的目的地是前面那座美丽的花园。

青蛙高喊了一声："跑！"大伙儿立即行动起来。青蛙边跳边喊着"加油！"白兔笑嘻嘻地冲在最前头，乌龟使劲前进，蚂蚁拼命追赶……

突然，大家发现海螺不见了。转身向后一看，只见海螺气喘吁吁地横着往另一个方向爬去。

"海螺大哥，你跑的方向错啦！"青蛙大声喊道。

"对对对，你爬错了，快向我们靠拢！"小白兔说道。

"你们才跑错了呢！"海螺不服气，"我不会向你们靠拢的，你们向我靠拢才对。"

无论大伙儿怎样呼唤，海螺依旧我行我素，横着朝它的那个方向急急爬去。

大伙儿叹了口气，只好各赶各的路。

海螺独自嘟囔道："我两眼始终正面盯着那座花园，绝对没错儿。它们不听我的，疏远我，冷落我，准是出于嫉妒。喲，这不是明摆着的吗，它们的手脚哪个有我多？"

可是，它的手脚越多，跑得越快，离目的地也就越远了。

在竞争激烈的当代社会，成功少不了积极的行动与努力，但是，值得一提的是，很多事方向比努力更重要。固执己见，一意孤行，只会让自己距离目标越来越远。

我们身边有很多勤奋的人，但并不是每个勤奋的人都能取得成功，有些辛苦工作的人始终碌碌无为；这个世界上也有很多看似成功的人，但他们却不快乐……因为这些人虽然勤奋，却走错了道路，使自己南辕北辙，导致很多努力白费；有些人虽然取得了一定的成绩，但由于选错了方向，使自己的现状与最初的梦想背道而驰。比如有的人不分昼夜地完成一项工作，却发现自己弄错了对象，有的人有着成为艺术家的潜质，却阴错阳差做起了销售，虽然取得了一定成功，但总是很遗憾的。

有些人在爬到了梯子的顶端之后，却发现梯子架错了墙。

著名出版商郝明义在他的励志著作中，曾经提到过这样一件事：

有一年他在马来西亚的一个小岛上游泳，游着游着，海底一下子变得昏暗模糊起来，他觉得越游离岸越远……他被呛了一口水，在海水中一直被冲得离岸远去。

这一瞬间，他觉得双手发软，无力继续划动，所有游泳的节奏都已打乱。

在这个生死攸关的时刻，两个信念支撑着他游了下去。一是他要选择并确定自己的方向，不能越游离岸越远。方向只要选对，再坚持游下去，就一定会得救。二是他要让自己放松，维持基本动作，保持顺畅的呼吸，不要呛到水。

游回岸边获救之后，他忽然悟出了受用一生的生存哲理：只要方向没错，一定可以达到目标。

还有另外一个故事：

美国“股神”沃伦·巴菲特之子彼得·巴菲特在19岁那年，获赠了父亲公司的一些股票。当时彼得正在斯坦福大学读书，他便将这些股票兑现，得到了9万美元。他没有像父亲一样投身商界，而是当了一名音乐制作人。10年后，彼得通过艰苦努力，取得了巨大的成功，并获得包括艾美奖在内的诸多殊荣。

有人计算过，如果他一直持有那些股票，现在的价值将超过7200万美元，远比他当今所创造的财富多。彼得的确可以什么也不做，静静等着他的股票升值，使自己变成千万富翁。但这样的结果并不是他所认为的成功，因为这不能体现他的价值，不能让他感到快乐，于是他选择了另一条路去行动，把自己的梯子，架在了体现他价值的墙上。

战胜焦虑，坚定自己的行动计划

面临对手，无论是凶猛的猎豹、力大无穷的野牛和驯鹿，还是速度惊人的野兔，在需要出击时，每一只狼都会表现出惊人的果断。

一只狼正在原野上奔跑，它已经饿了两天两夜。穿越丛林时，它发现一只野兔从眼前跳过，于是狼借着丛林的掩护悄悄向野兔移去。当它忽然发起进攻时，野兔突然发现了它，以闪电般的速度向丛林前的山丘跑去。

狼可不想放弃到嘴的美食，随后追了上去。兔子身体灵活，在山丘上任意穿梭，尽量把路线跑得迂回曲折一些，以甩掉后面正在追捕的饿狼。狼碰撞到不少障碍物，但它丝毫没有松懈，始终穷追不舍。

一段时间过后，兔子的体力渐渐处于下风，最终落入狼口，成了狼的美味佳肴。

狼果断才能获得食物。果断，是指能适时地采取经过深思熟虑的决定，并且彻底地施行这一决定，在行动上没有任何不必要的踌躇和疑虑。

对人来说，行事果断，能使我们在遇到困难时，战胜多余的焦虑和担忧，坚定自己的行动计划，增添必胜的勇气和信心，最后果断地赢得成功先机。

在行动前，很多人提心吊胆，犹豫不决。在这种情况下，首先你要问自己："我害怕什么？为什么我总是这样犹豫不决，抓不住机会？"

不要为自己找借口了，诸如别人有关系、有钱，当然会成功；别人成功是因为抓住了机遇，而自己没有机遇。这些都是你维持现状的理由，其实根本原因是你根本没有什么目标，没有勇气，你是胆小鬼，你根本不敢迈出成功的第一步，只知道成功不会属于你。

当遇到事情时，多听取他人意见以资参考固然重要，但决定事情的终究还是自己，要为此事负责的也是自己。没有快刀斩乱麻的气魄，有时会错失良机。所以，一旦我们确立目标，行动就一定要果断、迅速。

如果你瞻前顾后，如果你犹豫不决，如果你不能身体力行，如果你不知道自己该做什么，那么，属于你的只有永远的失败，你就永远不可能成为一名真正的领袖。因为这些根本就不是一个领袖的品质。

那些能够迅速做出决定的人从来都不怕犯错误。不管他犯过多少错误，与那些懦夫和犹豫不决的人相比较，他仍然是一个胜者。那些怕犯错误而裹足不前的人，那些害怕变化和风险而犹豫彷徨的人，那些站在小溪边、直到别人把他推下去才肯游泳的人，永远都无法到达胜利的彼岸，永远都无法摘取胜利的硕果。

有一位作家说："世界上最可怜又最可恨的人，莫过于那些总是瞻前顾后、不知取舍的人，莫过于那些不敢承担风险、彷徨犹豫的人，莫过于那些无法忍受压力、犹豫不决的人，莫过于那些容易受他人影响、没有自己主见的人，莫过于那些拈轻怕重、不思进取的人，莫过于那些从未感受到自身伟大内在力量的人。他们总是背信弃义、左右摇摆，最终自己毁坏了自己的名声，一事无成。"

如果你害怕在人多的场合讲话，一定要找机会去说，大声说。想去找一个人的时候顾虑太多，这时候最简单也是最好的办法就是不让自己多想，现在做，立刻就做，打破自己原有的思维逻辑和习惯，走出第一步，勇气就产生了。

处理问题时，往往稍一犹豫，就会失去机会，因为你经常要面临很多竞争者。当你犹豫不决的时候，想一想拖延可能给人生带来的经济损失，想一想将给自己带来的后果，你就会果断地做出决定了。

树立了信心，尤其遇到突发事件时，不必反反复复地思考，认定了对工作有利的做法后，就可以放心大胆地去执行，要当断则断。相信任何公司都需要遇事精明、懂得变通的职员，而凡事都一一报告、没有一点儿主见的员工往往不受欣赏。无论在学习、工作还是生活当中，我们都要注意培养果断办事的能力，因为果断所带来的敏捷、坚毅、勇敢是一笔不可多得的财富，它们能帮助我们把握人生的每一次良机。

思想的浮华，要用行动解决

严酷的生存环境和人类的捕杀使得狼在生存过程中会遭遇很多挫折，但无论挫折有多么严重，它都会坚持下去，甚至没有什么思考的时间，就要很快地从上次的挫折中走出来。如果它做不到，而是一味思索和犹豫，那么等待狼的就只有饿死。狼是有思想的，但狼从来不会沉浸在思想的浮华里，而忘记了行动。

两个人站在一个十字路口，前面大路小路纵横交错，犹如一张理不清的网。

一个自以为很有智慧的人走到网前，很优雅地弯下腰，一点一点地慢腾腾地理着网，一边自言自语地说："我有着伟大的思想，我一定要找出一条路来。"而另外一个人走到网跟前，看了看网，就果敢地迈步向网中走去，一边走，一边理着网。

几天以后，第二个人回来了。他衣衫破烂，身上有一道一道的伤痕，但是他找到了一条适合自己走的路，在那条路上，洒着斑斑点点的血迹，他整理了一下破烂的衣衫，又出发寻找新的道路去了。

而那个所谓的很有智慧的人却依然在网前苦思冥想。

这个故事告诉我们，不管多么伟大的思想，如果不伴随着行动，也是一文不值的。就像孟子说的，志不强者智不达，言不信者行不果。一个人不能只顾空谈而不去迈开行动的步伐。

伽利略是著名的物理学家。他不仅喜欢向老师提出问题，有着打破砂锅问到底的执拗，而且很注重用行动去验证自己的想法。

在伽利略之前，古希腊的亚里士多德认为，物体下落的快慢是不一样的。它的下落速度和它的重量成正比，物体越重，下落的速度越快。

1700多年以来，人们一直把这个学说当成不可怀疑的真理。

年轻的伽利略根据自己的经验推理，大胆地对亚里士多德的学说提出了疑问。

但他没有仅仅停留在疑问和推理上，经过深思熟虑之后，他决定亲自动手做一次实验。他选择了比萨斜塔做实验场。这一天，他带了两个大小一样但重量不等的铁球，一个重100磅，是实心的；另一个重1磅，是空心的。伽利略站在比萨斜塔上面，望着塔下。塔下面站满了前来观看的人，大家议论纷纷。有人讽刺说："这个小伙子的神经一定是有病了！亚里士多德的理论不会有错的！"实验开始了，伽利略两手各拿一个铁球，大声喊道："下面的人们，你们看清楚，铁球就要落下去了。"说完，他把两手同时张开。人们看到，两个铁球平行下落，几乎同时落到了地面上。所有的人都目瞪口呆了。伽利略的实验，揭开了自由落体运动的秘密，推翻了亚里士多德的学说。这个实验在物理学的发展史上具有划时代的重要意义。

哥白尼是波兰杰出的天文学家，他经过40年的天文观测，提出了"日心说"的理论。他认为宇宙的中心是太阳，而不是地球。地球是一个普通的行星，它在自转的同时还环绕太阳公转。

伽利略是个很有想法的人，尽管他也相信哥白尼的"日心说"，但还是决定亲自用行动来证明。

1608年6月的一天，伽利略找来一段空管子，一头嵌了一片凸面镜，另一头嵌了一片凹面镜，做成了世界上第一个小天文望远镜。实验证明，它可以把原来的物体放大3倍。伽利略没有满足，他进一步改进，又做了一个。他带着这个望远镜跑到海边，只见茫茫大海波涛翻滚，看不见一条船。可是，当他拿起望远镜往远处再看时，一条船正从远处向岸边驶来。实践证明，它可以放大8倍。伽利略不断地改进和制造着，最后，他的望远镜可以将原物放大32倍。

每天晚上，伽利略都要用自己的望远镜观看月亮。他看到了月亮上的高山、深谷，还有火山的裂痕。后来又开始观看太空，探索宇宙的奥秘。他发现，银河是由许多小星星汇集而成的。他还发现，太阳里面有黑斑，这些黑斑的位置在不断地变化。因此他断定，太阳本身也在自转。伽利略埋头观察，以无可辩驳的事实，证明地球在围着太阳转，而太阳不过是一个普通的恒星，从而证明了哥白尼学说的正确。1610年，伽利略出版了著名的《星空使者》。人们佩服地说："哥伦布发现了新大陆，伽利略发现了新宇宙。"

伽利略之所以能够成功，不仅在于他有伟大的思想，更在于他有伟大的行动。如果失去行动，就算他的想法多么正确，也难以被世人所接受。

当你还没有行动时，你也许会感到它是多么困难。可当你行动起来，你就会突然觉得原来也不过如此。行动是成功的基石，一旦去做，那么再大的困难也会克服，再大的障碍也会突破，如果只知道浮想联翩，那么就会一事无成。

东汉时，有一少年名叫陈蕃，自命不凡，一心只想干大事业。一天，其友薛勤来访，见他独居的院内杂乱不堪，便对他说：“孺子何不洒扫以待宾客？”他答道：“大丈夫处世，当扫天下，安事一屋？”薛勤当即反问道：“一屋不扫，何以扫天下？”陈蕃无言以对。

陈蕃欲“扫天下”的胸怀固然不错，但错的是他没有意识到“扫天下”正是从“扫一屋”开始的，“扫天下”包含了“扫一屋”，而不“扫一屋”是断然不能实现“扫天下”的理想的。

怎样才能取得成功？

有人说，最重要的是想法，因为有很多成功人士都是由好的创意成就的，正所谓“成功始于想法”。但是，如果只有想法，没有行动，也是不可能成功的。

有人说，最重要的是要有理想，正所谓“心有多远，就能走多远”。因为理想可以指引我们行动的方向，可以不断激励我们前进。但是如果空有远大的理想，却将其束之高阁，不去努力，依然会毫无所获。

也有的人说，最重要的是方法，正所谓“工欲善其事，必先利其器”，好的方法可以起到事半功倍的效果。只要方法正确，效率就会提高。但是，有了正确的方法，却不去付诸实施，那么再好的方法也失去了它的意义。

所以，无论做什么事，最重要的都是行动！任何伟大的目标和伟大的计划，最终必然落实到行动上。如果我们对每一项应该做的事情都能付诸行动，并坚持不懈地做下去，就一定会成功。

想一想，有多少事因为我们没有马上行动反而置之脑后，最终没有完成。心动不如行动。要成功就要把希望放在明天，把计划放在今天，把行动放在现在。

第六章
以变制变，智慧生存：
狼族驾驭变化的战斗韬略

敌变我变，在变通中克敌制胜

狼若发觉对方所处的形势较有利，便会立刻放弃跟前的猎物，转而寻找其他目标。 当狼相中的猎物逃跑时，狼会随后紧追，若绝无追获可能，便会很快打消念头。

著名的狼学专家博比·卡耐特博士在他的专著《动物之王》中说："有时候，我会深深地感叹，狼在某些方面所具有的智慧，是人都不能与之相比的……狼群有自己的社会组织结构和组织纪律，狼群有自己的信仰，狼群有自己的生活准则和生活目标。为了自己的信仰，为了自己的生活准则和生活目标，它们愿意付出一切，甚至牺牲生命也在所不惜。但有时候，它们却会毫不犹豫地改变平时遵循的一些原则。对变与不变的把握，充分体现了狼族的生存智慧。要知道，这些智慧即使是人也很少能够完全掌握。"

◆ 唯一的不变是变化 ◆

不管一开始的战术策略有多好，在任何情况下始终坚持同一策略都是错误的。人要懂得顺应局势，根据情况随时做出调整和改变。以变制变已经成为重要的商业法则。

应该说，狼比人类更深切地知道，世界上唯一不变的是“变”的道理。懦弱者为此惶恐，善变者为此欢欣——因为就在这变的瞬间，世界已然是它们的了。

有一则幽默故事：

一位老兄，昏睡多年，一觉醒来已是10年之后。他做的第一件事就是打电话给他的股票经纪人。经纪人告诉他：“老弟，你的A股票已涨到500万美元，B股票涨到1000万美元。”

“我发财了！”这位老兄欢呼起来。

这时，电话接线员插话说：“先生，3分钟已到，请付电话费100万美元。”

这个故事说明，一切都在变化，有时情况变化得令人不可思议，大大超出了人们的想象。

那么，我们怎样来应对周围发生的这一切变化呢？方法只有一个，就是变通。

两千多年前，老子就说过这样一句话：“天下之至柔，驰骋天下之至坚。”什么意思呢？就是说天下最柔弱的东西，可以变通穿行于最坚硬的东西之中。为什么会如此呢？因为柔弱的东西会变通，它善于改变自己。

人们常常说，计划赶不上变化。的确如此，世界在不停地变化，社会在不停地变化，我们自己也在不停地变化。“人事有代谢，往来成古今。”今天我们每个人只要回想一下10年前的自己，就不由得会感慨万千。面对世界如此巨大的变化，我们的计划能赶得上吗？ 难道我们真的可以像能掐会算的诸葛亮一样，把一切变化都计划在内吗？ 不，绝对不可能。

在现代生活中，形势的变化相当复杂。 想要做到积极应变，除了顺应时代的潮流之外，还应当根据对手情况的变化而变化，也就是说“敌变我变”。

“敌变我变”是我们适应形势发展，不断调整自己思想与行为的基本策略。 所谓“敌”不一定就是敌人，而是泛指对手、环境等，比如对于个人生存的环境，对于生意人的行情，对于企业、厂家的同行，等等。 因为大家都在求生存、求发展，都在想新招、出新点子。

柔性生存：在变化中粉碎困难

当驯鹿的数量减少时，狼就会转移捕杀目标或领域，尽量减少对驯鹿的捕杀。 因为它们知道，在驯鹿数量急剧减少的情况下继续捕杀驯鹿，就很容易造成驯鹿的灭绝，以后它们就再也不能捕食到驯鹿了。

由于某些不确定的因素，自然界的某一物种会突然减少，这些因素也包括过度捕杀。 驯鹿是狼群非常喜欢的食物，捕猎起来也比较容易，所以驯鹿经常是狼的“盘中餐”。 但问题出现了，由于狼的过度捕杀，驯鹿的数量一天比一天少。

狼群对捕食对象的选择体现了它们灵活变化的智慧，狼的生存谋略告诉我们，事物在发展变化的过程中总会涌现大量的问题，而我们一定要学会如何在变化中粉碎困难。

提到克莱斯勒公司，人们头脑中闪现的就是克莱斯勒的强大。然而，李·艾柯卡于1979年到克莱斯勒汽车公司任CEO时，接手的却是一个债台高筑的烂摊子。万般无奈之下，艾柯卡只好求助于政府，希望能够得到美国政府的担保，以便从银行获得10亿美元贷款，用于克莱斯勒公司发展新型轿车。

这一消息传出后，在整个美国引起了轩然大波，惹出了一片斥责之声。

原来，在美国企业界有一个不成文的规矩：依靠外部力量，尤其是依靠政府的帮助来发展经济的做法，是不合乎自由竞争原则的。

面对企业界、美国政府、国会和舆论界的一片斥责反对声，艾柯卡并没有气馁，他坚信规则是死的，而人是活的，没有什么规则是不能打破的。他不急不躁，冷静地分析了当时的形势，采取了“分兵合进、各个击破”的战术，耐心扫除公共关系上的重重障碍。

首先，他援引了美国人所共知的史实，有根有据地向企业界说明：过去，洛克菲勒公司、全美五大钢铁公司和华盛顿地铁公司都曾先后取得过政府担保的银行贷款，总额高达4097亿美元。而克莱斯勒公司请政府出面担保仅10亿美元贷款的申请，却遭到非议，道理何在？

对政府，艾柯卡则不卑不亢，提出了言辞温和而骨子里却很强硬的警告。他先是替政府热心地算了一笔账：如果克莱斯勒公司现在破产，那么，将有60万工人失业。仅破产的第一年，政府就必须为此支付27亿美元的失业保险金和其他社会福利开销。然后，他彬彬有礼地向当时正为财政出现巨额赤字的美国政府发问："您是愿意白白地支付27亿美元呢，还是愿意仅仅出面担个保，帮助克莱斯勒公司向银行借10亿美元的贷款？"

对国会议员们，艾柯卡的工作更是做得滴水不漏。他为每个国会议员开出一张详细的清单，上面列有该议员所在选区内所有同克莱斯勒公司有经济往来的代销商、供应商的名字，并附有一份如果克莱斯勒公司倒闭将在其选区内产生什么经济后果的分析报告。这样做的实质，是在暗示这些国会议员：如果是你投票反对政府为克莱斯勒公司担保贷款，那么，你所在选区内就将有若干与克莱斯勒公司有业务关系的选民因此而丢掉工作，而这些失业的选民对剥夺他们工作机会的国会议员必然反感。试问：你的议员席位还会稳固吗？

接着，艾柯卡又向舆论界大声疾呼：挽救克莱斯勒公司，正是维护美国的自由企业制度，保护市场竞争。北美只有三家大汽车公司，一旦克莱斯勒公司破产垮台，整个北美市场就将被通用和福特两家公司瓜分垄断。这样一来，美国引以为自豪的自由竞争精神岂不就荡然无存了吗？

艾柯卡这种"分兵合进、各个击破"的变通战术，最终收到了奇效：企业界反对派偃旗息鼓；国会那些原先曾激烈反对政府担保的议员也销声匿迹；舆论界也开始转变态度，从反对变为了同情，进而声援支持克莱斯勒公司申请政府担保。艾柯卡不动声色地化干戈为玉帛，争取到了社会上各个方面对他的支持，终于将他所需要的10亿美元贷款顺利拿到手。

靠着这笔来之不易的贷款，克莱斯勒公司一举开发出了数款新型轿车。

克服工作中的种种困难，首先就不要用“心灵之套”把自己套住，只要有了“变”的理念，就一定能够找到“变”的方法。

在遇到困难的时候，我们需要做的就是及时换个思路，多尝试几种方法，具有变负为正的勇气与气魄，和改变“不可能”的智慧与方法，相信困难只能成为你的一块磨砺石，而绝非挡路石。

以智赢得生存，以谋主宰命运

有专家称，狼是最具有智慧和策略性的“思想者”。狼的攻击，正应了“文武之道，一张一弛”，既善于急攻，又深谙偷袭迂回之道。

如果在荒野上有两只毛茸茸的手从背后搭在你肩上，请千万别回头，否则，咽喉便会和狼嘴做“深深一吻”，狼之狡猾，从中可见一斑。

有报道称，一支中国的边防小分队在荒野中与狼群遭遇，狼的疯狂进攻持续了两三个小时，迫使手持武器的人们退入一间废弃的小木屋里，这时候，狼群突然停止了进攻，那只运筹帷幄的头狼居然和部下躺在木屋前假寐起来，人们不禁长嘘了一口气，心想狼也有累了的时候，于是一个个瘫倒在地，抓紧时间休息。没想到，这时背后赫然传来阵阵牙齿啃咬木板的声音！原来，头狼居然派出了一支小分队，迂回到木屋后门，正使劲啃门呢！

今天，我们有幸揭开狼身上的谜团，并以此改变人们对这种美丽而神秘生物的恐惧。我们开始试着以美洲土著的眼光重新审视狼群，如同土著般地尊敬它们的勇气、智慧与不可思议的狩猎技巧。土著常常把狼视为英雄，用身披狼皮的方式，祈祷狼神附身，以继承狼的伟大智慧与能力。但，我们并不需要以身披兽皮的方式学到狼的智慧，只需要循着狼群的生活百态引导，就可以轻松地学到这些智慧。

职场中，一个人并非靠尔虞我诈就能成功，关键在于你的智慧。做人同样，聪慧的人永远是赢家。

越南战争期间，美国好莱坞举行过一次募捐晚会，由于当时的反战情绪比较强烈，募捐晚会以一美元的收获而收场，创下好莱坞的纪录。不过，在这次晚会上，一个叫卡塞尔的小伙子却一举成名，他是苏富比拍卖行的拍卖师，那一美元是他用智慧募集到的。

当时他让大家在晚会上选一位最漂亮的姑娘，然后由他来拍卖这位姑娘的一个吻，最后他募集到了难得的一美元。当好莱坞把这一美元寄往越南前线的时候，美国的各大报纸都进行了报道。

人们看到这一消息，无不惊叹于卡塞尔对战争的嘲讽。然而德国的某一猎头公司却发现了这位天才，他们认为卡塞尔是棵摇钱树，谁能运用他的头脑，必将财源滚滚。于是，这家公司建议日渐破落的奥格斯堡啤酒厂重金聘他为顾问。

1972 年，卡塞尔移居德国，受聘于奥格斯堡啤酒厂。他果然在那里成功地开发了美容啤酒和浴用啤酒，从而使奥格斯堡啤酒厂一夜之间成为全世界销量最大的啤酒厂。

1990 年，卡塞尔以德国政府顾问的身份主持拆除柏林墙，这一次，他使柏林墙的每一块砖都以收藏品的形式进入了世界上 200 多万个家庭和公司，创造了城墙砖售价的世界之最。

1998 年，卡塞尔返回美国，他下飞机的时候，美国赌城——拉斯维加斯正上演一出拳击喜剧，泰森咬掉了霍利菲尔德的半只耳朵。出人意料的是，第二天，欧洲和美国的许多超市竟然出现了“霍氏耳朵”巧克力，其生产厂家是卡塞尔所属的特尔尼公司。这一次，卡塞尔虽因霍利菲尔德的起诉输掉了盈利额的80%，然而，他天才的商业洞察力却给他赢来年薪3000万美元的身价。

新世纪到来的那一天，卡塞尔应休斯敦大学校长曼海姆的邀请，回母校做创业方面的演讲。在这次演讲会上，一个学生当众向他提了这么一个问题：卡塞尔先生，您能在我单腿站立的时间里，把您创业的精髓告诉我吗？那位学生正准备抬起一只脚时，卡塞尔就已答复完毕：生意场上，无论买卖大小，出卖的都是智慧。

这次，他赢得的不仅是掌声，还有一个荣誉博士的头衔。

对每一个人而言，野狼会是一个很吸引人的主题。通过了解野狼的生活，学习狼群的智慧，我们也就能够更加了解自己与这个世界，更好地把狼群智慧运用到职场以及人生的旅途当中去。

斟酌细节，随时扣动扳机

在自然界中，到处都可能存在着陷阱，随时都可能有生命的危险，一不小心，就有可能落入陷阱，或者成为敌人的食物。所以狼会注意它所看到的每一个细节，时刻观察身边的环境，任何一点儿风吹草动都逃不过狼的眼睛。

泰山不拒细壤，故能成其高；江海不择细流，故能就其深。

细节决定成败。在中国，想做大事的人很多，但愿意把小事做细的人很少；我们不缺少雄韬伟略的战略家，缺少的是精益求精的执行者；绝不缺少各类管理规章制度，缺少的是对规章条款不折不扣地执行。我们必须改变心浮气躁、浅尝辄止的毛病，提倡注重细节，把小事做细。

> 2008年，海尔就开始了奥运营销战略，并且首次试水成功，把中央空调安装在了体育馆。如今，奥运会的奥运场馆中已经有超过20个奥运场馆采用了海尔31大类家电。问及如何取得了如此多家场馆家电配套权的原因，海尔给出了“细节决定成败”的答案。
>
> 海尔中标“鸟巢”是体现海尔关注细节的典型例子。在仔细研究鸟巢的建筑结构图之后，海尔并没有像其他的投标厂商一样，建议以一个更大功率的主机以应对超长通风管道对于制冷效果的削弱，而是根据建筑的走向专门设计了通风管道，这一点博得了“鸟巢”工程人员的青睐，成了海尔中标“鸟巢”的主要原因之一。“鸟巢”工程采购专家团成员的韩工程师说：“海尔中央空调的工程师几乎丈量了‘鸟巢’的每一寸，然后设计出风道，这给我留下了深刻的印象，这种从实际应用出发的设计方案，再挑剔的采购者也会被他们的态度与工作精神感动。”“事实上，在承接下‘鸟巢’等奥运工程之后，

很多工程单位都对海尔另眼相看。而之所以能够承接下‘鸟巢’，很大原因也是因为海尔在青岛奥帆基地和北京垒球馆的精彩表现。”

海尔中央空调本部部长杜光林说：“奥运会是全球顶级赛事，奥运场馆应该是全球最先进的体育场，奥运场馆的设备也应该是全球最好的。这是一个既简单又自然的联想。”

一次次对微小细节的斟酌和完善使海尔的产品日趋智能化和人性化，而这也帮助海尔博得了多方青睐，真正的奥运还没有到来，海尔已经饶有收获。海尔表示，奥运文化与海尔企业文化息息相通，奥运精神“更快、更高、更强”与海尔“不断挑战自我，勇于突破，不断创新”的文化核心一脉相承，北京奥运会绿色、科技、人文的奥运理念与海尔产品的研发方向一致。海尔整合了全球研发团队，专门开发绿色健康奥运产品，如静音冰箱、不用洗衣粉洗衣机、鲜风宝空调、防电墙热水器等，体现科技人文关怀。全球化造就了品牌经济时代，一个成功品牌为企业带来的产品溢价力和影响力的价值往往是任何有形资产所不能比拟的。奥运会就是这样给赞助商企业获得一个品牌嬗变的机遇。

每个赞助商都希望努力把自己的企业文化与奥运精神联系起来，海尔与众不同的是，它把这种结合体现在了方方面面，以至企业从上到下都与奥运精神共勉。“更高、更快、更强的奥运精神是一种不断追求、不断拼搏奋斗的精神。”海尔集团张瑞敏表示，“在海尔看来，奥运精神的本质恰恰就是处于全球化时代企业面临激烈竞争的形势所必备的精神，即企业要生存、要发展所必备的挑战自我、战胜自我的精神。就像在奥运赛场上一样，我们面对的不是对手，而是我们自己，我们要和自己竞争，就像一个跳高冠军，他战胜了所有的对手，但他最后并没有战胜自己所设定的新的高度，那也算不上创新。不断追求新的高度，追求卓越的过程，实际上是人生价值和追求的体现。”

注重细节、把小事做细是一个比较难的事。

丰田汽车社长认为其公司最为艰巨的工作不是汽车的研发和技术创新，而是生产流程中一根绳索的摆放，要不高不矮、不粗不细、不偏不歪，而且要确保每位技术工人在操作这根绳索时都要无任何偏差。

宝洁公司刚开始推出汰渍洗衣粉时，市场占有率和销售额以惊人的速度向上飙升。可是没过多久，这种强劲的增长势头就逐渐减缓了。宝洁公司的销售人员非常纳闷，虽然进行了大量的市场调查，但一直找不到销量停滞不前的原因。

于是，宝洁公司召集很多消费者开了一次产品座谈会，会上，有一位消费者说出了汰渍洗衣粉销量下滑的关键，他抱怨说：“汰渍洗衣粉的用量太大。”

宝洁的领导忙追问缘由，这位消费者说：“你看看你们的广告，倒洗衣粉要倒那么长时间，衣服确实洗得干净，但要用那么多洗衣粉，计算起来很不划算。”听完这番话，销售经理赶快把广告找来，算了一下展示产品部分中倒洗衣粉的时间，一共3秒钟，而其他品牌的洗衣粉广告中倒洗衣粉的时间仅为1.5秒。

就是在广告上这么细小的疏忽，对汰渍洗衣粉的销售和品牌形象居然造成了严重的伤害。这是一个细节制胜的时代，对于自己的工作无论大小，都要了解得非常透彻，数据应该非常准确，事实也应该非常清楚，这样才能脚踏实地完成宏伟的目标。

无数人用亲身经历告诉我们“差之毫厘，谬以千里”，有时细节关键到足以致命。所谓的小事情因其小而被人们忽略了，然而它却造成了大难题，常常会给人们带来大麻烦。因此，无论做什么事情，千万不可忽视细节的存在，否则就有可能付出极其惨重的代价。其实，细节是一种创造，也是一种征兆，从中可以看出一个人的命运去向和事情的成败。一些明智的人善于从小事情做起，从而使自己的命运得到彻底的改变。

戴维·帕卡德说：“小事成就大事，细节成就完美。”成功就是由一件又一件小事、一个又一个细节积累而成的。如果能把握住这些细节，人们就能获得成功；如果不注重细节的积累，而只想一举成功，那实在是白日做梦。

中国古人就提倡“天下大事，必作于细；天下难事，必成于易”。无论做人、做事，都要注重细节，从小事做起。

第七章
危机生存，掌控环境：狼族生生不息的生存智慧

时刻警惕：树立危机意识

在生存意识的认知上，狼比人要强烈得多，因为它们面临的危机比人类要严重得多。

在阴森茂密的草原和森林深处，生存着各种各样的野生动物——猛虎、雄狮、猎豹、大象、恶狼、狐狸、兔子……它们为了生存而弱肉强食，演绎着优胜劣汰的法则，延续着大自然的平衡。同样，在竞争激烈的职场，也潜伏着各种危机，每个人为了自己的利益殚精竭虑。

缺乏危机感的动物在猛兽的利爪下瞬间被撕碎，而只有危机意识强烈的动物才能“适者生存”。职场也一样，危机意识越薄弱的人，其变革进取的意愿就越弱，创新的动力就越小，也就越容易在竞争的洪流中遭受挫败。

单从狼捕获食物的艰难程度来说，就值得我们感叹。无论是在草原、森林，还是在雪原，狼要获得食物都要经过艰苦的努力，甚至要付出生命的代价。狼知道食物的宝贵，夺走

它们的食物，就是夺走它们的生命。 它们保卫自己的食物就是在保卫自己的生命。

狼经常用伏击战来屠杀羊群，它们深谙此道。 而狼群有时候也会成为猎人或者其他大型食肉动物的猎取目标。 所以，狼也经常会遭遇这种伏击战术，狼如果没有高度的危机意识，就很容易成为敌人的食物或者死在猎人的枪下。 在草原上，牧民们会在一些牲畜的尸体旁边挖一些陷阱，在里面布置狼夹。 狼一旦掉进陷阱里，就会被夹断四肢甚至腰部，根本没有逃脱的机会。 虽然，食物的诱惑让它们不可抗拒，但它们会保持足够的警惕性。 在离牧民居住地较近的地方，它们都会格外小心，用嘴叼一些物体扔到牲畜尸体周围，看看有没有陷阱。 等探明没有危险之后，它们才放心地走过去，但也并不是立刻就去撕咬食物，而是用它们嗅觉灵敏的鼻子去闻闻尸体。 如果有异常的味道，它们也不会去吃，因为那有可能是牧民们在牲畜的尸体上撒了毒药。

在狼的眼里，处处充满了危机，任何疏忽大意都可能会葬送自己。 职场中人也是如此，在危机四伏的职场，充足的危机意识才是生存的根本。

狼就是一种危机感很强的动物，它们时刻警惕着四周，一有风吹草动，就马上采取行动。 能生存八九年的老狼，都经历了太多的生存与死亡的战斗，它们都用勇猛把自己一次次从死亡边缘拉了回来。 敌人在它们身上留下了太多的伤痕，而这些伤痕也见证了它们顽强的生命力。 因自然衰老而死亡的狼在狼群中所占的比例极其微小，大约只有 1% ~ 1.5%。 从这个数字，我们就可以想象狼群的生存环境是多么恶劣。 所以狼必须时刻保持高度的警惕性，因为危险时刻围绕在它们身边。只要稍微放松，就有可能被猎人打死或者被其他食肉动物吃掉。

有这么一个寓言故事：

> 从前，恐龙和蜥蜴共同生活在一个古老的地球上。
>
> 一天，蜥蜴对恐龙说："天上有颗星星越来越大，很有可能要撞到我们。"恐龙却不以为意，对蜥蜴说："该来的终究会来，难道你认为凭咱们的力量可以把这颗星星推开吗？"
>
> 一天，那颗越来越大的行星终于撞到地球上，引起了强烈的地震和火山喷发，恐龙们四处奔逃，但很快在灾难中死去。而那些蜥蜴，则钻进了自己早已挖掘好的洞穴里，躲过了灾难。

蜥蜴的聪明之处，在于它拥有强烈的危机感。它知道自己没有力量阻止灾难的发生，但却有力量去挖洞来给自己准备一个避难所。

这虽然只是一个寓言，但却给每一个职场人士都带来了很好的警示和启迪：故事中的灾难也许会在我们身边发生，假如我们拥有足够的危机意识，往往可以化险为夷。职场中，很多人都听说过这样的话，"今天工作不努力，明天努力找工作""脑袋决定钱袋，不换脑袋就换人"。如果我们自满自得、不思进取，不提前为自己的未来做好各种准备，那么，正如故事中的恐龙一样，被淘汰的命运很快就会降临到我们的身上——如果你不主动淘汰自己，最后结果就只能是被别人所淘汰。

◆ 居安思危，才能立于不败之地 ◆

我看你刚才开会时没记笔记，要不我把笔记借你看一下？

我用脑子记着呢，开展项目时再跟你借也不迟。

作为一名企业员工，时时刻刻要保持危机感和进取心。“今天工作不努力，明天努力找工作。”人如果不为自己的未来打算并提前做好危机预警，当变化来临时就会束手无策。

作为企业的一名员工，必须意识到危机的存在。企业的员工是企业的一分子，企业和员工是“一荣俱荣，一损俱损”的关系，皮之不存，毛将焉附？

比别人跑得快才能占据主动

狼必须时刻保持足够的警惕，因为陷阱可能就在脚下，猎枪可能就在前方。危机永远存在，例如人类的屠杀、猎物的逃跑、各种意外或灾难，让狼跑起来。

> 一个农夫头一年挣了十两银子，买了一头牛，他计划第二年埋头苦干，挣一百两银子，再买十头牛，那样，他就可以搞一个小型养牛场了。第二年，他果然挣到一百两银子了，可是，牛也大幅度涨价了，一百两银子连半头牛都买不到了。

这个故事告诉我们，所谓的现状是不存在的，整个世界是在不断向前发展的。你停下来，别人仍在前进；你前进，别人比你前进得更快。要想在激烈的角逐中占据主动，就应当比别人跑得更快。

每天当太阳刚刚升起，隔夜的露珠还没有消失的情况下，羚羊、狼群、狮子，还有其他大草原的动物们就已经开始了一天的奔跑。最先跑起来的是羚羊，它们成群结队地跑过平缓的山冈，找到水源，在短暂地休息之后又开始新的奔跑。就在它们不远的地方，也许就在附近的草丛里，狼群也在奔跑，它们的奔跑是为了羚羊。当狼群开始奔跑的时候，狮子也开始了奔跑，它必须赶在狼群之前找到一日的早餐，否则，今天可能又是一个忍饥挨饿的日子。这是每天发生在大草原上的一幕，每天都在上演的奔跑比赛。没有任何外在的力量在导演这一切，它们奔跑完全是来自内心的驱使——要么生存，要么死亡。

“让自己跑起来”是自然界恒久不变的生存法则。看完上面一则简单的寓言，我们就会明白在职场上为了生存，人们也必须像大草原上的动物一样，要“让自己跑起来”。

职场是一个永不闭馆的竞技场，每天都在进行着淘汰赛。就像草原上每天都要上演的追逐赛一样，只有“让自己跑起来”才能生存，也只有跑起来的动物才能获得比同类更好的生存环境。

在当今职场上，一个人要摆脱职场上的生存危机，使自己不被优胜劣汰的自然规律所打败，就要善于寻找自己能力上的突破点，快速地突破停滞，让自己尽快成长起来，不断进步，只有这样才能让自己保持持久的竞争力。

A公司是一家中型的广告公司，设计部是两男一女的格局。平日里，三个人总是能够在繁忙的工作中，找到偷闲的机会。例如聊聊电视剧，或者是商场里最新的打折信息，就这样，三个人也过得优哉游哉。

一天，老板领着一个稚气未脱的男孩儿走进了他们的办公室，向他们介绍设计部的新同事：应届大学毕业生林。

林来到设计部上班，就像每个新人一样默默无闻、勤勤恳恳地工作着。早上，“元老”们还没到，林就开始打扫办公室。设计部有很多需要跑腿的活儿，以前设计部的人都是不情不愿地干，“三个和尚没水喝”，总是以猜拳的方式来选举谁是那个“倒霉蛋”。但是现在，不用言语，林早就揣起文件，送往了有关部门，而当林跑前跑后的时候，“元老”们按照“惯例”又将话题扯到美国占领伊拉克的热点新闻上去了。每当下班的时候，“元老”们都会迫不及待地奔出公司，而林则毫无怨言地收拾着遍地狼藉的办公室。“元老”们还打趣说，“新人都是活雷锋嘛”。

没多久，老总开会说设计部是公司的重心，要适当扩容，还要选出一个部长。涉及各自的前途，平时人浮于事的那几个老职员，渐渐地收敛了许多，都想在老总面前留个好印象，以赢得升迁的机会。然而，不久，人选张贴在了办公室外的公布栏，是林后来居上了。

林在上任致辞时说，你们都以为新人做什么都是应该的，你们错了。当今职场就是战场，升迁的机会是靠自己把握的。

判断自己是在进步，还是“明进暗退”，不能总和自己的过去或不如自己的人相比，而是应当和最优秀的人和进步最快的人相比。

在我们的周围，到处可以看到这样的人：他们只有在形势所迫时才去工作，对于自己身上的潜力无动于衷，遇到事情总是敷衍塞责，宁愿待在原地也不肯花点儿心思向上攀登，就这样敷衍了事、浑水摸鱼，过一天算一天。他们永远不懂得要比别人进步得更快的道理，他们为自己寻找各种理由和借口，无休止地纵容自己拖延和懒散的习惯，这样，他们只有在被动中眼睁睁地看着自己的“后辈”拿着硕士文凭、博士文凭意气风发地加入自己的竞争行列中，使自己心跳加速、血压升高，陷入被“取代”的恐惧之中。

支配环境，不接受命运的摆布

狼群中有最上层的阿尔法狼与最底层的奥美佳狼，后者通常是雄狼，而且经常是族群中个子最小的、经常被高级别的同族所虐待的这些年轻的成员，在任何方面都被放在最后一个，特别是吃东西的时候。

一个奇怪的现象常出现在这个行为上，当末端的狼存活时，它们会变成非常严苛的动物，它们开始给予得非常少，就如同它们得到的一样。在一段时间之后，末端的狼总是在结束冒险并证明自己的生存能力之后，就会成为众所周知的“孤独之狼”，这些“孤独之狼”最终都会参与其他族群，开始经营它们自己的族群。

在狼族中，这只最为弱小、地位最低的狼总是被置于最后的位置，如果它能够存活下来，往往能成为一只优秀的狼，它最终成为头狼的概率也比较大。

因为这种顽强的生存环境使它经历了更大的磨砺，使它积累了更为完善的生存技能。人也是一样，不能甘做境遇的牺牲品，而要顽强地生存下去，成为驾驭环境的强者。

达尔文曾说过："能够生存下来的并不是那些最强壮的，也不是那些最聪明的，而是那些对变化做出快速反应的。"决定一个人的生活境况的因素，始终脱离不了适者生存、不适者被淘汰的原则。

的确，物竞天择，适者生存，只有驾驭环境，跟上时代的潮流，才不会被时代所淘汰。正是在不断地适应中，我们咀嚼了酸甜苦辣，遍尝了人间百味，饱览了人生风景，体验了成功喜悦，从而充实了人生的内涵，丰富了生命的色彩。

从狼身上，我们可以得到这样的启发：在日新月异的时代，只有学会改变自己，放开眼光与胸襟，才能够驾驭不断变换的社会环境，才能在激烈的社会竞争中立于不败之地。

现代社会是竞争的社会，人人都眼盯着机遇，要获得机遇的光顾也是很困难的。所以，在很多情况下，我们必须创造机遇，改变不利于自己发展的环境，成为驾驭环境的能手。

以下是几条在善变的环境里生存的必备法则：

1. 抛弃原有旧包袱

如果过去那一套已经行不通了，就快点丢掉吧！到新世界中去寻找你的春天。想象新的人生对你的好处：你的作为、技能将因此提升，你会更有竞争力，人际关系也会变得更好。

2. 采取行动

与其认为“这件事竟然发生在我身上”，不如换个想法：“这是一个可以尝试新事物的大好机会。”即使新的方法行不通，也可再试试别的。尽量尝试所有可能的方法，总会找到解决问题的办法。

3. 懂得应变

不要墨守成规，但也不要沉溺于行不通的新方法中。不断地实践，然后从错误中学习。今日的失败，往往是明日成功的契机。

4. 不要轻易放弃

一时的停滞不前并不是失败，只是暂时休息、放慢脚步而已。要把它们视为另一阶段的开始，而非结束。

5. 保持开放的胸襟

我们不需要将所有新的事物照单全收，但也别因为新事物与众不同，就加以拒绝。不要先给新事物任何价值判断，试试看再决定。

6. 要有耐心

给新事物暖身、生效的机会。研究表明，要打破旧习惯，并养成新习惯，平均需要三个星期的时间。

控制自身的数量，提高自身竞争力

狼为了提高自身的竞争力，在一定程度上控制着自身的数量。

控制自身的数量有多重的含义，对于企业来说，控制数量可以提升质量，而限量版成功的话，更是盈利丰厚。

其实任何物种的生存繁衍，都有一个度，而这个度的控制在一定程度上取决于环境。数量的控制，只是为了群体更好地生存，是放弃与获得的关系。没有舍哪有得？所以，放弃了一部分的数量，是为了另外一种获得。

当一股脑儿的流行风潮让大家感到厌倦的时候，每个人都开始追求独特和个性。

如今，Dior 的最新款 T 恤很容易就能买到，LV 的钱包在高级写字楼里随处可见，英国王室的最爱 Burberry 也不再是少数人的专利。这些所谓的大牌虽然售价不菲，却依然是有钱就能随时买得到的。于是此时，限量版商品变成了一种巨大的诱惑。

大品牌限量版产品的别名叫作“奢侈品中的奢侈品”，其生产原则是要把产品奢侈化到无法复制，限量到只有小部分人出高价才能拥有。或许有些人认为这种行为只是为了造噱头，但事实证明，奢侈品生产者和消费者都乐此不疲地为了限量版产品而频繁出招，每款限量版产品都会在短时间内被订购一空，消费者买到了个性，品牌提升了档次，自然是皆大欢喜之事。其实，限量版的核心价值并不在于产品，而在于它所能提供的梦想和独占性。

忠实的奢侈品买家每年都不忘玩一下限量游戏，从而尽情享受“只有我有”的骄傲心情。“限量”成了奢华和品位的代名词，也许你有时候会觉得，这逐渐渗入我们心灵的限量生活像是一个美丽的圈套，但更多的时候你会发现，它的确是一个新品位的代名词，人们最想要的是独一无二，仅仅是大牌早已不够了。

限量版珍贵在何处？事实上，限量版产品的确有比普通奢侈品更珍贵之处，它代表着稀有的数量、独特的设计和特别的纪念意义，顶尖的奢侈和极限的宠爱一样，讲究的都是精致到细枝末节的品质。一流的奢侈品牌是打造限量版的主力军，他们不定期推出限量版精品。

即使全世界发行，也会因为生产数量极其有限，导致每一个城市甚至国家只能占有少数几款。更特别的是，这些限量版大牌精品既浓缩了品牌最受欢迎的经典元素，还赋予了物品别致的设计，或是特殊的纪念意义，对于奢侈品收藏家来说更是梦寐以求。每年，世界各大品牌都会为生产限量版产品而绞尽脑汁，但从经济角度上讲，限量版产品并不能为品牌带来不菲的收益，有些品牌甚至愿意牺牲一部分经济利益而推出限量版产品，究其原因并不难发现，他们希望从限量版身上得到的，是消费者的充分认可，而不是金钱。

第八章
舍弃小我，团队作战：狼族屡试不爽的群狼战术

群狼难敌——团结就是力量

在广袤的草原或者森林上，狼群会让老虎、狮子都害怕，轻易不敢惹。因为一旦咬起来，老虎、狮子们占不了便宜，相反，由于“双拳不敌四手”，可能会被狼群吸尽身上的血，吃光身上的肉。首先，头狼从正面吸引老虎的注意力，让老虎始终注意前面，然后两只狼攻击老虎的四肢，另两只攻击颈部，还有一只寻找肛门等薄弱环节。这样，凶恶强大的老虎首尾难顾，应接不暇，可能毙命。兽中之王，亦怕兽中之狼。

人类社会，还有自然界，难免会有相对弱者，弱者在强者林立的环境中如何生存呢？其中一个生存法则就是联合起来，扭成一股绳，心往一处想，劲往一处使。最终，弱者可以不惧强者，与强者平起平坐，甚至制服强者。蚂蚁在人心目中可算是微不足道的弱小生命了。而正是这微不足道的蚂蚁却可以在地球上生存上亿年，而与它同时代的恐龙却早早灭绝了。蚂蚁的生存之道其实很简单，那就是抱团。

◆ 团队协作，精诚团结 ◆

我们都是团队的一员，要时时刻刻为集体利益着想，而不能只盯着眼前利益和私人恩怨。无论个人感觉如何，都必须服从团队的安排和规划，不能影响集体。

在非洲的热带雨林当中生活着一种蚂蚁，在遭遇危险的时候会忽然聚成一个大球。蚁后在球的正中间，蚁球有时候直径有一米多。碰到山林火灾的时候，一个大蚁球从火场迅速滚到安全地带，尽管球最外侧的蚂蚁被烧得“噼啪”作响，但是仍然紧紧抱住不放。

更为神奇的是，这种“蚁球”可以自己渡过湍急的河流，有人就目睹了这一壮观的场面：一场暴雨过后，山洪暴发，一个直径一米多的蚁球从丛林中滚了出来，一头扎进汹涌的河水里，外边无数的蚂蚁纷纷被淹死，但是这个蚁球却迅速地向前翻滚。等到到达对岸的时候，蚁球只剩下大约一个足球那么大，但是整个蚂蚁部落还是幸存了下来。

单个的蚂蚁是弱小的，我们拿一个手指头就能把它摁死，但是成千上万的蚂蚁团结起来，却可以吞噬一整头大象，可以从山火中逃脱，可以渡过湍急的河流。我们拿蚂蚁的智力和人类相比，其间的差距何止万千，但是蚂蚁和狼一样懂得发挥群体的力量，人也应该懂得。一个人的力量是有限的，一旦人群团结起来，就可以移山填海，就可以飞越太空。

一位哲学家说过：“人的价值，除了具有独立完成工作的能力外，更重要的是要具有与他人共同完成工作的能力。”这种“共同完成工作的能力”就是群体力量的根源，也是推动人类发展的无尽宝藏。

人们在谈论江苏华西村的传奇故事时，讲了许多经验，一条条的，但最核心的是什么呢？就是把单个农民家庭的资金集中起来了，集中了大量的财力搞乡镇企业，现在都是国际化集团了。资金集中，人心也团结起来了。华西村的奇迹就是将分散小农团结整合创造出来的。

广东格兰仕公司保持着微波炉市场占有率连续10年全国第一、7年世界第一的纪录。

在格兰仕的生存与发展历程中，团队精神起到了至关重要的作用。1994年，南方发洪水，厂房全部被淹，那曾是格兰仕最危急的时刻。当时微波炉项目刚上马，资金都投进去了，竞争对手还冷嘲热讽。内外交困之下，没有一个人离开，大家一致要求实行两班倒，每天工作12小时，机器24小时运转。而销售部门的员工，很快就带着收回的货款回来了。有些销售代理商甚至提前打款过来。当时格兰仕可谓九死一生，是大家的精诚合作挽救了这个企业。

我们来看一个故事，从中也许能瞥见格兰仕团队精神的风采。

大学生梁杰初刚进格兰仕就被派到法国开发市场。他很幸运，一出去就逮住个客户：跟法国的一位经销商签下了一单17升系列微波炉生意。客户要求试探市场的首批1万台微波炉在圣诞节前交货，还说如果这个产品有市场，第一年要10万台，第二年增加到20万台。

梁杰初兴冲冲地带着订单回来交差。CEO梁昭贤称赞了他一番，然后说："咱们公司的产品规格是23升，他们要17升的，得赶紧研制。现在是9月下旬，离圣诞节不到3个月，你要辛苦了。"梁杰初以为自己听错了，自己是做业务的，拿了订单回来就算完事了，怎么产品研制也要自己“辛苦”？梁昭贤解释说：“海外市场刚开创，很多事情大家都是在摸索中。你看，不同的客户会有不同的要求，订单是你签下的，你最了解客户的要求，得你来跟进才行。”

此前碰都没碰过微波炉的梁杰初开始跑技术部门、生产车间，现学现卖。啃资料，和技术人员研讨……年轻的梁杰初很认真地跟进产品研发、质量控制和生产等每一个环节。由于各部门都积极配合，样机很快就做出来了。

梁杰初开心地把样机送过去，没想到人家一看，说里面好几个元器件没经过他们的认证机构认证，不行。梁杰初蒙了，这才知道有什么欧洲的GS、GE认证。他打电话回公司，声音都变了，副总裁陆荣发安慰他说：“别着急，我们想办法变通。你发个E-mail回来，我们马上去找经过认证的元器件，你也找一下，记住货比三家。”

梁杰初松了口气，当即深刻理解了团队协作的重要性。已经是11月，找元器件的过程是一场争分夺秒的拼搏战，谈价钱的时候，明明急得要命，还得摆出一副淡定的样子，那真是考验人的能力，磨炼人的意志。

经过大家齐心协力的合作，格兰仕终于以最快速度拿出了让法国客户点头的样机，并抢在圣诞节前如期交货。后来，法国客户要求增加烧烤功能，他们也迅速做到了，由此奠定了格兰仕微波炉在法国市场的地位，并在欧洲其他国家推广开来。

格兰仕在1994年内外交困中，如果员工逃离、老板泄气，就不可能创造微波炉行业的这一世界名牌。

现在，大家都知道了团结的重要性，那怎么样才能建立起一个团结的团队呢？除了“团长”要有威信，要关心团员，建立起一个协作流程和必要的奖励制度之外，一个团队要有一种核心价值观，要有一种文化在里面，要么是团队共同的奋斗目标和信仰，要么是“团长”的人格魅力和确定的荣誉原则。

总之，要有一种精神的东西在团队内贯穿着，才能凝聚人心、共历艰难；如果光靠物质，可能只是一时酒肉朋友，利益的结盟很容易散架。所以说企业文化建设尤为重要。

永远与头狼站在一起

狼为什么会具有超强的执行力？这是因为狼群有着优秀的头狼领导者——它有着超强的率队能力和决策能力，从而使狼群绝对服从于它。用执行力做保证，是任何一个优秀的战略、策略部署的需要。

狼的体形相对于自然界的其他动物来说显得瘦小，其力量在动物界也并不出众，却是动物界公认的强者，这一切都源于狼的超强执行力！狼虽然凶悍，但却有着很强的责任心和纪律意识，狼群按照规则组成了严密的执行组织，科学分工，角色分明，内部有效的沟通、协调和协同作战的力量，产生出最大的捕食能力和威慑力，于是才有了谚语：猛虎也怕群狼！

在狼的王国里，有严格的等级制度，上到狼群的首领狼王，下至刚出生的狼崽，它们都不约而同地严格恪守这些制度，它们明白若要狼群兴旺发达，那么对纪律的遵守就是绝对的前提。

狼群每年都会因为饥饿而死亡一部分，为了避免更多的狼死亡，为了使狼群都能得到足够的食物，狼群会自觉地控制自身的数量和质量。严格的管理制度是狼群得以生存下来的保证。

所以，在这种状况下，头狼需要保持清醒的姿态，跟随其后的狼要选择生存就必须与头狼站在同一条线上，这个原理也同样适合现代社会的群体和企业的管理体制。

一个企业的领导往往决定了一个企业发展的前景以及该企业前进的速度，由此可见一个好的领导之于一个企业的重要性。对于一个企业领导者来说，做到严格管理，要具有两面性，一面是原则，一面是宽厚。在工作中以温和的态度和下属接触，在谈笑中解决问题，但是不能信奉无原则的调和主义，做一团和气的“好好先生”。

很多企业的成功都是由于领导的决策能力强、管理严格。因此，企业很多问题并不在于领导的主意不对，而在于不严格管理，大事化小、小事化了。执行力差，核心就是严格管理不够，没有认真去做，于是好主意也没有做成好事。

企业高层管理者领导力的强弱对一个企业的成功与否起

着关键作用。在今天日益复杂和竞争激烈的商业环境中，获得和保持强大的领导力对企业高层管理者来说显得尤为重要。卓越领导，不仅是一项艰巨的挑战，还是一次巨大的机会，更是一种严肃的责任。与以往任何时候相比，今天的组织都更需要卓越的领导者——他们懂得不断变化着的全球环境的复杂性，智慧而敏锐，有激发他们的追随者努力追求卓越所必备的素质与能力。

企业的运转方向被战略决定着，而企业的运转速度、效率和效益，如果没有强有力地执行，只能说是纸上谈兵。企业成功的关键是能否将战略执行到位，再好的战略如果不能被转化为具体的行动，就无法带来实际效果。美国管理学者托马斯说："一个合格的战略，如果没有有效的实施，会导致整个战略的失败。"无数成功的企业，对战略决策无一不是坚定不移地执行。

那么对于企业中的下属来说，怎么样才能让自己在稳定的岗位中谋求更大的发展呢？毫无疑问，始终与"头狼"保持在同一战线上，是最明智的选择。

首先，在公共场合要做到的就是尊重上司。尊重上司是所有组织的要求，你的上司是公司事业的核心力量，公司虽然没有森严的等级制度，但也有着最基本的上下级关系。在工作中，上下属可能会由于彼此的学识经历不同、地位身份不同而导致思考问题、处理问题时出现这样或者那样不同的方式，即使有时候你认为上司说话做事有所偏颇，这时候你更需要冷静下来，找机会慢慢把问题分析清楚，而不应一时冲动导致矛盾升级，使事态扩大。其中最重要的是作为上司，他有他自己的思维方式，他有自己的身份，他有自己的地位，要维护自己的尊严和权威，如果你当面指责，对他的想法全盘否定，让他在团队面前没有面子，更多的是产生被排挤等很多不良的后果。如果说你不尊重自己的上司，或者在公共场合冒犯上司的权威，这并不是个人主义的体现，也不是自己能力多强的变相展现，这实际上就是在和自己过不去。当你与上司相处时，必须小心谨慎，来不得半点儿疏忽。身为下属，最忌讳的就是冲撞上司、挑战权威。如果上司对你发脾气的时候，脾气发得对，你就必须承认错误，并且必须摆出虚心的态度，做出改正的承诺，而不是为自己的错误进行辩护。上司最希望看到的是你能知错认错，在以后的工作中把造成的损失弥补回来。假如他的脾气发得不当，你可以用恰当的、容易让人接受的方式给他指出并且向他把事情解释清楚，你这样与他达成谅解后还可以为他提供一些解决问题的建议。

无论在公开或私下场合，与领导讨论问题都要掌握方式、方法及时机。在讨论会上，你可以发表一些独立的见解，但一定要对上司的工作予以充分的肯定，甚至为他做一些解释。这不仅是维护上司威信和尊严的需要，也是工作的需要。任何领导都不希望自己的下属来否定自己的工作，都不想承认自己的工作能力存在问题，也不希望自己的下属在公众场合做一些让自己颜面尽失的事情。如果自己真的在某一个方面与领导的意见存在分歧，可以找个适当的时机，委婉地阐述一下自己的看法，这样上司一定会意识到自己工作中的失误并愉快地加以改正。

如果受到上司批评，最需要表现的是诚恳的态度，以及日后改进的工作方法。如果你对批评置若罔闻，而且在以后的工作中还是我行我素，这种效果比当面顶撞上司更糟糕。接受批评能体现对上司的尊重，表示你能理解上司。错误的批评可能也有其可接受的出发点，你若能处理得好，反而能变成对你有利的因素。

另外，你要在工作中学会去体谅上司，因为上司的工作顾及的面要比你多，事情考虑的方面也比你广。这就需要你换位思考，站在他的位置上去思考问题，就会更好地理解到有时上司的言行不一定是对下属的苛求，而是对于工作的极致性要求，也是对于你提升的多方面考虑。“住几楼看几楼的风景”，如果换了你是领导可能也会一样。求全责备是为人处世的大忌，你如果反驳和指责上司的话，就有可能发生不良后果。你必须明白，服从上司是天职，即使他的命令是错的，你也要先应承下来，然后找适当的机会慢慢和他沟通。

服从是群狼的天职

狼是纪律性极高的猎手，头领的集会号令即是军令，无论身处何地，只要听到召唤，都要尽快地循声以往，集体作战。只要头领发现目标，一声令下，狼群就会迅速执行，绝不贻误战机。工作中，比遵守纪律、服从命令更高的要求就是百分百执行。

任何一位老板都会用各种方法考查刚入职的新员工的能力，此时所需要的不是新员工井喷式的成绩涌现，也不是飞扬跋扈的个性展现，而更需要的是其不打折扣地执行老板的命令。只要是遵循这样的道路发展，你将很快得到提升。查理的故事讲明了这一切。

查理到某大公司应聘部门经理，老板提出要有一个试用期。但出乎查理意料的是上班后被安排到基层商店去站柜台，做销售代表的工作。一开始查理根本无法理解，但还是毫无怨言地坚持了三个月。后来，他认识到，自己对这个行业不熟悉，对这个公司也不是很了解，确实需要从基层工作做起，才可能全面了解公司、熟悉业务，何况自己虽然做的是销售代表的工作，但拿的仍是部门经理的工资。

尽管实际情况与自己最初的预想有非常大的差距，但是查理明白这是老板对自己的一种考验，他坚持下来了。三个月以后，他负责部门的所有工作，结合三个月最基层的工作经验，查理带领团队取得了骄人的成绩。半年后，公司经理调走了，他得以提升；一年以后，公司总裁另有任命，他被提升为总裁。在说起往事时，他颇有感慨地说："当时忍辱负重地工作，心中别提有多委屈了，但我也明白这是老板在考验我的忠诚度，于是坚持了下来，最终获得了老板的信任。"

在上任的初期，不要问公司给予了你什么，要问你为公司做了什么。只要你在工作的过程中不找任何借口、不打折扣地执行公司的命令和决议，你的付出终将会有回报。是金子总会发光的，如果在步入环境的初期，你就将自己的光芒散射出来，这样不仅仅会让你周边的同事对你的印象大打折扣，同时也很有可能因为你的过分炫耀而迷失了自己在团队中的方向。

我们工作都处于一个企业或者公司中，这就是一个大的团队。身为团队中的一员，无论自我感觉如何优秀，都要一心一意地服从团队的制度和安排。不听从指挥的员工危害企业生产力，迟早会被无法忍受的企业扫地出门。他们使老板觉得自己形同虚设，权威受到伤害，还影响公司全体成员的协调性。

哈里斯是一家合资企业的老总，他很注重员工的团队作战基本素质。有一天，他召集了几个平时表现出色的高级主管，告诉他们："我今天有一个新的改制计划，就是把几个部门的内部制度进行融合、调整、更新。在进行这项工作之前，你们几位先用一个星期的时间到外地的各大企业做一个全面的巡察，然后把你们的所见所闻给我汇报上来，10分钟后开始执行！

"这时，我回到办公室在暗中观察几位主管的动向。有几位主管在一块儿议论纷纷，说天热，这么多企业让我们如何调查啊？就是有了新的改革方案，老总也不一定按照我们的调查结果而改动原先的计划啊。看来他们犹豫不决，迟迟没有开始行动的意思，只顾抱怨。最后，有一个年轻的主管走了过来，对其他几位主管说：‘哥们儿，时间不早了，咱们快点儿行动吧，反正只有一个礼拜期限，出去走一走也算长点儿见识啊！’一个礼拜过去了，他们都提交了调查报告，这位年轻的主管得到了提拔，出任市场部的经理助理。我必须挑选那些服从我的命令、把团队利益放在第一位的人。”哈里斯说。

不要认为服从是一种懦弱的表现。作为企业的一名员工，企业不喜欢什么事都不顾团队的利益按照自己的想法草率行事的员工。这样的员工即使再有能力，也会给人一种傲慢自负、不善于团结作战的印象。相反，那些虽然个人能力不是很强，但踏实工作，服从企业里的每一项制度或者安排，虚心向周围的每一位同事或者领导学习，集体荣誉永远在心中的员工更受团队的欢迎。这样的服从者，不仅让团队的劲儿往一处使，在服从中，自己也会从中学习更多经验与知识，从而得到提升。

不找任何借口，需要你百分之百、不打折扣地去执行！

全面完成任务，需要你百分之百、不打折扣地去执行！

追求卓越，创造辉煌，需要你百分之百、不打折扣地去执行！

时代在不断地向前发展，在生活的舞台上每一个人都有展现自己的机会。为什么有的人能当总统，有的人却不能？为什么有的人是有钱人，有的人却一贫如洗？为什么有的人干什么成什么，有的人却一生一事无成？像格兰特那样，把事情干到最好，你就有机会成为最成功的人。这个世界已经与你以前所认识的世界完全不同。以前，当你在浑浑噩噩的时候，别人可能正在发愤图强。然而今天，当你在奋斗的时候，别人也照样在奋斗；当你在学习的时候，别人也照样在学习。命运不再垂青那些仅仅懂得基本生存技能的人，而是垂青那些主动执行并且在工作中展现自我能力、善于完成任务的人。接受了任务，意味着做出了承诺；做出了承诺，就意味着需要不打折扣、百分百地去执行。

1. 速度第一

执行力高低的一个衡量尺度是行动的迅速与否，因为速度现在已经成为决定成败的关键因素。当然快与慢是辩证的，因为快速执行并不是要求你为了达到目标而不计后果地草率考虑事情，并不是允许任何人为了抢速度而降低工作的质量标准。迅捷源自能力，简洁来自渊博。员工的快速执行首先要建立在强大的思维能力的基础之上，在短时间里做出相应的准确判断。杰出的员工能够不断探寻业务模式和事物的因果关系，能够尝试从新的角度看问题。

2. 对工作专注用心

对工作专注用心是做好任何事情的前提条件，在执行工作任务时，应先把心思集中到如何快速、高效完成任务的思考上来。专注是一种态度，更是一种对于工作的全身心投入，当眼中、脑中只剩下目标的时候，与目的地的距离也会随之缩短。

3. 注重团队协作

你的工作往往不是孤立的，要出色完成上司交代的工作，必然要依靠团队协作。强调执行力绝不是要让你单枪匹马地闯荡，而是协同团队共同前进。组织的团队精神包括四个方面：

第一，团队中的每一个成员应该同心同德，向着同一个目标进发：组织中的员工相互欣赏、相互信任，而不是相互瞧不起、相互拆台。员工应该发现和认同别人的优点，而不是凸显自己的重要性。这是中华民族的美德，也是企业中的员工共同进步的首要原则，更是企业发展的必经之路。

第二，团队中的每一个成员应该互帮互助：不仅是在别人寻求帮助时提供力所能及的帮助，还要主动地帮助同事。反过来，我们也能够坦诚地乐于接受别人的帮助。帮助不是强大与弱小的必然代名词，而是在工作中虚心听取他人意见的表现，这也是团队沟通中所必备的手段之一。只有团队成员之间形成紧密的合作，企业才能稳步向前。每个人都在向同一个方向使劲，那么集中起来的合力才是最大的。

第三，团队中的每一个成员应该具备奉献精神：组织成员愿为组织或同事付出额外努力。任何一份工作都不是个人能力的独立体现，而是要求团队成员间相互合作，在这个过程中就需要各成员具有一定的奉献精神，为目标的最后实现暂时放下自己的个人情绪，从大局出发，争取实现共同目标。

成功法则

墨菲定律

宋犀堃　编著

四川人民出版社

图书在版编目(CIP)数据

墨菲定律 / 宋犀堃编著. —2版. —成都：四川人民出版社，2022.1
(成功法则)
ISBN 978-7-220-12401-3

Ⅰ. ①墨… Ⅱ. ①宋… Ⅲ. ①成功心理-通俗读物
Ⅳ. ①B848.4-49

中国版本图书馆CIP数据核字(2021)第163853号

MOFEI DINGLÜ
墨菲定律
宋犀堃/编著

责任编辑	王卓熙
技术设计	松　雪
封面设计	松　雪
责任印制	李　剑
出版发行	四川人民出版社(成都市槐树街2号)
网　　址	http://www.scpph.com
E-mail	scrmcbs@sina.com
新浪微博	@四川人民出版社
微信公众号	四川人民出版社
发行部业务电话	(028)86259624 86259454
防盗版举报电话	(028)86259624
印　　刷	三河市众誉天成印务有限公司
成品尺寸	140mm×203mm
印　　张	4
字　　数	96千
版　　次	2022年1月第2版
印　　次	2022年1月第1次印刷
书　　号	ISBN 978-7-220-12401-3
定　　价	128.00元(全五册)

前　言

为什么别人比我更成功？为什么别人的人际关系相处得那么好？为什么我总是暴躁不安？为什么我的小孩儿总是不听话？为什么我的工作总是不顺利？……

数不清的“为什么”。我们总是希望比别人更优秀、更幸福，却总是失望。于是，我们就将人生路上的一切不如意归咎于命运的不公平，埋怨自己的命不好，可是却从未思考这一切的根源以及自己应该如何改变现状。

你可能会问：这和墨菲定律有什么关系？成功不就是由运气和努力促成的吗？其实不然，成功是由真理和定律决定的。人类在历史上所取得的一切进步，在很大程度上正是由于正确并熟练运用了那些普遍存在的真理和定律而取得的。这些具有普遍意义的定律，使我们的生活成功而有意义。在这些定律里面，心理学作为影响人类方方面面的学科，不能不引起我们的重视。

本书将世界上最有用的心理学定律介绍给你。全书共分八章，借助众多与生活息息相关的案例系统地介绍了认知、情绪、社交、人生、心态、职场、成功等方面的心理学知识，全面解析了心理学的各种效应、法则和定律，使心理学真正成为服务于大众的应用型科学。学习和利用书中的知识，一定有助于读者在人际交往和工作事业方面获得更多更高的成就。

每个看似诡异或者理所当然的现象背后，都蕴藏着有趣并十分有用的心理学现象，翻开本书，从充满趣味的心理学定律中紧紧地扼住命运的咽喉吧！

2021 年 6 月

目　录

CONTENTS

扫码点目录听本书

第七章

社交达人的心理学技巧

第八章

你的自律，给你自由

第一章　自我认知，发现内心深处的自己

扫码点目录听本书

苏东坡效应：如何正确认识自我

苏东坡效应源于苏东坡的一句诗："不识庐山真面目，只缘身在此山中。"明明就站在山中，却偏偏不认识这座山头。社会心理学家将人们明明就拥有"自我"，却偏偏难以正确认识"自我"的心理现象称为"苏东坡效应"。

古时候，有一位解差押解着一位和尚前去京城。和尚是个聪明的人，一直都在想着逃跑的事。晚上的时候机会来了，在他们入住的店里，他将那位解差灌了个酩酊大醉，又借了店家的一把小刀，将解差的头发全剃光了，之后，他就一溜烟地逃跑了。这位解差半夜的时候醒了，一摸身边没了人，大吃一惊，要知道回去交不了差可是要掉脑袋的事。他赶紧在黑夜里又仔细地找了一遍，继而摸到了自己的光头，紧张感一下子被惊喜替代了。解差长舒一口气说："幸好和尚还在。"随之他又非常迷惑地问了句："那我在哪里？"

人要对自己有正确认知

你的文章写得很有吸引力呢，这个月的专栏得到了大家的一致好评。

谢谢你上次的鼓励，我很喜欢现在的工作。果然人还是要认清自己才能获得成功。

和尚只不过是把解差的头发剃光了，解差就误以为自己即是和尚，闹出不知“我在哪里”的笑话。虽然这仅是则笑话，但是生活中有不少人就像这位解差一样，对于“自我”这个就在自己手中的东西，往往难以正确认识。正因如此，人们才会发出“人贵有自知之明”的感慨。

生活中的大多数人很少能真正地去思考“我是谁”的问题。的确，这是一个看似无聊又无用的疑问，每个人都那么忙，有这工夫还不如去唱会儿歌、玩圈儿麻将、逛个街、听会儿音乐呢，这类的思考就留给那些“哲人”吧。可是真的如此吗？先看下面这个故事吧。

20世纪初，美国有位著名的牧师叫拉塞尔·康维尔，他以“埋藏宝石的土地”为题在美国举行了盛大的巡回演讲。据说他的演讲达6000多场，将所有美国人民的激情都带起来了。演讲是从一个故事开始的：从前，印度有位富裕的农民，他为了寻找埋藏有宝石的土地，变卖了自己的家产，开始四处寻找这传说中的宝藏。几年以后，他终于因为穷困和疾病而死去。后来，有人在他卖出的自家的土地上发现了珍贵的宝石。

康维尔用这样一个真实的故事，并辅以大量的实例，就是想告诉每个听众，人们苦苦寻找的，往往是自己所拥有的，但是人们并不自知。

“我”就是这么一个陌生的朋友，虽然近似咫尺，看似熟悉，却常常令人疑惑。“我”是特殊的，是独一无二的。从心理学上而言，个体的自我有两个解释：广义而言，它是指一切个体能够叫作“我的”的总和。比如，我的身体、心情、父母、朋友、工作等，通过“我的”的前缀，我们来确定对自己的存在的满足感；狭义的自我，就是指自己对心理活动的感知和控制脑的机能活动，是我们心理的特殊形式。

现实生活中，人们为了同这个现实的世界保持一致及和谐，都在扮演着不同的角色。比如，在父母面前我们扮演孩子，在孩子面前我们又扮演父母；在领导面前我们扮演下属，在下属面前我们又是领导；在好朋友面前我们扮演着知己，而在陌生人面前我们又仅仅是一个路人甲。角色本身决定着扮演者的共同轮廓，但是由于“自我”的不同，同样一个角色也可能有迥然不同的表现。显然，角色扮演者如何认识“自我”非常重要。

另外，苏东坡的诗句还给我们提供了另外的方法——“横看成岭侧成峰，远近高低各不同”。克服苏东坡效应的办法，可以深入“此山中”探其幽微，也可跳出“此山中”一览全景。也就是说，认识自己要将微观和宏观这两个“视角”结合起来，方可全面。

“不识庐山真面目，只缘身在此山中。”人是很难有自知之明的。假如既没有自知之明而又狂妄自大，就如一个人衣冠楚楚、彬彬有礼，一派绅士风度，却在屁股后面露出一条毛茸茸的尾巴，让大家忍不住发笑。事实上，这类笑话是司空见惯的。

认识自己，就是发现另一个自己，发现面具后面一个真实的自己，发现一个分裂的自己的各个部分，发现自己的偏见、愚昧、丑陋、冷漠、恐惧，发现自己的热情、灵感、勇气、创造力、想象力和独特个性。实际上，一个人多多少少是分裂的，在分裂的各个自我之间进行平等、理性的对话，也是一个人的内省过程，正是一个人的悟性从晦暗到敞亮的过程。正如真理越辩越明，在各个自我之间的诉说、解释、劝慰乃至激烈的辩论中，人心深处的仁爱、智慧和正义感就可能浮现。

善于认识自己的安提斯泰尼看到铁被铁锈腐蚀掉，他评论说，嫉妒心强的人被自己的热情消耗掉了——他是在同自己的嫉妒谈话，对自己内心潜伏着的嫉妒做出严正警告。他常去规劝一些行为不轨的人，有人便责难他和恶人混在一起，他反驳道：医生总是同病人在一起，而自己并不感冒发烧——他是在同自己的德行和自信谈话。他认为，那些想不朽的人，必须忠实而公正地生活——他是在同自己的信念谈话。

一生与孤独为伴的哲学之父、后精神分析大师克尔凯郭尔，是位善于认识自己的人。他在世时，整个世界都不理解他，甚至敌视和厌弃他。他一方面向整个世界的虚伪和庸俗宣战；另一方面回到自己的内心，不厌其烦地同自己谈话。

他在短短的一生中写了一万多页日记，也就是说，他几乎天天在同自己谈话。然而，正是这个“真正的自修者”，这个与世俗社会格格不入的“例外者”充满绝望和激情的自我倾诉，在许多年后成为震撼人类精神的伟大启示。

伟大的诗人都善于发现自己。因为只有善于发现自己，这些诗才更具真实性，更有穿透事物的尖锐性。

请看里尔克的最辉煌的作品是怎样写出来的：“不和任何人见面，除了对自己的内心说话之外，绝对不开口——这的确是我立下的誓言。”所谓“对自己的内心说话”，就是写诗，换一种说法，写诗就是诗人同自己谈话的一种方式。在同自己谈话的过程中，诗人把自己在生命冲突中体验到的种种图像精确地呈现出来，从而让我们看到了生存的陷阱、灵魂的锯齿、信念的血痕以及万物的疼痛。

诗人的声音必然是可靠的、真实的，摒除了所有虚伪、怯懦、狂妄和矫揉造作。世界上最感人的作品往往是作者的内心独白，比如里尔克的《杜伊诺哀歌》、卡夫卡的《城堡》和《变形记》、普鲁斯特的《追忆似水年华》、西蒙娜·薇依的《书简》等。

一个人如果认定自己是个有能力、有才华的人，那么他就会发挥出符合他这样认定的一切天赋；如果一个人认定自己是个笨蛋，是个窝囊废，那么他就不可能发挥出他实际存在着的潜能。一个人只要认定自己是个什么样的人，就要坚定不移地走下去，不管别人怎么看待和评论。

问题的关键在于，自己对自己的认定是否准确无误。如果自己的自我认定错了，那种错误的认定必将严重影响、困扰自己的一生。

人的自我认定是可以改变的，人生也会随着自我认定的改变而改变。当一个人不满意自己目前的状况时，就需要按下述几个步骤改造自己。

第一步，找到你心目中的人生榜样，为自己树立人生目标。把你所希望的自我认定的条件写下来，而后认真思考：到底哪些人身上具有这些条件？自己是否可以效仿他们？设想自己已经融入了这一新的自我认定之中，在这一认定里的自己又该如何呼吸、如何走路、如何说话、如何思考、如何感受。

你如果想真正改变自己的自我认定和人生，那么从此刻开始你就得下定决心要成为什么样的人。你应回到孩提时代的心态，对未来满怀热望，列出成功人生所必须具备的各种特质。

第二步，列出你的行动方案，以便能够同这个新的人生角色相吻合。这时，你要思考怎样做才能实现自己的目标，你需要在人群中树立自己的全新形象，你要特别留意结交什么样的朋友，你的成功与你结交的朋友有很大的关系，要让你的新朋友强化而不是削弱你的自我认定。

第三步，你要每天提醒自己，不要让心中的目标淡化或者消失掉。这最后一步便是让你周围的人都知道你的这一新的自我认定，而更为重要的是要让你自己知道，你自己每天都要以这个新的自我认定来提醒、告诫、把握好自己。

确立新的自我认定后，不管周围的环境如何恶劣，周围的某些人如何嫉贤妒能，你都应该横下一条心，排除各种干扰，克服一切困难，全力实现自己所持守的价值与所做的美好之梦。

巴纳姆效应：改变自己，重塑自我

巴纳姆效应是由心理学家伯特伦·福勒于 1948 年通过实

验证明的一种心理学现象。它主要表现为，每个人都会很容易相信一个笼统的、一般性的人格描述特别适合他。即使这种描述十分空洞，但他仍然认为反映了自己的人格面貌。而要避免巴纳姆效应，就应客观真实地认识自己。

台湾亚都丽致饭店总裁严长寿曾经建议年轻人在考虑下阶段要干什么时，首要之务就是先认识自己，尤其要有勇气去面对自己。在认识自己之后，接下来再认识职场。因为随时都有面临失业的一天，所以，每个人在职位上最大的保障就是随时要接受考验、挑战，保持进步。

为什么会有巴纳姆效应？其本质就是大多数人没有客观地认识自己，让自己卷入了一个空洞的程式之中。能准确地剖析自己、给自己定位的人，往往也能把自己放在一个准确的位置上，在职场这个无形的战场中步步为营、势如破竹；而对自己的认知处于模糊阶段的人，往往更容易相信一些大众化的描述，不去深究自己不同于别人之处，自然也就无法在职场中发挥自己的优势，让自己在千军万马中脱颖而出、节节胜利了。所以，无论何时何地，正确地认识自己并适当地改造自己，让自己向着最容易获得成功的方向挺进，都是一种智慧的选择。

只有很好地认识自己，知道自己的长处和不足，扬长避短，才能在职场中如履平地。如果只是抱着“当一天和尚撞一天钟”的心态在职场中混日子，那么你通向成功的道路可谓是渺茫的。

认识自己，才能把握自己的命运。一个人能认识自己、反省自己，舍弃一些不合时宜的理念，改造自己，扩大自己的视野，他的未来就会值得期待。

想要获得成功，一定要先认识自己，但认识自己不像照镜子那样简单，它有一个过程，需要勇力和信心。我们应该正确认识自己，因为你能自助，天才能助你。思雨是一名外语系的大学生，大学毕业后，她不像别的同学那样去找工作，而是在家里挖掘自主创业的信息，并做着各方面的准备。一段时间之后，她的小饰品店终于在一个繁华的路口开张了。尽管她很努力地采取各种措施吸引顾客，可是她店里的生意一直不好，有时候甚至入不敷出。她想了很久，也不知所以。后来，一位顾客对她说："姑娘，你看起来很文静，也很有文采，你给每种商品写的软文都很动人，你为什么不试着做一个杂志社的编辑呢?"顾客走了之后，思雨开始静下心来思考这个问题，她终于明白，自己的优势在文字把握上，而自己却一直缘木求鱼，没有正确认识自己。自己一直认为自己是个做生意的料，不肯接受别的工作，而想要走上成功的路，就要有改造自己思想的魄力。想明白之后，她迅速做出改变，将这家店转让，找了一份时尚杂志编辑的工作。在新的工作岗位上，她发挥自己敏感而出众的文字优势，可谓是如鱼得水。看着杂志上自己写出的文章越来越受欢迎，她心里有说不出的高兴。

决策失误总是由认识失误造成的，所以关键是首先要认识自己。 任何事业的成功之路，都是从认识自己开始的。 但有时候自己可能很难清楚认识自己，此时，别人的一句话可能就会如醍醐灌顶一般将你点醒。所以有些时候，借助于他人的眼光来认清自己，未尝不是一种可行的方式。不论什么时候，认识自己，发现自己的弱点，并及时地改造自己，都算不上晚。

大多数人想要改造这个世界，但却罕有人想改造自己。可是环境不会轻易改变，解决之道在于改变自己。

过去你可能曾经尝试改变自己，以融入你认为的重要角色。我们要谈的并不是改变自己来顺应这个世界，也不是要如何变得更受人欢迎，或是如何让别人认为你是个成功的人，更不是如何能让社会接纳你，如何给你的朋友留下深刻印象。我们要谈的是和你的内在技能、天赋和价值观有关的事，然后让你所拥有的东西引导你通往成功之路，是抛开对自己的错误信念，让你愿意拥抱和接受属于你自己的成功。

有一个大师，一直潜心修练，几十年练就了一身“移山大法”。

有人虔诚地请教他：“大师用何神力，才得以移山？我如何才能练出如此神功呢？”

大师笑道：“练此神功很简单，只要掌握一点：山不过来，我就过去。”

谁都知道世上本无什么移山之术，唯一能够移动的方法就是：山不过来，我就过去。

现实世界中有太多的事情就像“大山”一样，是我们无法改变的，至少是暂时无法改变的。如果事情无法改变，我们可以来改变自己。如果别人不喜欢自己，是因为自己还不够别人喜欢。如果无法说服别人，是因为自己还不具备足够的说服能力。如果我们还无法成功，是因为自己暂时还没有找到成功的方法。

要想让事情改变，首先得改变自己。只有改变自己，才会最终改变别人；只有改变自己，才可以最终改变属于自己的世界。所以，如果山不过来，那就让自己过去吧！这可以让我们生活中的困扰迎刃而解。

鸟笼效应：先改变思维，再改变生活

鸟笼效应是一个很有意思的心理现象，发现者是近代杰出的心理学家詹姆斯。简单而言，它是说假如一个人买了一个空鸟笼放在家里，那么一段时间后，他一般会买一只鸟回来养或者丢掉这个鸟笼。

1907年，心理学家詹姆斯和他的好朋友卡尔森退休了，一天二人打赌。詹姆斯说："你信不信，我会让你在不久以后养上鸟？"卡尔森不屑地摇了摇头："我可从来没想过要养小鸟，我可不信你有这种魔力。"没过几天就是卡尔森的生日了，詹姆斯送给他一个非常精致漂亮的鸟笼，卡尔森笑着收下了礼物，他说，“老兄，你不要白费心血了。我是不会养鸟的，不过这个鸟笼倒是挺漂亮。”后来，卡尔森的家里每当有客人来时都会看到那个精美的鸟笼，并由衷地赞扬两句，然后他们几乎像商量好似的，会问同样的问题——教授，你的小鸟是怎么死的？尽管他每次都会向客人解释自己并未买过小鸟，可客人依旧困惑不解。最终，卡尔森只好买了一只鸟，以堵住客人的嘴。由此，詹姆斯的鸟笼效应生效了。

卡尔森为何最后妥协了或者说鸟笼效应为什么会存在？其原因在于当事人不愿意忍受每次面对他人怪异的目光时进行解释的麻烦，而买一只鸟比无休止地解释简单多了。心理学家认为，即便对空鸟笼没有人询问，也会给人造成心理压力，使其主动去购买与鸟笼相匹配的小鸟。人们常常不自觉地就会受到权威人士或多数人的影响。在上述故事中，卡尔森内心也是如此——当身边的人都开始询问关于鸟的问题时，他就开始思考自己是否应该换种选择，但是这又与自己最初的意愿相悖，由此让人产生“找不着北”的感觉。

实际上，在生活中我们也经常给自己的心里挂上一个空鸟笼，为了能与之匹配，我们在接下来的日子里，不断地往里添加东西。而在最初挂鸟笼的时候，或许我们并未想过由此会带来的连锁反应。

亲手经历过装修房子的人可能会有这样的体会：逛市场时，我们往往会被一些外表新颖、时尚的东西吸引，比如一个新潮的电脑控制的马桶。但事情并未就此结束，马桶这么精致，卫生间的瓷砖不能太差吧？ 瓷砖的质量、价格上去后，浴池或者淋浴设施的档次也不能显得太寒酸吧？ 还有那洗脸池、水龙头统统都得与酒店相媲美，整个卫生间看起来才更统一……把一切敲定后，我们才发现打造如此有品质的卫生间的费用远远超过预算，而这“罪魁祸首”就是那个马桶。有句话说是“女孩子的衣橱里永远少一件衣服”，很多女孩儿的衣橱里都会有几件“鸟笼”似的衣服。 那件看起来时髦高档的皮衣，一时吸引得你连面对高价都没有退缩，但是买回后却没有合适的搭配，就此束之高阁又显得吃亏。 于是，名牌裤子、时装鞋以及那个价值不菲的挎包都成了此后你需添加的东西。

生活中像这样的例子还有很多。 我们原本按照自己的生活轨迹从容地生活着，但是在面对现实中诱惑和欲望的牵扯时，难以取舍。 在眼花缭乱中迷失了自己，在山重水复中进退两难。 其实，我们很多时候都是在自寻烦恼——先将鸟笼挂起，然后不由自主地往里添加东西。

通过鸟笼效应，我们还可以看到人们由于习惯，通常对于自认为的合理有种不假思索的肯定，而不合理的行为就会在此后温和的疑问中被遏制。 比如一个千万富翁，如果仍旧租房子住、乘公车上下班、穿廉价的衣服，尽管他自己很享受这样的生活，但是在旁人看来，多少有些怪诞。 于是甲会温和地问：“你有这么多钱为什么不买房子啊？”乙会问：“一套合适的西装，对于你而言简直是九牛一毛，你怎么不穿呢?”同样，丙和丁也会温和地提出自己的疑问。 那富翁就像拥有精致的空鸟笼的卡尔森一样，在忍受不了旁人带有思维惯性的诘问后，不断地调整着自己的位置。

世界上最严酷的压迫，不是统治者的强权暴政，也不是严厉的法律，而是关于惯性和“正常”的文化。人们在大多数时候都易于用惯性思维看待事物，鸟笼里一定要养鸟，结婚必须有新房，富人就应该住别墅、开跑车，穷人就得在买东西时锱铢必较等。惯性思维可以帮助我们迅速地认识这个世界，并适应它。但是若将惯性思维扩展到生活的每一个角落，无疑这将演变成刻板的思维，从而造成认知上的偏差。

鸟笼如果做得足够精致，我们完全可以将其作为一种观赏品；真正相爱的人也可以学学流行趋势，先“裸婚”后买房……面对生活中的烦恼和问题，我们不妨偶尔尝试一下发散思维，用“突破鸟笼”的方式进行多角度、多层次的思考，不受现有知识和习惯的约束，而是在多种方案和途径中探索，这样一来，很多问题便会迎刃而解。

第二章　自我掌控，做情绪的主人

踢猫效应：发怒之前先想想后果

一父亲在公司受到了老板的批评，回到家就把沙发上跳来跳去的孩子臭骂了一顿。孩子心里窝火，狠狠去踹身边打滚的猫。猫逃到街上，正好一辆卡车开过来，司机赶紧避让，却把路边的孩子撞伤了。

这就是心理学上著名的踢猫效应，描绘的是一种典型的坏情绪的传染所导致的恶性循环。

一般而言，人的情绪会受到环境以及一些偶然因素的影响，当一个人的情绪变坏时，潜意识会驱使他选择向无法还击的弱者发泄。受到强者情绪攻击的人又会去寻找自己的出气筒。这样就会形成一条清晰的愤怒传递链条，最终的承受者，即“猫”，是最弱小的群体，也是受气最多的群体，因为也许会有多个渠道的怒气传递到它这里来。

现代社会中，工作与生活的压力越来越大，竞争越来越激烈。这种紧张很容易导致人们情绪不稳定，一点不如意就会使自己烦恼、愤怒起来，如果不能及时调整这种消极因素带给自己的负面影响，就会身不由己地加入到“踢猫”的队伍当

胡乱发脾气会带来连锁反应

你这个月的绩效这么差，还想不想干了！

这次考试成绩这么差，你怎么回事！

我这次明明考得不差，他一定是在单位受气了。

我也要发泄一下。

从哪里突然跑出来一只猫！

中——被别人“踢”和去“踢”别人。

在现实生活里，我们很容易发现，许多人在受到批评之后，不是冷静下来想想自己为什么会受批评，而是心里面很不舒服，总想找人发泄心中的怨气。

其实这是一种没有接受批评、没有正确地认识自己错误的表现。受到批评，心情不好这可以理解，但批评之后产生了踢猫效应，这不仅于事无补，反而容易激发更大的矛盾。

千万别动不动就指责别人，喜怒无常，我们要改掉这些坏毛病，努力使自己成为一个容易接受别人和被人接受、性格随和的人。只有这样的人才能成大事。

动辄愤怒是很多人的习性，这有碍于办成事、做大事。为什么?

我们每个人都避免不了动怒，愤怒情绪也是人生的一大误区，是一种心理病毒，它同其他病一样，可以使你重病缠身，一蹶不振。也许你会说：“是的，我也明知自己不该发怒，但就是控制不住自己。”若你是一个欲成大事者，你就应该注意，能不能消除愤怒情绪与你的情绪控制能力有关。

其实，并非人人都会不时地表露自己的愤怒情绪，愤怒这一习惯可能连你自己也不喜欢，更不用说他人感觉如何了。因此，你大可不必对它留恋不舍，它不能帮助你解决任何问题。任何一个精神愉快、有所作为的人都不会让它跟随自己。

商业活动中，常有意想不到的事发生。我们都知道，商业活动是带有很强的人情色彩的，如果处理不好的话，不仅会伤害对方的自尊，严重的甚至会直接影响自己的声誉和成败。这时你必须会调整自己的情绪，才能把事情办成。

一天下午，一位外国人突然气势汹汹地闯进某饭店的经理室：“你就是经理吗？刚才我在大门口滑倒摔伤了腰。地板这么滑，连个防滑措施都没有，太危险了，马上送我去医院。”

见此情景，经理很客气地说：“这实在抱歉得很，您的腰部不要紧吧？我们马上就送您去医院，请您稍坐一下。”

外国人坐在椅子上，继续抱怨不停。后来，饭店经理见对方已经镇定下来，便温和地说：“请您换上这双鞋，我已和医院联系好了，现在我就送您去。”

其实早在外国人闯进来时，经理已经知道他的腰部没有多大问题。所以当外国人离开经理室时，就把换下的鞋悄悄交给秘书说：“这双鞋后跟已经磨薄了，在我们从医务室回来以前把它送到楼下修鞋处换上橡胶后跟。”

检查结果，果如所料，未发现任何异常，他本人也完全冷静了下来，随后一同回到经理室。经理说：“没有什么异常，比什么都好，这就放心了。请喝杯咖啡吧！”

外国人也感到自己方才太冒失了：“地板太滑，太危险，我只是想让你们注意一下，别无他意。”

经理说：“很冒昧，我们擅自修理了您的鞋，据鞋匠说，是后跟磨薄以致打滑。”

外国人接过刚刚修好的鞋，看到合适的橡胶鞋跟时，对鞋匠高超的技巧大为惊讶，便高兴地说道：“经理，实在谢谢您的厚意，对您给予的关怀照顾我是不会忘记的。”于是，愉快地握手后，外国人再次向经理道谢，才走出经理室。

经理送他出门说：“请您将这个滑倒的事忘掉吧，欢迎您再来。”外国人频频道谢，消失在人群中。

从此，只要这个外国人来此地，必定住这个饭店并到经理室致意。

事情不总是一帆风顺的，因此，当面对意外情况时，我们首先不要惊慌，要冷静一下，再去解决它。这个饭店的经理，就是一个很有“手段”的管理者，他懂得先以温和的语言将客人情绪稳定下来，以柔克怒，再用周到的服务使客人的一腔怒气化成满心欢喜，转祸为福，给饭店带来了很好的声誉。

会控制自己情绪的人，才能掌控别人。无法管理自己情绪的人，往往伤害了自己，又得罪了他人。因此，在关键时刻是不可以让怒火左右情感的，不然你会为此付出代价。那么怎样消除愤怒情绪呢？下面几点我们可以借鉴。

1. 愤怒的误区

如果你仍然决定保留心中愤怒的火种，你可以以不造成重大损害的方式来发泄愤怒。然而，你不妨想想，你是否可以在沮丧时以新的思维支配自己，且以一种更为健康的情感来取代使你产生惰性的愤怒。虽然世界绝不会像你所期望的那样，你很可能会继续厌烦、生气或失望；但无论如何，你完全可以消除那种不利于精神健康的有害情感——愤怒。

每当你以愤怒来应对他人的行为时，你会在心里说：“你为什么不跟我一样呢？这样我就不会动怒，甚至会喜欢你。”然而，别人不会永远像你希望的那样说话、办事；实际上，他们在大多数情况下都不会按照你的意愿行事。 这一现实永远不会改变。 所以，每当你为自己不喜欢的人或事动怒时，你其实是不敢正视现实而让自己经受情感的折磨，从而使自己陷入一种惰性。 为根本不可能改变的事物自寻烦恼真是太愚蠢了。 其实，你大可不必动怒，只要你想想，别人有权以不同于你所希望的方式说话、行事，你就会对世事采取更为宽容的态度。 对于别人的言行，你或许不喜欢，但决不应动怒。 动怒只会使别人继续气你，并会导致生理上或心理上的病症。 真的，你完全可以做出选择——要么动怒，要么以新的态度对待世事，从而最终消除愤怒。

也许你认为自己属于这样一类人，即对某人某事有许多愤愤不平之处，但从不敢有所表示。 你积怨在胸，敢怒不敢言，成天忧心忡忡，最后积怨成疾。 但是，这并不是那些咆哮大怒的人的反面。 在你心里，同样有这样一句话：“要是你跟我一样就好了。”你心想，别人要是和你一样，你就不会动怒了。 这是一个错误的推理，只有消除这一推理，你才能消除心中的怨怒。 以新的思维方式看待世事，以至根本不动怒，这才是最为可取的。 你可以这样安慰自己：“他要是想捣乱，就随他去，我可不会为此自寻烦恼。 对他这种愚蠢行为负责的，是他不是我。”你也可以这样想：“我尽管真不喜欢这件事，却不会因此陷入愤怒的误区。”

所以，为了走出这一误区，首先你要以一种平静的方式勇敢地表示出自己的愤怒，然后，以新的思维方式让自己保持精神愉快；最后，不再对任何人的行为负责，不因为别人的言行影响自己的精神状态。你可以学会不让别人的言行搅乱自己的心境。总之，你只要自尊自重，拒绝受别人的控制，便不会用愤怒折磨自己。

2. 消除愤怒的最佳方法——幽默

生活中有些人，他们对生活严格得近乎呆板，这当然是一种不可取的态度。只要我们观察一下周围那些精神愉快的人就会发现，他们最为明显的特点是善意的幽默感。让别人开怀大笑，在笑声中感受五彩缤纷的现实生活，这是消除愤怒的最佳方法。

对于“幽默”这个词，我们也许并不陌生，然而，究竟什么是幽默呢？心理学家认为：幽默是人的个性、兴趣、能力、意志的一种综合体现。它是语言的“调味品”，有了幽默，什么话都可让人觉得醇香扑鼻，隽永甜美；它是引力强大的磁铁，有了幽默，便可以把一颗颗散乱的心引入它的磁场，让每个人的脸上绽开欢乐的笑容；它是智慧的火花，可以说，幽默与智慧是天然的孪生儿，是知识与灵感勃发的光辉。

幽默中渗透着一种哲学的智慧。富有幽默感的人往往是一个奋力进取者。

幽默也能展示人的乐观豁达的品格。半夜时分小偷光临，一般不会令人愉快，可巴尔扎克却与小偷开起了玩笑。巴尔扎克一生写了无数作品，却常常手头拮据，穷困潦倒。有一天夜晚，他正在睡觉，有个小偷摸进他的房间，在他的书桌里乱翻。巴尔扎克惊醒了，但他并没有喊叫，而是悄悄地爬起来，点亮了灯，平静地微笑着说："亲爱的，别翻了。我白天都不能在书桌里找到钱，现在天黑了，你就更别想找到啦！"

幽默，实在具有神奇的魅力：可以为懒惰者带来活力，可以为勤奋者驱散疲惫；可以为孤僻者增添情趣，可以使欢乐者更加愉悦……

你的生活是否过于严肃，以至于你所看到的都是生活的荒谬之处？每当你的言行过于严肃时，提醒自己，你所享有的时间只是现在。当开怀大笑可以使你如此愉快时，为什么要以愤怒折磨自己呢？

笑吧，为笑而笑，这就是笑的理由。其实，你并不需要为笑寻找理由，只要笑，这就足够了。冷静地观察生活在这个世界上的各种人——包括你自己，而后再决定选择愤怒还是幽默。请记住，幽默会使你和其他人都得到生活中最珍贵的礼物——笑容。开怀大笑吧，笑声会使你的生活充满阳光。

3. 消除心中的怒气

发怒，完全是一种可以消除与避免的行为，只要好好地把握自己，你就可以让自己走出这一误区。当然，你需要选择很多新的思维方式，并且需要逐步实现。每当你遇到使你愤怒的人或事时，要意识到你对自己说的话，然后努力用思维控制自己，从而使自己对这些人或事产生新的看法，并做出积极的反应。下面是消除愤怒情绪的若干具体方法。

(1)当你愤怒时，首先冷静地思考，提醒自己，不能因为过去一直消极地看待事物，现在也便如此，自我意识是至关重要的。

(2)当你想用愤怒情绪教育孩子时，可以假装动怒，提高嗓门儿或板起面孔，但千万不要真的动怒，不要以愤怒所带来的生理与心理痛苦来折磨自己。

(3)不要欺骗自己。你可以讨厌某件事，但你不必因此而生气。

(4)当你发怒时，提醒自己，人人都有权根据自己的选择来行事，如果一味地禁止别人这样做，只会助长你的愤怒。你要学会允许别人选择其言行，就像你坚持自己的言行一样。

(5)请可信赖的人帮助你。让他们在你动怒时提醒你。

(6)在大发脾气之后，大声宣布你又做了件错事，现在你决心采取新的思维方式，今后不再动怒。这一声明会使你对自己的言行负责，并表明你是真心实意地想改正这一错误。

(7)当你要动怒时，尽量不要靠近你所爱的人。

(8)当你不生气时，同那些经常受你气的人谈谈心，互相指出对方最容易使人动怒的那些言行，然后商量一种办法，平气静心地交流看法。比如可以写信，或由中间人传话抑或是一起去散步等，这样你们便不会以愤怒相待。

(9)当你要动怒时，花几秒钟冷静地描述一下你的感受和倾听对方诉说自己的感受，以此来消气。最初 10 秒钟是至关重要的，一旦你熬过这 10 秒钟，愤怒便会逐渐消失。

(10)不要总是对别人抱有期望。只要没有这种期望，愤怒也就不复存在了。

在遇到挫折时，不要屈服于挫折，应当接受逆境的挑战，这样你便没有空闲来动怒了。

愤怒没有任何好处，它只会妨碍你的生活。同其他所有误区一样，愤怒使你以别人的言行确定自己的情绪。现在，你可以不用理会别人的言行，大胆选择精神愉快——而不是愤怒。

心理摆效应：别让情绪随钟摆

心理学家研究表明，人的情绪不仅会在短时间内呈现出较大的波动，而且也会在长时期内出现由高涨到低潮的周期性变化。这种心理现象便是心理摆效应。

在外界刺激下，人们常常会产生各种不同的情绪。每一种情绪都有不同的等级，还有着与之相对立的情感状态，像爱与恨、喜与悲等。研究表明，在特定背景的心理活动过程中，感情的等级越高，呈现的“心理斜坡”就越大，越容易向相反的情绪状态转化。比如，假如你现在情绪高昂，可能在接下来的某一时刻，你会因为某种突如其来的外界刺激，很快感到无比沮丧。反之亦然。

林则徐因主持禁烟运动，不向外国势力屈服，而被后人敬仰、颂扬。

> 据传，林则徐初到广东主政的时候，常常感到怒不可遏。因为他所面对的，不仅是贪腐成性的本国官员、骄横无礼的英国商人，还有二者毫无廉耻的勾结以及上司毫无道理的阻挠。每当此时，林则徐都要盯看书房中悬挂的那块匾，沉吟良久。那匾上写有两个大字——“制怒”。每次，林则徐都要等怒气消散后，才去处理政事。后来，经过明察暗访、周密部署，终于将广东各地的鸦片烟一网打尽。“虎门销烟”的壮举，显示了中国人抵抗外侮的决心和胆魄。

大起大落的情绪不仅会给自己的身心带来伤害，还会让我们失去理智，做出一些出格的举动。情绪化地处理问题，虽然可以逞一时之快，却不能实际地解决问题，还常常把事情弄得更糟。身居要职的林则徐当然深明此理。“制怒”二字所起的作用，也就在于提示和警醒——在怒气的峰顶，做一番缓冲，重回理性、理智。

20 世纪初，英国医生费里斯和德国心理学家斯沃博特同时发现了一个奇怪的现象：有一些有精神疲倦、情绪低落等症状的患者，每隔 28 天就来治疗一次。他们由此将 28 天称为“情绪周期”，认为每个人从出生之日起，情绪以 28 天为周期，发生从高潮、临界到低潮的循环变化。在情绪高潮期内，我们会感觉心情愉悦，精力充沛，能够平心静气地做好每件事情；在情绪的临界期内，我们会觉得心情烦躁不安，容易莫名其妙地发火；而在情绪低潮期内，我们的情绪极度低落，思维反应迟钝，对任何事情都提不起兴致，严重时还会产生悲观厌世的情绪。

既然我们已经知道情绪会像钟摆一样，发生周期性的波动，那么，我们可以根据自身的情绪周期，对自己的生活做一些调整。 我们可以通过有意识的记录，确定自己情绪变化的周期，以便提前预知自己的情绪变化，避免情绪给我们的生活带来的负面影响，比如在自己情绪比较好的时候做那些比较复杂的事，而在自己情绪稍差的时候做那些平时喜欢做的事，等等。

另外，在被坏情绪纠缠的时候，也要懂得倾诉与自我调理、自我安慰。 印度电影《三傻大闹宝莱坞》的主人公们，每当遭遇困难的时候，都会以手抚心，在口中默念："All is well!"（一切都会好起来的）这其实是一种很好的心理暗示。

从前，东京电话公司处理了一次事件。一个气势汹汹的客户对接线生口吐恶言，威胁要把电话连线拔起。他拒绝交付那些费用，说那些费用是无中生有。

他写信给报社，并到公共服务委员会做了无数次申诉，也告了电话公司好几状。最后，电话公司派一个最干练的调解员去会见他。

调解员来到客户家里，道明来意。愤怒的客户痛快地把他的不满发泄出来，调解员静静地听着，不断地说"是的"，同情他的不满。这次见面花了6小时。

调解员与愤怒的客户就这样会了4次面，到最后，客户变得友善起来了。

调解员说：“在第一次见面的时候，我甚至没有提出我去找他的原因，第二、三次也没有，但是第四次我把这件事完全解决了。他把所有的账单都付了，而且撤销了那份申诉。”

事实上，那个用户想要的是一种重要人物的感觉，他先以口出恶言和发牢骚的方式获得这种感受。但当他从一位电话公司的代表那里得到了重要人物的感觉后，无中生有的牢骚就化为乌有了。

这个聪明的调解员就这样轻易地驾驭了负面情绪，把负面情绪转化成了一种成功的动力。

保持健康的情绪状态，还需要在头脑中装上一个控制情绪活动的“阀门”，让情绪活动听从理智和意志的节制，而绝对不能放任自流。

凡是理智和意志能有效地节制情绪的人，也就能基本保持情绪的平静和稳定，这是取得成功的关键。

驾驭自己的负面情绪，努力发掘、利用每一种情绪的积极因素，是一个人成功的基本保证。

许多不善于利用自己情感智力的人，面对负面情绪侵扰的时候，总感到无所适从，任其啃噬心灵。

不少人特别在意别人对自己的感觉，诸如，自己穿了件时装，别人会怎样评价；自己的某个动作，别人会如何看待；甚至不小心说了一句什么话，也会后悔不迭，总担心别人会因此对自己有看法。生活在别人的眼光中，是非常累的，无疑会对自己的情绪有负面影响。

莫娜在某届运动会上被公认为夺冠人选，她在进场时引起了大家的欢呼，她也很高兴地对大家挥手致意。

不料，这时她被台阶绊了一下，摔倒了。

面对如此多的观众，莫娜感到十分没面子，心里升腾起一种羞愧的感觉，直到进入比赛，她还没有从羞愧的情绪里走出来。结果，她没有发挥出自己的水平，比赛成绩远远落在了其他队员的后面。

其实，一些小事根本就不值得一提，别人根本没有在意或早已忘却，只有你还耿耿于怀，这就是人们无法战胜自己的体现。人们总是努力地想去扮演一个完美主义者的形象，然而这似乎太苛刻了，只会加重你情绪的负面影响，给自己的心理造成障碍。

皮格马利翁效应：说我行，我就行

皮格马利翁效应是由美国著名心理学家罗森塔尔和雅格布森通过反复实验证明的理论，因而又称“罗森塔尔效应”。1968 年，两位心理学家来到一所小学，他们从中选了 3 个班级进行“发展测验”，然后以赏识的口吻把将有优异发展可能的学生名单交给了老师。8 个月后，他们回到学校，发现名单上的学生成绩有了明显进步，而且人格发展也日趋完善，与教师关系也特别融洽。实际上，心理学家提供的名单只是随机抽取的，却坚定了教师对名单上的学生发展优势的信心，因而在平时给予他们更多的期望、赞美和信任。而学生在教师的积极暗示下，潜移默化，自然进步神速。皮格马利翁效应启示人们，积极期望具有一种能量，它能改变人的行为，使人变得自尊、自信，获得积极向上的动力。

神秘的古希腊神话中，有一位国王叫皮格马利翁。他性情孤僻高傲，常常一个人生活，但是却能雕刻出惟妙惟肖的作品。后来，他用象牙雕刻出了一座自己心目中的理想美女像，给她取名加勒提亚。他和雕像相依为伴，把自己全部的热情和希望都投射在了这个被雕刻出来的少女雕像身上，爱神阿佛洛狄忒被他深深打动，把雕像变成了真人。皮格马利翁于是娶加勒提亚为妻。

这个美丽的神话故事告诉人们，只要你一直想着一件事，并期望这件事能朝着你心中所想的那样发展下去，它就会变成现实。或者你抱着百分之百的心态对待一件事，它就能实现。

皮尔·保罗担任诺比塔小学的董事长兼校长。诺比塔小学坐落于纽约声名狼藉的大沙头贫民窟。这里是偷渡者和流浪汉的聚集地，环境肮脏，充满暴力。生活在这里的孩子们几乎个个从小就染上了逃学、打架、偷窃甚至吸毒的恶习。

皮尔·保罗想了很多方法，也没能改变孩子们的现状，他们依然旷课、斗殴，打砸教室的玻璃和黑板。在一次偶然的机会下，他发现此地盛行迷信，于是上课时就多了一项内容——给孩子们看手相，希望以此激励、改变学生。

当一个黑人小男孩儿把手伸向讲台，皮尔·保罗说："我一看你修长的小拇指就知道，将来你是咱们州的州长。"这句话让小男孩儿大吃一惊，从没有人告诉他可以走出这个贫民窟，哪怕是从事一份体面的工作。可是，校长竟然预言他将来会当州长。这多么激动人心！

从那天起，小男孩儿的衣服上不再沾满泥土，说话也不再夹杂着粗言秽语。他开始挺直腰板儿走路，在以后的几十年间，无时无刻不按州长的身份要求自己。

51岁那年，昔日的黑人小男孩儿终于当上了州长。

当他回答记者"是什么把你推向州长宝座"的问题时，他只谈到了一个名字——皮尔·保罗。

皮尔·保罗校长的一句美好"预言"扭转了一个贫民窟男孩儿的命运，他充当了皮格马利翁的角色，而这个原本被视为"烂泥扶不上墙"的穷孩子，在校长的积极期待中下意识地一直按照州长的形象塑造自己，改掉陋习，脱胎换骨，最终实现了校长的预言。其实，在他人的期待下，自我暗示也起着极大的作用。当你告诉自己"我能行"，实际上，结果往往真的是“我行了”。

皮格马利翁效应在现实生活中的应用十分广泛，比如在教育领域的赏识教育，还有在管理领域的赞美激励措施，那么，在情绪心理方面，它能带给人们什么启示呢？

皮格马利翁效应其实体现的就是暗示的力量。他人期望的影响正是通过本人内化为自我期望，才能对个人行为真正起作用。而这个自我期望就是自我暗示。一个人的自我期望如何，取决于这个人的自我认识。积极的自我认识，就会期望“我行”，坚信自己是聪明的、有能力的、能干好某事的、能学好功课的、能承担一切任务的、能控制某种情绪的等，结果真的能够如愿以偿。反之，则是消极的自我认识，意味着自我暗示“我不行”，那结果将会很糟糕。

生活中我们或许有这样的经验，小时候如果生了一次小病，为了光明正大地逃学，留在家里看电视，我们就会装腔作势地向妈妈渲染病情，当大人们终于信以为真的时候，我们发现反而不能如愿以偿地开心玩游戏了，因为我们的身体不适没有消失，反而加重了。这就是自我暗示。又比如，当你穿了一件自以为很漂亮的衣服去上班，结果好几个同事都说不好看，你就开始怀疑自己的审美观和判断力了。于是下班后，你回家做的第一件事就是把衣服换下来，并且决定把它放在衣柜里“冷藏”。

人很容易受到心理暗示的影响，当你告诉自己要冷静的时候你就会慢慢冷静下来，当你告诉自己“这事真让人生气”的时候你就会真的生气。心理暗示包括自我暗示和他人暗示。一个人如果缺乏独立人格和自我，就会很容易不加批判地受到他人暗示的影响，不管是正面还是负面影响都会照单全收。这样非常不利于个人情绪的培养。

皮格马利翁效应可以改变一个人的外貌、性格和命运。而在情绪管理中，坚持积极的心理暗示，能改变一个人的情绪。在实际生活中，我们可以充当自己的皮格马利翁，运用恰当的暗示手段调节情绪，使自己的情绪保持在最佳状态。

自我或他人暗示的力量振奋人心，然而值得人们注意的是，皮格马利翁效应更多地指向外界和他人对自我的影响。如果这种影响是积极的、正面的，事情则会朝着美好的方向发展；如果这种影响是消极的、负面的，则会出现不好的结果。因此，在皮格马利翁效应面前，人们千万不能盲目地推崇它，完全被它左右。外界的鼓励和批评是每个人都必须面对的问题，如果总是因为别人的态度而改变自己，需要别人的暗示才能行动和下决定，不仅是一种很不成熟的表现，严重者还会产生依赖倾向。只有自己的内心已经有了比较好的自我认知，人们才会有选择性地去进行积极暗示——无论是正面的欣赏，还是负面的批评。

美国心理学家瞿特举过一个例子：

> 有一天，友人弗雷德感到意气消沉。他应付情绪低落的办法通常是避不见人，直到这种心情消散为止。但这天他要和上司举行重要会议，所以决定装出一副快乐的表情。他在会议上笑容可掬，谈笑风生，装成心情愉快而又和蔼可亲的样子。
>
> 令他惊奇的是，不久他发现自己果真不再抑郁不振了。

弗雷德并不知道，他无意中采用了心理学研究方面的一项重要新原理——装着有某种心情，往往能帮助他们真的获得这种感受——在困境中有自信心，在不如意时较为快乐。

心理学家艾克曼的最新实验表明，一个人总是想象自己进入某种情境，感受某种情绪，结果这种情绪十之八九真会到来。一个故意装作愤怒的实验者，由于角色的影响，他的心率和体温会上升。心理研究的这个新发现可以帮助我们有效地摆脱坏心情，其办法就是“心临美境”。

例如，一个人在烦恼的时候，可以多回忆愉快的时候，还可以用微笑来激励自己。当然，笑要真笑，要尽量多想快乐的事情。为什么“自卖自夸”的人会容易成功？这是因为他们用肯定的方式使自己变得自信，并感染了自己，使自己变得成功。

积极心态来源于在心理上进行积极的自我暗示。反之，消极心态是经常在心理上进行消极的自我暗示的结果。它是一种自动的暗示，沟通人的思想与潜意识。它是一种启示、提醒和指令，它会告诉你注意什么、追求什么、致力于什么和怎样行动，因而它能支配和影响你的行为。

一个人可以通过积极的心理暗示，自动地把成功的种子和创造性的思想灌输到潜意识的大片沃土中。相反，也可以灌输消极的种子或破坏性的思想，而使潜意识这块肥沃的土地满目疮痍。

也就是说，不同的意识与心态会有不同的心理暗示，而心理暗示的不同也是形成不同的意识与心态的根源。之所以说心态决定命运，正是以心理暗示决定行为这个事实为依据的。

第三章　人际交往中的心理学法则

首因效应：第一印象决定人际成败

首因效应是由社会心理学家卢钦斯通过实验首次得到证实的。它是指人与人在交往过程中给人留下的第一印象，这种印象会在人们的头脑中形成并占据主要的地位。

有位心理学家撰写了两段文字，讲的是一个叫吉姆的男孩儿一天的活动。其中一段将吉姆描写成一个活泼外向的人：他与朋友一起上学，与熟人聊天，与刚认识不久的女孩儿打招呼等；而另一段则将他描写成一个内向的人。

研究者让有的人先阅读描写吉姆外向的文字，再阅读描写他内向的文字；而让另一些人先阅读描写吉姆内向的文字，后阅读描写他外向的文字，然后请所有的人都来评价吉姆的性格特征。结果，先阅读外向文字的人中，有78%的人评价吉姆热情外向；而先阅读内向文字的人，则只有18%的人认为吉姆热情外向。

可见，人们在不知不觉中，倾向于根据最先接收到的信息来形成对别人的印象。

这就是第一印象的作用。第一印象又称为初次印象，指两个素不相识的陌生人第一次见面时所获得的印象。那么，第一印象真的有那么重要，以至于在今后很长时间内都会影响别人对你的看法吗?

一个新闻系的毕业生正急于寻找工作。一天，她到某报社对总编说:“你们需要编辑吗?”

“不需要!”

“那么记者呢?”

“不需要!”

“那么排字工人、校对呢?”

“不，我们现在什么空缺也没有了。”

“那么，你们一定需要这个东西。”说着她从公文包中拿出一块精致的小牌子，上面写着“额满，暂不雇用”。总编看了看牌子，微笑着点了点头，说:“如果你愿意，可以到我们广告部工作。”

这个大学生通过自己制作的牌子，表现了自己的机智和乐观，给总编留下了美好的“第一印象”，引起对方极大的兴趣，从而为自己赢得了一份满意的工作。并且，因为对她有良好的第一印象，总编一直对她印象颇佳。由此可见，第一印象真的很重要!

人们对你形成的某种第一印象，通常难以改变。而且，人们还会寻找更多的理由去支持这种印象。

面试中的首因效应

那么排字工人、校对呢？

不，我们现在什么空缺也没有了。

那么，你们一定需要这个东西。

额满，暂不雇用

如果你愿意，可以到我们广告部上班。

有的时候，尽管你表现的特征并不符合原先留给别人的印象，人们在很长一段时间里仍然要坚持对你的最初评价。第一印象在人们交往时所产生的这种先入为主的作用，被叫作首因效应。

人类有一种特性，就是对任何堪称“第一”的事物都具有天生的兴趣并有着极强的记忆能力。承认第一，却无视第二。不经意地，你就能列出许许多多的第一。如世界第一高峰、美国第一个总统、第一个登上月球的人等，可是紧随其后的第二呢？你可能说不上几个。

在生活中，每个人同样对第一情有独钟，你会记住第一任老师、第一天上班的情形、初恋等，但对第二就没什么深刻的印象。这就是首因效应的表现。

心理学家认为，第一印象主要是一个人的性别、年龄、衣着、姿势、面部表情等“外部特征”。一般情况下，一个人的体态、姿势、谈吐、衣着打扮等都在一定程度上反映出这个人的内在素养和其他个性特征。

无论你认为从外表衡量人是多么肤浅和愚蠢的观念，但社会上的人们每时每刻都在根据你的服饰、发型、手势、声调、语言等自我表达方式在判断着你。

无论你愿意与否，你都在留给别人一个关于你形象的印象，这个印象在工作中影响着你的升迁，影响着你的自尊和自信，影响着你的幸福感。

刺猬法则：距离产生美

有这样一个故事：在冷风瑟瑟的冬日里，有两只困倦的刺猬想要相拥取暖休息。但无奈双方的身上都有刺，刺得双方无论怎么调整睡姿也睡不安稳。于是，它们就分开了，保持一定的距离，但又冷得受不了，于是又凑到了一起。几经折腾，两只刺猬终于通过自己的努力找到了一个合适的距离，既能互相取暖，又不至于刺到对方，于是舒服地睡了。这就是心理学上著名的刺猬法则。

员工与老板之间的相处就像两只相互取暖的刺猬，需要调整距离，相互磨合，达到一个最佳的状态。但无论怎样调整，始终要记得，老板终究是老板。同事之间也是如此，距离产生美，若即若离的感觉最有利于工作的进行和展开。

与同事相处，太远了当然不好，人家会认为你不合群、孤僻、不易交往；太近了也不好，容易让别人说闲话，而且也容易令上司误解，认定你是在搞小圈子。所以说，不即不离、不远不近的同事关系，才是最难得和最理想的。

虽有人认为“好朋友最好不要在工作上合作”，但大家都是打工仔，聚在一起工作并不奇怪。如果某天，公司来了一位新同事，他不是别人，正是你的好友，而且，他将会成为你的搭档，上司将他交托于你，你首先要做的是向他介绍公司的架构、分工和其他制度。如果在接待他时你战战兢兢，未免太敏感了；不如放轻松点，就当他是普通的同事吧。这时候，不宜跟他过分亲密，以免惹来闲言闲语。

办公室里与同事相处，大前提是公私分明。在公司里，同事是你的搭档，你俩必须精诚合作，才可以制造良好的工作效果。如果同事是新人，许多地方是需要你提示的，这时，你就得扮演老师的角色，当然不能颐指气使，更不应倚老卖老引起他人反感。

私底下，你俩十分了解对方，也很关心对方，但这些表现最好在下班后再表达吧。跟往常一样，你俩可以一起去逛街、闲谈、买东西、打球，完全没有分别，只是闲暇时还是少提公事为妙，难道你一天工作 8 小时还嫌不够吗？

许多公司有不成文的习惯，就是获升职者要请客，你若身处这样的公司，当然要入乡随俗。至于请客请些什么呢？

那要视加薪额和职级而定，一则是量入为出，二则是身份问题。如果你只是小文员一名，却动辄请同事吃海鲜大餐，未必个个会欣赏，可能有人认为你太招摇。所以，一切最好依照旧例，人家怎样，你就怎样。有人当面恭维：“你真棒，什么时候再请第二次？”你可微笑地回答：“要请你吃东西，什么时候都可以呀！”一招太极就能解决问题。

要是相反，有同事表示要请客祝贺你，应否答应？

当然要答应，否则就是不赏脸，不接受人家的好意。不过，答应之余，请考虑：对方是否一向与你投契得很，纯是出于一片真心，还是彼此只属泛泛之交，此举只是“拍马屁”？前者你自然可以开怀大嚼，后者嘛，吃完之后最好反过来做东，这样既没接受他的殷勤，又没有开罪对方。

许多公司有欢迎新同事和欢送旧同事的习惯，身在其间的你，应否热烈支持这些行动?

欢迎会目的是联络感情，欢送会则表示合作愉快或感谢过去的帮忙。所以，前者你不必一定出席，除非你的工作岗位是公关或人事部。至于后者，就比较复杂，你应该小心衡量一下。

这位同事与你有没有关系？如果是毫无交情的，可以不必参加聚会，但慰问一下是必要的，那是礼貌，也表示你的关心，何况他日你们或许还有机会共事。

要是常常接触的，但交情普通，则在公在私也该出席聚会，显示你确实欣赏和不舍得对方，分手时，最好表示你的祝福。

若对方是你的助手或更亲密的搭档，最理想的是既参加大伙儿的聚会，又私下请对方吃一顿午饭，或是送一点纪念品，以表示你的感谢和友情。

只有和同事们保持合适距离，才能成为一个真正受欢迎的人。

你应当学会体谅别人。不论职位高低，每个人都有自己的工作范围和责任，所以在权力上，切莫喧宾夺主。不过记着，永不说“这不是我分内事”之类的话。过于泾渭分明，只会搞坏同事间的关系。在筹备一个项目前，谦虚地问上司：“我们希望得到些什么？要项目顺利完成，我们应该在固有条件下做些什么?”

永远不要在背后说人长短。比较小气和好奇心重的人，聚在一起就难免说东家长西家短。 成熟的你切忌加入他们一伙，偶尔批评或调笑一些公司以外的人如公众人物等，倒是无伤大雅，但对同事的弱点或私事，保持缄默才是聪明的做法。

搞小圈子，有害无益。 公私分明亦是重要的一点。 同事众多，总有一两个跟你特别投缘，私底下成了好朋友也说不定。 但无论你职位比他高或低，都不能因为要好这个原因，而做出偏袒。 一个公私不分的人，是做不了大事的，更何况，老板们对这类人最讨厌，认为他们不值得信赖。

刻板效应：最不靠谱的“第零印象”

在现实生活中，人们很容易对某件事物或某个群体形成一种印象，然后就很难再改变过来。 某一网站曾刊登过这样一个笑话：如果你的前面是一位怒火中烧的重庆女孩儿，后面是万丈深渊，那么，劝你一句，还是往后跳吧！ 这个笑话其实不能说完全没有道理，重庆女孩儿的泼辣可以说是“威名远扬”，在国内几乎没人不知道。 因此，一提到重庆女孩儿，人们脑海中首先浮现的就是一幅泼辣的画面，并且丝毫不顾其中是否有被冤枉的“例外”。 久而久之，重庆女孩儿的泼辣就在人们的脑海中固定了，形成了一个非常顽固的印象，永远也抹不掉。 这就是所谓的“刻板印象”，还可以被称为刻板效应。

刻板效应的具体定义是指人们在长期的认识过程中所积累的关于某类人的概括而笼统的固定印象，是我们在认识他人时经常出现的一种相当普遍的现象。这种现象有好处也有坏处，我们经常听人说的“长沙妹子不可交，面如桃花心似刀”，而东北姑娘“宁可饿着，也要靓着”，实际上都是一种刻板效应。

刻板效应的形成有其深层次的原因，主要是由于我们在人际交往的过程中，没有时间和精力去和某个群体中的每一成员都进行深入的交往，而只能与其中的一部分成员进行交往，所以，我们人类只能“由部分推知全部”，由我们所接触到的部分去推知这个群体的“全部”，窥一斑而知全豹。这与我们人类的思维方式也是有很大关系的，人类的思维方式是尽量简化信息量，对一切事物用归类的办法来认知。

刻板效应还有一个特点，那就是一旦形成，就很难改变。刻舟求剑的故事生动地说明了认知偏见的影响。这个故事是这样的：楚国有一个人坐船过江，船行至江中时他的剑掉进了江里，他立即在剑落水处相应的船身上刻了一个记号，说：“我的剑是从这儿掉下去的。”等船靠岸了，他就从做上记号的地方下水去找剑，结果可想而知。上述这则成语故事听起来很荒诞可笑，但是，这只是对现实的一幅夸张的肖像，我们稍不留意便会做出与这个楚国人一模一样的“刻舟求剑”的行为。比如说，我们在认识一个上海人的时候便会按照上海人精明、聪明的类型及特征去判断和分析他；在认知某一教师时便会按照教师知识渊博、为人师表等类型特征去判断他等。这种现象在日常生活中是经常发生的，而且是一种非常普遍的、具有历史性的、跨越文化的社会心理现象。针对这一现象，美国一些心理学家曾经分别于 1932 年、1951 年和 1967 年对普林斯顿大学学生进行了三次有关民族性的刻板印象调查。他们让学生选择五个他们认为某个民族最典型的性格特征。这前后三次研究的结果竟然是大致相同的，比如说：德国人有科学头脑、勤奋、不易激动、聪明、有条理；英国人喜欢运动、聪明、因袭常规、传统、保守；黑人迷信、懒惰、逍遥自在、爱好音乐；美国人聪明、勤奋、实利主义、有雄心、进取心较强；日本人聪明、勤奋、进取、精明、狡猾；意大利人爱艺术、感情丰富、容易冲动、急性子、爱好音乐；而中国人迷信、保守、爱传统、忠于家族关系等。雷兹兰、西森斯、休德费尔等人的进一步研究还充分证实了这种刻板效应对人类知觉的严重扭曲和给人们带来的困扰。

刻板效应的产生，有可能是来自直接交往印象，不过更多的是在那之前就已经通过别人介绍或传播媒介的宣传形成的印象。但在不同人的头脑中，刻板效应的作用、特点往往都是有所区别的。文化水平高、思维方式科学、有正确世界观的人，其刻板效应是不会非常“刻板”的，完全是可以改变的。而如果反之，就很困难了。

刻板效应当然也有其两面性，有积极的一面，也有消极的一面。刻板效应的积极作用是：它可以很简便地把现实中的人加以归类，这样将大幅度提高人们加工社会信息的速度。它简化了人们所面临的复杂的社会，把人划分为群体，这样就可以让人们在获得少量信息时就可以对别人做出一个迅速的大体判断。

但是，刻板效应当然也有其消极作用，而且其消极作用往往要比积极作用大。虽然它在某些条件下有助于我们对他人进行概括性的了解，但是一定要注意，如果这种归类并不符合该群体的实际特点，或者只是对某群体的非本质特征做出的一种概括，那它就非常容易让人从刻板的印象进一步演化成为一种偏激的看法，它是一种片面的概括。一种片面、笼统的印象，毕竟是根本无法代替活生生的个体的，一般来说常常都是“以偏概全”——难道坏人就一定要生得面貌狰狞？好人就一定显得慈眉善目？那是戏剧舞台上的脸谱，而不是我们的现实生活。如果连这一点都搞不清楚，对人的认识就很容易产生某种偏差。

总之，我们应该发扬刻板效应的积极作用，避免刻板效应附带的消极作用，努力学习新知识，不断扩大视野，开拓思路，更新观念，养成良好的思维方式。不断提高自己的修养，不要用刻板印象去看人，要用自己自身的行为去纠正他人的偏激看法。

第四章　摆脱桎梏，做时代的开创者

墨菲定律：错误是成功的垫脚石

爱德华·墨菲是美国爱德华兹空军基地的上尉工程师。

1949 年，他和他的上司斯塔普少校参加美国空军进行的 MX981 火箭减速超重实验。这个实验的目的是为了测定人类对加速度的承受极限。其中有一个实验项目是将 16 个火箭加速度计悬空装置在受试者上方，当时有两种方法可以将加速度计固定在支架上，而令人不可思议的是，竟然有人有条不紊地将 16 个加速度计全部装在错误的位置。

于是墨菲作出了一个著名的论断：如果做某项工作有多种方法，而其中有一种方法将导致事故，那么一定有人会按这种方法去做。这就是后来心理学中著名的“墨菲定律”。

墨菲定律的主要内容是：事情如果有变坏的可能，不管这种可能性有多小，它总会发生。

电影《星际穿越》中多次提到墨菲定律，并且得到了验证。很多人都是看了这部电影后知道了这个名词。

墨菲定律告诉我们，事情往往会向你所想到的不好的方向发展，只要有这个可能性。比如你衣袋里有两把钥匙，一把是你房间的，一把是汽车的，如果你现在想拿出车钥匙，会发生什么？ 是的，你往往是拿出了房间的钥匙。 墨菲定律的适用范围非常广泛，它揭示了一种独特的社会及自然现象。它的极端表述是：如果坏事有可能发生，不管这种可能性有多小，它总会发生，并造成最大可能的破坏。

墨菲定律并不是一种强调人为错误的概率性定理，而是阐述了一种偶然中的必然性。 我们再举个例子：你兜里装着一枚金币，生怕别人知道也生怕丢失，所以你每隔一段时间就会去用手摸兜，去查看金币是不是还在，于是你的规律性动作引起了小偷的注意，最终被小偷偷走了。 即便没有被小偷偷走，那个总被你摸来摸去的兜最后终于被磨破了，金币掉了出去丢失了。

近半个世纪以来，墨菲定律曾经搅得世界心神不宁，它提醒我们：我们解决问题的手段越高明，我们将要面临的麻烦就越严重。 事故照旧还会发生，永远会发生。 容易犯错误是人类与生俱来的，人永远也不可能成为上帝，当你妄自尊大时，墨菲定律会叫你知道厉害；相反，如果你承认自己的无知，墨菲定律会帮助你做得更严密些。 墨菲定律忠告人们：面对人类的自身缺陷，我们最好还是想得更周到、全面一些，采取多种保险措施，防止偶然发生的人为失误导致的灾难和损失。 归根到底，“错误”与我们一样，都是这个世界的一部分，狂妄自大只会使我们自讨苦吃，我们必须学会接受错误，并不断从中学习成功的经验。

墨菲定律的内容并不复杂，道理也不深奥，关键在于它揭示了在安全管理中人们为什么不能忽视小概率事件的科学道理；揭示了安全管理必须发挥警示职能，坚持预防为主原则的重要意义；同时指出，对人们进行安全教育、提高安全管理水平具有重要的现实意义。

墨菲定律告诉我们，容易犯错误是人类与生俱来的弱点，不论科技多发达，事故都会发生。而且我们解决问题的手段越高明，面临的麻烦就越严重。所以，我们在事前应该是尽可能想得周到、全面一些，如果真的发生不幸或者造成损失，就笑着应对吧，关键在于总结所犯的错误，而不是企图掩盖它。

英国小说家、剧作家柯鲁德·史密斯曾说过：“对于我们来说，最大的荣幸就是每个人都失败过，而且每当我们跌倒时都能爬起来。”成功者之所以成功，只不过是他不被失败所左右而已。

1927 年，美国阿肯色州的密西西比河大堤被洪水冲垮，一个 9 岁的黑人小男孩儿的家被冲毁，在洪水即将吞噬他的一刹那，母亲用力把他拉上了堤坡。1932 年，男孩儿八年级毕业了，因为阿肯色州的中学不招收黑人，他只能到芝加哥读中学，但家里没有那么多钱。那时，母亲做出了一个惊人的决定——让男孩儿复读一年。她为 50 名工人洗衣、熨衣和做饭，为孩子攒钱上学。

1933 年夏天，家里凑足了钱，母亲带着男孩儿坐上火车，奔向陌生的芝加哥。在芝加哥，母亲靠当用人谋生。男孩儿以优异的成绩读完中学，后来又顺利地读完大学。1942 年，他开始创办一份杂志，但最后一道障碍是缺少500美元的邮费，不能给订户发函。一家信贷公司愿借贷，但有个条件，得有一笔财产做抵押。母亲曾分期付款好长时间买了一批新家具，这是她最心爱的东西，但她最后还是同意将家具作为抵押。

1943年，那份杂志获得巨大成功。男孩儿终于能做自己梦想多年的事了：将母亲列入他的工资花名册，并告诉她算是退休工人，再不用工作了。母亲哭了，那个男孩儿也哭了。

后来，在一段反常的日子里，男孩儿经营的一切仿佛都坠入谷底，面对巨大的困难，男孩儿感觉已无力回天。他心情忧郁地告诉母亲："妈妈，看来这次我真要失败了。"

"儿子，"她说，"你努力试过了吗？"

"试过。"

"非常努力吗？"

"是的。"

"很好。"母亲果断地结束了谈话，"无论何时，只要你努力尝试，就不会失败。"

果然，男孩儿渡过了难关，攀上了新的事业巅峰。这个男孩儿就是驰名世界的美国《黑人文摘》杂志创始人、约翰森出版公司总裁、拥有3家无线电台的约翰森。

事实上，得失是可以相互转化的矛盾共同体。有人曾归纳出关于失败的另一面：

失败并不意味着你是一位失败者——失败只是表明你尚未

成功。

失败并不意味着你一事无成——失败表明你得到了经验。

失败并不意味着你是一个不懂灵活性的人——失败表明你有非常坚定的信念。

失败并不意味着你要一直受到压抑——失败表明你愿意尝试。

失败并不意味着你不可能成功——失败表明你也许要改变一下方法。

失败并不意味着你比别人差——失败只表明你还有缺点。

失败并不意味着你浪费了时间和生命——失败表明你有理由重新开始。

失败并不意味着你必须放弃——失败表明你还要继续努力。

失败并不意味着你永远无法成功——失败表明你还需要一些时间。

失败并不意味着命运对你不公——失败表明命运还有更好的给予。

那么，期待成功的你，不要再被一时的失败所左右了，在哪里跌倒，就在哪里爬起来吧！

没有谁会不犯错误，所以永远不要害怕错误。只有什么都不去做才会不犯错误，想要成功一定会犯错误，只要勇敢面对并改正错误，直到少犯甚至不犯错误，那么，成功就会向你走来。你不把错误当回事，错误也不把你当回事！

一个人最容易犯的错误就是粗心大意，一个人最能原谅自己的错误也是粗心大意，然而一个人最危险的错误也是粗心大意。最不能原谅的错误是犯同样的错误，屡教不改，这是最令人绝望的事情。最不可饶恕的错误是用后面的错误来掩盖前面的错误，涂抹错误，就会错得越来越厉害，错得越来越离谱儿，错得越来越不可收拾！

最有价值的错误：前车之鉴，后事之师。改正错误不是最终目的，积累错误、整理错误、分析错误、改正错误，最终的目的是关键的时候不重犯错误。

我们每个人的一生中都会犯各种不同的错误，可正因为这样，我们才会成长、成熟。我们在错误中学习，在错误中前进。

我们应该学会正视自己的错误，而不是去逃避。承担错误的方法有很多，然而我们往往被现实蒙住眼睛，常常是让自己一错再错，我们以为这就是惩罚，却不知道真正惩罚我们的是延续错误。

非理性定律：人们更喜欢眼前的利益

曾经有这样一对情侣，他们之间相处得非常好，但是男的有一个很大的缺点就是懦弱，女友对此十分不满。有一次，两人出海游玩，不想中途遭遇大风，两人的小艇被摧毁，双双落入海中，幸亏女友抓住了一块木板才保住了两个人的性命。女友问自己的男友："你怕吗？"

男友掏出一把水果刀说：“我怕，可是如果有鲨鱼来了，我会用这个对付它的。”

女友知道她的男友是一个懦弱的人，所以只能苦笑。

就在这时，一艘货轮发现了他们，与此同时一群鲨鱼出现了。女友大叫：“我们一起用力游，会没事的!”

但是男友却突然用力将女友推进海里，自己扒着木板朝货轮游去，并大声喊道：“这次我先试!”

女友就这样看着男友的背影，感到非常绝望。

鲨鱼向女友逼近，但是奇怪的是，它们对那个女的不感兴趣，它们只向男友冲去，男友被鲨鱼撕咬着，他发疯似的冲女友重复地喊道：“我爱你!”

女友获救了。甲板上的人都在默哀，船长走到女友身边劝其节哀并说：“小姐，他是我见过的最勇敢的人。我们为他祈祷!”

“怎么可能，他是个胆小鬼。”女友冷冷地说。

“您怎么能这么说呢？刚才我们一直用望远镜观察你们，我看到他把您推开后用刀子割破了自己的手腕。鲨鱼对血腥味很敏感，如果他不这样做来争取时间，恐怕您永远不会出现在这艘船上……”

女友一下子昏了过去。

简单地说，非理性主要是一切有别于理性思维的精神因素，如情感、直觉、幻觉、下意识、灵感。非理性定律告诉我们，我们人类，从根本上来说都是感情型动物，所谓的理性，反倒是我们人类拥有了智慧之后的独到的发明。尤其是当我们去判断一件事情的时候，个人的喜爱、厌恶、是非观念往往决定了我们的态度，严重影响着我们自己的未来。

上面的小故事中的女子就是因为先入为主的印象误会了她的男友，在她看来，她的男友是贪生怕死之辈，平时表现得胆小懦弱，到了生死关头更是不可能保护自己，这当然是带有强烈的主观色彩的判断。而船上的人却在望远镜里看到了事实——这名男子并非懦弱，他才是真正的英雄，是世界上最勇敢的人。他为了救女友，不惜牺牲了自己，但是可惜的是，这个男人所做的这一切，他的女友开始的时候并不知道，还很鄙视。

这里还要提到一个著名的冰激凌试验。有两杯冰激凌摆在一群人前让他们选择，一杯有 7 盎司，装在一个 50 毫升的杯子里，显得满满的，看上去就像要溢出来一样。另一杯有 8 盎司，装在一个 100 毫升的杯子里，看上去比较少，没有装满。实验的结果明确显示，人们都愿意花更多的钱去买那杯只有 7 盎司的冰激凌。

也就是说，人们总是习惯以情感去判断眼前的事物，并且用主观的能动性去断定，也就是非理性。人们判断一个人、一件事，内心的情感起着非常巨大的作用，甚至可以全面左右整个判断结果。这也就不难理解为什么同样一件事情，有人是这样看，而有人会得出截然相反的观点。

英国的《新科学家》曾经报道，加拿大心理学家曾经做过一项关于男人的理性研究，研究表明，在美女面前，很多男人都会丧失理性，为了美女，宁愿放弃大好的事业和前程，表现出一种只爱美人不爱江山的气概。这也给很多古代英雄美人传说提供了新的理论支持。

加拿大麦克马斯特大学的马尔戈·威尔逊和马丁·达利让 209 名男生和女生分别观看了异性的照片。这个并不复杂的实验结果显示，男生在面对漂亮女性的时候，往往更愿意选择短期利益而不是长期利益，做出的是“非理性”选择。男生在面对长相一般的女生的时候，更看重的是与这位女孩未来的发展，做出的是“理性”选择。与此相反，女生无论面对长相一般或者长相英俊的男生，看重的都是未来的前景，做出的都是相同的“理性”选择。这和男女之间挑选配偶时侧重点的不同有很大关系。

生物学家还告诉我们，除去人以外，对于动物而言，它们更喜欢眼前的利益而不是将来的利益，即使眼前的利益要比未来可能获得的利益小很多。这种被称为“未来利益折现”的选择过程对于人类当然也同样适用。比如，对于马上就要到手的现金和未来的现金，我们会觉得马上到手的现金更有价值。

其实在我们身边就有一个特别明显的例子，彩票大奖得主可以一次性把奖金领走，但这样做要缴纳高额税费，使奖金大幅度缩水。但是也可以采取另一种做法，那就是可以分期领走奖金，这样做的话大奖得主就可以领到更多的钱。但是，迄今为止，还没有任何一个人会这样做，通常人们都会一次性把钱领走，虽然他们知道以后可能会领到更多的钱。人们只看到了眼前的利益，只注重这一份眼前的利益，即使长久来看有更好的利益可循，但是他们还是不会选择长远的利益。这个定律不仅可以给我们敲响警钟，也可以适当地应用在商场上，用短期利益来吸引人，然后将长期利益留给自己。

达维多夫定律：做时代的开创者

著名的艾尔·柯齐酒店位于圣地亚哥，酒店的生意很好，客流不息，为了解决电梯超负荷运作的问题，酒店请教了很多专家。专家们经过一系列的研究和商讨，最后一致认为最好的办法是在每层楼都打一个大洞，在地下室里再多装一个马达，也就是说，要为酒店再多添一部电梯。那些专家又开了几次研讨会，确定下最终的方案之后，就到前厅坐下来商谈具体施工的细节问题。这时候，恰巧有一位正在扫地的清洁工阿姨无意中听到了他们的计划。

这位清洁工阿姨对他们说："如果每层楼都打个大洞，那不是会弄得乱七八糟，到处尘土飞扬吗？还怎么接待客人呢？"

其中的一位专家不以为然地答道："这是很难避免的。到时候还得劳你多多帮忙。"

清洁工阿姨又说："要是我说啊，你们动工时最好还是把酒店关闭一段时间的好。"

"不能关啊，要是关门那么长一段时间，别人还以为是倒闭了呢。所以，我们打算一面动工，一面继续营业。要是不多添一部电梯，酒店以后也没法再做下去，在可持续发展上会吃亏的!”

这时候，那个清洁工阿姨想了一下，说道：“如果我是你的话，我就会把电梯装在酒店外头。”两个专家听了这个建议后，顿时眼前一亮，觉得这法子不错，好像开启了一个时代，要知道，以前没人这么做过！可以试试。于是，他们就听从了这位清洁工阿姨的建议，在近代建筑史上率先创造了一项新的发明——把电梯安装在室外。商家为此也节省了大把的钱。

不管从什么层面上来说，没有创新精神的人永远都只能是一个执行者。只有那些勇敢的人、有想法的人、敢为人先的人，才最有资格成为真正的先驱者，才能够成为时代的开创者。这个理论的提出者是苏联心理学家达维多夫。

如果你自暴自弃，那么请翻过这一章，如果你想有个非常成功的人生，想有个非常成功的公司，那么你最需要什么？我可以毫不犹豫地告诉你，就是创新精神！这个世界变化得总是太快了，变化的程度也太大了，需要我们学会用不同的方式去创造性地思考问题。对于一个企业来说，应该意识到的最重要的事情就是当每个人都遵循规则时，创造力便会窒息，遵循的结局就只能是残酷的灭亡。这时就需要你发挥创造力，别人想到的你也想到了，别人没想到的你也要想得到。

只有你做了别人没有想到的，那么你才有可能胜出一筹。跟在别人后面走，只能捡到别人不要的东西，一个人没有开拓精神，不敢冒风险，就走不出新路，干不出新的事业。创新是一个民族的不竭动力，更是一个企业的生命源泉，也是一个人生命的风帆。企业家与一般管理者最大的区别，就在于具有创新精神和魄力。翻一翻整个工业革命长达 200 年的近代史，无论在哪个国家，那些创业成功者，都是杀出来的黑马，都是在别人根本想象不到的地方，以别人想象不到的方式，取得了别人想都不敢想的成功。他们并不是先到哈佛大学或者斯坦福大学拿一个 MBA，然后才成为一个成功的企业家的，他们是在创造性的工作实践中培养、锻炼出来的，这是最难能可贵的，也是十分值得我们深思的。

再举一个地球人都知道的例子：在当时，几乎所有人都认为只有硬件才能赚钱，比尔·盖茨是第一个看到软件前景的商人，而且“以软制硬”，把其软件系统应用到世界上几乎所有的行业或公司。微软开发的电脑软件的普遍使用，改变了资讯科技世界，也改变了人类的工作和生活方式，最终改变了世界。

毛毛虫效应：找到一条属于自己的路

法国一位著名的心理学家曾经做过一个家喻户晓的实验，可以称之为“毛毛虫实验”。他首先将许多毛毛虫放在一个花盆的边缘上，并且使它们首尾相接，围成一个圈，同时他又撒了一些毛毛虫喜欢吃的食物在离花盆非常近的地方。然后，毛毛虫就开始绕着花盆的边缘一个跟着一个，一圈一圈地走，就这样，一小时过去了，一天过去了，又一天过去了，但是这些毛毛虫依然没有改变行动轨迹，它们依然是夜以继日地绕着花盆的边缘在转圈，这样一连不停地转了七天七夜以后，毛毛虫们最终因饥饿和精疲力竭而相继死去。

在做这个实验之前，心理学家曾经设想：也许这些毛毛虫很快就会厌倦单调而乏味的绕圈而转向它们比较爱吃的食物，但是令人遗憾的是，毛毛虫并没有这样做。其实，这是因为毛毛虫固守原有的本能、习惯、先例和经验才导致最终的悲剧。毛毛虫虽然付出了生命，但却没有取得任何成果。事实上，假如在这群毛毛虫当中，有一个能够破除尾随的习惯而转向去觅食，那么就完全可以避免最后的死亡。

后来，科学家把这种习惯称为“跟随者”习惯，也就是指喜欢跟着前面的路线而行走的习惯。而后又把因“跟随者”习惯而导致失败的现象称为“毛毛虫效应”。

有一大块贫瘠的土地被美国一所著名学院的院长所继承。不过，在外人看来这块土地没有什么有商业价值的木材，也没有矿产或其他贵重的附属物。所以，这块土地不仅不能为这位院长带来任何收入，而且他还必须得为此支付土地税。

不久以后，当地的州政府打算建造一条公路，而这条公路恰好要从这块土地上经过。这时，有一位年轻人刚好开车经过这里，看到了这块贫瘠的土地正好位于一处山顶，他想到在这里可以观赏四周连绵几公里的美丽景色。而他还细心留意到，这块土地上长满了一层小松树及其他树苗。

于是他就以每亩10美元的价格，把这块50亩的荒地买了下来。然后，他开始在靠近公路的地方盖了一间非常有特色的木屋，并且附设了一间很大的餐厅。随后在房子附近，他又建了一处加油站，方便开车来旅游的人们。

不久以后，他在公路沿线上还建造了十几间单人木屋，并且以每人每晚3美元的价格出租给来这里的游客。餐厅、加油站及木屋的成本并不高，但却给他带来丰厚的利润，他一年内净赚了15万美元。

第二年，他又另外增建了50栋有三间房间的木屋，现在他把这些房子出租给附近城市的居民们，作为他们的避暑别墅，并且以每季度150美元的价格收取租金，人们也非常满意与开心。而且建造这些木屋的材料他根本就没有花一毛钱，因为这些木材就长在他自己的土地上（但是，那位学院院长却认为这块土地毫无价值）。另外，引人注意的是，他扩建计划的最佳广告就是这些木屋独特的外表。因为一般很少有人会用如此原始的材料去建造房屋，他等于开创了一个先例。

故事还在继续，在距离这些木屋不到5公里处，这个人又以每亩25美元的价格买下了占地150亩的一处古老而荒废的农场，而卖主则认为自己赚了。

接着，他花了半年时间又建造了一座100米长的水坝，把一条小溪的流水引入一个占地15亩的湖泊，后来，他又把这个农场出售给那些想在湖边避暑的人，租金跟建房时的价格一样。仅仅是这样简单的一转手，25 万美元轻松到手，并且这只是他计划的一部分。让人不能想象的是，此人没有受过任何正规的“教育”，但是我们必须承认他是个极其有远见和想象力的人。

有的时候人们也很难逃脱毛毛虫效应的影响。在日常生活和工作中，很多人都会因循守旧，会下意识地重复原有的思考过程和行为方式。所以，人们在思维上固有的惯性也就慢慢形成，今后在面对任何问题时，这些人也都是按照原有的思路去思考，而不愿意换个角度、转个方向去思考。

需要承认的是，使用固有的思路和方法具有相对的成熟性和稳定性，可以恰当地缩短和简化解决问题的过程，从而更加方便和快速地解决某些问题。这也是毛毛虫效应带给我们的积极的一面。但是，要注意的是，如果人们总是用老思路去解决新出现的问题，那无疑是没有生命力的，这时候，我们需要跳出毛毛虫效应的影响，转换思路，改变思考问题的方式，这样有可能更好地解决我们所面对的问题，就像上面故事里的那个人一样，能够别具一格，把别人看不到的潜在价值开发出来，从而获得非凡的成功。

第五章　成功是成功之母

马太效应：强者越强，弱者越弱

从前有一个头脑灵活、善于经营的商人要出去旅游。为了不耽误自己的生意，临行前，他把自己最忠实的三个仆人都叫来，然后把他的部分家业进行合理分配，交给三人暂时经营。

商人根据仆人各自的才能，给他们分配银子。仆人甲善于发现商机，具有灵敏的观察能力，他分得5000两；仆人乙有一定的经商才能，做事稳打稳算，他分得2000两；而仆人丙，性格木讷，做人本分，做事保守，他分得1000两。分配完毕，商人就出发了。

第二天，仆人甲就拿着5000两银子，投资了一项风险很大的买卖。虽然利润也很诱人，但毕竟利润与风险成正比，天下也没有免费的午餐，这需要很大的勇气与承受能力，仆人甲也是信心十足，运筹帷幄，最后连本带利得到了1万两银子。

而仆人乙在主人走后就用自己分得的2000两银子做了一项只赚不赔的生意，虽然早出晚归有些辛苦，但是由于经营管理得当，最后也照样赚了2000两银子。

仆人丙拿着商人给的1000两银子，考虑了很久，不知如何是好，又担心有个闪失给弄丢了。一连好几天，他一直坐卧不安，无法正常休息。最后，他灵机一动，趁着夜幕在地上挖了一个坑，把主人的银子埋藏了起来，天天守在那里，这样既不会赚，也不会赔，对他而言是一个两全其美的好办法。

几个月后，商人从外地归来。商人再一次将三个仆人召集到一起，来算一算账。仆人甲恭恭敬敬地递上银子说："主人啊，这是你交给我的5000两银子，分毫不少，另外，还有5000两是我利用你给我的本金做了笔生意，自己额外赚的。"

商人说："不错，你做得很好。你真是又有才华又忠心的仆人，以后我要把许多事派给你管理。这样，我就可以尽情享受生活了。"

仆人乙随后说："尊敬的主人啊，你交给我2000两银子，我做生意将它翻了一番，你看这是4000两。"

主人说："好，你也非常能干。店里有你的帮忙，我就会放心很多，也会觉得很踏实。"

最后仆人丙说："主人啊，我实在不知道这1000两银子能做什么，我又担心会丢失，于是我就把你的1000两银子埋藏在地里。请看，你的1000两银子完好无损地在这里。"

商人听了以后非常生气，把这个仆人痛骂了一顿。后来，主人将第三个仆人的那1000两银子赠给第一个仆人作为奖赏，并且对他们三个说："凡是不增值的，那就等于在贬值，那钱留有何用。只有不断创造财富的人，才能够取得成功，我的奖励也才会持续上升，这叫多多益善。"

所谓马太效应，指的是好的越好、坏的越坏，多的越多、少的越少的一种现象。在心理学上可以理解为：强者越强，弱者越弱。如果说一个人赢得荣誉，获得了赞美，那么接下来好事会越来越多，这也是人们常说的好运连连。

马太效应的说法来自《新约·马太福音》中的一则寓言。在《马太福音》中你会发现第二十五章中有这么几句话："凡是少的，就连他所有的也要夺过来。凡是多的，还要给他，叫他多多益善。"美国科学史研究者莫顿用这句话总结与概括出一种新的社会心理现象："对著名科学家做出的科学贡献所给予的荣誉越来越多，而对那些未出名的科学家所做出的科学贡献则忽视不管。"此后他便将这种社会心理现象命名为马太效应。

其实，在现实生活中，不论是个人，还是群体，一旦在某一方面(如金钱、名誉、地位等)取得成功后，那么优越感就会应运而生，接下来更多的进步和更大的成功也会登门拜访。

当然，任何一种效应在现实中的意义都具有两面性。社会心理学家们也同样认为，马太效应在生活中既有积极的一面，也有消极的一面。积极作用具体有两点，首先可以防止社会过早地承认还不成熟的成果和貌似正确的成果，这样有利于进一步地加强与进步；其次马太效应会产生"荣誉终身"

以及“荣誉追加”的现象，对一些无名者有着榜样的作用，从而产生巨大的吸引力，促使还没有成名的人积极奋斗，努力去超越成名者。但是它的消极作用是，那些名人很有可能会因为自己取得的成果而骄傲自满，目中无人，甚至丧失了理智的判断与谦逊的态度。而无名者因为一开始并没有名气，即使有着惊人的才华，经过奋斗取得成果也无人问津，有时还有可能会遭受非难和忌妒。这样的结果会造成两极分化越来越严重。

除了在生活中我们会经常遇到马太效应外，在教育领域，马太效应的影响更是无所不在。学校里有名气的教授、专家得到的科研经费一般都会比较多，社会兼职也比普通人要多，就连评奖活动也少不了他们的身影。一些表现比较优秀的学生，会经常听到表扬的声音，老师在上课时表扬他，学校领导在同学中表扬他，父母在亲戚面前表扬他，优越的成长环境给他带来的却不一定都是快乐，就算快乐也会有一定的负担。而一些成绩不好的学生，不仅在家里得不到父母的赞扬，有些老师也会戴着有色眼镜看人，在学校刻意冷落与疏忽他。这样一来，马太效应就必然会造成老师只重视和培养少数拔尖的学生，从而放弃了对差生的培养，如此会造成学生群体中少数和多数的隔膜和分化。不过，也有一些经验丰富的老师会认识到马太效应的消极作用，他们会积极发掘差生身上的闪光点，然后将其放大，为其树立自信。在日常生活中，我们应该尽量避免马太效应的消极作用的发生。

安慰剂效应：暗示能带来积极的力量

所谓安慰剂效应指的是人们由于服用或注射安慰剂药物从而引起的心理、生理上的变化，并且出现积极改变的一种现象。这在健康心理学中应用得比较广泛。

通常医学上说的安慰剂，指的是用生物学上的本属中性的物质做成的使受试者或病人相信其中含有某种药物的药丸或制剂，就像是用没有药物活性的淀粉等制成与真实药物一样的剂型作为安慰剂等。药物的安慰剂效应是通过服药者对药物的认识、感受以及服药行为本身，再通过心理上的变化以及生理的相互作用而产生效果的。这种方法既有加强药物生理效应的一面，又有削弱生理效应的一面。许多研究表明：至少有1/3以上的人对安慰剂有反应，出现了临床症状的好转；如果再加上言语的感染，配合周围人的宣传和其他途径，那么，安慰剂的效果还会更加显著。这正应了中国一句俗语："信则灵。"

其实，不但是安慰剂，所有真实的药物也都具有不同程度的安慰剂效应。美国有一位生理心理学家曾将依米丁（致吐剂）通过胃管注入呕吐病人胃中，同时他也告诉病人这是止吐药物，结果在很短的时间内病人的恶心呕吐感竟然真的消失了。经过一段时间后病人又出现呕吐的现象，再一次注入依米丁，其恶心感又很快消失了。

这个实验说明药物不但有生理效应，而且通过一定的诱导和暗示还会产生心理效应。由此可见，心理效应(镇吐和安慰)的作用在一定程度上也会超过药物的生理效应(催吐)。这里的心理效应就是安慰剂效应。

心理学研究发现，生活中有很多人都会有一定程度的暗示性。人类疾病的药物治疗效果，其部分原因都与暗示性有关。因此，医生在临床工作中更不能忽视这一作用，尤其在药物治疗的护理过程中，更需要高度注意。通常一个人患病后，第一想法都是需要药物治疗，通过药理作用对机体的生理机能发挥作用，这样就可以达到治疗的目的，这也是药物的生理效应。但实验结果证明，不仅如此，药物还可通过非生理效应，以“接受了药物治疗”的方式在病人心理上引起良好的感受从而使疾病逐渐发生好转，也就是达到药物的心理效应。一般情况下人们都会认为，药物的心理效应与其药理作用无关，但有的时候还是可以借用其生理效应来强化言语暗示，这样配合治疗效果更好。

药物的心理作用并不适用于所有人，它与病人的各方面条件(性别、年龄、职业、经济条件、受教育状况等)以及个性特征、心理状态、服药时的内心感受、医护人员的言语态度有着密切的关系，而其中最为重要的是病人对药物的认识与态度以及接受暗示的程度。例如一些来自边远地区的病人到大城市大医院求医问药时，即使医生开出的是比较普通的药物，他们也会觉得此药来之不易，倍加珍惜，所以服药后会产生较大的心理效应。

而一些公费医疗者经常光顾医院，尝遍了各种药物，也见识到了各类专家坐诊，就算此时大夫是给他们开出一些对症药他们也往往不信。这种负面心理效应使药物的正常生理效应受到影响，有的时候反倒干扰了对他们的治疗效果。对他们来说，只有那些价格昂贵、包装精美又经广告大力吹捧的新药才是真正好用的“灵丹妙药”。

在临床实践中，医护人员与病人通常都在自觉或不自觉的情况下使用或接受安慰治疗。若在疾病诊断不明确的情况下用药，实际上就是起到安慰剂的作用，关键是如何用得更妥当、更有利于疾病的恢复。在用药时，医护人员或家人也可以通过言语和态度来提高药物的心理效应。那么具体而言该如何提高药物的心理效应呢？

首先可以用安慰剂做保护性医疗，减少病人心理痛苦。如癌症，在缺乏有效药物和治疗措施时，如果医护人员或亲属实话实说：“这种病无法治疗，目前没有成功案例。”这样将会引起病人的绝望。此时，可以转换方法使用安慰剂来解除病人精神上的痛苦，这样更为妥当。

相对而言，言语暗示对药物的心理效应影响也是非常大的，因而家人或医护人员可通过言语加强其效应，也可通过言语来减弱病人的不良反应，有时还可利用药物来加强语言暗示作用，如癔症病人常因葡萄糖酸钙或溴咖静脉注射而好转。临床实践证明，有1/3的病人在用安慰剂后可获止痛效果，此类事例举不胜举。

其次，在护理中，要学会因势利导，适时适度地运用心理效应来增强药物的治疗效果，当然，这也取决于亲属的心理素质和掌握的有关心理学知识及使用技巧。

最后，在护理的过程中要熟练掌握安慰剂的应用，并能够仔细观察和了解病人的心理特点，选择恰当的用药时机，配合恰当的言语暗示，以排除病人不良反应的影响，最终取得良好的效果。医务工作者更是需要在针对病情科学用药的前提下，来根据病人此时的心理特征努力去创造条件使药物成为一种良好的信息刺激，充分发挥其生理和心理效应，以达到最大的疗效。

除了医务处理以外，在日常生活中，安慰剂效应也随处可见。一天，几个很少接触乡村环境的城里人到野外郊游。当他们边说边笑爬到半山腰的时候，他们为眼前清澈的泉水、碧绿的草地和迷人的风景所深深吸引。等到休息的时候，其中一人很高兴地接过同伴递过来的水壶喝了一口水，马上情不自禁地感叹道："山里的水真甜，没有杂质，咱们城里的水跟这儿真是没法比。"水壶的主人听罢笑了起来，他说："这壶里的水是城市里最普通的水，这不是山水，而是出发前从家里的自来水管接的。"由此可见，心理作用在很大程度上发挥着微妙的作用。

当然，我们在对现实进行分析的时候，某种程度上会掺杂很多个人因素，包括我们的期望、经验和信念等，这有时也会明显地改变人的思想及判断。

暗示能带来积极的力量

我实在是爬不动了，快中暑了，把你的水给我喝一口吧。

山里的水真甜，没有杂质。

这不是山水，而是出发前从家里的自来水管接的。

马蝇效应：有压力才有动力

马蝇效应来源于美国总统林肯的一段有趣的经历。

1860年大选结束后几个星期，有位叫作巴恩的大银行家看见参议员萨蒙·波特兰·蔡斯从林肯的办公室走出来，就对林肯说："你不要将此人选入你的内阁。"林肯问："你为什么这样说？"巴恩答："因为他认为他比你伟大得多。""哦，"林肯说，"你还知道有谁认为自己比我要伟大的？""不知道了。"巴恩说，"不过，你为什么这样问？"林肯回答："因为我要把他们全都收入我的内阁。"事实证明，这位银行家的话是有根据的，蔡斯的确是个狂傲的家伙。不过，蔡斯也的确是个大能人，林肯十分器重他，任命他为财政部部长，并尽力与他减少摩擦。蔡斯狂热地追求最高领导权，而且嫉妒心极重。他本想入主白宫，却被林肯"挤"了，他不得已而求其次，想当国务卿。林肯却任命了苏厄德，他只好坐第三把交椅，因而怀恨在心，激愤难已。

目睹过蔡思种种行为并搜集了很多资料的《纽约时报》主编亨利·雷蒙特拜访林肯的时候，特地告诉他蔡思正在狂热地上蹿下跳，谋求总统职位。林肯以他那特有的幽默神情讲道：“雷蒙特，你不是在农村长大的吗？那么你一定知道什么是马蝇了。有一次我和我的兄弟在肯塔基州老家的一个农场犁玉米地，我吆马，他扶犁。这匹马很懒，但有一段时间它却在地里跑得飞快，连我这双长腿都差点跟不上。到了地头，我发现有一只很大的马蝇叮在它身上，于是我就把马蝇打落了。我的兄弟问我为什么要打掉它。我回答说，我不忍心让这匹马那样被咬。我的兄弟说：‘哎呀，正是这家伙才使得马跑起来的嘛！’”然后，林肯意味深长地说：“如果现在有一只叫‘总统欲’的马蝇正叮着蔡思先生，那么只要它能使蔡思不停地跑，我就不想去打落它。”

这就是马蝇效应。马蝇效应给我们的启示是：一个人只有被叮着咬着，充满压力，他才不敢松懈，才会努力拼搏，不断进步。

压力是什么？压力可以是事业成功的阻力，也可以是一种驱动力。当人们有了欲望或出现紧迫感的时候，压力就会随之而来。但是，如果能够很好地运用压力，压力就能够转化为动力，从而使人们获得成功。同样，如果没有压力，动力就无从产生，人们也终将一事无成。

工作中的压力被认为是当今社会最主要的压迫来源之一。对于上班族而言，身处竞争激烈的现代社会，担心失业、缺少归属感、与亲友疏于联系、对工作前景表示忧虑以及自尊心经常受挫等，是产生压力的几个主要因素。

身在职场当中的员工几乎都有过工作压力太大、身体和心理难以承受等怨言。诚然，随着科学技术的高速更新换代、市场竞争的日益激烈，现代人的压力确实越来越大。面对这些压力，人们究竟该如何应对呢？有关专家研究发现，在压力和灾难面前，心理不健康者往往会采取一些不恰当的应对措施或者消极的自我防御机制，如否认、退行、回避、压抑、反向、抵消、攻击、自责，或者用烟酒来减轻压力等，结果是适得其反。

而心理健康者会主动采取一些积极的或至少是无害的应对措施，如宣泄、转移注意力、改变目标、升华、放松、幽默、行动等方法。

那么，人们究竟应该采取哪种态度或方式来应对压力呢？或者说以什么样的态度或方式对待压力才能使自己不被压力所困扰呢？一家知名企业的高级顾问认为，适度的压力并无大碍，反而有积极作用。常言道"化压力为动力"，适度的压力能使人处于应激状态，神经保持兴奋，让个人得到改善自我的机会，以更加努力的姿态、更高的热情完成工作，如此便有助于业绩改善；而消极地逃避或攻击等方式却对压力的缓解和问题的解决毫无用处，而且在压力面前越是消极，压力就会对你越残酷。这正如前大文豪高尔基所说："当工作是一种乐趣时，生活就是一种快乐；当工作是一种义务时，生活就变成了苦役。"

我们首先要学会拥抱压力，对可能发生的压力有心理准备，不要总强调工作压力如何不合理、自己如何不喜欢。减压首先要真实地面对内心世界，需要了解自己担心失去什么，是工作、职位、领导的重视、发展机会、家人的信任，还是其他方面的稳定感。预测失去它们对自己的影响，是暂时还是长期的，是全面的还是局部的，是可以承受的还是无法承受的……总之，如果想要缓解压力、摆脱压力的束缚，就必须首先准备好迎接不可避免的压力，同时还要弄清楚压力产生的根本原因。

当我们对压力有了足够的心理准备，并确定了压力的真正来源之后，就要想办法将其转化为动力，所有的消极思想和逃避心理在此时都应该全部被抛弃。由于在分析压力产生的根本原因时，我们已经知道自己是因为想得到更多的酬金、更高的地位、更多的信任、更高的期望、更渊博的知识、更丰富的经验、更卓越的能力、更融洽的人际关系等，才背负那些压力的，所以我们更应该知道，没有这些压力我们就永远无法满足自己的这些需求（既包括物质方面的又包括精神方面的）。认清这些之后，我们就会发现，只有背负着这些压力一步步地向着目标迈进，我们才能获得最终的成功。而实际上，这种向着目标迈进的过程就是把压力转化为动力的过程。

总之，压力是不可避免的，要想在职场中实现更大的自我价值，我们就不能消极地逃避压力。而且，压力并非不可战胜，相反，压力还可以转化为强大的动力，在这种动力的推动下，人们往往能够实现更好的发展。

第六章　从自我提升到自我突破

约拿情结：不仅害怕失败，也害怕成功

约拿情结是美国著名心理学家马斯洛提出的一个心理学名词。

“约拿”是《圣经·旧约》里面的一个人物。他本身是一个虔诚的犹太先知，并且一直渴望能够得到神的差遣。神终于给了他一个光荣的任务，去宣布赦免一座本来要被罪行毁灭的城市——尼尼微城。约拿却抗拒这个任务，他逃跑了，不断躲避着他信仰的神。神到处寻找他、唤醒他、惩戒他，甚至让一条大鱼吞了他。最后，他几经反复和犹疑，终于悔改，完成了他的使命——宣布尼尼微城的人获得赦免。约拿是指代那些渴望成长又因为某些内在阻碍而害怕成长的人。

简单地说，约拿情结就是对成长的恐惧。它来源于心理动力学理论上的一个假设：“人不仅害怕失败，也害怕成功。”其代表的是一种机遇面前自我逃避、退后畏缩的心理，是一种情绪状态，并导致我们不敢去做自己能做得很好的事，甚至逃避发掘自己的潜力。在日常生活中，约拿情结

可能表现为缺少上进心，或称“伪愚”。 它的存在也许有一定的合理性，不过，从自我实现的角度来看，这是一种阻碍自我实现的心理障碍因素。

约拿情结的基本特征可以分为两个方面：

一方面是表现在对自己，另一方面是表现在对他人。

对自己，其特点是：逃避成长，拒绝承担伟大的使命。

对他人，其特点是：嫉妒别人的优秀和成功，幸灾乐祸于别人的不幸。

人类的心理是复杂而奇怪的：我们渴望成功，但当面临成功时却总伴随着心理迷茫；我们自信，但同时又自卑；我们对杰出的人物感到敬佩，但总是伴随着一丝敌意；我们尊重取得成功的人，但面对成功者又会感到不安、焦虑、慌乱和嫉妒；我们既害怕自己最低的可能状态，又害怕自己最高的可能状态。 简单地说，这些表现，就是对成长的恐惧——既畏惧自身的成功又畏惧别人的成功。

马斯洛给他的研究生上课的时候，曾向他们提出如下的问题：“你们班上谁希望写出美国最伟大的小说？”“谁渴望成为一个圣人？”“谁将成为伟大的领导者？”等等。 据马斯洛记录，他的学生们在这种情况下，大家通常的反应都是咯咯地笑、红着脸、不安地扭动。 马斯洛又问：“你们正在悄悄计划写一本什么伟大的心理学著作吗？”他们通常红着脸、结结巴巴地搪塞过去。 马斯洛还问：“你难道不打算成为心理学家吗？”有人回答说，“当然想啦。”马斯洛说：“你是想成为一位沉默寡言、谨小慎微的心理学家吗？ 那有什么好处？ 那并不是一条通向自我实现的理想途径。”

人类中普遍存在某种约拿情结，即：不是追求高级需求，追求卓越、崇高的自我实现，而是相反，逃避高级需求，逃避卓越、崇高的人类品行。人们视天真纯情为幼稚可笑，视诚实为轻信，视坦率为无知，视慷慨为缺乏判断力，视工作中的热情为懦弱，视同情心为廉价和盲目。

约拿情结的问题还在于，自己怕出名，如果别人出了名，他又会嫉妒，心里巴不得别人倒霉。这种情结阻碍生命成长和自我实现，马斯洛给它取名为约拿情结。仇恨是我们在现实生活中最常发现的阻碍成长的内在原因。我们常常可以观察到这种情况，一个聪明的年轻人，他在学校里成绩很好，但在高考前夜突然生病了，以至于失去了考试的机会。后来他工作了，能力很强，颇得赏识。但是在他马上就要得到一次关键的升迁机会的时候，他又辞职了……尽管这些事情的发生看似偶然，但深入接触他的内心世界时我们可能会发现，他的内心埋藏着对父母未曾宣泄的怨恨。为了潜意识里报复父母的愿望，他下意识地毁掉了自己的前途。其潜在的愿望可以表述如下："你们休想得到一个成功的儿子，我就是要让你们失望和痛苦！"这些内在冲突有时候可以被我们意识到，但大多数时候，它被抑制在无意识里。

人们不仅躲避自己的低谷，也躲避自己的高峰。不仅畏惧自己最低的可能性，也畏惧自己最高的可能性。约拿情结发展到极致，就是"自毁情结"，即面对荣誉、成功、幸福等美好的事物时，总是浮现"我不配""我受不了"的念头，最终把到手的机会放弃了。我们大多数人内心都深藏着约拿情结。心理学家们分析，这是因为在我们小时候，由于本身条件的限制和不成熟，心中容易产生“我不行”“我办不到”等消极的念头，如果周围环境没有提供足够的安全感和机会供自己成长的话，这些念头会一直伴随着我们。尤其是当成功机会降临的时候，这些心理表现得尤为明显。因为要抓住成功的机会，就意味着要付出相当的努力，面对许多无法预料的变化，并承担可能导致失败的风险。

毫无疑问，约拿情结是我们平衡自己内心心理压力的一种表现。我们每个人其实都有成功的机会，但是在面临机会的时候，只有少数人敢于打破平衡，认识并克服了自己的约拿情结，勇于承担责任和压力，最终抓住并获得了成功的机会。这也就是为什么总是只有少数人成功，而大多数人却平庸一世。

如何才能克服约拿情结这一成长的障碍，发挥自身潜力和更好地成长呢？马斯洛并没有对这一问题进行明确和深入的回答。萎缩的个体和奔放的个体，“这两者之间的差异，简单来看就是恐惧与勇气之间的差异”（《约拿情结——理解我们对成长的恐惧》）。也许，克服约拿情结是一个非常复杂的心理问题、文化问题、社会问题，但毋庸置疑，我们可以做的首先就是不再浑浑噩噩，清楚了解自己的心理状况，勇敢面对冲突和矛盾，相信自己可以比现在做得更好。“走自己的路，让别人说去吧！”

洛克定律：为自己制定目标

洛克定律是指：当目标既是未来指向的，又富有挑战性的时候，它便是最有效的。可以为自己制定一个总的高目标，但一定要为自己制定一个更重要的实施目标的步骤。千万别想着一步登天，多为自己制定几个篮球架子，然后一个一个地去克服和战胜它，久而久之你就会发现，你已经站在了成功之巅。

这个定律的提出者是美国管理学家埃德温·洛克，他认为：有专一目标，才有专注行动。要想成功，就得制定一个奋斗目标。但是，目标并不是不切实际地越高越好。每个人都有自己的特点，有别人无法模仿的一些优势。只有好好地利用这些特点和优势去制定适合自己的高目标和实施目标的步骤，你才可能取得成功。对每个人来说，在实施目标时，只有当每个步骤既是未来指向的，又是富有挑战性的时候，它才是最有效的。

一个没有明确目标的人，就像一艘没有舵的船，永远漂流不定，只会到达失败的港湾。

美国财务顾问师协会的刘易斯·沃克曾接受一位记者的问题采访，是有关稳健投资计划基础的。他们聊了一会儿后，记者问道：“到底是什么因素使人无法成功？”沃克回答：“没有明确的目标。”

记者要求沃克能进一步解释，他说：“我在几分钟前就问你，你的目标是什么，你说希望有一天可以拥有一栋山上的小屋，这就是一个模糊不清的目标。问题就在‘有一天’不够明确，因为不够明确，成功的机会也就不大。”

“如果你真的希望在山上买一间小屋，你必须先找到那座山，找出你想要的小屋现值，然后考虑通货膨胀，算出5年后这栋房子值多少钱；接着你必须决定，为了达到这个目标，每个月要存多少钱。如果你真的这么做，你可能在不久的将来就会拥有一栋山上的小屋，但如果你只是说说，梦想就可能不会实现。梦想是简单而让人兴奋的，但如果没有配合实际行动和充足全面的计划，那最后只能是妄想而已。”

许多人埋头苦干，却不知所为何来，到头来发现追求成功的阶梯搭错了边，却为时已晚。因此，我们务必掌握真正的目标，并拟定达到目标的过程，弄清方向，凝聚继续向前的力量。

你是否有一个目标？你必须有一个，因为你难以达到你并未曾有的目标，正像要你从一个从未到过的地方回来一样。

塞缪尔·斯迈尔斯发现，在生活中，有不少人缺乏明确的目标。他们就像地球仪上的蚂蚁，看起来很努力，总是不断地在爬，然而却永远找不到终点，找不到目的地。同样，在生活中没有目标，活动没有焦点，也会使你白费力气，得不到任何成就与满足。

没有目标的活动无异于梦游，没有目标的生活只不过是一种幻象。许多人把一些没有计划的活动错当成人生的方向，他们即使花费了九牛二虎之力，由于没有明确的目标，最后还是哪里都到不了。要攀到人生山峰的更高点，当然必须要有实际行动，但是首要的是找到自己的方向和目的地。如果没有明确的目标，更高处只是空中楼阁，望不见更不可及。如果我们想要使生活有所突破，到达很新且很有价值的目的地，首先一定要确定这些目的地是什么。只有设定了目的地，人生之旅才会有方向、有进步、有终点。

明确的目标让我们有所适从、有所安心，为我们带来目的，指导我们的行动，否则我们在生活中就像无头苍蝇一样到处乱窜，当我们有了目标与方向，就有理由使自己不断前进、不断成长，开创新天地，发挥创造力。要设立目标需要努力与自律，一旦建立好了目标，就需要更多的努力和夜以继日的工作来逐步实现，而督促人生的航标不脱离方向以及不断给自己设定新的目标，需要更多的努力和更强的自律性。设定和实现目标要花费这么多的努力，毅力稍差的人干脆就不设目标、不实现目标了，维持现状，得过且过，放弃了目标，或是虽然有目标却懒得去实现。光有目标并不能使我们不断朝前迈进，还要有行动计划的配合才行。目标的树立是使我们明确方向，而行动计划则告诉我们该怎么做、做什么才能到达我们想要去的地方。行动计划确定于我们追求目标时所要进行的活动。

为自己制定清晰的目标

那你来说说你的目标吧。

我希望有一天可以在山上拥有一栋小屋。

这就是模糊的目标。你首先要有一个目标房屋，根据小屋现值，再考虑通货膨胀，算出这栋房子5年后值多少钱，从而反推每个月要存多少钱，并为此持续努力。

在休闲生活中，我们一样要树立明确的目标，投入实际行动，才能获得成就感和满足感。并且，由于你的欲望和需要处于不断变化之中，有些目标将会实现，而有些活动将不再对你有吸引力，因此你必须经常反省，修订自己的目标与活动清单，每隔几个星期你就该回顾一下。

发现自己是什么样的人，搞清楚自己的真正需要，树立起明确的目标，并培养出强烈的动机和热情，朝你心中向往的那个方向前进。这是你自己的挑战，与其他任何人都无关。你必须面对现实，生活中每一件值得获取的事——冒险、轻松的心情、爱、友谊、满足与愉快——都有代价，任何能使你的生存更有价值、生活更有意义的事都需要付出努力、时间、心血和行动。如果你不是这样想的话，你一定会遭遇更多的挫折。

虽然制定短期目标一直是经营的主要策略，但是大家仍然不太懂得如何制定目标。著名成功学家希尔认为，“短期目标”是一种独特的工具，它是意义和行动的桥梁。它捉住你热切的期望，把它们变成计划的原料。短期目标界定什么重要、什么不重要，而且它使我们集中力量努力完成每一阶段的目标。短期目标是动用人力去完成特殊结果的基本工具。希尔说：“制定短期目标，正是对慢工出细活儿这一铁律的印证。”由于工作堆积如山，非得马上动手，否则赶不完，于是有人竖立了一个牌子，提醒自己：“现在就做！”其实，匆匆忙忙不见得能够把事情办好，最好还是先坐下来，养养神，放松情绪。能够想一想智者的想法，就更有好处。希尔劝导人们说：“有短期目标的人，比轻率行事的人更明智。”

除非有明确满意的解决方法，否则，最好把问题搁在一边。问题的解决，并不在于一蹴而就，而在于步步为营，稳扎稳打，从冷静沉着中寻找出可行的办法。正确的途径是经过深思熟虑之后获得的。希尔说：“经过周密思考后，特意不采取行动。因为胸有成竹，所以不轻举妄动。”时机尚未成熟便想一步登天，结果成事不足，败事有余。

当然，越快成功越好，但是不要操之过急。操之过急的人，往往会有麻烦。避免麻烦比摆脱麻烦容易得多。所以，你要想顺利地、轻松地实现未来远景，就必须一步一个脚印，制定每一个事业发展阶段的短期目标。这样，你就可以踏着这些台阶，拾级而上，奔向成功了。

但是人们在制定目标时往往显得十分笨拙，缺乏现实性和前瞻性，把目标搞得模糊不清。大家喜欢行动（这比较具体而刺激），却不喜欢花费精神去拟定目标（这常是抽象的），诚如一位事业人所说：“制定目标使我头痛。”

希尔说：“我们不能把目标放在真空里，因为目标指挥我们的注意力朝向问题的解决或机会的掌握。你必须配合自己的需要、希望，看什么需要留意。”

短期目标应该代表你当前事业面临的主要问题，这些问题的分类依据是：

重要性（解决这个问题或抓住这个机会，会使情况改观吗）、类型（这个问题代表什么挑战）和紧迫程度（如果不尽快处理，结果是否会更糟，机会是否会溜掉）。

一旦我们分辨清楚主要问题，就能安排出优先顺序，然后集中处理最严重、最迫切需要解决的一个问题。

吉格定理：勤奋将天分变为了天才

吉格定理是由美国培训专家吉格·吉格勒提出的，他曾经说过："除了生命本身，没有任何才能不需要后天的锻炼。"不管是天才还是智力一般的人，都需要后天的努力勤奋才能成功，否则有天分的人也会变成庸才。

曾国藩是中国近代史上的风云人物，他曾经建立了很多不朽的功业，不过他的天赋并不高。那时他还未考取功名，有天晚上他正在家里读书，一篇文章不知道反复读了多少遍，可总也背不下来。这时候在他书房外面一直潜伏着一个小偷。这小偷本打算等曾国藩睡觉之后，就进屋捞点好东西，可是他躲在角落里等啊等，就是不见屋里的灯熄灭。这还不算完，他还在外面不停地听曾国藩翻来覆去地读一篇文章，耳朵饱受摧残。终于，小偷忍不住了，他大怒着闯进门来说："你这种水平还读什么？"说完便将那文章非常顺利地背诵了一遍，然后扬长而去。

相比当时的曾国藩而言，小偷是聪明的，并且还很勇敢，身为一个小偷居然还可以跳出来发怒。可惜，他并没有对记忆能力进行锻炼，终究只是个小偷而已。而曾国藩虽然那么没天赋，却懂得勤能补拙，成就了自己在历史上的丰功伟业。

勤能补拙的道理人尽皆知，可是真正能做到“业精于勤”的人又有几个？与其说是安逸的生活磨灭了我们的斗志，倒不如说久居于安逸的习惯已经让人懒得去勤奋了。既然粗茶淡饭也能吃饱肚皮，为何还要拼了命地对自己那么苛刻？既然可以时常呼朋唤友小醉一场，再安然入睡，为何还要日日挑灯看书、废寝忘食地工作？既然可以在山脚野地寻得一处安逸，为何还要在大城市中为求一隅而辛苦奋斗着？人各有志，如果你真的乐于像神仙般逍遥自在，暂忘尘世的艰辛，倒也罢了，但若心中有大志，却还如此过活，只能与伟业绝缘。

我们对于“天才”这个词并不陌生，人们总是不吝于将如此具有褒奖意义的词送给那些有卓越成就的人，比尔·盖茨就是其中之一。毫无疑问，他的确是一个很有天分的人，但同时他也非常勤奋。在很多人的眼中，比尔·盖茨极其聪明并且具有商业头脑，人们对于他中途辍学创业的故事总是津津乐道，对于他亿万富豪的身份也总是充满着羡慕。可是，我们也不要忽视了他为此所做出的努力，为了打造微软的软件王国，他从 1978 年到 1984 年整整 6 年的时间里只休息了 6 天，有几个人能做到这一点？

其实，每个可以称得上“天才”的成功人士，背后都有我们所不知道的艰辛，所有令人敬仰羡慕的背后也都写满了勤奋的故事。有位哲人曾经说过：“我从来就不会对那些天生智力过人的天才投以羡慕的目光，我只欣赏那些一直勤奋的人，他们将脚印镌刻在汗水与泪光中。”生活没有捷径，任何奇迹的发生都不会凭空出现。即便是一个极具天分的人，如果只是得意于自己的聪明才智，而不在后天的环境里勤加练习，最后也会如王安石笔下的“仲永”一般，变得碌碌无为。

小李的学习成绩挺好，毕业后却屡次碰壁，一直找不到理想的工作。他觉得自己怀才不遇、生不逢时，对社会感到非常失望。他为没有伯乐来赏识他这匹“千里马”而愤慨，甚至因伤心而绝望。

怀着极度的痛苦，他来到大海边，打算就此结束自己的生命。

当他即将被海水淹没的时候，一位老人救起了他。老人问他为什么要走绝路。

小李说：“我得不到别人和社会的承认，没有人欣赏我，所以觉得人生没有意义。”老人从脚下的沙滩上捡起一粒沙子，让年轻人看了看，随手扔在了地上，然后对小李说：“请你把我刚才扔在地上的那粒沙子捡起来。”

“这根本不可能！”小李低头看了一下说。老人没有说话，从自己的口袋里掏出一颗晶莹剔透的珍珠，随手扔在了沙滩上，然后对小李说：“你能把这颗珍珠捡起来吗？”

“当然能！”

“那你就应该明白自己的境遇了吧？你要认识到，现在你自己还不是一颗珍珠，所以你不能苛求别人立即承认你。如果要别人承认，那你就要想办法使自己变成一颗珍珠才行。”小李低头沉思，半晌无语。

经过老人的劝导后，小李对自己的愚蠢行为感到非常悔恨，从此奋发图强，最后创办了自己的公司。

有的时候，你必须知道自己只是普通的沙粒，而不是珍贵的珍珠。你要出人头地，不仅要有出类拔萃的资本，更要有埋头苦干的精神。

世界上有许多贫穷的孩子，他们虽然出身卑微，却能干出伟大的事业来。富尔顿发明了一个小小的推进机，结果成为美国最著名的工程师；法拉第从药房里的几瓶药品开始，成了英国有名的化学家；贝尔用最简单的器械做出了对人类文明最有价值的贡献之一——电话。

历史上有许多感人肺腑、催人泪下的故事，主人公确定了伟大的人生目标，尽管在前进中遭遇了种种艰难险阻，但他们以坚韧的意志最终克服了一切困难，获得了成功。失败者的借口通常是："我没有机会。"他们将失败的理由归结为没有人垂青他们，好职位总是让他人捷足先登。而那些意志力坚强的人则决不会找这样的借口，他们不等待机会，也不向亲友们哀求，而是靠自己的苦干努力去创造机会。他们深知唯有自己才能拯救自己。

在一次战役胜利后，有人问亚历山大是否等待下一次机会，再去进攻另一座城市，亚历山大听后竟大发雷霆："机会？机会是靠我们自己创造出来的。"不断地创造机会，正是亚历山大成为历史上伟大帝王的原因，也唯有不断创造机会的人，才能建立丰功伟绩。

做任何事情总是等待机会是极其危险的。一切努力和热望都可能因等待机会而付诸东流，而机会最终也不可得。

年轻人如果看了林肯的传记，了解他幼年时代的境遇和后来的成就，会有何感想呢？他住在一所极其简陋的茅舍里，没有窗户，也没有地板，用今天的居住标准看，他简直就是生活在荒郊野外。他的住所距离学校非常远，生活必需品也很缺乏，更谈不上有报纸、书籍可以阅读了。然而就是在这种情况下，他每天坚持不懈地走二三十里路去上学。为了能借几本参考书，他不惜步行一二百里路。到了晚上，他靠着燃烧木柴发出的微弱火光来阅读……林肯成长于艰苦卓绝的环境中，但他竟能努力奋斗，最终成为美国历史上最伟大的总统之一，成了世界历史上最完美的模范人物之一。

天赋和坚忍对你开辟新的道路来说是重要的因素，但勤奋的经营却是你获得成功的基本保证，因为无论你做了多少准备，有一点是不容置疑的：当你进行新的尝试时，你可能犯错误，不管作家、运动员或是企业家，只要不断对自己提出更高的要求，都难免失败。但失败并非罪过，重要的是从中吸取教训。

因此，那些跌倒了爬起来、掸掸身上的尘土再上场一拼的人，才会在人生路上获得成功。美国百货大王梅西就是一个很好的例子。

> 他于1882年生于波士顿，年轻时出过海，之后开了一间小杂货铺，卖些针线。铺子很快就倒闭了。一年后他另开了一家小杂货铺，仍以失败告终。
>
> 在淘金热席卷美国时，梅西在加利福尼亚州开了个小饭馆，本以为供应淘金客膳食是稳赚不赔的买卖，岂料多数淘金者一无所获，什么也买不起，这样一来，小铺又倒闭了。回到马萨诸塞州之后，梅西满怀信心地干

起了布匹服装生意，可是这一回他不只是倒闭，简直是彻底破产，赔了个精光。

不死心的梅西又跑到新英格兰做布匹服装生意。这一回他时来运转了，他买卖做得很灵活，甚至把生意做到了街上商店。头一天开张时账面上才收入11.08美元，而现在位于曼哈顿中心地区的梅西公司已经成为世界上最大的百货商店之一了。

有一句名言是这样讲的："许多人的生命之所以伟大，是因为他们承受了巨大的苦难。"杰出的才干往往是从苦难的烈焰中冶炼出来的，是从苦难的坚石上磨砺出来的。困难总会吓退一大批庸碌的竞争者。只有真正经历过艰苦工作的人才能得到命运的垂青。

"让我们勤奋工作！"

这是古罗马皇帝临终前留下的遗言。当时，士兵们全部聚集在他的周围。勤奋与功绩是古罗马人的伟大箴言，也是他们征服世界的秘诀。那些凯旋的将军都要归乡务农。当时，农业生产是受人尊敬的工作，古罗马人之所以被称为优秀的农业家，其原因也正在于此。正是因为古罗马人推崇勤劳的品质，才使整个国家逐渐变得强大起来。

为此，古罗马人建立了两座圣殿，一座是勤奋的圣殿，一座是荣誉的圣殿。他们在安排座位时有一个顺序，即必须经过前者的座位，才能达到后者——勤奋是通往荣誉圣殿的必经之路。这也是世界上所有成功者的必经之路。

第七章　社交达人的心理学技巧

相悦定律：我喜欢你因为你喜欢我

乔·吉拉德的名字对很多人来说可能有点陌生，但他在销售界可是大名人，被称为世界上最了不起的卖车人。他也算得上是一个很成功的人士，他成功的秘诀就是让顾客喜欢他，为了得到顾客的喜爱，他会去做一些在别人看来是费力不讨好的事。例如，每个月，他的1.3万名顾客都会收到他寄来的问候卡片，乔的卡片上永远都只有这样一句话——“我喜欢你”，除此之外，别无他语，也别无他物。

要知道，这不是一个人两个人，而是在1.3万人的信箱里每月都准时地出现写有“我喜欢你”的贺卡。就是这样一种不可思议的方法帮助乔平均每天卖出5辆车，年收入超过20万美元，创造出连续12年销售第一的奇迹，被吉尼斯世界纪录称为“世界上最了不起的卖车人”。

也许看起来，“我喜欢你”只是一句普通不过的话，一句让人听起来明知是推销手段、缺乏个性的话，却令人难以置信地取得了如此卓越的成绩。事实证明，这是相悦定律在起作用——喜欢引起喜欢。

人际关系中所体现的互相吸引的相悦定律，就是指人与人在感情上的融洽和相互喜欢，可以强化人际间的相互吸引。更简单地说，就是喜欢对方就会引起对方喜欢，也就是情感上的相悦性。决定一个人是否喜欢另一个人的一个强有力的因素是，对方是否喜欢他。

相悦定律是一个非常重要的定律，在人与人的交往中发挥着很大的作用。在我们的生活中，人们都很喜欢那些能够给自己带来愉快的人，假如说，对方可以给自己带来某些方面的愉悦感，就会有一种力量促使自己去接近对方。

在“我喜欢你”这简单的四个字中，我们可以看到，正是因为乔·吉拉德告诉他的客户们“我喜欢你”，才使得他的客户们也会喜欢他，也就更加愿意购买他的产品。我们别小看这么一句简单的话所起的作用，它能让对方知道你的想法，否则就算你是真心喜欢和感谢你的顾客，如果缺少了这么一张卡片，对方也不会知道。

在遥远的春秋时期，管仲——齐桓公最得力的宰相——不幸得了重病。齐桓公前来探视，看见管仲望着自己欲言又止的样子就诚恳地说：“你现在病重了，应该好好休息，不必为国事操劳，如果有不放心的事，你就说出来。”管仲见齐桓公如此一说，便忧心忡忡道：“好吧，既然主公愿听，我就说。”

管仲想了想说：“主公打发了易牙、竖刁、常之巫、公子启方这几个人吧！”“为什么？他们都对我很忠诚啊！易牙愿煮自己的孩子给我吃；竖刁为留在我身边，愿自官当太监；常之巫有测生死祸福的能力；公子启方侍奉我连父亲病故都未曾离去。这些人忠心耿耿，何须提防？”

“主公！请您仔细想想，就自然会明白，一个连自己骨肉都忍心杀的人难道不会杀主公吗？一个愿残损自己身子的人难道不会残害您吗？吉凶祸福，更不需要测，它只与做人的本质联系在一起。只要好好修炼自己的德行，必然会善始善终。所以，请主公三思而后行！”

齐桓公一直都非常信服管仲，等到管仲死后，他就按照管仲的遗言把易牙等人打发出宫。

易牙等人走后，齐桓公整日茶饭不思，寝食难安，熬了三年，还是找回了易牙等人。

到了第二年，齐桓公卧病不起，易牙等人便开始为非作歹，造出“齐桓公不在人世”的谣言，并且封锁了宫廷与外界的联系。齐桓公被软禁了起来，还吃不到东西。最后，齐桓公悲叹：“管仲一言千金也。”

齐桓公的表现从心理学的角度来看，实际就是受人际间的相悦定律的影响。易牙、竖刁、常之巫、公子启方是图谋不轨的小人，可在齐桓公面前他们却都表现得忠心耿耿——这是一种喜欢齐桓公的方式。齐桓公也被这种忠心深深地感动了，内心自然就产生一种强烈的愉悦感，对这几个人也就特别喜欢。

其实在我们的日常生活中，人们的相互喜欢，主要体现在语言和态度上。对于好话我们往往是难以拒绝的，对于逆耳之言则非常抗拒。几乎所有人都喜欢真诚与温和的态度，不喜欢虚情假意和横眉立目，这是人类天性中的一个致命弱点。

科学家们曾做了一个实验，非常清楚地表明了我们在“好话”面前是多么难以自拔。实验内容是：将受试者分为三个小组，让他们听另外一个人对他们的评论，而这些评论内容来自于想要得到他们帮助的人。其中一些人只听到正面评论，另一些人只听到负面的评论，还有一些人好坏的评论都听到了一些。结果，这个实验有三个有趣的发现：首先，那些只提供了正面评论的人最为人们所喜欢；其次，即使人们完全明白这个评论者有求于他们，他们仍然最喜欢那些称赞他们的人；另外，正面的评论不一定都符合被评论者的实际情况，不管一个人的奉承是否合乎事实，那些奉承者往往都同样会赢得被奉承者的好感。

其实从这一点看来，“表达自己的喜爱”“好听的话”都能给他人带来极其愉悦的内心体验，从而引起对方的喜爱。生活中处处都存在着相悦定律，我们也应该更加充分地运用好这个定律。

布朗定律：找到打开心锁的钥匙

有一个对上帝十分虔诚的修女独身一人来到印度，

为了拯救受难的人们。她看到当地的人们因为贫困而衣衫褴褛甚至没有鞋子穿，于是她暗下决心，自己也不穿鞋子，她觉得大家都是一样的人，认为这样做可以更加贴近他们从而更好地帮助他们。在听说了她的事迹之后，来印度拜访她的戴安娜王妃还因为自己穿了一双洁白的高跟鞋而感到无地自容……

后来，混乱的中东再一次发生了战争，这位修女孤身一人来到战场上，当这位修女被发现的时候，作战的双方竟然不约而同地停止了攻击，眼睁睁地等着她把战区里面的妇女和儿童都救了出来……

这位修女最终是在印度去世的，印度举国上下的人民都为此而悲痛，她伟大的灵魂将永远矗立在人类的天空。在她的灵柩经过的地方，没有人会站在楼上，因为没有任何人会想自己站得比她还高。在那高贵的灵魂面前，每一个人都不得不变得卑微，直到她去世的时候，她的双脚依然是裸露的，她在向世人宣告：她是与那些贫苦的人们平起平坐的。这位伟大、高尚的修女就是永远被人所铭记的特蕾莎。

特蕾莎修女的故事不仅让我们知道了她的高尚，让我们知道灵魂的价值，同时也告诉了我们：找到心锁就是沟通的良好开端。知道别人最想要的是什么，别人的意愿就会很轻易地在你的把握之中。这也正是我们下面要说的布朗定律。

布朗定律的具体含义是指一旦找到了打开某人心锁的钥匙，那么就可以通过反复使用这把钥匙去打开他的某些心锁。它是美国职业培训专家史蒂文·布朗第一个提出的，所以也就以他的名字命名。

比如说：现在有一把坚实的大锁挂在大门上，一根铁棒费了九牛二虎之力，就是无法将它打开。钥匙来了，瘦小的身子钻进锁孔只是轻巧地转了一转，大锁就“啪”的一声打开了，铁棒好奇地问：“为什么我费了那么大的力气也打不开，而你却这么轻松地就把它打开了呢？”钥匙说：“因为我最了解它的心。”道理很简单，钥匙懂得打开锁的心思，因此就可以很容易地把锁打开了，而铁棒就算花费再多的工夫也是无济于事的，因为它不了解锁的心思。

其实在很多时候，当我们与某些人沟通时，难免会因为发生了困难而导致失败。即使我们很乐意沟通，可对方好像处于某种桎梏里，这样就会表现得跟任何人都格格不入，不仅他的情绪不好，思想孤僻，拒绝与外界交流，处于“绝缘”状态，任何信息的输入都受到了阻挠，而且他还视而不见、充耳不闻、呆若木鸡，任何人都无法访问他的心灵世界，不知他的真实想法是什么。

实际上，类似这种沟通上的障碍现象并不算是少见，当一个人遇到重大的不快事件或者受到强大的外界不良刺激时，如遭遇亲情、爱情、友情等情感上的失落，又比如在工作、事业上碰到各种各样的挫折等，此时你就会觉得他和从前相比简直就是两个人，不仅表现反常，甚至有点奇怪。就算是这个人与你属于同一个类型、同一个层次的，曾经给过你不少好印象，而且与你沟通得非常融洽，可是现在仿佛一切都变得不一样了，他变得难说话、难沟通，让人难以理解了，那我们应该怎么办呢？

其实，对于这种看似困难的沟通，我们恰恰是不应轻言放弃、草率了事的。你与他之间的许多共同点就是你们沟通的前提和条件。这种沟通的暂时性障碍也是并不少见的，只要你坚持和努力，并且把握一定的技巧，慢慢地接近，走进他的心灵，找到开启他心锁的那把钥匙，很多问题都会迎刃而解。找到钥匙就能非常容易地打开一个人的心扉，但是，如果你找不到这把钥匙，沟通就会成为一个很严重的问题。在我们的生活中，是否能够找到打开别人心中的那把钥匙真的非常重要。

有这么一对夫妇，他们的10周年结婚纪念日很快就要到了。这时候，妻子有点怀疑自己的丈夫到底还记不记得这个特别的日子，因为在过去的那些年里，不管做妻子的怎么进行暗示，这个重要的日子还是会被她的丈夫忽略。等到他们的10周年结婚纪念日到来的这天，妻子完全没有做任何暗示，他却突然记起来了，并且直奔贺卡店，他目不暇接地看着那些摆放在货架上的昂贵的花式贺卡。最终，一张色彩鲜艳的卡片深深地吸引住了他，他拿起来，看了看卡片上的几行字，说："太好了！我的她一定会非常喜欢的。"于是，他迅速从卡片架上拿起卡片，付了钱之后就满心欢喜地赶回了家，在回家的路上心里还在想：是啊，我终于记得我们的结婚纪念日了，这个结婚纪念日一定会是一个最特别、最不一样的日子。

回家之后，细心的他并没有直接把卡片给妻子，而是悄悄地溜进另一个房间，在卡片上签上自己的名字，然后在信封上把妻子的名字写好，还亲自贴上了一对小“红心”。因为他想给妻子一个惊喜。

在将这一切做完之后，他才满意地走出房间，递给妻子这份经过他精心准备的礼物——10周年结婚纪念卡。拿到卡片的妻子眉开眼笑，开心而又幸福——丈夫终于记得他们的结婚纪念日了。于是她迫不及待地打开信封，开始阅读卡片里面的文字，看着看着，她的脸色却忽然暗淡下来，整个人都不一样了。

“怎么了?”丈夫问道。

“没什么。”妻子答道。

“到底怎么了？肯定出什么事了。”丈夫追问。

“没事，真的没什么。”妻子无精打采地说。

“什么没事，你逃不过我的眼睛，告诉我到底怎么回事。”丈夫着急了。

“嗯……其实也不算太坏……这是一张生日卡片。”妻子显得有些落寞。

在这个时候，谈话的气氛骤然变得僵硬，就好像从快乐的山顶一下子坠入冰冷的谷底。

“你在开玩笑吧，怎么可能呢?”丈夫一下从妻子手中抢过这张昂贵的卡片说道。

“不，怎么会这样？简直不敢相信!”丈夫甚至都不敢相信自己的眼睛——这正是一张生日卡片。

“不！让人难以置信的是你!”妻子声嘶力竭地咆哮道。

看着情绪异常激动，几乎失控的妻子，丈夫完全不知道该说些什么才好。“哦，亲爱的，我犯了一个善意的错误。请原谅我，你可以让我一个人静静，给我一点儿时间让我想想，可以吗?”他恳求着妻子，语气里带有几分尴尬。

“原谅你? 一个善意的错误哦，你可真会说话，是的，难道这只是一个善意的错误? 你知道吗? 就是这个所谓善意的错误证明了你根本就不在乎我，对你来说我到底是个什么? 你根本不在乎我们这个特别的日子。我还不知道你? 你去修理厂检查你的爱车，哪怕他们在你的爱车最不起眼的地方划了一道不到一英寸的划痕，你都能敏锐地发现。为什么? 不是因为你聪明，你是个大笨蛋，那是因为你在乎你的车，你爱你的车！而你对我们的结婚纪念日呢? 你一点儿都不在乎，你根本就不在乎我！你跟你的车结婚去吧！”妻子激动地说道。

“嗨，我只是犯了一个错误而已，再说，我真的不是故意的，你还真不依不饶了。真是无理取闹！”

“什么? 你说什么，在我们10周年结婚纪念日这天你买了一张生日贺卡给我，然后还理所当然地认为我不应该生气? 要是那样的话，我情愿你什么都不要买！”

“你说什么? 从你说话的语气看，好像是说我很乐意看到你在结婚纪念日这天拿到的是生日贺卡，你还说我是笨蛋，是吗?”丈夫说完，火冒三丈，砰的一声关上门，气冲冲地出了房间。本来是好好的事情，却以悲剧收场，不得不说，这是我们日常生活中屡见不鲜的事情。

人们简直都快习惯这种事了。

那么，怎样避免上述的不快，与人进行一次愉快的沟通，找到打开对方心门的钥匙，有哪些方面需要注意呢？

首先，能够做到求同存异，真诚宽容。其次，以尊重为本。尊重，应该是礼仪之本，也是待人接物之道的根基所在。要想让人尊重你，得先尊重别人，即使对方看上去是在对你发脾气，也不要对他进行还击。退一步海阔天空。

最后，要做一个善于表达的人，也就是说你要把你对对方的尊重恰到好处地表现出来。你不表现出来，对方怎么会知道你尊重他呢？当然，只有你说出来别人才知道，没有人那么喜欢猜测你的心思。

倾听定律：沟通一定是双向的

林克莱特是美国的一位知名主持人，在美国可谓是家喻户晓，有一次，他访问一名小朋友，问他："你长大后想要当什么呀？"

"我要当飞机驾驶员！"小朋友十分天真而又可爱地回答道。林克莱特于是又问他："那么假如有一天，你的飞机飞到太平洋上空，但是在这个时候，所有的引擎都熄火了，你应该怎么办呢？"小朋友愣了一下，仔细想了想说："首先，我会告诉坐在飞机上的所有人绑好安全带，不要动，然后，然后我就挂上我的降落伞先跳出去！”

听到这个小朋友充满童真的回答后，现场的观众实在忍不住，笑得东倒西歪，而林克莱特却继续注视着这个孩子，想看看他到底是不是自作聪明的家伙。但是出乎大家意料的是，那个孩子的两行热泪夺眶而出，林克莱特这时候才发觉这孩子的悲悯之情根本无法形容。于是，敏锐的林克莱特就接着问他：“为什么要这么做？”

“我要去拿燃料，我还要回来！我还要回来！”孩子声嘶力竭地回答道，他的回答可以说是把一个孩子真挚的想法真正地体现了出来。

倾听定律在人际关系中是至关重要的，具体是指在与人交往时，用心地听别人讲话会获得别人的好感，会换来对方的理解、信任和快乐，让倾诉者充分感觉到自身存在的价值，满足了对方渴望被重视的自尊心理，从而达到双方都很愉快的目的。

通过上面这个简单但是感人的故事，回想一下，你是不是常常中途打断对方的演讲？ 你认为自己真的明白了倾听的艺术吗？ 是不是又自以为是地进行反驳呢？ 我们不免要陷入再三的思考当中。

所谓沟通，那肯定是双向的。 我们在人际交往中，当然没法一味地向别人灌输自己的思想，我们还应该学会倾听，别人也需要你做他们的听众。 倾听是一种艺术，更是一种技巧，是可以通过训练获得的。 倾听需要专心，每个人都可以通过耐心和练习来发展这项非常重要的能力。倾听是了解别人的最重要的途径之一，为了建立良好的沟通渠道，我们必须懂得倾听的道理。一个善于倾听的人才更容易在人际交往中得到别人的认可和欣赏。倾听是一种回报率最大的尊重。

威廉·迪格勒的身份是美国的口香糖大王，在美国可谓是家喻户晓，他年轻时是一名推销员。有一次，迪格勒到一家超市推销肥皂，在他讲了一大堆广告词以后，他只知道超市老板不仅对他的产品感到十分厌恶，而且对他所属的公司也产生了反感。他明白这笔生意可能要泡汤了。

这位超市老板性格暴躁，不禁对他破口大骂："你和你的公司全给我滚蛋吧!"这时迪格勒一面埋头收拾自己的东西，一面心平气和地对这位老板说："我现在已经明白了，我要把这些产品推销给你是不可能的了。我是一个新手，既然您觉得我把我的产品卖得这么糟糕，那么就请您给我一些意见吧。您看，您是一位老板，肯定是成功人士，有很多成功的经验，如果能得到您的意见，我觉得我肯定会有很大的收获，我该怎么做才合适，才会把这些产品销售出去?"

超市老板看到他诚恳的态度，也觉得这孩子不容易，就开始滔滔不绝地对他说："你应该说……而不是……"老板自己用自己的话把这堆肥皂的优点说了一大串，然后推销员一句话没说，这位老板便自己说服了自己，最终他接受了迪格勒的肥皂。

如果迪格勒先生在超市推销肥皂时仍然不依不饶地用原来的方式纠缠这位老板，也许老板会派人把这个死心眼儿的笨蛋扔到大街上，或者直接报警。但是聪明的迪格勒请求老板说出了他的想法，即使这些想法是批评自己的。

倾听，可以给人一个非常好的印象，让人觉得这是一个谦虚好学的人，是专心稳重、诚实可靠的人。认真听，能减少不成熟的评论，这样可以避免很多不必要的误解。在我们的日常生活中，我们更要学会做一个善于倾听的人。

在事业上取得成功的杰出人士都有一个共同的特点，那就是他们无一例外地非常善于倾听他人的意见，这是为什么呢？原因也很简单，因为他们懂得倾听的重要意义和作用。一方面，别人的意见非常重要；另一方面，即使不重要，那么善于倾听也会给对方留下一个好印象。

在著名的纽约电话公司里，曾经发生过一件相当棘手的事情：有一名顾客不但痛骂公司的接线生，野蛮地拒绝缴纳电话基本费，甚至还列举出多项罪名，公开指控纽约电话公司。

后来，重视声誉的公司派出一位说客专程登门拜访这位脾气暴躁的客户。问题终于得到了顺利解决。这位说客取得成功的原因很简单，就是在拜访这位先生的时候，专注地听对方将满腹牢骚倾诉出来，并一再地点头称是。客户得到了理解和宣泄，那么一切就都很容易解决了。

其实，在当今社会频繁的商务活动当中，如果你能耐心地倾听对方的叙说，就等于你间接地告诉对方“你讲的事情很有价值”“你是我值得结交的朋友”“我们有很多共同点”

沟通是双向的

……我们公司出产的巧克力有以上这些优点。请问您的超市有意向引进我们的产品吗？

我们不需要，你把产品介绍得一点儿都不吸引人。

真的不好意思，耽误您的宝贵时间了。您是经验丰富的产品经理，方便向您请教下我到下个地方该怎么说才合适吗？

你可以说我们的巧克力不但美味，而且热量低……

您的一席话真是让我受教了。

我好像把自己说服了，听起来你们的产品真的优点多多。咱们来谈谈合作细节吧。

“和你在一起真快乐”“我们是可以一起干点事的”“我很乐意听你讲的话”等善意的信息。这样做可以使对方的自尊心获得极大的满足，这样下去，逐渐地两个人的心灵也会更加靠拢，这也就为友情的建立和发展打下了坚实的基础。有了友情，那么做什么就都方便了。我们总是认为能说会道的人善于交际，其实善于倾听的人才是真正会交际的人，才是人际交往中的高手。在生活中，你不妨做一个善于倾听的人，这样一来，不仅能够达到你的目的，同时又给人们留下了较好的印象。

一家中外合资企业的经理到一所大学去招聘职员，整个学校几乎都轰动了，但是他却非常冷静，对 20 多名大学生进行了反复核查，再从这些人中挑选出 3 名大学生进行最后面试。其中有两名大学生在经理面前夸夸其谈，炫耀自己的能力如何高、如何强，而且还提出了一大堆建议和设想。但是另外一名大学生则与他们相反，在面试时，一直耐心倾听经理的见解和要求，很少插嘴，温文尔雅，只有当经理询问他时，他才回答，而且很简练，在面试结束时，他才委婉地说道：“我很重视您的要求，也很赞同您的见解。如果我能被录用的话，还望您今后多多指导。”三天后，这位善于倾听的大学生理所当然地接到了录用通知，而那两位夸夸其谈者则被淘汰了。很显然，有的时候，适当地做个倾听者也不是件坏事情。

其实，“说”属于知识能力范畴，说明你的个人语言能力的高低，而“听”才是聪明智者所特有的能力。倾听是信任的润滑剂。始终挑剔的人，甚至最激烈的批评者，也都经常会在一个有耐心和同情心的倾听者面前软化投降，这也正是所谓的“以柔克刚”。所以，如果你希望成为一个善于谈话的人，那就先做一个懂得倾听的人吧。

“会说的不如会听的。”这是一句很有道理的俗语。一次，著名的推销专家科库琳给某公司100多位业务员作辅导报告。结束后，她诚恳地对公司的董事长说：“我能够从这些员工中把你公司的精英人士指出来，你相信吗？”随后，科库琳请出了两位先生和一位小姐。这简直就像是魔术。

的确，他们三人是公司里业绩最出色的高级骨干。对此，董事长感到非常不可思议。对于不知内情的人，也确实很神奇，科库琳解释说：“道理很简单，所有客户的反应和我是一样的，只要你在认真仔细地聆听，你就赢得了我个人这方面的好感，于是也就会为销售业务的成功打下了坚实的基础。”可见，听是交流的另一半。注意倾听和善于倾听的人，永远都是深得人心的人。

第八章　你的自律，给你自由

糖果效应：人生就是与诱惑作战的过程

一个愚蠢的猎人捕捉到了一只鸟，这只鸟会说70种语言。

鸟说：“你要是把我放了，我就免费赠给你三条人生忠告。”

猎人说：“你先把忠告告诉我，我就向天发誓放了你。”

鸟说：“那好，你不要食言。第一条忠告是，当你把一件事情做完后，那就不要后悔当初的决定；第二条是，要是有人告诉你一件事，当你本人认为那是根本不可能的时候就不要相信，自己的直觉最重要；第三条就是当你想往上爬的时候，别太费力气。”猎人听完之后就把鸟放了。

你猜下面的故事怎么了？

那只鸟被放后，飞到一棵大树上，大声对猎人说：“你也不动脑子想想，竟然放了我，我的嘴里还有一颗价值不菲的珍珠呢！”

猎人听了十分恼怒，很想再次把鸟捉回来，就开始向树上爬，由于树支撑不住他，没爬多高，他便摔了下来，腿也摔断了。

这时候，那只鸟对他说：“我给你说的那三句话，难道你全部忘记了吗？我可告诉过你啊，做了事千万不要后悔，但你后悔放了我；我告诉过你如果有人告诉你的事情，你要是认为不可能就不要相信，那你为什么还相信我有珍珠呢？那是不可能的。我告诉过你，你要是往上爬的时候感觉爬不上去就不要再爬了，结果呢，你摔断了双腿。”说完，鸟就展翅飞走了。

猎人经不住诱惑，使自己受到一连串的伤害。在我们的生活中，这种现象很常见，在诱惑华丽的外表下，那些所谓的美好只是假象，要想得到真正美好的人生，还得脚踏实地，而不能总想着不劳而获或者想在人生的道路上偷懒。能不能抵制住诱惑往往就在于人的一念之间，而这一念的差别需要极大的勇气和极坚定的意志，如果能在关键时刻做出正确的选择，就意味着你已经拥有了一个充实的人生。

著名教育家陶行知在当校长的时候，有一天，他看到一个男孩儿用一块石头砸同学，便立刻上前制止，并要这个男孩儿过一会儿去他的办公室。当这位校长回到办公室时，那个男孩儿已经在那里等候了。

校长掏出一块糖果给男孩儿，说：“这块糖是奖给你的，因为你比我按时到了。”还没等男孩儿从惊异中反应过来，校长又掏出一块糖说，“这块也是奖给你的，我不让你打同学，你立即住了手，说明你很尊重老师。”男孩儿正想开口，校长再次掏出一块糖说，“据我了解，你打同学是因为他欺负其他同学，你打抱不平，说明你很有正义感，所以这一块也给你。”男生感动得流下了悔过的泪，说：“校长，我错了，同学再不对，我也不该这样去制止他。”校长面带微笑，拿出了第四块糖果，说：“应该再奖你一块糖，因为你认识到了自己的错误。”

在我们日常与诱惑作战的过程中，都会出现糖果效应的身影，例如：你可以利用糖果效应让自己放弃眼前的小利益，通过自己的努力和坚持取得更大的成功；在教育自己的孩子时，要让孩子学会抵制诱惑；在孩子有一点儿进步时，要及时给予他奖励，让他及时体会到成功的喜悦，从而取得更大的进步。

成功就在你即将放弃的那一刻。现代社会存在太多的诱惑，它们总是展示迷人的一面，引诱我们渐渐远离自己的理想与目标。每个人都会面对种种诱惑，学生做作业时，会受到游戏的诱惑；小孩子即使生了蛀牙，也经不住糖果的诱惑；减肥者会受到食物的诱惑。

我们在生活中要善于抵制诱惑，不被眼前的小利益迷惑，不做诱惑的俘虏，争取获得更大的成功。

再美的诱惑，都只是片刻的欢娱，如若陶醉必将跌入无底的深渊。人生路上，罂粟花不时盛开，只有抵制诱惑，挥剑斩浮云，踏步向前，才能使生命之花绽放得愈加美丽。

抵制诱惑，踏步向前，需要一种自信、一种勇气。在那个人人都高喊着“希特勒万岁”的时代，一个女子背着包，手

鼓励胜于一味批评

小美，我刚才看到你在课上看漫画了，中午来我办公室一趟。
这块糖是奖励你的，你按时到了，很有时间观念。

这第二块也是奖励你的，我说了你之后你就马上停止看漫画了，说明你尊重老师。
老师我错了，以后不会再犯了。
这最后一块是奖励你知错能改，勇于认错的品质最可贵。

放在身后，目不斜视。后来她独自一人漂洋过海，来到美国这个崇尚名流的国家。制片商折服于她的美貌和气质，要求她改名为“林特堡”，与美国一名飞行家同名，并笃信若她改名一定会大红大紫，然而她拒绝了，锐利而自信的目光令罂粟花都不敢绽放，她说：“不用改名，我照样可以出名。”她便是后来红遍全美、三次获得“奥斯卡金像奖”的“电影皇后”英格利·褒曼。如若不是内心的自信与勇气，如何能在触手可及的成功诱惑之前，保持内心的坚定呢？因为如此，她那自信而坚定的目光在那一瞬定格成永恒。

抵制诱惑，踏步向前，以吾之心缩放生命之花。

幸福递减律：知足方可常乐

人们一直以来都认为发展经济是为了给人类创造更多的幸福。无奈事实却出现了与人们的愿望完全相反的情况：无论是在国内还是国外，都有生活越富裕却越不幸福的现象。这就是随着经济的发展而出现的幸福递减律，也就是西方经济学中所称之为的边际效益递减规律。即：人从获得一单位物品中所得的追加的满足，会随着所获得的物品增多而减少。

通俗点说，幸福递减律就是指人们对同一事物幸福的感觉，会随着物质条件的改善而降低。譬如：你在沙漠行走，口渴难耐，有一杯水你会激动万分；而当你步入绿洲，对一杯水的幸福感觉就会几近于零。朱元璋当放牛娃时，饿得昏迷不醒，一碗白菜豆腐汤令他如临仙境；当皇帝后，他遍尝天下厨师做的当年的“珍珠翡翠白玉汤”，却总觉得了无滋味。

如何避免这种幸福递减的感觉呢？关键就在于要懂得知足。

俗话说：“事能知足心常乐，人到无求品自高。”知足者身贫而心富，知足的人才是世界上最富有的人、最快乐的人。

人生不如意事常八九，而欲望则无限。世人总会有欲望无法满足，总有烦恼羁绊左右。人生是一条遍布荆棘的路，有无尽的坎坷与挫折，试问谁能不苦呢？

那么人为什么会痛苦？是因为人有“求”，就是有欲望、有需要，推而广之，褒义一点儿的，就是说人有理想，有着他迫切想实现的梦……而“无求”是一种豁达、释怀、坦然面对得失的人生境界，以无求而求，求而无求。然而，人毕竟是人，即使是圣贤，又有谁能真正达到超然脱俗的境界？无求是一种心态，是有所求、有所不求；努力而求，又绝不强求。最重要的是无论求的结果如何，必须拥有一颗释然之心，做到得失皆乐。

世间的人，为了求名、利、财、色等种种的娱乐享受，往往会因为得到满足而欣喜若狂、无法如意而垂头丧气，有时甚至为了芝麻小事，争得面红耳赤。更有甚者，导致身败名裂，失去江山，种种的烦恼、祸患随之而来。因此古人说：罪莫大于多欲，祸莫大于不知足。知足的人即使贫贱也很快乐，不知足的人就是富贵也很忧愁。古贤曾教导我们要以“少欲知足为乐，以不贪求为德”，安贫乐道，无所希求，要乐于淡泊劳苦，就能远离贪欲奢侈。

“事能知足心常惬”，就是说人不要有太大的野心，不要让自己背负太重的心理负担，不要让自己活得太累。还有就是不要老是和比自己优越的人比，不要自卑，要乐观开朗。现今一些人对待名利，就像猛兽看到了快到嘴边的乳猪，害怕咬晚了被他人叼走，拼死奋力地抢夺。有的沽名钓誉，弄虚作假；有的跑官、买官，不择手段；有的见钱眼开，唯利是图；有的追求享乐，腐化堕落。这其实都是在折磨自己，让自己离快乐越来越远。

在自己的梦里，对幸福的执迷是每个凡夫俗子难以逃离的魔障，都无法幸免。跳得越高，自然摔得越重，咀嚼回忆时，你就会意识到这一点。错过了太阳，还有群星，至少你还能够独享那回忆中寂寞的香气。

我们越来越爱回忆了，是不是因为不敢期待未来呢？但要记住：来时来，去时去，终须有，莫强求。

很多的烦恼都源于自己舍不得放下，很多的痛楚都源于自己不懂得舍弃。知足则幸福长存。人生最重要的一个字——释，释而博，博乃容，容苦，亦容乐。敞开胸怀，放开一切，也就容纳了一切。

一个人有名誉感就有了进取的动力；有名誉感的人同时也有羞耻感，不想玷污自己的名声。但是，什么事都应有度，不能过于追求。如果过分追求，一时又不能获取，求名心太切，有时就容易产生邪念，走歪道。结果名誉没求来，反倒臭名远扬，遗臭万年。君子求善名，走善道，行善事；小人求虚名，弃君子之道，做小人勾当。

有这么一则故事：

刘希夷是唐朝诗人宋之问的外甥，很有才华，是一位年轻有为的诗人。一日，刘希夷写了一首诗《代悲白头翁》，到宋之问家中请舅舅指点。当刘希夷诵到“古人无复洛城东，今人还对落花风。年年岁岁花相似，岁岁年年人不同”时，宋之问情不自禁连连称好，大赞其才华的同时忙问此诗可曾给他人看过，刘希夷告诉他刚刚写完，还不曾与人看。宋之问遂道：“你这诗中‘年年岁岁花相似，岁岁年年人不同’二句，着实令人喜爱，若他人不曾看过，让与我吧。”刘希夷言道：“此二句乃我诗中之眼，若去之，全诗无味，万万不可。”晚上，宋之问睡不着觉，翻来覆去只是念这两句诗。心想，此诗一面世，便是千古绝唱，名扬天下，一定要想法据为已有。于是全然不顾亲情起了歹意，命手下人将刘希夷活活害死。后来，宋之问获罪，先被流放到钦州，又被皇上勒令自杀。天下文人闻之无不称快！刘禹锡说：“宋之问该死，这是天之报应。”

谁也不想默默无闻地活一辈子，所谓人各有志，就是这个意思。自古以来，胸怀大志者多把求名、求官、求利当作终生奋斗的三大目标。三者能得其一，对一般人来说已经终生无憾；若能尽遂人愿，更是幸运之至。然而，从辩证法角度看，有取必有舍，有进必有退，就是说有一得必有一失，任何获取都需要付出代价。问题在于，付出得值不值得。为了公众事业、民族和国家的利益，为了家庭的和睦，为了自我人格的完善，付出多少都值得，否则，付出越多越可悲。我们所说的忍名让利，正是从这个意义上提出的人生命题。在求取功名利禄的过程中，我们要少一点贪欲、多一点忍劲，莫为名利遮望眼。

古今中外，为求虚名不择手段，最终身败名裂的例子很多，确实发人深思。有的人已小有名气，还想声名大振，于是邪念膨胀，连原有的名气也遭人怀疑，更是可悲。

> 在中世纪的意大利，有一个叫塔尔达利亚的数学家，在国内的数学擂台赛上享有“不可战胜者”的盛誉，他经过自己的苦心钻研，找到了三次方程式的新解法。这时，有个叫卡尔丹诺的找到了他，声称自己有千万项发明，只有三次方程式对他是不解之谜，并为此而痛苦不堪。善良的塔尔达利亚被哄骗了，把自己的新发现毫无保留地告诉了他。谁知，几天后，卡尔丹诺以自己的名义发表了一篇论文，阐述了三次方程式的新解法，将成果据为己有。他的做法在相当长一个时期里欺瞒了人们，但真相终究还是大白于天下了。现在，卡尔丹诺的名字在数学史上已经成了科学骗子的代名词。

宋之问、卡尔丹诺等也并非无能之辈，在他们各自的领域里也已经是很有建树的人。就宋之问来说，即使不夺刘希夷之诗，也已然名扬天下。可是，人心不足，欲无止境！俗话说，钱迷心窍，岂不知名也能迷住心窍。一旦被迷，就会使原来还有一些才华的“聪明人”变得糊里糊涂，使原来还很清高的文化人变得既不“清”也不“高”，做起连老百姓都不齿的肮脏事情，以致弄巧成拙，美名变成恶名。

求名固然没有过错，关键是不要死死盯住不放，盯花了眼。那样，必然要走上沽名钓誉、欺世盗名之路。

著名的京剧演员关肃霜就是一个不为名利的人。有一天她在报纸上看到一篇题为《关肃霜等九名演员义务赡养失子老人》的报道，同时收到了报社寄来的李尔重写的《赞关肃霜等九同志义行之歌》的诗稿校样。这使她深感不安。原来，京剧演员于春海去世后，母亲和继父生活无依无靠，剧团的团支部书记何美珍提议大家捐款义务赡养老人，这一举动持续了23年。关肃霜开始并不知晓，是后来知道并参加的。但报道却把她说成了倡导者，这就违背了事实。关肃霜看到报道后，立即委托组织给报社复信，请求公开澄清事实。李尔重也尊重关肃霜的意见，将诗题改成《赞云南省京剧院施沛、何美珍等二十六同志》。

第二次世界大战期间，美军与日军在一个小岛展开了激战，美军最后将日军打败，把胜利的旗帜插在了岛上的主峰。心情激动的陆战队员们在欢呼声中把那面胜利的旗帜撕成碎片分给大家，以做终身纪念。这是一个十分有意义的场面，后赶来的记者打算把它拍下来，就找来六名战士重新演出这一幕。其中有一个战士叫海斯，是一个在战斗中表现极为普通的人，可是由于这张照片的作用，他成了英雄，在国内得到一个又一个的荣誉，他的形象也开始印在邮票、香皂等上面，家乡也为他塑了雕像。这时他的内心是极为矛盾的：一方面陶醉在赞扬中，另一方面又怕真相被揭露；同时，由于自己名不副实，又总是处在一种内疚、自愧之中。在这样的心理状态的困扰下，他每天只好用酒精来麻醉自己。终于，在一天夜里，他穿好军装，悄悄地离开了对他充满赞歌的人世，摆脱了自己的烦恼。

同样得到了飞来之美名，关肃霜和海斯的态度不同，结局也各异。还是东坡先生说得好："苟非吾之所有，虽一毫而莫取。"美名美则美矣！只是对于那些还有一点儿正义感、有一点儿良知的人，面对不该属于他的美名，受之可以，坦然却未必办得到！得到的是美名，可是得到的也是一座沉重的大山，一条捆缚自己的锁链，早晚会被压得喘不上气来。像关肃霜，就活得真实、活得轻松、活得自在、活得安然。

人不要太看重名利，为名为利，只会迷失自己，刻意追求名利而失去很多东西，所以不要太追求名利，别让名利成为人生的负担。

蔡戈尼效应：做事要有始有终的驱动力

20 世纪 20 年代后期，心理学家蔡戈尼做了一个非常有名的实验，这个实验所得到的结果被人们称为“蔡戈尼效应”。

首先，蔡戈尼将测试者分为甲和乙两个小组，然后让两个小组的受试人员同时演算完全一样的数学题。在实验进行过程中，他让甲组的受试人员顺利地演算完毕，而在乙组演算过程中他会突然下令停止，然后宣布结束。

最后，他让甲、乙两个组分别回忆刚才演算的题目，出人意料的是乙组受试者明显优于甲组。这种没有完成的不适感深刻地留存于乙组人员的记忆当中，一时之间很难忘记。而那些已完成题目的甲组人员，他们的“完成欲”得到了充分的满足，所以，他们也就轻松地忘记了刚才所进行的任务。

有一位作曲家非常喜欢睡懒觉，他的妻子为了使他早上能够起床，就想了一个办法，妻子在钢琴上随便地弹出一组乐句的头三个和弦。睡梦中的作曲家听了之后，辗转反侧，等待曲子的继续，但是久久没有动静，最后他实在是忍不住了，不得不爬起来跑到钢琴前弹完最后一个和弦。这就是心理学上的趋合心理。这种心理逼使作曲家无法忍受未完成的乐章，所以他不得不爬起来在钢琴上完成脑中早已完成的乐句，来满足自己的心理。

每个人天生就有一种办事要有始有终的驱动力，人们之所以会忘记已完成的工作，是因为完成欲的动机已经得到满足，自己心里已经完全放下；如果工作尚未完成，那么，这同一动机便使他留下深刻印象，无法遗忘。这就是蔡戈尼效应。

在我们的生活中，在面对问题时，虽然很多人都会全神贯注投入进去，但是，一旦解开了就会有所松懈，继而放松下去，这样自然而然也会很快地忘记。但是，对于解不开或尚未解开的问题，人们大都会要想尽一切办法努力去解开它，所以对于这种情况，人们会比较在意，进而一起记忆在大脑里面。而且这种影像会一直浮现在脑海里，直到自己把它解开的那一刻。

出现这种现象的原因是人们天生都有一种办事要有头有尾的驱动力。比如让我们试画一个圆圈，但是在最后的时候留下一个小缺口，就停笔不动。然后让人们来看它一眼，大多数人的心思都会倾向于想要把这个圆给完成。有时白天工作量大，到晚上了还要加班，但是到晚上深更半夜的时候还没有完成任务怎么办？这个时候你会选择放下工作去睡觉，还是会继续，等到完成再安心睡觉？相信大多数人是会选择继续完成，完成之后再睡觉，这样才会睡得安稳、踏实，否则就算是你睡觉了也不会睡得很沉。当我们正在看一部影片，突然你发现已经是深更半夜了，这时的你会马上关掉电脑睡觉还是继续看完再上床？相信大多数人会继续看完，这样晚上睡觉才踏实，才会睡得更香。

有一个人非常喜欢编织。每天只要一回到家，第一件事情就是先拿起编织针，然后开始煞有介事地编织。虽然翻来覆去只是一个动作，但他却极为认真，每天搞得茶饭不思，假如中途被别的事情打断了，只要一有机会，他就接着编织。

这就是蔡戈尼效应起到的心理作用。一日任务不完成，便一日不解“心头恨”。一般来说，做事情的时候还是需要相应的蔡戈尼效应的，因为，它能够推动我们主动去完成工作任务，并且达到圆满状态。如果生活中没有蔡戈尼效应，那么就不会有办事的效率，只有在蔡戈尼效应的驱使下，才能使自己的工作效率快速得到提升。

但是，如果我们把握不好蔡戈尼效应的话，就比较容易走向极端。一方面是过分的强迫，面对任务时坚决要一气呵成，不完成便死抓着绝不放手，有的时候甚至还会偏执地将其他任何人、事、物全部置身事外；而另一方面就是驱动力过弱，做任何事都拖沓，经常半途而废或是转移目标，永远无法彻底地去完成一件事情。

假如你经常走到蔡戈尼效应过弱的那一端，那你肯定是做事不能坚持到底的那类人。心理医生对此给予了一个简单有效的建议：“如果你精力集中的时间限度是 10 分钟，那么，你的脑筋一开始散漫，你就要停止工作。然后用 3 分钟的时间活动筋骨，转移注意力，例如跳几下，或者去倒一杯水，再或是做些静力锻炼的肌肉运动。等到活动过后，再把另一个 10 分钟花在工作上。”

但如果你经常走到蔡戈尼效应过强的一端，那么很有可能你是一个工作狂。而这样的人，通常性格也比较偏执，做事比较自主，想法坚定难以动摇，可想而知，忙于完成任务的紧张生活一定也是太单调、太狭窄了。如果是这样的话，你得试着缓和一下过强的蔡戈尼效应，比如，周末和朋友约会，出门呼吸新鲜空气，或者下班后看看电视、看看夜景、听听音乐，学习享受人生乐趣。

对于大多数人而言，蔡戈尼效应是推动他们完成工作很重要的驱动力。可是生活中还是有些人会不自觉地走向极端，要么是因为拖拖拉拉，似乎永远都无法完成最后的工作，要么就是非得一口气把事做完，否则绝不罢休。这样两种人都需要调整他们的完成驱动力。

其实一个人做事半途而废，可能只是因为害怕失败而已，他永远不去把一件事情完成，就使自己有空间去逃避，或避免自己受到批评；同样的道理，那些只想永远当学生而不想毕业的人，也许是因为觉得这样就可以不必到社会上工作，可以远离过分竞争有压力的环境；另外也可能是因为在他潜意识中就不相信自己会成功，所以缺乏自信，想要逃避。那些非把事情做完不可的人，为了避免事情半途而废，就很有可能会让自己止步于一份根本就没有前途的工作上。兴趣一旦变成了狂热，就会是一个警告的信号，表示过分强烈的完成驱动力正在一步步主宰你。有的人会强迫自己去看完一部电影，尽管他并不喜欢那部电影，可就是觉得非看它不可。

那么在现实生活中，我们怎样做才能抑制住蔡戈尼效应的不利影响呢?

首先，要在看事物的时候运用自己的价值观标准，比如我们发现一个工作计划不值得我们去做，那么我们就应该选择勇敢地放弃，去完成值得我们去完成的计划。这并不是说每一件事情都要坚持完成，只要是有意义、有价值的事情，我们都应去坚持；如果没有必要坚持，就不去坚持，可以适当地放弃。

其次，我们可以适当制定一个时间表，这样我们可以把必须做的事以及比较重要的事都写下来，做到井井有条，让自己培养出一种比较切合实际的意识，再把期限定在要求办妥的时间以前，做到有条不紊。

最后，我们需要一点一滴地来强化自己本身的意志力，当然，我们可以先从一件小事上来锻炼自己，然后再逐渐放大。 比如，可以强迫自己在洗碗槽里留下几只碟子不去洗，然后去忙其他事情；或者看一本书的时候，试着去停一下，然后再去想想自己是不是在浪费时间和精力，如果是的话，那么就停止动作，转向其他方面。

成功法则

羊皮卷

宋犀堃 编著

四川人民出版社

图书在版编目(CIP)数据

羊皮卷 / 宋犀堃著. —2 版. —成都 : 四川人民出版社, 2022.1
(成功法则)
ISBN 978 -7 -220 -12401 -3

Ⅰ. ①羊… Ⅱ. ①宋… Ⅲ. ①成功心理 - 通俗读物
Ⅳ. ①B848.4 -49

中国版本图书馆 CIP 数据核字(2021)第 163854 号

YANGPI JUAN
羊皮卷
宋犀堃/编著

责任编辑	任学敏
技术设计	松　雪
封面设计	松　雪
责任印制	李　剑
出版发行	四川人民出版社(成都市槐树街 2 号)
网　　址	http://www.scpph.com
E - mail	scrmcbs@sina.com
新浪微博	@四川人民出版社
微信公众号	四川人民出版社
发行部业务电话	(028)86259624 86259454
防盗版举报电话	(028)86259624
印　　刷	三河市众誉天成印务有限公司
成品尺寸	140mm × 203mm
印　　张	4
字　　数	96 千
版　　次	2022 年 1 月第 2 版
印　　次	2022 年 1 月第 1 次印刷
书　　号	ISBN 978 -7 -220 -12401 -3
定　　价	128.00 元(全五册)

前　言

古时候，在纸张发明以前，西方国家的人们习惯把值得珍藏的智慧书写在羊皮卷上，借以显示这些传世经典在人们心目中无上的地位。

1925 年，奥格·曼狄诺出生于美国东部一个平民家庭，完成了正常的教育后，建立了家庭。 28 岁时，他无法再安于长久以来的平淡生活，开始像一匹脱缰的野马一样毫无理性地瞎撞，酗酒、打架斗殴、夜不归宿……无所不至。 最后在一次冲动中犯下了不可饶恕的错误，并因此失去了家庭、工作和房子。

有一次，奥格·曼狄诺到教堂向一位神父忏悔，并表达了自己悔改的决心。 神父深受感动，给了他许多安慰。 临别时，神父递给他一张小纸条，并说道：“孩子，你要寻找的答案都在里面。”

回去后，奥格·曼狄诺打开纸条，只见上面罗列着 15 本书的名字：

《人性的弱点》（美）戴尔·卡耐基；《思考致富》（美）

拿破仑·希尔；《唤起心中的巨人》（美）安东尼·罗宾；《最伟大的力量》（美）马丁·科尔；《思考的人》（英）詹姆斯·艾伦；《钻石宝地》（美）拉塞尔·康维尔；《向你挑战》（美）廉·丹佛；《你是第一位的》（美）罗伯特·林格；《鼓舞人心的剪贴本》（美）阿尔伯特·哈伯德；《不要听别人的话》（日）堀场雅夫；《爱的能力》（美）艾伦·佛罗姆；《人生光明面》（美）诺曼·文森特·皮尔；《最伟大的励志书》（美）奥里森·马登；《自己拯救自己》（英）塞缪尔·斯迈尔斯；《投资自我》（美）奥里森·马登

奥格·曼狄诺跑遍全城的图书馆，借来了这15 本书，夜以继日地反复研读。奥格·曼狄诺依照着15 本书所介绍的原则立身处世，他百折不挠、愈挫愈勇，终于在他44 岁的时候取得了成功。

当别人问他成功的原因时，他向人们展示了当年神父给他的纸条，并表示：这就是指引他成功的“羊皮卷”。

现在，我们从指引奥格·曼狄诺成功的15 本书中选取了《思考致富》《唤起心中的巨人》《最伟大的力量》《最伟大的励志书》《投资自我》，辑成一册，同时为便于国内读者阅读，编者对部分原书重新进行编辑加工，适当增加国内读者喜闻乐见的身边的故事，以拉近本书与国内读者的距离。相信这部浓缩了人类智慧精华的人生锦囊会改变你的命运，助你走向成功。

2021 年 6 月

目　录

CONTENTS

第四篇　最伟大的励志书

（美）奥里森·马登

第五篇　投资自我

第一篇　思考致富

（美）拿破仑·希尔

扫码点目录听本书

靠欲望致富

5 年的时间，埃德温·巴尼斯在苦苦寻觅等待的机会出现后终于脱颖而出。在那些苦苦等待的时间中，没有任何迹象表明他的愿望会实现，除了他本人以外，每个人都认为他只不过是爱迪生企业结构中一个不起眼的角色罢了。但巴尼斯可不这么想，从他开始在此工作的第一天起，他便自认为是爱迪生的事业伙伴。

这个不平凡的例子证明了坚定明确的意愿具有无穷的力量。巴尼斯完成了他的目标，因为他别无所求，一心一意只想成为爱迪生的事业伙伴。他拟订一套完整的计划，并按计划达到目标。同时，他也破釜沉舟，切断一切退路。支撑他的就只是心中的信念，直到这股成功的欲望成为引导他的生命之舵，并且最终成为现实。

当他抵达橘市时，他不是对自己说："我将尽力说服爱迪生随便给我个工作。"而是告诉自己："我要见爱迪生，并让他知道，我是来和他一起经营事业的。"

人要有强烈的致富欲望

我将来一定会赚到大钱的。
30年后
我从小就认为自己长大后一定会发财，所以一直给自己积极的心理暗示，这在我的成功道路上发挥了至关重要的作用。
请问您是如何发家致富的呢？
可是认为自己会成功的人数不胜数，您是如何脱颖而出的呢？
把对财富的愿望转成现实的财富需要踏踏实实地努力，有明确目标并愿意付出比他人更多的努力，随时反思自己离目标还有多远，才能鞭策你切实地获得财富。
原来是这样，受教了。

他没有说："我先试着在那里工作几个月，如果没有进展，我就辞职去别处找工作。"而是说："我可以从任何地方开始。在我成功之前，我可以做爱迪生交给我的任何工作。"

他没有说："我还要留意其他机会，以防我无法在爱迪生机构中得到我想要的。"而是说："我这辈子只有一个心愿，就是成为托马斯·爱迪生的事业伙伴。我愿破釜沉舟，断绝一切退路，用我的未来做赌注，去争取我所要的。"

他不给自己留半点退路。他必须成功，否则就是死路一条。

巴尼斯就是靠这点成功的。

很久以前，由于形势紧迫，项羽必须做出抉择，结果大获全胜，那么他到底是怎么做的呢？当时他率领士兵对抗极强悍的敌人，而且对方人数远超过他们。可是他一点儿也没有畏惧，他命令士兵上船，驶向对岸，到达后卸下士兵和装备，即下令凿沉这些船只。第一场战役前，他对士兵说："你们都看到了，船已沉没，只有获胜，我们才能活着离开。现在，我们别无选择——不是胜利，便是灭亡。"

结果，他们胜了。

任何想成功的人，都必须要有破釜沉舟的决心，斩断后路。唯有如此，才能确保那种渴望胜利的炽烈欲望。而那正是保证成功的根本要素。

1. 财富的驱策力

"芝加哥大火"发生后的第二天上午，一群商人站在斯代特大街上，看到自己的商店变成了残垣废墟。他们开会讨论是重建，还是离开芝加哥到其他更具潜力之处另起炉灶。后来，他们一致决定离开芝加哥，除了一个人。

决定留下重建的商人，指着自己商店的瓦砾碎片说："各位，不论还有多少次像这样悲惨的可能，我都要在这里盖起全世界最大的商店。"

时隔50年，这个人做到了。而且直到今天，那座大楼还在那里，像一座高耸的纪念碑，象征着炽烈欲望的心灵力量。马歇尔·菲尔德当时当然也有其他选择，就像他的商人朋友们所做的一样，当路途崎岖难行，前途渺茫，他们便抽身而退，选择一条看来似乎较好走的路。而当时只有马歇尔·菲尔德，选择了这条崎岖难行的路，但也只有他成功了。

好好记住马歇尔·菲尔德和其他商人之间的差异，因为，正是这种差异造成了埃德温·巴尼斯与其他年轻人的区别，也形成了成功者与失败者的区别。

一旦了解到金钱的作用，谁都会祈愿拥有它，但光"祈祷"是不会带来财富的，关键是要把"渴望"财富的心态，变成"唯一的信念"，然后制订出追求财富的明确方案与计划，并且以绝不认输的毅力来实施那些计划，如此一来，便会带来财富。

2. 欲望变黄金的六个步骤

把对财富的欲望转化为实际的财富，包含六个明确而实际的步骤：

第一，想好自己渴望拥有多少金钱。只说"我想要有足够的钱"是不够的，数目要明确（这种明确性有其心理学的道理，后面的章节里会有所涉及）。

第二，想清楚得到这些金钱必须付出的代价（天下可没有“免费的午餐”）。

第三，设定你决心赚到这笔金钱的明确日期。

第四，拟订达成目标所需的明确计划，并立即付诸行动。

第五，用纸笔记录下以上四点。

第六，每天大声朗读此计划两次，起床后一次，睡前一次。朗读时，试着让自己看到、感觉到，并相信已拥有这笔金钱。

无论如何，你必须切实遵循以上六个步骤，尤其是第六个步骤。你也许会抱怨，因为在你实际得到这笔钱之前，你不可能预见自己成功后会有钱，此时就要有炽烈的欲望来激励你。如果你真的十分强烈地渴望变得有钱，你需要将你的这种欲望演变为坚定不移的意念，你便会毫不怀疑地深信自己会得到它。你的目标是要得到这笔钱，你必须强化自己的决心，这就会使你“相信”自己一定会得到它。

只有那些具有“金钱意识”的人才能积累大量财富。

靠信心致富

自我暗示有助于我们将欲望转化为财富。而这种自我暗示其实就是信心。信心是一种心理状态，它可借不断肯定的潜意识或反复提示而产生，即通过自我暗示而产生或创造自信心。

举例来说，想想你读此书可能的目的。你无非就是想寻找实现梦想的方法。遵循本书指示去做，你便能使自己深信将会获得所求的一切，同样，你的潜意识也会回传给你一股“信心”，帮助你实现愿望。

很难描述该如何培养人的信心，因为这就像给一个从来没看过颜色的盲人描述红色一样，描述时没有参照物。信心是一种心理状态，你熟悉本书所述的原则后，你便可依自己的意志去产生它，因为它就是通过运用这些原则，随意志而产生的一种心理状态。

不断地向潜意识发出肯定的信号，是促使信心自发形成的唯一方式。

下面的叙述或许可以让你更清楚信心的含义。一位著名的犯罪学家曾说：“人们第一次接触罪行时，通常会感到憎恶。但假如他们持续不断地接触一段时日后，他们便会习以为常。再继续接触够久的话，他们最后便会拥抱它，并为罪行所控制。”

这个道理也适用于积极正面之事。如果不断向潜意识传送信号，它们最终都将被接受，并由潜意识做出回应，进而以最实际可行的步骤去实现愿望。

有关这点，请再想想这句话：所有情感化的（被赋予感觉的）意念，如果有信心的支持，将立即转化为与之相等的物质报酬。

意念中的情感或“感觉”的部分，能赋予意念活力和生命，并使我们付诸行为。带有意念冲动的信心、爱，将比任何单一的情绪都更具有行动力。

凡是融合了积极正面的或消极负面的情绪的意念，都会到达并影响我们的潜意识。

1. 没人“注定”一生倒霉

如果消极负面的情绪不断被传送至潜意识，潜意识会让人做出消极的行为。 这点足以解释数百万人经历的所谓“不幸”或“倒霉”的各种情况。

有数百万人相信自己“注定”贫穷失败，而且他们自己无法控制。 其实不幸是他们自己创造的，因为他们具有消极负面的信念，当它传至潜意识后，就会转化为实质的对等物。

因此，我们要再三强调，如果你不断将任何你希望能转化为实物或金钱对等物的欲望传达至潜意识的话，你便终能获益，因为处在那种期望或深信的状态下，你真的会产生变化。 信念或信心使潜意识采取行动。 当你通过自我暗示下达命令时，没有任何东西能妨碍你“说服”自己的潜意识。

要使这种“说服”更真实，在你叩响潜意识之门时，不妨表现得仿佛你已拥有梦寐以求的实质物品一样。

有信心时下达的任何命令，潜意识都会以最直接且切实可行的方式，来执行这项命令，使其转化为实质的对等物。

当然，我已说了许多，为了使你做好心理准备，可以开始通过亲身体验或行动，去获得将信心与传至潜意识的指令相融合的能力。 所谓熟能生巧，你必须在实践中操作，光靠阅读这些指示是见不到效果的。

由积极正面情绪主导的心灵，有利于信心的产生，以此种方式主导的心灵，可随意对潜意识下达命令，潜意识会立即接受并采取行动。

2. 自我暗示引发信心

一直以来，宗教都是教化在苦难中挣扎的人类，要对任何事都“有信心”，还教授他们各种教规、信条，但它却无法告诉人们要如何才能建立信心。它没有指出“信心”其实是一种可以经由自我暗示引发出来的心理状态。

我们将用通俗易懂的文字叙述有关此项原则，希望能帮助缺乏信心者产生信心。

- 相信自己，信任永恒。

- 开始任何事之前，提醒自己一次：信心是一剂“永恒的特效药”，它为意念冲动注入生命、力量和行动力。

以上句子值得你读上两遍、三遍，甚至四遍，并且应该大声朗读！

信心是聚积财富的起点；信心是所有“奇迹”的基础；信心是治疗失败的唯一良药；信心是一种元素，一种“化学成分”，当它与冥想融合时，能使人产生无穷的智慧；信心是一种要素，能将人类有限心灵所创造的平凡意念转化为对等的精神力量；信心也是一种媒介，只有通过它，人们才能掌握并利用智慧的力量。这些并不是空话套话，当你真的这样去有信心地面对一切时，你会发现它们真的很对。

靠知识致富

第一次世界大战期间，一份芝加哥报纸刊登了某些社论，说亨利·福特是“无知的和平主义者”。福特先生知道后，对这种说法感到非常生气，并控告该报纸毁谤他。当在法庭上审判此案时，报社律师为了证明报社的言论，坚持让福特本人走上证人席，目的是想向陪审团证明福特的无知。律师问了福特许多问题，所有问题都旨在由福特自身证实，虽然他可能有相当多关于汽车制造专业方面的知识，但对所有其他方面的知识，他显得很无知。

福特当时被问到的问题如下：

“谁是本尼迪克特·阿诺德”以及“1776 年，英国派遣多少士兵到美洲平息叛乱”。回答第二个问题时，福特先生说：“我不清楚英国派遣的士兵的准确数目，但我听说，去的数目要比回来的数目大多了。”

最后，福特对一连串无聊的问题感到不耐烦了，在回答一个相当具有攻击性的问题时，他身向前倾，手指发问的律师说：“你的这些问题真的愚蠢透了，如果我真想回答，那么我告诉你，我只要按前面的这些电钮，我立刻能招来助理人员协助我，回答你想问的任何愚蠢的问题。现在，你能否回答我，当我周围随时有人能为我提供我所需的任何知识时，我为什么要塞一堆普通知识在脑中呢？”

福特的那个回答的确充满逻辑和智慧。

那个回答也难倒了发问的律师。法庭上的人一致认为，能回答的人绝非无知之人，而且他的见识过人。真正有学问的人知道从哪里获取知识，也知道如何把知识组织成明确的行动计划。通过“智囊团”的帮助，亨利·福特掌控了所有他需要的知识，创造了一番不平凡的事业。因此，他根本没有必要自己去掌握全部知识。

1. 你能得到所需要的任何知识

拥有提供服务、商品或技术等方面的专业知识，是你将自己的能力和欲望转变为金钱对等物的前提，只有这样你才能借以获取财富。或许你所需要的专业知识远超过你的能力或喜好，如果真是这样的话，你可借助于“智囊团”，以弥补自己的不足。

安德鲁·卡耐基也曾坦言，就个人而言，他对钢铁的技术方面的知识知道得并不是很多，同时，他也并不特别想知道这些。因为他认为他所需要的钢铁生产和销售的专业知识都可借“智囊团”获得，所以完全没必要自己去掌握。

积累财富需要有相应的专业知识，但是，真正成功积累财富的人，却不需要完全具备这类知识。

有些人本身并未受过必要的“教育”，没有足够的自身工作所需的专业知识，但他们却充满了发财致富的雄心壮志，对这类人来说，前面的这些文字一定让他们受益匪浅。也许有些人因没受过“教育”而感觉十分自卑，但其实，一个人若懂得组织且领导一个掌握积累财富专业知识的“智囊团”的话，他就能拥有同样的知识。如果你因为所受的学校教育有限，总是感觉自卑，那么记住这点对你非常重要。

托马斯·爱迪生一生也只接受了三个月的学校教育，但他不仅有知识，而且也没有死于贫困。

亨利·福特的受教育程度很低，连六年级都没读到，但他却凭借后来的努力，取得了斐然的成绩。

专业知识是人能获得的最丰富的服务！ 你有时并不需要自己全部掌握它们，因为有很多具备此条件的人能为你服务。

2. 如何获取知识

首先，确定你所需的专业知识以及需要它的目的。 你的人生目的、你努力不懈的方向，都有助于你决定你所需要的知识。然后，你需要了解那些知识来源的途径和方法。 以下是一些重要来源：

①个人获得的经验和教育。

②可通过与他人（智囊团）的合作获取经验。

③就读的学校。

④公共图书馆（书籍和期刊中经别人整理的知识）。

⑤特殊培训课程（尤其是夜校和函授学校）。

获得所需知识后，组织整理你所需要的部分，并且通过实际计划，应用它来达到你的目标。 除非你将知识应用于有价值的目的，否则便徒劳无功。

如果你想进一步接受学校教育，先确定你寻求这些知识的目的，然后经由可靠来源寻找能获得这种特殊知识的方法，以便你在学校能更快掌握它。

成功的各行业人士，他们都永不会停止吸取和其目标、生意或职业有关的专业知识。 不成功的人通常存在一种错误观念，他们认为从学校毕业就代表不需要再学习新的知识了。 事实上，学校教育只是教给你获取知识的方法而已。

在这个经济萧条且变幻莫测的世界，教育也亟须变革。现在这个社会讲求的是“专业化”。在一则新闻报道中，罗伯特·莫尔（哥伦比亚大学就业辅导中心前主任）就特别强调这一点。

靠想象力致富

按功能分类，想象力可分为两种，一种为“综合型想象力”，另一种则为“创造性想象力”。

综合型想象力：将旧的观念构想成计划，重整为新的组合。这项能力没有创造，它只是将所获取的经验、教育和观察作为材料加工整理。它是发明家最常使用的，但其中也有一些例外的“天才”，当综合型想象力无法解决其问题时，他们便会利用创造性想象力。

创造性想象力：通过创造性想象力，人类的有限心灵直接与无穷智慧连线。“预感”和“灵感”便由此而来。所有基本的或新的构想也是凭借这种能力产生的。

创造性想象力只有在意识高速运转的情况下才会发生作用，比如，当有“强烈欲望”时产生的情绪就会刺激意识。

创造能力发展的灵敏程度与利用它的次数正相关。这点意义重大！在进行下面的阅读前请认真想一下。

伟大的商界、工业界和金融界的领导人物，以及艺术家、诗人和作家之所以能取得突出成就，就是因为他们发挥了创造性想象力。

综合型想象力和创造性想象力，二者的灵敏度都会因经常使用而逐渐得到培养，正如人体的肌肉与器官越用越发达一样。

欲望只是一种意念，一种冲动。 它是模糊的，且是短暂的。 在转变为实质对等物以前，它是抽象的、没价值的。 在转化欲望为金钱的过程中，最常使用综合型想象力，但你必须记住一点，有些状况下也可能需要你运用创造性想象力。

1. 训练一下想象力

你的想象力可能会因不常使用而衰退，但也会因经常使用而复苏并变得灵敏起来。

当然，你必须首先训练你的综合型想象力，因为这是你要化欲望为金钱的过程中最常用到的能力。

把无形的冲动和欲望转化为实质、具体的事实、金钱，至少需要一个计划。 这些计划必须依赖想象力才能制订出来，而且主要依靠综合型想象力。

请立刻开始运用想象力，至少制订一个计划，以便化欲望为财富。 接着，你应即刻采取行动去实行最适合你需要的指示，并将计划写成文字。 完成这点时，你模糊的欲望已有具体的形式了。 将上述句子再读一遍，大声而且缓慢地读出来，同时请牢记它们，在你将欲望声明和实行计划写成文字时，你实际已迈出了第一步，这将最终使你能够化意念为实质的对等物。

2. 导向财富的法则

你生活的世界、你本人和其他物质，都是进化的结果。 在进化过程中，细微物质被井然有序地组织和安排。

有人认为，这整个宇宙只由两种元素构成——物质和能量。能量和物质的结合创造了人类可感知的万物，包括星星及人类自己等各类生灵。

你现在所做的工作正是运用自然方法来造就自己。你正在尝试让自己适应自然法则，从而努力将欲望转化为金钱或金钱对等物。你能做到！因为这不是没有先导的！

不变法则可帮助你创造财富。但，首先你必须先熟悉这些法则，并学会使用它们。我希望通过重复，以及由各个想象得到的角度来讲述这些原则，呈现给你获得巨额财富的“秘诀”。这个“秘诀”尽管看起来奇特而且似是而非，但它完全可以被掌握。我们所居住的地球、天上的星座、视野中运转的行星、我们之外及我们周围的所有元素、每一片叶子以及举目所见的各种生命形式等都存在着“秘诀”，而大自然本身就是真理。

如果你无法完全理解上述的内容也不要灰心。除非你有天赋，否则不要期望一开始读就能全部吸收它的内容。但我相信你迟早会有所进展。

接下来的原则将能拓展你对想象力的了解。首次接触该原则时，你只会明白你所了解的部分，然后，当你再次阅读且研究它时，你会发现，你的思路更清晰了，并且能更全面地掌握它。最重要的是，在你阅读这些原则时，不要停顿或迟疑，直到你至少将此部分读过三遍以后，你自然就会停不下来了。

第二篇　唤起心中的巨人

（美）安东尼·罗宾

如何改变你的习惯

狗家族培养了一只胸怀大志的小狗，它向整个家族宣布：它要去横穿大沙漠。所有的狗都跑来向它表示祝贺。这只小狗带足了食物和水之后，在一片欢呼声中，踏上了征程。3 天后，小狗不幸遇难的消息传到了狗家族中。

这只拥有远大志向的小狗为什么会丢失性命呢？检查食物，还有很多。水不足吗？也不是，水壶还有水。后来，在经过调查之后，小狗遇难的原因终于被揭开——小狗是被尿憋死的。

为什么会被尿憋死呢？因为狗有一个习惯——一定要在树干旁或电线杆旁撒尿。由于大沙漠中没有树，也没有电线杆，所以可怜的小狗固守着自己的习惯，为了找到一棵树或电线杆，一直忍了 3 天，终于被憋死了。

狗是如此，那么人会怎样呢？

人与狗同样都是遵循习惯的动物，只不过人是高级动物而已。

一个人的行为方式、生活习惯是在长期的生活工作实践中逐渐养成的。比如，与人交往的形式、与人沟通的方式、与他人共同生活的模式等，都是多年养成的习惯。孔子在《论语》中提到："性相近，习相远也。""少小若无性，习惯成自然"的意思是说，人所具有的原始性情是非常相似的，但由于习惯不同后来便相去甚远。从小培育的品质仿佛是生来就有的，长期养成的习惯就好像完全出于自然。

俗话说得好："不论贫穷还是富有，都是习惯的结果；不管成功还是失败，都是习惯导致的。"假如你勤于思考，可能会对这句俗语颇有感触。

习惯具有无法阻挡的力量。春天接替冬天降临大地，这就是无法阻挡的一股力量；苹果离开树枝必然往下掉，同样是一种势不可当的力量。

我们可以这样定义"习惯"：所谓的"习惯"，就是人和其他动物对于某种刺激的"固定性反应"，也就是在相同场合下反复出现的固定的反应。所以，如果一个人反复练习饭前洗手的话，那么这个行为就会泛化，影响他的其他行为，逐渐他就会养成"爱清洁"的习惯。

习惯是个体对反复出现的刺激做出固定性反应，久而久之形成的类似于条件反射的某种规律性活动。它包括生理和心理两方面，生活习惯是能直接观察及测量的外显活动，心理习惯是间接推知的意识及潜意识历程。而且，心理上的习惯，即思维定式一旦形成，则更具持久性和稳定性，在更广泛的基础上，心理习惯进行延伸，于是就成了性格特征。

1. 习惯决定命运

美国著名的心理学家威廉·詹姆斯说："播下一个行动，你将收获一种习惯；播下一个习惯，你将收获一种性格；播下一种性格，你将收获一种命运。”一种好习惯可以使人成就非凡伟业，一种坏习惯也可以使人一无所成。

试想，一个爱睡懒觉、生活懒散又没有规律的人，他如何能在工作中勤奋自律？一个不爱阅读、不关心身外世界的人，他怎能拥有宽广的胸襟和卓尔不凡的见识？一个自以为是、目中无人的人，他如何去和别人合作、沟通？一个杂乱无章、思维混乱的人，他如何能够高效做事？一个不爱独立思考、人云亦云的人，他怎能拥有不凡的智慧和判断能力？

习惯是人生成败的关键。事实上，成功者与失败者之间最大的差别就是习惯迥异。好习惯实际上是好的思维方式与好的行为方式。培养好习惯，就是在寻找一种成功的方法。而一个人的坏习惯越多，就越不可能成就一番事业。

很多成功人士曾宣称即使现在输得落花流水，也能很快东山再起，也许就有习惯的力量。他们在培养习惯的同时锻造了自己的性格，而性格铸就了他们的成功。

2. 培养受益终身的好习惯

那么，我们该如何养成好的习惯呢？我们需要注意两点：一靠制度约束，二靠自己的努力和决心。

在养成好习惯、去除坏习惯的初期，制度的强制约束作用会发挥最大的功效。

饭前、便后洗手的好习惯并不是天生就有的，这种习惯是经过父母或他人的无数次强制和纠正才得以养成。新加坡素有“花园城市”的美名，而让人惊叹的不仅是它美丽的风景，市民的自律更是让人叹为观止，但你可知道，当时这些习惯的培养甚至动用了警察、监狱等国家机器来强制。所以，“好习惯是强制约束的产物”是个不折不扣的真理。

好习惯的养成，除了靠制度的约束、教育的陶冶外，自己的决心与勇气也是非常重要的因素。这又不得不归结于文化了。在一个积极向上的文化氛围中，你怎能安心地躺在床上呼呼大睡？在一个团结合作的文化氛围中，你一直自高自大、目中无人，凭借什么在团队中生存？在一个开拓创新的文化氛围中，你总趋炎附势、人云亦云，怎么发展？所以，文化具有比制度的强制力、习惯的固着力更为强大的整合力，它强大得无须再强调或者强制，它使每一个人的心灵在不知不觉中受到影响，从而最终成为一种自觉的群体意识。

当然，培养任何一种习惯都必须按照循序渐进、由浅入深、由近及远、由渐变到突变的原则来进行。

3. 改变你的坏习惯

伟大的古希腊哲学家柏拉图曾谆谆教导一个无所事事的青年说：“人是习惯的奴隶，一种习惯养成后，就再也无法改变过来。”那个青年回答：“但游戏人间又有什么不可以的呢？”柏拉图立刻正色说道：“一件事情尝试的次数多了，就会逐渐成为习惯，那就不是小事啦！它会影响你的一生。”这实在是真理。

意大利诗人但丁曾说：“星星之火扩大蔓延，化为熊熊烈焰。”老子在《道德经》中亦云：“九层之台，起于累土；千里之行，始于足下。”

习惯的培养是通过反复的练习，由细线变成粗线，再变成绳索的过程。每一次我们重复相同的行为，就会使该行为得到强化，绳索变成缆绳，再变成了链子，最终，就成了根深蒂固的习惯，把我们的思想行为牢牢地固定并缚住。

我们的全部生活都充满了习惯。一天的生活中几点起床、就寝，是一种习惯；穿衣的品位、颜色的喜好，是一种习惯，甚至我们吃饭的姿态、做事的方式，都是习惯在起主导作用。

被称为桂冠诗人的英国诗人德莱敦在三个世纪前曾说过："首先我们养成了习惯，随后习惯养成了我们。"我们之所以会形成今天的自己，乃是习惯造成的，如果我们要想有跟以前截然不同的人生，那就要有巨大的改变。改变人生的途径之一就是要变换自己的行为模式，即改变你的很多坏习惯。

查尔斯·谢灵顿博士在脑生理学方面具有很深的造诣，他坚持认为"在学习过程中，神经细胞的活动模式与磁带录音相类似"。每当我们记忆起以往的经历时，我们所有的行为就会重新出现。如果你对失败习以为常，你将容易将这种易于接受失败的感情色彩渗入生活工作的各个方面。同样，如果你能建立起一个成功的模式，胜利的感情就会激励你的所作所为。从这个意义上说，改变我们的习惯，人生走向也会随之变化。我们是习惯的动物。心理学家相信，人类95％的行为都是习惯导致的。

坏的习惯，就像一条有太多孔洞的破船，无论你怎样弥补，它都会不可救药地下沉，那么何不趁早弃船逃生，即改掉坏习惯呢？而改掉坏习惯的最有效方法就是：培养良好习惯。

你一定要坚信，不培养良好的习惯，就无法走上成功之路。那么，从现在起我们就要开始下定决心，付诸行动，改掉坏习惯，培养好习惯。

行为主义学派认为偏差行为反复重复形成比较固定的行为模式，就是坏习惯。偏差行为，即坏习惯到底有哪些？这些坏习惯随不同学者的看法不同而有差异。若从行为的性质而言，则表现为不适宜行为，主要包括不合时间地点及身份的行为，损害自己身心健康和发展的行为，或困扰、妨害他人生活，与环境形成冲突的行为。

同时，行为主义者也认为，一个人出现偏差行为，即“坏习惯”，并不是因为被魔鬼附身，只要用一些符咒把附在他身上的恶魔除掉就好了，也不是他感染了什么疾病，吃一贴灵丹仙药就可以解决，更不是因为在童年时候遇到什么不幸的事件，产生了心理阴影。它的产生源于外界对这个行为的反应。甚至，假若偏差行为发生后，未遭到周围人的排斥或指责，甚至得到了周围人的赞许，则行为便会再度得到强化，如此重复多次之后，它就会固定为习惯。反之，假若偏差行为带来对行为发生者不利的结果，则行为便会减弱，如此重复多次之后，它不再出现，从个人行为中消失。这就是反射原理的应用。

就本质而言，个体行为并非一成不变，而是受身心发展及客观情境影响，随时在变化。学习是公认的最重要的一种塑造行为的有效方法。因此我们可以利用强化原理，通过某些方式的“学习”，可以矫正偏差行为，消除坏习惯。而消除坏习惯的有效方法是削弱、隔离、惩罚。附带说明一点，习惯的矫正和培养越是从小做起，就越容易使儿童养成良好的行为习惯，幼儿时期是行为塑造的黄金时期，而这个时候习惯的塑造也因为阻力小而变得较为简单易行。

如何完善你的行为

人的行为不是一成不变的，你可以通过自身的努力而改善自己的行为。如果你正在为自己的某些行为而懊恼，那么现在就行动起来，尝试改变自己的行为。

不要因为烦恼而怨天尤人。实际上，根本不要谈到你的困难，更不要在进入下一个步骤之前提到它们。任何寻求怜悯，试图使自己感觉良好的措施，实际上都会使你变得不堪一击，这样一来你会受害无穷。

不要将你的选择归罪于他人。要有自己的主见。你建议上某家餐馆，不要说是别人极力推荐的，要对自己的思想负责任。引据别人的意见通常不会造成损害，但如果你自我意识薄弱，那么就会使情况恶化。你不妨试试连续几周之内都不要引用别人的观点，再看看这种扩大效果的方法是否奏效。

一旦做了就不要逃避责任，即使采纳的是别人的意见，也要敢于承担后果。

避免使用“我们”。你拒绝了一项邀请，就说你很累，不要考虑你的同伴是否也有同感，尽量使用第一人称单数的说法。

不要说诸如“我相信你不会喜欢的”“我知道 ×× 使你不悦，所以我不邀请他”之类的话语。别人的想法和你一样经常会改变。你可以询问他自己的想法。经常企图预测别人想听的话，正是“好好先生”典型的表现，其结果只能使你更加觉得自己平凡，使朋友对你更加厌烦。

不要让他人左右你的思想。永远不要仅仅为了维持和平而向他人道歉。

你向朋友或陌生人谈论自己时，不要只叙述事实。在这几周内，你尽量不要只是把事实平铺直叙地说出来，而是多谈谈自己的主张；不要提到有关身份地位的象征，以免使陌生人只关注你的身份；同时避免机械式的对白，否则会使人感觉你在列举你一天的所作所为。

如果你要讲述一个故事，就不要只是把它复述出来。背诵式的说明将会使你在出差错的时候感到恐惧。

按照以下意见去做，你一定会发现，改变行为原来并不是非常困难的事。

1. 坚持自己的主见

不但要改善你的行为，还要坚持自己的主见。

投资家华伦·巴菲特从来不完全相信理财顾问的话。他说：“假设你拥有100万美元，但是对内线消息深信不疑，那么一年之内你就会破产。”

父子抬驴回家的故事大家不妨一看。开始父亲让小儿子骑在驴背上，自己走着。不久，一个老人轻蔑地说：“年轻人真是不孝顺，没大没小，竟然让老子给儿子牵驴。”农夫一想，便让儿子从驴背上跳了下来。父子俩牵着驴继续赶路。没走多远，迎面又来了一个年轻人，他看见这一老一小有驴不骑，便不解地说：“这两个家伙真怪，有驴不骑偏要费劲地走路。”农夫听了，觉得也有道理。于是他让小儿子牵驴，自己跨到了驴背上。可是没走多远，一个妇人从对面走了过来，咕哝着：“那么大的人，自己骑在驴上优哉游哉，让这么小的孩子来牵，真是一个狠心的父亲！”这次，老农只好把儿子也拽到了驴背上。不久，又来了一个人，那人说：“真不像话，毛驴每天为你辛苦劳累，你竟然还要骑着它，而且还两个人都骑在驴上。”农夫一拍脑袋说：“是啊，我真是太残忍了。”他们再次跳下驴背。但是不知道如何是好，骑也不对，不骑也不对，儿子骑不对，老子骑还是不对，到底该怎么办呢？还是抬回家去，总算不亏待那头为他们累死累活的驴了。

一个缺乏独立思考能力的人，很容易在别人一开口时就变得惊慌失措，没有了主见。所以，培养独立思考问题、解决问题的能力是保持个性的一个重要途径，也是一个人立足于世的必要条件。

哲学家说，世界上找不到两片完全一样的叶子，人生也是如此。没有哪两个人的态度、信念、价值观和潜能完全一致，所以发生在不同人身上的事情，会产生不同的结果。听取和尊重别人的意见固然重要，但无论何时千万不要人云亦云，不知所措，做了别人意见的傀儡。否则，你不但会在左右摇摆中身心疲惫，失去许多成功的机会，有时甚至会迷失自我。

2. 让自己变得积极起来

要不断完善自己的行为，让自己变得积极向上。给人以“积极”的印象非常重要。怎样才能让自己在工作和生活中变得积极起来，引人注目呢？

让自己变积极的方法

▲ 给自己加油打气

▲ 提早进入工作状态

▲ 腰杆挺直，坐姿端正

▲ 与他人握手时要有力

①站起来发言。无论在大会上讲话，还是在办公室发言，最好的讲话姿势是站立。即使准备好椅子，也不要坐着讲，因为站起来发言，除了给人以更强烈的感染力，还可以居高临下，把握会场的气氛。

②抢接电话。如果动作迟缓，只会给人留下做事消极、不主动的印象。因此，在办公室里，只要电话铃一响，就应当立刻抓起话筒接听电话。

③提早上班。提早上班，会使别人认为你是一个积极工作的人。当别的同事睡眼惺忪地赶到办公室，开始做准备工作时，你已经进入工作状态了，上司自然会对你另眼相看。

④腰杆挺直快步走。这样做会让别人认为你是一个朝气蓬勃、充满活力的人，这是自我表现中不可忽视的内容。如果弯腰驼背、慢慢腾腾、无精打采，别人会如何评价你呢？答案是不言自明的。

⑤握手有力。握手是交际的礼仪，也是表现自己的武器。握手这一小小的动作，表面上看起来不过是手与手的接触，实际上却是心与心的交流。用力握手能将你的热情与坚强传递给对方，能够给人留下深刻的印象。

⑥坐姿正确。和同事交谈时，坐在椅子或沙发上的姿势一定要正确。全身放松地懒散地坐在沙发或椅子里会给人一种不认真的感觉。相反，坐姿端正，上半身自然前倾，则会让人觉得你聚精会神，从而让人感到你是一个认真积极的人。

⑦做好笔记。别人讲话时，不但要注意倾听别人讲话，还要记录别人讲话的内容。做笔记一方面可以记录下对自己有用的内容，另一方面则表示认同对方讲话的内容，是尊敬对方的一种

表现。

⑧名字要写大一点儿。姓名是每个人的代号，签名时应尽量把字写得大一些，这样会表现出你怀有较强的进取心。

⑨坐到上司身边。对自己越有信心的人，就越喜欢坐在上司身边。因此，在没有安排固定座位的场合时，主动坐在上司身边，可以显示出你的信心。

⑩额外工作抢着干。除了做好自己的分内工作外，对于额外增加的工作也要积极肯干，因为一方面显示出你的热心，另一方面还体现了你的能力。

⑪求教要登门。如果你有事向同事请教，一定要亲自到同事的办公室去向他求教。这样，既能让对方看到你的诚意，又能让对方感受到你谦恭的态度。

⑫展示你的希望。充满希望的人才会有魅力。胸怀大志会让人对你产生一种积极向上的良好印象。

任何人都不愿意和散漫的人共事。只有处处给人以“积极”的印象，才能够受到同事的好评，上司也会十分器重你，着重培养你，对自己的前途也会大有好处。

如何开发你的潜能

在每个人的身体里面，都潜伏着巨大的力量。一旦你将自身的潜力开发出来，它便可以使你梦想成真。

如果能打开你心智的眼睛，看到你内在无限大的宝库，你就会发现你身体里蕴藏的巨大力量。 你可以从你的内心里的宝藏中取得所需的一切东西，从而使你的生活变得更丰富和幸福。

如果能够唤醒这种潜在的巨大力量，就往往会出现奇迹。世界上无数平凡人的体内都有着巨大的潜能，只要将他们体内一小部分潜能激发出来，就可能成就伟大的、神奇的事业。

很多人都不知道，在他们内心深处埋藏着有求必应的无限智慧的金矿。 一块有磁性的金属可以吸起比它自身重量重几倍的东西，但是如果除去这一块金属的磁性，它甚至连最轻的羽毛都吸不起来。 同样的，人也有两类。 一种是有磁性的人，他们充满了信心和力量，他们知道自己注定会获得成功；另外一种人，是没有磁性的人，他们充满了畏惧和怀疑。 机会来临时，后者却说：“我可能会失败，我可能会一败涂地，人们会耻笑我。”这种人是不可能获得成功的，因为他们害怕前进，他们只好停留在原地。 所以，每个人都要争取成为一个有磁性的人，并开发自身的潜能。

实际上，每个人都具有潜能，充当催化剂的意外事件和灾祸，使人有了显露这种力量的机会。

你潜意识的深处充满了无限的智慧与力量，以及你所需要的各种各样的“供应器”，这些都等着你去发掘、培养、发挥。

将你的心灵打开，你潜意识中的无限智慧就会在任何时间、空间，提供你所需要的信息。 你可以接受新的思想和观念，获得新的发现、研制新的发明，或写出新书和剧本；你潜意识中的无限智慧，甚至可以“传授”给你各种奇妙的知识。 它可以为你指引方向，使你在生活中能够完美地发展自己，并达到你真正应该达到的水平。

在人的身体和心灵里面，蕴含着永不衰落、永不腐朽的力量，这种力量一旦被唤醒，即便在最卑微的人身上，也能使他变得强大无比。

在有些时候，人也会有机会看到自己的潜能，比如当你失去一位挚友的时候，你可能发现一种自己从未发现过的能力；当你受到一本富有感染力的书的启发时，或者由于朋友们的真挚鼓励，也能发现自己的内在力量。但无论通过何种途径，一旦激起内在力量后，你的行为一定会大异于从前，你会逐渐成长为一个大有作为的人。

你有权利发掘自己的潜能。潜能虽然无法看见，但是它的力量却极为强大。通过开发自己的潜力，你会找到每一种问题的解决方案，以及每一个结果的原因。由于你可以唤醒这些隐藏在你内心深处的力量，因此你可以完全在自由的道路上向前行进。

未来的医生会让病人了解在他身体内部蕴藏着一种创造的力量。这种创造力量，不但创造了他自己的生命，而且还在不断地给生命注入新的活力。这种潜意识的力量能使人从身心疲惫的状况中走出来，再度恢复健康，再度充满活力，再度强壮起来，并努力去获得幸福，快乐地表现自己。这种奇迹般的治疗力量也存在于你的潜意识之中，可以治好你因深受折磨而破碎的心灵。它可以打开你的心灵之门，可以帮你摆脱物质与精神上的束缚。

许多人并不知道自己心灵深处的潜意识，也不知道如何去开发那些供给身体力量的源泉，因此，他们的生命往往是枯燥、毫无生气的。 如果你能开发出自己的潜力，就可以寻得生命的源泉。 一旦饮得这生命的泉水，从此生命会充满无限活力，而这眼生命之泉是可以取之不尽、用之不竭的。

由此可见，一个人一旦能对其内在的潜能加以有效地运用，他便永远不会穷困潦倒。

1. 重视你的潜能

一般来说，一个人的潜能来源于他的与生俱来的天赋。 但实际上，大多数的人潜能都在深藏潜伏着，必须受到外界的刺激才能被激发出来。 如果人们的天赋与潜能不被激发、不能得以发扬光大，那么，其固有的潜能就会逐渐衰退并最终丧失它的力量。

爱默生说：“我最需要的，就是有人叫我去做我力所能及的事情。”去做“我”力所能及的事情，是表现“我”的潜能的最好途径。 只要尽“我”最大的努力，发挥“我”所具有的潜能，就能够做拿破仑、林肯未必能做到的事情。

每个人都拥有巨大的潜能，但这种潜能在酣睡着，一旦被激发，便能做出惊人的事业来。 因此，我们必须重视自己的潜能并亲自发掘自身的潜能。 莫让你的潜能酣睡！

在美国西部某市的法院里有一位法官，他直到中年还只是一个目不识丁的铁匠。 他现在 60 岁了，掌管着全城最大的图书馆，获得许多读者的称赞，被人认为是学识渊博、为民谋福利的人。 这位法官唯一的希望，是要帮助同胞们接受教育，获得知识。 可是他自身并没有接受过系统教育，那么他这样远大的抱负是如何产生的呢？ 原来，他不过是偶然听了一篇关于“教育之价值”的演讲。结果，这次演讲将他的潜能从沉睡中唤醒，激发了他远大的志向，从而使他做出了这番造福一方民众的事业来。

在我们的现实生活中，有许多人直到老年时才表现出他们的潜能。那么他们的潜能究竟是怎样被激发出来的呢？有的是由于阅读富有感染力的书籍而受到激发；有的是由于聆听了富有说服力的讲演而受感动；有的是由于受到朋友真挚的鼓励而信心倍增。而对于激发一个人的潜能来说，作用最大的往往就是朋友的信任、鼓励、赞扬。

和失败者交谈之后，你就会发现，他们失败的原因是他们无法获得良好的环境，他们的潜能从来不曾被激发，他们缺少从不良环境中振作奋起的力量。

人的一生中，无论在何种情形下，你都要想方设法，走入一种可能激发你的潜能的氛围中。努力接近那些了解你、信任你、鼓励你的人，这对于你日后的成功具有莫大的影响。你要与那些志趣高雅、抱负远大的人接近。接近那些坚决奋斗的人，你在不知不觉中便会深受他们的感染，养成奋发有为的精神。如果你做得还不够完美，你周围那些积极向上的人就会来鼓励你下更大的功夫、做更艰苦的奋斗。

几乎所有的人都只发挥了其潜能的15%，他们之所以发挥不出剩下的85%的潜能是因为他们恐惧、不安、自卑、意志薄弱及负有罪恶感。综合所有的原因，可以说是“与外界的不协调”，不能向外界开放，则等于是替自己的潜能踩了刹车。

与外界的协调能使你的潜能发挥到淋漓尽致的地步，因为所谓创造的行为，是在外界环境下进行的，所以一旦能和外界协调时，自然会产生优异的结果。以体育比赛为例，还在考虑胜败、估计别人力量的选手，心中已经产生了对立的心结，所以不能发挥其潜能。只有当你抛却那些顾虑，融入周围的环境，才能最大限度地激发潜在能力。一个非常有趣的现象是，凡是在下棋时，对对手抱有对立感情，将下棋的目的放在输赢上的人，他们的进步都很有限。相反地，不在乎胜败，只求下出正确的棋着并在其中寻求创造之喜悦的人，则能充分地激发自己的潜能，他们也就会快速进步。他们不把棋局的胜负当作一种争斗，而把它当成“问答”。如果有两个人天生素质相等，而博弈态度不同时，不久后在博弈态度的影响下，他们两人下棋的水平也必有天壤之别。

能包容对方的人才是强者。连下棋这种具有严格规则的游戏都能产生这种结果，更何况是在复杂多变的人生当中。

弈棋中的这两种态度，也可以将“取”与“造”这两种生存态度反映出来。为了“取”的目的而拼命的人，他们自以为是在踩油门，其实所踩的却是刹车。你必定已能充分了解为什么所有的成功者都是彻底贯彻“造”的态度者，这个道理非常简单，当一种能力被抑制后，当然不可能有出众的创造行为。当你打开心灵，接纳世界后，你就能充分地发挥它。

如果你希望人生富有创造性，首先你必须做个“不怕失败的人”。从表面上看，这似乎和“无所不能”的命题相矛盾，但是仔细想一想却不是，因为失败和“不能做”是完全不同的概念。此外，失败并非与成功完全对立，它可以是到达成功的中转站。精神的强者，越是失败，越能在失败中得到教训，从而使创造的热情得到进一步提高。所以问题不在于是否会失败，而在于是否遇到一两次失败就放弃奋斗。 拥有广阔胸襟的人能够包容失败，这种人最后必然会获得成功。

2. 充分开发你的潜能

多年以前，在美国俄克拉荷马州的一个印第安人的土地上发现了石油。

这个印第安人一辈子穷困潦倒，由于在他的土地上开发出了石油，他摇身一变成为百万富翁。 发财以后他做的第一件事就是给自己买了一辆豪华的“凯迪拉克”旅游轿车。 当时的旅游轿车在车后配有两个备用轮胎。 可是这位印第安人想让他的新车能成为乡里最大的汽车，于是又给它加上了 4 个备用轮胎。他买了一顶林肯式的长筒帽，不但配上飘带，系上蝴蝶结，还叼上一支又粗又长的黑雪茄烟，将自己进行了全方位的包装。 每天他都要驾车到附近那个熙熙攘攘、又脏又乱的小镇上去。 他想让人们都看看他。 他是一位友好的老伙计，驾车通过镇上时他得不停地左顾右盼与碰到的熟人寒暄。

有趣的是他的车从来没有撞伤过人，他本人也从未有过身体受伤的事。 原因很简单，他那辆气派非凡的汽车是靠两匹马拉着前进的。 他的机械师说汽车的发动机完全正常，只是老印第安人从没学会用钥匙插进去启动汽车点火。 汽车里明明有 100 马力的发动机昂首待发，可老印第安人偏要用汽车外面那两匹马拉车前行。

许多人都犯了这样的错误，他们只看到外面的两匹马的力量，却忽视了内部的 100 马力。 1 分钱和 20 块钱如果都被扔在海底，它们的价值自然没有大小之分。 只有当你把它们捞起来按惯有的方式花掉的时候，才能区分出它们的价值。而只有当你充分开发并有效利用你的巨大潜能时，你的价值才能真正显现出来。

尼亚加拉大瀑布每年有上万亿吨的水从15.8米的高处奔涌而下，坠落到深渊里，白白地流失掉。然而有一天，一个人制订了一个计划，利用了这巨大能量的一部分。他使一部分下落的水流经过一个特殊的装置，从而产生出大量的电力，推动了工业发展的巨轮。从此，成千上万的家庭有了电灯带来的光明，成吨的粮食可以用机械收割，大量的产品被生产出并运输到全国各地。这种新的能源，为许多人带来了工作，孩子们受到了现代化的教育，道路被开通，高楼被建造。它带来的好处是数不胜数的。总之，这一切能实现，都是因为人们发现并利用了尼亚加拉大瀑布的能量，让它为人类的需求服务。

我们也要学会尽快开发和利用自己的潜能。你要知道，你的潜能会在开发利用的过程中不断增强而且会带给你更多的收益。

几乎所有人都蕴藏着大量未经开发的潜能。令人遗憾的是，有史以来，很少有人能充分开发自己的潜能。

怎样做才能将潜能正确开发出来呢？以下这几点供你参考。

①通过已有能力开发潜能。要开发潜能，必须使用已有的能力。只有使用能力，能力才能产生实际作用。哪怕你已经具有了某种能力，但如果将这种能力搁置不用，那么严格地说它也只算是潜在的能量，对现实毫无作用。很多没有受过系统营销教育的推销员比那些专门学营销专业的大学生的推销能力高得多，

就是因为他们通过已有能力开发潜能的缘故。

②选准最易突破的一点。面对种类繁多的各种潜能，并不需要对每一种潜能都投入完全一样的时间和精力去大力开发。那不仅会分散有限的精力，而且也很不现实。我们在全面了解、重视整体潜能的同时，应当依据自己的特点和优势，集中力量，选准一种关键潜能进行开发，取得突破，这样就能使整体潜能得到激活。开发潜能一定要选准最易突破的一点，以求尽快突破。

③充分考虑自身的天赋、资质等主观条件。人人都有自己的优势才能，人人都有自己的最佳发展区。要根据自身的天赋和资质，来确定应当着重开发的潜能。只有这样，才能使潜能的开发事半功倍。否则，花费了大量的时间和精力却不一定能收到良好效果。最新教育观提出：由于每个人的特点不同，每个人都应当有自己的课程。开发潜能，也一定要根据自身特点，设计出适合自己的开发、利用潜能的计划。

④承受适当的压力。每个人都存在惰性，只有在一定的压力下，人才能最大限度地开发自身的潜能。其实促使人进步的最好动力之一就是压力。著名科学家贝弗里奇说："人们最出色的工作往往是在逆境中做出的，思想上的压力，甚至肉体上的痛苦，都可能使人的精神处于兴奋状态。很多作家、画家平时灵感难寻，只有在临交稿时，大脑里才容易涌现出灵感。"创造学之父奥斯本说："多数有创造力的人，其实都是在期限的压力下从事工作的。决定了期限，就会产生对失败的恐惧感，因此，工作时背负着一定的压力，会使得工作更加完美。"他还说："谁被逼到角落里，谁就会有出奇的想象。"当然，压力不能过

大，压力过大，就会把人压垮了，压力要适度。利用好了压力，它不但是行动的最好保障，而且通常能使我们的潜能得到充分发挥，创造出令人震惊的奇迹。

如何解决内心矛盾

每个人都有能力发展自己，取得更大的成功，不幸的是人们在开发自己潜能的过程中常会受到自身心理障碍的束缚，这就是所谓的“约拿情结”。“约拿”是《圣经》中的一个人物，上帝给了他机会，他却退缩了。他是怀疑甚至害怕自己的能力无法达到预期水平，心理软弱以致甘愿回避成功的典型。

回避成功的心理障碍，主要包括意识障碍、意志障碍、情感障碍和个性障碍等方面。我们只有分别了解它们，才能有效地克服它们。

1. 意识障碍

所谓意识障碍，是指由于人脑错误地反映了外部现实世界，从而影响以致减弱人脑的辨认能力和反应能力，阻碍了人们对客观事物的正确认识，甚至会影响人们事业上的成就。意识障碍的主要表现形式有：

● “自卑型”心理障碍。因生理缺陷或心理缺陷，例如，认为自己不够聪明或家庭、社会条件不如人，而缺乏自信、妄自菲薄、不能进行自我能力开发。

● “闭锁型”心理障碍。不愿表现自己，把自我体验封闭在内心，不愿意和他人进行交流沟通，因而缺乏自我开发的积极性。

● “厌倦型”心理障碍。这是一种厌恶一切自己不感兴趣的事情的心理状态。存在厌倦心理的人，常常抱怨自己怀才不遇，但对自我开发失去兴趣。

● “志向模糊型”心理障碍。是指对自己未来道路不明确，从而没有定向进取的内驱力，而不能对自己的潜能进行开发的一种心理障碍。

2. 意志障碍

所谓意志障碍，是指人们在自我能力开发中，确定方向、实现目标的过程中起阻碍作用的各种非专注性、非持久性、非自制性心理状态等。意志障碍的主要表现形式有:

● “意志暗示型”心理障碍。是指在制定和执行目标时，易受他人意见的直接或间接的影响，而产生的一种动摇不定的意志心理状态。表现为在确定目标时频繁更换目标，在执行决定时不能坚持到底。

● “意志脆弱型”心理障碍。表现在没有勇气去征服实现目标道路上的困难。这种人往往不是主动去征服困难，而是被动地改变或放弃自己的既定目标。

● “意志怯懦型”心理障碍。怯懦是一种懦弱胆小、畏缩不前的心理状态。这种人过于谨慎，小心翼翼，经常思虑过多，犹豫不决，稍有挫折就退缩，因而影响自我能力开发的完成。

3. 情感障碍

所谓情感障碍，是指人们在能力开发的过程中，对客观事物所持态度方面的不正确的内心体验，主要表现为情感麻木。其产生的原因主要是长期遇到各种困难，受到各种打击，自己又不能正确地对待这些困难和打击，以致对客观外界事物产生一种恐惧的内心体验，从而形成一种内向封闭性的心理状态。它使人们丧失对生活的热情和对理想及事业的追求。

4. 个性障碍

所谓个性障碍，是指人们在自我开发中常常出现的性格障碍，如抑郁质的人易表现出封闭自我、不善交际的弱点，黏液质的人易表现出优柔寡断、缺少魄力的弱点，多血质的人易表现出缺乏毅力的特点，胆汁质的人易表现出办事武断、鲁莽冲动等弱点。

5. 其他障碍

除了意识障碍、意志障碍、情感障碍和个性障碍外，还有其他几种心理障碍会影响能力的开发，其中包括感觉加工中的心理错觉，知觉中的错觉和偏见，思维定式的束缚等。这些障碍主要缘于认识上的主观片面性、表面性，以及思想僵化凝固等。严格地说，这些和回避成功的心理障碍是两种性质不同的心理障碍，但二者对人的事业成功同样产生巨大影响，特别是当这些心理障碍互相影响时，强大的负效应就会形成，导致一个人事业的失败。

很明显，有些人成就不大，不是由于智力不够，而是由于没有克服自己心理上的障碍，只有不断向自己挑战，正确面对自己的心理障碍，才能取得更大的成功。

1. 忘记内疚向前看

我们常听到人们如此哀叹：“要是……就好了！”这是一种典型的内疚悔恨情绪，每个人，不管其所处的环境如何，都会多多少少地体验到这种内疚情绪。

内疚情绪能使你经常为他人着想，体谅别人，这种良好品德是我们每个人都应当具有的。当人刚刚降生时，从不会去考虑别人的感受，总是以自己为中心。我们逐渐长大，就会慢慢认识到，这世界上还有别人，考虑自己的同时必须顾及他人的存在。我们每个人都有自私的一面，当我们了解到自私是一种不良的品行，而且没有考虑他人的感受的时候，就会产生一种内疚的刺痛感。

内疚能激励具有德行的人产生一种美好的思想和行为，但并不是说每种内疚都能产生良好的结果。内疚的悔恨情绪只有配合积极的心态才会产生良好的促进作用，当一个人产生内疚，却又不用积极的心态去面对及解决问题时，有害的结果就会顺势而生。

许多人在生活中会不知不觉地受到内疚悔恨情绪的影响，他们简直成了一台名副其实的悔恨机器。在各种行为误区中，内疚悔恨是最为无益的，你的情感在悔恨中白白浪费掉了。内疚悔恨使你沉浸于过去的事情而无法直面现实。然而，时光一去不返，无论你怎样内疚悔恨，已经发生的事是无法挽回的。

在这里，我们有必要指出，内疚悔恨与吸取教训是迥然不同的。悔恨不仅仅是对往事的关注，而且由于过去某件事产生了现时的惰性。这种惰性范围很广，从一般的心烦意乱直至极度的情绪消沉都在惰性的范围内。假如你吸取过去的教训，并决意不再重蹈覆辙，这并不是一种消极悔恨。但是，如果你由于自己过去的某种行为一直悔恨而无法积极地面对生活，那便成了一种消极的悔恨了。吸取教训是一种健康有益的做法，也是我们每个人不断进步的必经之路。悔恨则是一种不健康的心理，它白白浪费了自己目前的精力，这种行为有损于身心健康。实际上，仅靠悔恨是不能使任何问题得到解决的。

我经常以愉快的方式来结束每一天，因为时光一去不返。每天都应尽力做完该做的事。尽快忘掉疏忽和荒唐事，明天将是新的一天，应当重新开始，振作精神，不要使过去的错误成为未来的包袱。以悔恨来结束一天，实在不是明智之举。我们要做一个像英国原首相劳合·乔治一样随手关门的人。有一天，乔治和朋友在散步，每经过一扇门，他便把门关上。朋友疑惑地说："你没必要关上这些门。"乔治却说："哦，当然有必要。我这一生都在关我身后的门，这是必须做的事。当你关门时，也将过去的一切留在后面。然后，你又可以重新开始。"

要成为一个快乐的人，重要的一点是学会丢掉错误、过失的包袱，即忘记内疚，向前看。只有当我们忘记过去，努力向着未来的目标勇敢前进，才能使自己不断走向辉煌。

2. 接受不可避免的事实

有位企业家做了一个让他蒙受巨大损失的错误决定。在这之后，他拒绝承认自己的失误，拒绝接受失败的事实，结果，他失眠了好几夜，痛苦不堪，但其实这样做根本就于事无补。更严重的是，这件事还引起他对多年前的小挫折的回忆，他在灰心失望中折磨着自己。这种情形竟然持续了一年，直到他向一位心理专家求救后，才彻底地从痛苦中解脱出来。

如果我们对那些著名的企业家或政治家做一个调查就会发现，他们大多都能接受那些不可避免的事实，让自己保持平和的心态。否则，他们大部分人早就被巨大的压力压垮了。

当我们不再拒绝接受那些不可回避的事实后，我们就能节省下精力，去创造一个更加丰富的生活。既抗拒不可避免的事实，又去创造新的生活，没有谁拥有充足的精力能同时进行这两件事，所以你只能在两者中间选择其一：可以选择接受不可避免的错误和失败，并抛下包袱继续前行；也可以选择拒绝它们，变得更加苦恼。

如果我们不接受一些不可避免的挫败，我们又会得到什么呢？答案非常简单，它只会产生一连串的焦虑、矛盾、痛苦、急躁、紧张等，我们会因此整天不知所终。

“对必然之事，轻快地加以接受。”这是一句古老的犹太格言。在今天这个世界，忙碌的人们比以往更需要这句话。

既然如此，那就接受不可避免的事实，维持乐观的心态，轻松地生活下去吧。

第三篇　最伟大的力量

（美）马丁·科尔

选择握在你手

在有限的生命中，上苍赋予我们许许多多宝贵的礼物，其中之一就是“选择的权利”。

既然上苍赐予我们“选择的权利”，我们就有权利思考、行动。一般人总以为只有在决策时才需要选择，但是实际上，我们所做的每件事情都是一种选择。

日常生活中使我们压力倍增的事情不胜枚举，其中，失去控制力就是最令人头痛的一项。正是因为我们拥有选择的权利，我们才能感到自己拥有控制力，要是有人剥夺了我们这项权利，我们便不能自主地思考、行动。

正因为这是上苍赋予人类的礼物，所以，不论面对何事，我们都可以自行决定是否要参与其中。不管我们做了什么选择——勇于面对事情也罢，逃避现实也好，一旦做出抉择，我们就会感到自己又重新获得了控制力。

很多人总是抱怨，自己就像傀儡一样任人摆布。殊不知要选择什么样的生活方式是由自己决定的，哪能怪得了他人？

人总是有很强的控制欲，不但想控制自己，还想控制别人。无形之中，他人的一举一动均可能侵犯你的权利领域，但是，当碰到这种外来侵犯时，你本身的控制欲就会奋起反抗。

因此，假如你也有过丧失了控制力的感觉，那么你首先需要自省一下，自己是不是了解自己拥有的选择权？ 你是否充分运用了自己拥有的选择权？

想要对自己好一点，就要学会善于运用你的选择权，只有这样，才能减少压迫感。 虽然我们并不能完全掌控自己的命运，但至少应该充分掌握选择的权利。 若抉择之后，又全力以赴，成败就不必计较了。

1. 学会选择，不要被他人所左右

学会选择，不要被他人的意见左右自己前进的方向。 追随你的热情，追随你的心灵，它们将带你到你想要去的地方。

世界上第一名女性打击乐独奏家伊芙琳·格兰妮说：“从一开始我就决定，一定不要让其他人的观点阻挡我成为一名音乐家，我对音乐的热情不会受任何的影响。”

她出生在苏格兰东北部的一个农场，8 岁开始学习钢琴。 随着年龄的增长，她对音乐的热情与日俱增。 但不幸的是，她的听力却在渐渐地下降，医生确诊她的听力的衰退是由于神经损伤造成的，而且这种损伤是难以康复的，并且还断定到 12 岁时，她将彻底失聪。 可是，医生的诊断并没有阻碍她对音乐的热爱。

她的理想是成为打击乐独奏家，但在当时并没有这类女音乐家。 为了演奏，她学会了用不同的方法“聆听”音乐。 她只穿着长袜演奏，这样她就能通过她的身体和想象感觉到每个音符的震动，她几乎调动了她所有的感觉器官来感受着她的整个声音世界。

她决心成为一名音乐家，而不是一名失聪的音乐家，于是她向伦敦著名的皇家音乐学院提出了申请。

因为以前从未有过先例，所以一些老师反对接收她入学。但是在面试时，她的演奏征服了所有的老师，她不但顺利入学，还在毕业时荣获了学院的最高荣誉奖。

从那以后，她就致力于成为一名专职的打击乐独奏家。因为那时几乎没有专为打击乐而谱写的乐谱，她就自己为打击乐独奏谱写和改编了很多乐章。

格兰妮一直坚持她自己的选择，并没有因为医生诊断而放弃追求。最终，她凭借着热情和信心取得了成功，实现了她的理想，成为世界上第一位专职的女性打击乐独奏家。

2. 别选择烦恼

有这样一则民间故事：

> 一位老太太的两个女儿都出嫁了。大女儿嫁给了雨伞商，小女儿嫁给了布鞋商。天晴时，老太太发愁，大女儿家的雨伞没销路，日子怎么过？下雨时，老太太也发愁，小女儿家的布鞋卖不出去，一家人怎么活？可这天空不是晴就是雨，于是老太太就天天愁、月月愁、年年愁。
>
> 村里有个年轻人好心劝老人说："你应该反过来想想，天晴时想，小女儿可好了，这天气布鞋好卖；下雨时想，大

女儿可好了，这天气雨伞热销。”老太太顿然释怀。这以后，

老太太天天乐、月月乐、年年乐，日子过得很舒心。

由此可见，选择的角度不同，对问题的看法就会相差很远。当生活中的困难和挫折摆在我们面前时，只要我们不局限于传统习惯，换一个角度看待问题，便会产生截然不同的结果。

在现实生活中，许多因素诸如生活的压力、事业的艰辛、家庭的矛盾等，都很容易引起人们心理和情绪上的起伏和波动，不免给人们带来烦恼与困惑。一个人不管遇到多大的挫折，都不要忘了追求快乐，要给自己选择一个良好的心境。一个人心情舒畅时，许多问题也就迎刃而解了；消极的人会对所有的人和事感到厌烦，这将使他的思维变得迟钝。由此可见，快乐心境对每个人至关重要。

对事物的看法没有绝对的对错之分，但有积极与消极之分，每个人都要为自己的观点承担责任。消极思维者容易消极看待一切事物，并且为自己找到抱怨的借口，最终常常得到了消极的结果。接下来，消极的结果又会使他消极的情绪加强，从而使他的想法更加消极，如此，形成恶性循环。所有的这一切正如叔本华所言：“人并不受事物本身的影响，人们是受到对事物看法的影响。”我们不能改变环境，但我们可以改变自己对周围环境的态度。我们不可以改变自己的容貌，但可以展现笑容；我们不能控制他人，但可以掌握自己；我们不能预知明天，但可以利用好今天；我们不可能每战必胜，但可以尽心尽力。只要我们选择积极的思维，就能够抛却烦恼，从而收获意想不到的结果。

选择的重要性

无论你持何种信仰，你都具备选择的力量。你能选择鞋、服装、广播节目、电影、汽车、伴侣等。你有这种能力，外界力量便不能迫使你做出决定。你做了决定是因为你做出了选择。你做出了这样的选择，因为你希望它会像你选择的这样。如果这是个糟糕的选择，我们就希望我们可以去责怪某人或某事。于是，有人就说："这是上帝的旨意。"但是，是这样吗？你可能很熟悉那句老话："自助者，天恒助之。"不管我们是否信仰上帝，或者到底能够相信多少，但上帝确实赋予了每一个人自助的权利，换句话说，也就是选择的权利。

在这个世界上，只有我们自己错误的选择才会"主动"伤害我们。如果我们选择吃得太多并因此生病的话，该怪谁呢？如果我们选择快速开车以至于最终出了车祸的话，该怪谁呢？如果我们选择使自己的行为龌龊，令人讨厌，该怪谁呢？如果我们要把钱带进棺材，拼了命地去赚钱，成为"坟墓中最富有的人"，成为行尸走肉，该怪谁呢？如果我们没有学会怎样生活，该怪谁呢？我们不能责怪任何人。这都是由于我们没有正确地运用上帝赋予我们的最伟大力量——选择的力量，才伤害了自己。

不是这样吗？你的人生由你自己决定，你事业的成败也完全由你自己决定。当你认真地做出一个崭新的坚定不移的决定时，你的人生在那一刻便会改变。有了决定就可以解决问题，有了决定便能使无穷的机会与快乐接踵而至，有了决定就能使事业成功，它是一种化梦幻为实际的神奇力量，是使无形转变为有形的催化剂。

当你明白了决定的意义时，便会知道自己身上早已蕴藏着这种力量，它不是有权有势的人的专利品，它属于所有的人。只要你敢于坚持自己的主见，当你手握此书时就能获得这个力量。请问你今天是否愿意为自己的未来做出决定？

艾德是一个很“平凡”的人，他14岁时因感染小儿麻痹症致使头部以下瘫痪，必须靠轮椅才能行动，但他却因此而有了“不平凡”的成就。他在白天依靠一个呼吸设备才得以过正常人的生活，但晚上则依赖他的“铁肺”维持生命。得病之后他曾几次差点丧命，可是他从不为自己的不幸命运而伤心难过，反而期望有朝一日能帮助那些与他有相同病症的患者。

你知道他是怎么做的吗？他决定教育大众，不要以高高在上的态度认为肢体残疾的人一无是处，而应理解他们，顾及他们生活中的不便处。在他十余年的推动下，社会终于开始关注残疾人的权利，如今在美国，所有公共场所的设施都设有轮椅专用的上下斜道，有残疾人专用的停车位，有帮助残疾人行动的扶手等，这都有艾德的功劳。

艾德的事迹，说明了肢体上的不便并不能限制一个人的发展，重要的是他是否决定要结束这样的不便。他的一切行动只不过源自一个单纯的决定，如果换成是你，你会为自己的人生做出什么样的决定呢？

有很多人或许会说：“好吧，我也愿意为将来做个决定，问

选择思考的方式

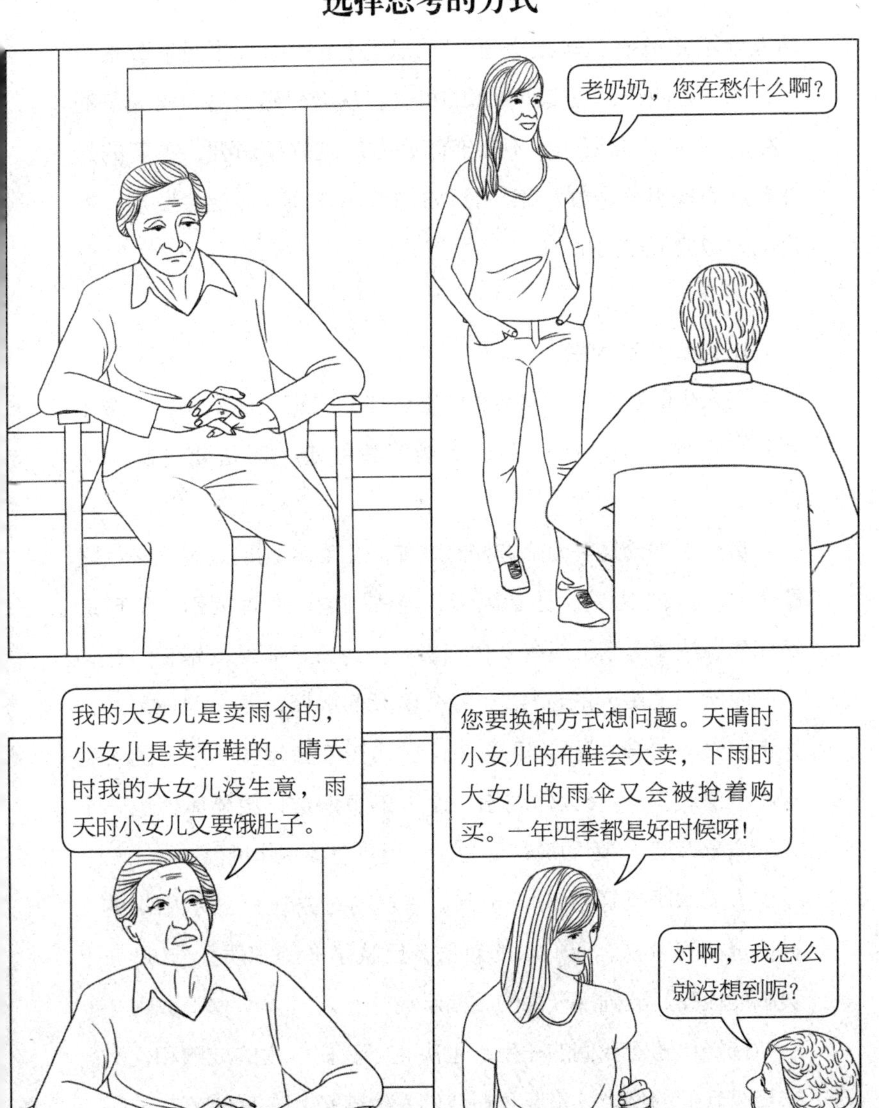
老奶奶，您在愁什么啊？
我的大女儿是卖雨伞的，小女儿是卖布鞋的。晴天时我的大女儿没生意，雨天时小女儿又要饿肚子。
您要换种方式想问题。天晴时小女儿的布鞋会大卖，下雨时大女儿的雨伞又会被抢着购买。一年四季都是好时候呀！
对啊，我怎么就没想到呢？

题是我不知道该怎样做决定。”只因为不知道方法便不敢做决定，往往会使你失去实现梦想的机会，从而导致度过平淡无奇的一生。在此请你记住，不知道怎么做决定并不重要，重要的是你要决心找出一个办法来。只要你做出选择，你便会发现，神奇的力量会随之而来。

1. 选择决定人生

在人生的航程中，你必须做出这样的决定：你是任别人摆布还是坚定地自强；是总要别人鞭策着你走，还是要自己驾驭命运。

每个人都会经常面临选择，就如同生老病死是人生的必经之路一样。政治因素、社会因素、经济因素、心理因素、伦理道德因素、法律因素，还有文化因素……统统都纠结交错在一起，共同影响一个重大的选择。每个重大的选择，无一例外都是上述诸因素的“合力”结果。每一次选择都会体现一个人的人生观和价值观。不仅会体现出一个人的意识层，更能体现出一个人的潜意识层。因为潜在动力往往更具有决定作用。

人的本质是通过他所选择、追求的对象充分显示出来的。你所选择的事物、所追求的对象，反映了你的本质。这是一个灵敏度极高、准确率极高的“指示剂”。

选择伴随着我们的一生，也决定了我们一生的成败和优劣。选择是我们的身影，是竖立在我们人生道路上的指向灯。

人生哲学研究表明，出身不是很重要，因为它是偶然发生的、不可选择的。人生的真正起点是开始主动选择。唯有主动选择才能发现“自我”，有你的“自我表现”机会，你才能成为你自己的主体。

贝多芬就公开藐视家庭出身，高度赞美选择。他认为，公爵能够身世显赫，仅仅是由于出身，而这一点纯属偶然因素造成的，但贝多芬之所以成为贝多芬，是依靠他自身的主动选择，全在于他自己的坚强意志、他的努力奋斗。

在我们一生中，事业和爱情的选择会决定我们一生的成败。所谓命运的选择，也就是事业和爱情的选择。

在我们的一生中，事业的选择并不是一锤定音。第一次选择当然最重要。高中毕业时我们一般会做出第一次重要选择。当你既酷爱钢琴又迷恋物理学，在报考音乐学院和物理系之间做决定性选择的时候，你一定深感痛苦。因为你两样都爱，绝不甘心放弃其中一样。最好的选择方案可能是读物理系，把钢琴作为业余爱好，这样它成为能够带给你安慰、使你终生快乐的源泉。即便是进了大学物理系，也会面临着选择。例如，到底是选择理论物理还是选择实验物理？也许，最富有戏剧性的选择是当你读到三年级的时候，诗歌和小说创作激发了你极大的兴趣。这种兴趣竟超越了物理学。你要在文学和物理学之间做一个新的选择，这时需要极大的勇气，因为外界舆论与环境会给你带来极大的压力。

倾听你内心的声音，新的选择会使你不断“发现自己”。

人生的一大悲哀，莫过于让别人替自己选择。那样人就会变为被人操纵的机器。掌握自己的命运，要靠自己正确的选择。成功的选择造就成功的人生，似乎已成为人生中不变的一条定理。

人生选择的关键时期是青年时期，一个人今后从事哪种职业，会走什么样的道路，其多半在这期间即已确定。当然，也有例外。但无论如何，一个人在青年时期做的选择，尤其是内心的选择，无疑将影响其终身。选择是自由的，但同时也令人备受煎熬。对那些聪明能干，具有多种潜能的人来说，目标不明、举棋不定的痛苦尤为深刻、强烈，因此选择须是明确而果断的。心理上稍有怯懦就会使今后的人生之路上荆棘遍布，而一旦克服了这种软弱，也许对将来的发展会有意想不到的影响。这方面，一个典型人物就是率先打破音乐与绘画界限的德国表现主义画家克利。

保罗·克利（1879～1940）出生于欧洲的“花园之国”瑞士。他的父亲是音乐教授，母亲是歌唱家，双亲都从事音乐方面的工作。克利从小就喜欢音乐、绘画和文学。他具有很高的艺术天赋。11岁时，克利就被特邀演奏巴赫的作品，成了颇有名气的小提琴手。克利在音乐上的发展，明显地比他在其他艺术领域要快得多。然而，没有想到的是，他好像着了魔一般，狂热地喜爱上了绘画。克利想，音乐的伟大时代已经过去了，绘画的伟大时代才刚刚拉开帷幕，新的艺术语言将首先从现代绘画中产生。克利不肯放弃绘画。18岁时，也就是在他大学预科班学习的那段时间，克利出众的才华在诗歌创作方面也显现出来。对他来说，要成为一名领衔的诗人或作家是完全有可能的。丰富的艺术才华对克利来说可能太多了。究竟该选择哪一条道路，克利感到惶惑、痛苦，不知如何是好。

克利并不是人云亦云、胆小怯懦的人。他一边学习音乐，一边一刻也不停地钻研绘画艺术。预科班结束后，克利不顾家人的反对进了慕尼黑皇家学院学习绘画。他怀着满腔热情去探索如何将音乐与绘画沟通。克利发现，音乐诉诸听觉，绘画诉诸视觉，两者差异太大了，根本就没有沟通的可能。而德国的古典音乐和德国现代绘画之间几乎没有什么一致的地方。克利感到困惑不解。

大学毕业后，克利感到无法走出精神的困惑，便离开了德国，去意大利旅游。他想从现实中逃避，安静地考虑一下。在意大利期间，他不断反省，感觉自己在音乐方面还是最有天分的。这个想法对他来说是个安慰。回国后，克利放弃了绘画，全身心投入音乐之中，他先后担任了波恩和苏黎世管弦乐团的第一小提琴手，在音乐上获得了一系列成功。27 岁那年，他和一位音乐家结为夫妇。在音乐这条路上，克利一切都很顺利。从这儿看来他的道路似乎已经固定了。然而，就在他的音乐生涯走向黄金时代的时刻，就在他即将要完全离开画坛的时候，就在他的音乐事务最繁忙的那些日子里，克利忽然看到了音乐与绘画连接处的一线亮光。克利发现，声音是音乐的基本元素，色彩是绘画的基本元素。声音与色彩，两者从表面上看毫不相关，而本质却是一致的。

克利毅然决然地中止了他的音乐之路，全心全意地投入了音乐与绘画的理论研究中。他进一步发现，音乐与绘画在节奏上是相通的。绘画的色彩中蕴含着明晰的音乐性，而音乐的声响中也有绘画的色彩感，绘画的音乐性表现在绘画色彩的节奏上，音乐的节奏感也表现出音乐的色彩感。克利终于找到了连接音乐与绘画这两门艺术的关键点——节奏。他开始深入研究塞尚和康定斯基的绘画理论，开始建构一种崭新的绘画语言。由于看到了两门艺术相互融合的光明前景，克利重新拿起画笔，开始了极富诗意和音乐性的绘画创作。经过十多年的摸索，克利终于找到了一条独特的艺术创造道路，开拓了现代绘画的世界，成为表现主义绘画的开山鼻祖。

你看，选择的力量结出了奇异的艺术花朵。在人生中我们每个人都会面临很多选择，好好把握你的人生吧，牢牢抓住选择的机遇，你的生命就会因此而开出美丽的花朵，结出丰硕的果实。

2. 选择比什么都重要

当我们慢慢长大、成熟，会逐渐通过选择来发现和体会到我们不曾发现的真情与关爱。

在乔治的记忆中，父亲一直就是瘸着一条腿走路的，除此之外他的一切都平淡无奇。所以，他总是想，母亲怎么会嫁给这样一个人呢？

一次，市里举行中学生篮球比赛。他担任队里的主力。乔治告诉母亲他希望母亲能陪他同去。母亲笑着对乔治说："那当然。你就是不说，我和你爸爸也会去的。"他听罢摇了摇头，说："我不是说爸爸，我只希望你去。"母亲惊奇地问他为什么，他勉强地笑了笑，说："我总认为，一个残疾人站在场边，整场比赛的气氛就变了。"母亲叹了一口气，说："你是嫌弃你的父亲了？"正在这时，父亲走过来说："这些天我得出差，有什么事。你们商量着去做就行了。"

比赛结束了，乔治所在的队得了冠军。在回家的路上，母亲高兴地对乔治说："要是你父亲知道了这个消息，他一定会高兴得唱起歌来。"乔治沉下了脸，说："妈妈，我们现在不提他好不好?”母亲无法接受乔治的态度，生气地说道：“你必须告诉我这是为什么。”乔治满不在乎地笑了笑，说：“不为什么，就是不想在这时提到他。”母亲的脸色凝重起来，说：“孩子，我本不想说这些话，可是，我再隐瞒下去，你爸爸就有可能受到伤害。你知道你爸爸的腿是怎么瘸的吗?”乔治摇了摇头，说：“我不知道。”母亲说：“在你两岁那年，你爸爸带你去花园里玩，在回家的路上，你左奔右跑。忽然，一辆汽车急驰而来，爸爸为了不让你被汽车撞倒，左腿被碾在了车轮下。”乔治顿时呆住了，说：“这怎么可能呢?”母亲说：“这有什么不可能的?不过这些年你爸爸不让我告诉你罢了。”

两人慢慢地走着。母亲说：“有件事可能你还不知道，你爸爸就是你最喜欢的作家布莱特。”乔治惊讶地蹦了起来，说：“你说什么?我不信!”母亲说：“我怎么会骗你呢，你爸爸也不让我告诉你。你不信可以去问你的老师。”乔治急忙跑到学校，打算找老师问个究竟。面对他的疑问，老师笑了笑，说：“这都是真的。你爸爸之所以不让我们告诉你这些事情，是怕影响你的成长。但现在你既然知道了，那我就不妨告诉你，你爸爸是一个伟大的人。”

两天以后，父亲回来，乔治问父亲：“你就是那位大名鼎鼎的作家布莱特吗?”父亲愣了一下，然后笑道：“我是写小说的布莱特。”乔治拿出一本书来，说：“那你先给我签个名吧!”父亲看了他片刻，然后拿起笔来，在扉页上写道：赠乔治，其实选择比什么都重要。布莱特。

多年以后，乔治成为一名出色的记者。

每当有人让他介绍自己的成功历程时，他就会重复父亲的那句话：其实选择比什么都重要。

选择你的财富

许多人都渴望拥有财富，都渴望有朝一日可以对自己说："现在，我再也不用为没钱担心了。"于是，人们就制订了很多的计划与方案，都想尝试运用不同方法走上富裕之路，但这些努力最终都没有换来成功。最后，他们全都丧失了信心，认为自己根本没有发家致富的能力，不可能坐到那个令人羡慕甚至嫉妒的位置上。其实他们失败的关键在于，他们虽然尝试了各种各样的方法，但就是没有尝试改变自己的思维——而改变思维是通向成功的重要途径。

一百多年前，有个聪明的人熟知蒸汽机的广泛用途。当看到密歇根州的小麦和牧草白白烂在地里时，他将蒸汽与磨面机有机地结合在一起。机器声依然像以往那样"隆隆"地吼叫着，运转着，但是却使得密歇根州开始向饥饿的纽约和英国提供面粉。厚厚的煤层自洪荒以来一直被埋在地底下，直到有人用镐头和绞车从地下将煤挖出来，从此它便作为一种可以转移的"气候"，即使是在拉布拉多和极地也能让人感受到赤道的热量，因为每一筐煤炭都蕴藏着能量和文明，于是我们称它为黑钻石。自从史蒂芬逊发现每半盎司煤炭即可把两吨货物牵引 1 英里后，以煤运煤的火车很快就使冰天雪地的加拿大变得像加尔各答一样温暖宜人，随之改变的便是当地工业的实力。

当贩夫把南方的水果运进北方的城镇时，水果的价格比那些没有商品化的水果价格增加了许多。商人知道把货物从盛产之地运送到它稀缺的地方，以此来实现供需平衡，便能更多地增加价值。

通过正确运用这种选择的无穷力量，你一定能够很快地改善自己不理想的财政状况。但是只有极少数人才懂得如何正确运用这种巨大的力量。

财富的积累的好处在日常生活中随处可见，当你拥有结实的屋顶，它能够抵挡风雨的侵袭；当你打了一眼水井，它能为人们提供大量清甜的井水；当你置备两套外衣，便可以在汗湿之后及时更换；当你有干柴可烧，有双芯油灯照明，有一日三餐充饥，有工具劳动，有可读的图书，有一匹马或一列火车载你穿过大地，甚至有一条船去航海，当你拥有这些工具后，你能使自己的各个方面的力量得到加强，这就等于为你增添了手脚、眼睛、血液、时间以及知识。圣人之所以为圣人，是善假于物的结果。

1. 要使自己拥有财富的思维

假如我们能使自己关于经济状况的思维得到扭转的话，那么其他方面的变化也会随之出现。所以，我们应该去选择有意义的、健康的财富思维。

通过正确使用选择这种伟大的力量，你很可能改变自己的财富状况。许多人都没有正确地使用这种力量，从而导致他们成为自己所追求的那种东西的奴隶。

曾经有个青年人，他生活艰难得如同在苦海中挣扎。很长一段时间他都找不到工作，最后，他找到一份一点都不值得骄傲的工作。这个青年人已经结婚并有了一个孩子，但他只能按捺住理想说："我不想挣大钱。"每一天，他都把省吃俭用的钱存起来，以便他的孩子长大后可以去读书。他放弃去繁华市中心看电影的机会而选择看街道放映的露天电影，因为这样他能节省 2 角 5 分钱；他从不去好一点的饭店吃饭，因为那里的花费比较贵；他买东西时，只挑"全家"的东西买；他没有钱不能带家人外出度假。但他还是按捺住理想说："我不想挣大钱。"

由此观之，对数以万计深陷贫困苦海而不能自拔的人，你还会感到奇怪吗？他们选择让自己继续在贫困中生活，但却对选择的力量还浑然不知，他们也未曾体验过这种力量。他们宁愿归于贫困，因为从来没有人会因为生活节俭而被别人指责。很多人只能精打细算地过日子，否则他们就无法继续生存。这些人完全可以选择这种巨大的力量，他们本可以让自己的大脑充满生活的美好。

但是，我们每天都会听到抱怨的声音："我很想买那件东西，但我没有钱。""我没有钱"这可能是事实，但不能将这事实说出口，假如你继续说"我没有钱"，那么，"没有钱"将会伴你一辈子。选择一种上进的思想，例如，"我得买下它，我要拥有它"。当要拥有它的思想出现在你的脑海时，你的生活就出现了希望。千万不要毁灭自己的希望。假如你毁灭了它，自己就会陷入无聊、困惑、失望的生活中去。

杰姆是一位十分能干的年轻人，他能把任何事情做得很好，但他却挣不到多少钱。人们都不明白这到底是怎么回事：杰姆很有上进心，长相也不错，很讨人喜欢，无奈他一年又一年的奋斗都是徒劳的。后来，杰姆请求一位智者为他指出问题的所在。他对智者说：“我能做好任何事情，除了挣钱之外。”智者为他指点了迷津，他开始明白，其实问题很简单，只不过是自己对关于赚钱的思维选择不对，一切就因此都改变了。他不再说：“我能做好任何事情，除了挣钱。”他开始说：“我能做好任何事情，包括挣钱。”以后的几年里，年轻人的财务状况发生了明显的改变，他开始赚到钱，他的经济状况日新月异。现在，人们都认为他已经是个富翁了。这个年轻人本来很有可能终生面临一个困惑，即自己为什么能做任何事情却赚不到钱。但他一旦明白这一切都是因为自己选择了错误的想法后，他立即积极地改变了这种想法，于是，他的经济状况开始朝好的方向发展。

选择的力量能够给人带来更好、更有效的致富方法。

2. 对于财富也要懂得放弃

对于饥饿的人来说，选择金钱可以拯救生命；对于贪婪的人来说，选择金钱无异于自杀。

有这样一个很有哲理的故事：

一个穷人住在一间破败不堪的屋子里，他穷得连床也没有，只好躺在一张长凳上。

穷人自言自语地说：“我真想发财呀，如果我发了财，绝不会啬惜钱财。”

这时候，上帝在穷人的身旁出现了，说道：“好吧，那我就实现你的愿望，我会给你一个有魔力的钱袋。这钱袋里永远有一块金币，这块金币永远也拿不完。但是，你要记住，在你觉得你拥有了够多的金钱时，要把钱袋扔掉才可以开始花钱。”

说完，上帝就不见了。在穷人的身边，装着一枚金币的钱袋真的出现了。穷人把那块金币拿出来，里面又有了一块。于是，穷人不停地从里面拿出金币来。穷人一直拿了整整一个晚上，金币已有一大堆了。他想：啊，这些钱足够我花一辈子了。

到了第二天，他很饿，很想去买面包吃。但是，他必须扔掉那个钱袋才能花钱。于是，他拎着钱袋向河边走去。

他又开始从钱袋里往外拿钱。他一想到要把钱袋扔掉时，就觉得钱不够多。

日子一天天过去了，穷人完全可以去吃最奢侈的大餐，住最昂贵的房子，买最豪华的汽车了。可是，他对自己说：“还是等钱再多一些吧。”

他不吃不喝地拿，金币已经快堆满一屋子了。然而他却变得弱不禁风，头发也全白了，脸色蜡黄。

他虚弱地说：“我怎么能扔掉这个宝贝呢，金币还在源源不断地出来啊！”

终于，他倒了下去，死在了长凳上。

这个故事告诉我们：金钱并不是万能的，只有当人们能够合理地利用它时，它才会造福于人类，否则，一时的贪心也可能导致人财两空。 因此，如果我们要拥有财富首先要懂得放弃财富！

选择你的环境

每个人一出生就会生活在前人创造出来的社会环境中。对于这种既成的事实，人们是无法选择的。人们面临的社会环境有大小之分，社会大环境是指整个社会环境及其发展趋势、水平、性质和状态。人与社会大环境的关系极为密切，人只能在一定的社会大环境范围内活动，但这并不是说人只能消极地适应社会大环境。在一定程度上人可以影响社会大环境，并对社会大环境加以创造和利用。

马丁·科尔在其著作中详细论述了社会小环境。社会小环境是指个人直接接触的生活范围，如家庭、学校、住区、单位及社交活动的范围等。社会小环境对人具有显著影响，个人离不开社会小环境。在社会小环境内，家庭成员的思想、政治观点、道德文化水平及经济生活水平，学校的教育教学水平、学风、校风、班风的情况，单位的文明建设、科技教育、政策措施、组成人员、物质条件、居住环境的风气，以及个人接触的社会成员等，都在不同程度上直接或间接地影响着个人的一生。社会小环境对个人的影响集中表现在人的社会化过程中。

家庭是个人所接触的第一个社会小环境，家庭是人生的起点和归宿。个人在生理成长、心理发展以及生活技能的学习和积累上，都离不开家庭。家庭是指导儿童踏上生活之路的第一所学校；家庭里的一切物品是孩子面临的第一个世界；家庭里的欢声笑语、悲啼哭泣，是孩子听到的最初的声音；家庭里的父母兄姐，是孩子接触的第一个群体；家庭里的一言一行是孩子学习的第一个典范。所以，家庭对儿童具有重要的教育职能，家庭教育的优劣往往影响人的一生。家庭不仅有教育的职能，而且可以给人带来温暖，可以给人以心理上、精神上的满足。

学校是人社会化的重要场所，是对个人产生重要影响的社会小环境。学校能有目的、有系统、有组织地对人进行社会化。学校不仅传授给学生文化知识，而且教导学生自觉遵守行为规范。后者是社会化的一个重要内容。学校的作用之一就是要让学生学习各种类型的社会行为规范，使学生在自己的一生中都能自觉地遵守。在人生的整个过程中，大部分行为规范都是在学校中学到的。

此外，一个人所接触的社会成员也会对他产生很大影响。所谓“近朱者赤，近墨者黑”，与生活的强者交往你将获得力量，与品德高尚的人来往你将获得高尚精神，与学者来往你将获得知识，与正直者来往你将获得勇气，与聪明者来往你将获得智慧。相反，与市侩者来往你得到的是庸俗，与无为者来往你得到的是消沉，与强盗来往你得到的是残忍和肮脏。总之，与高尚的人来往你将得到真善美，与丑恶的人来往你将得到假恶丑。

社会小环境不仅会影响人的社会化，还会影响人的个性发展。社会化对于个人来说，既是发展人的社会性的过程，也是完善人的个性的过程。人的个性是在社会化的过程中形成的。通过社会化，人们学习基本的生活技能，养成一定的生活习惯，接受社会的生活目标和社会规范，确立一定的世界观、人生观、价值观。在社会化过程中，人们直接参与社会生活，逐渐地形成一定的兴趣、能力、性格。人的个性受先天素质、个人经历、家庭背景、学校教育等影响，同时社会大环境也会影响人的个性发展。在人的继续社会化和强制教育的再社会化的过程中，人的个性受社会环境的影响更大，而社会小环境对人的个性的影响则更具体一些。

马丁·科尔认为，社会大环境与社会小环境共同构成了个人成长必需的环境，个人受人生环境的影响和制约，但是个人也不是完全消极地适应人生环境，而是能够能动地反作用于人生环境。总之，每个人都是你自己的主人，都应当以主人的姿态去选择、去影响、去改变你的人生环境。

1. 选择你的工作环境

想提高工作效率，就必须选择比较舒适的工作环境。

光线不充足，会直接影响工作效率。尽管你的头脑清晰，但如果眼睛疲劳，效率一样不高。

不光是照明设备，你周围所有的环境，都会影响到你的感觉及心理反应。譬如，工作场所的墙壁不适合漆上刺眼的红色。当然，太暗的颜色也不好，具有安定情绪的颜色是最佳选择。有人认为，淡青、淡蓝之类的冷色系的环境适合进行脑力工作，不过，冷色系容易让人感到沉重和压抑。例如，整面白苍苍的墙壁容易让人联想到医院，感觉不太好，同时也会因眼睛受到刺激感到疲劳，所以柔和的肉色系，感觉上较为舒服。当然具体选用什么颜色也要看个人喜好。

选择合适的工作场所对提高工作效率也有重要影响。

工作内容不同，工作场所自然不同。譬如，需要参考许多资料的工作，工作者身边自然就要有随手可得的参考资料。否则，缺乏参考资料，即使再认真，一样不会提高效率。这个道理虽然人人都懂，但奇怪的是，仍然有很多人视而不见，尽是做些没有效率的事情。

有很多作家喜欢将自己关在饭店或旅馆内写稿。如果把必备资料带齐，由于在旅馆内不受干扰，他们可以长时间埋头苦干，自然就可以提高工作效率。

并不是所有的工作都能在旅馆里面完成，因为办公室或家里的参考文件及资料不可能全部搬到旅馆里面。所以，即使住进旅馆可以远离噪音，但仍然要分清楚什么事可以在旅馆做，什么事不能。

反过来说，如果已确定投宿旅馆，可以事先做好准备工作。

总之，任何一个工作环境都有其特定的性质，我们必须事先了解工作环境的特质，然后根据所要完成工作的性质，去选择你的工作环境，这样才能有效提高工作效率。

2. 我们不可以控制环境，但可以控制想法

每个人都生活在这个社会环境中。外部环境有时对我们有利，有时对我们不利。有的人甚至在情况好的时候都活不下去，更不要说情况糟的时候了。之所以会有这样的感觉是因为他们没有运用最伟大的力量——选择的力量。当困难到来的时候，许多人心中充满了失望与怯懦，他们习惯性地向后退缩，等着别人采取措施来改变这种状况。而另一部分人则会运用选择的力量，这种人即使身处逆境也有可能走上成功之路。许多最伟大的事业都是在所谓的困难时期开始并建立起来的。为什么

呢？ 原因是这些事业的开创者不相信所谓的困难，在他们眼里敌人只有自己，无论如何他们总是逼迫自己朝前走，最终他们成功了。 在困难时期，我们也会遇到很多有利条件，而这些有利条件即使是在境遇较好时也不一定能遇到，如企业初创阶段所需要的资金较少，或是很容易就可以找到帮手，费用也不高，或是竞争不是那么激烈。 而这些往往都被那些悲观者忽视。

每个人都懂得，自己不能控制周围的环境，除非你正好做了政府的首脑，如果你在政界身处领导者的地位，你也许可以发号施令，对周围的环境进行有效的控制。 我们虽然控制不了环境，但我们能够控制自己内心的想法，通过运用选择的力量对自己内心的想法进行控制，我们可以对周围的环境进行间接的控制。

世界上到处都是满怀失望的人们，只要稍微有点勇气的人就可以比较轻松地获得成功。

现实生活中，平凡者是大多数，伟人还只是少数。 究竟能否取得成功有时仅取决于你的想法，成功者经常运用最积极的方式去思考，让自己的人生受最乐观的精神和最辉煌的经验来支配。 失败者恰恰相反，过去的种种失败和疑虑影响并支配了他们的行动和人生。 在困难面前，成功者仍然抱以积极的想法，用“一定会有办法”“一定能解决问题”等积极的意识来鼓励自己，于是不断地想办法，不断前进，直至成功。 遇到困难，失败者往往被消极的思想所控制，想着“我不行了，我还是退缩吧”，最终陷入失败的深渊。

这就是选择的力量。 虽然我们控制不了环境，但我们可以控制自己的思想。 那么，为什么你不选择积极的想法，摒弃消极的思想呢？

第四篇　最伟大的励志书

（美）奥里森·马登

高贵品质是最大的财富

举止言行是否得体，将直接影响自己在别人心目中的形象。这是因为，一个人最吸引我们的，不是美丽的外表，而是得体的言行举止。古时候，希腊人认为美貌是天生的，与此同时，如果一个美貌的人表现出某种不相称的内在品质，他们往往会蔑视和嘲笑这个人。古代的希腊人认为，外在的美貌其实是某种内在美好气质的反映，这些气质包括善良、诚实、仁厚和友爱，等等。法国政治家米拉波其貌不扬，据说他长了一脸麻子，但很多人却被他的风度所深深地折服。

不少人之所以无法做到更加完美，不能向世人展现他们最优雅的品质，正是由于他们的性格中杂质太多了。无论有什么样出色的品质，一旦表现出粗暴、唐突、不合时宜的话，其价值自然会大打折扣。而事实上，只要我们对自己的性格言谈多加注意，举止得体，往往可以做到事半功倍。

据说，古希腊著名画家阿佩斯为了把美神图画得逼真、生动，只随身携带干粮到处采风，以便仔细观察各种年轻貌美的女子，将她们最美的地方都聚集到他画的美神身上，历时数年之久终于实现了他的预定目标。同样，一个品格高尚的人，应当多观察和研究他所接触的特定圈子的人，汲取别人的优点，这样才能实现自我提高。

教养是每个人必须具备的东西。得体的举止能够代替金钱的作用，有了它好比有了一张通行证一样，所有机遇的大门都向他们敞开，即使他们一无所有，也会处处受到人们的款待。他们能够享有一切，即使付出的并不多，他们在哪里都能给人以阳光般的温暖，到处受到人们的欢迎。因为他们带来的是欢乐以及一切美好的事物。而一切妒忌、卑劣的心思，遇到它们都会退却，善良、诚实的心灵能够打动一切。

1. 使人进入天堂的品质

有一年冬天，在英国的爱丁堡，一个有教养的男子在大街上被一个卖火柴的小男孩拦住了。小男孩身体瘦弱，虽然天气很冷，却仍然光着脚，脚趾已经冻得发紫，穿着很单薄。“哦，我不需要。”绅士说。“一盒火柴只要一便士，先生，这是多么便宜呀。”小男孩继续拉着这名男子的衣角乞求道。“但是，我确实不需要。”“那么一便士两盒，您看好不好?”男孩又说。

“我想打发他，”这位绅士后来把他那天发生的事情写成文章发表在杂志上，“只好买一盒，但刚好我身上没有零钱，我就对他说，我今天没带零钱，明天我再来买吧。

"'就现在买吧，先生，'小男孩开始祈求我，'我可以为您换零钱的。我已经饿了好几天了。'

"我犹豫了一下，就给了他一先令，小男孩跑开了。我在那里等了一会儿那个男孩，可是那个男孩的身影再也没有出现。我想我的一先令一定被那个男孩骗走了；但是，那个男孩的神情却使我很相信他，因此我并没有往坏处想。

"那天深夜，当我在客厅里看报纸的时候，我的仆人走过来告诉我说有个小男孩要见我。我让他把孩子领进来。那是一个我不认识的小男孩，他告诉我他就是今天卖给我火柴的男孩的弟弟，他穿的衣服比他哥哥的还少。他站在那里，显得有些窘迫，他努力把手往衣服里伸，好像在找什么东西，他很小心地问我：'您是那位向桑迪买火柴的先生吗?''是的。'我回答。'这些是他让我转交给您的钱。'他把钱放在我的手里，'桑迪来不了了，他被一辆马车撞伤了，帽子、火柴，还有您的十一便士，全丢了，腿被轧断了，受了重伤，医生说救不活了。他只好叫我来把钱还给你。'他把钱放在桌上，终于忍不住开始大声哭了。我让他在我家里吃了晚饭，然后和他一起去看那个小男孩。

"到了桑迪的家后，我才发现，这两个孩子真可怜，原来他们是和养母住在一起。亲生父母早就离开了人世，养母常常酗酒，还虐待他们兄弟俩。桑迪躺在一堆木屑上，虽然光线很暗，可我一进门，他就认出我来了，非常抱歉地对我说：'先生，我换了零钱，正往回赶，可是被马车撞倒，腿被马车轧断了……鲁比，我的可怜的弟弟，我快要死了。可是，我死了谁来照顾你啊?你以后怎么办呀，鲁比?'

“我握住他的冰凉的手，告诉他我会照顾鲁比的。他听懂了我的话，朝我笑了笑，表达了对我的感谢。然后，他的眼睛永远地闭上了……

这个身世悲惨的小男孩如果想进天堂，便意味着他必须遵守社会某些道德原则。他不知道天堂有没有车来车往，但是，对正直、高尚、诚实这些品质，他知道的远远比那些驾着马车把他撞成重伤的人多得多——而只有这些高贵品德才能使人进天堂。

2. 品格就是力量

假如有人愿意为某种不是自己想要得到的事物而奉献所有的时间、精力，甚至还甘愿为这些牺牲自己的生命，那么，无论他为之献身的对象是什么，国家也好，民族也好，或者同胞也好，都表明，他的所作所为比人们所做的一切斋戒和祷告更能体现人世间美好的品德。

美国著名思想家爱默生写道：“以前，我曾经在某本书上看到，凡是听过查塔姆勋爵讲过话的人都认为，勋爵所说的内容不管如何精彩都比不上他本身所具有的某种东西更有吸引力。”卡莱尔也曾向别人倾诉说，尽管他把与米拉波有关的全部事实讲得很清楚了，但还是无法完全表明他对米拉波所怀有的景仰：他认为米拉波是个百年难得一遇的天才。普鲁塔克所描述的那些英雄人物，包括格拉古、阿吉斯、克里奥米尼三世等，他们的事迹远远比不上他们的名气。菲利普·西德尼爵士，以及沃尔特·拉雷爵士，都是赫赫有名、却很少有事迹流传下来的天才人物。华盛顿也是一样，不管如何绘声绘色地讲述他的功绩，也不能完全地让人领略到他个人的独特魅力。席勒的作品本身似乎也不如他的盛名更为人所知。这种名声和作品或事迹不相匹配的现象，我们该如何解释呢？

原因主要在于，这些杰出人物身上都有某种特殊的品质，而这种特殊品质导致人们对他们产生了一种不符合实际的期望。他们具有很强大的力量，绝大部分是一种内在的力量，而这就是我们称之为品格与个性的东西；这种力量是源于内心深处的，正因为它的存在，产生了许多直接的影响，并且影响深远。当然，人们通过能力、口才也能够对他人产生影响，但具有不凡的品格的人却是凭借他的内在的力量来影响别人的。他被称为“伟大”的原因也在于他本身就超出别人，并不是单纯靠着某些外力的作用；他一出现往往改变了一切，所以他能够取得很大的成就。

不管是在哪一个国家，总会有这样一些人的存在，他们甚至不用发号施令，就很容易使自己的目标得以实现。他们的影响力，和他们自身所具有的能力有时甚至不成正比。人们也不免困惑不已，到底是什么原因，使人们这么容易就信仰他们？其实这并不奇怪，任何人都会崇拜并追随那些具有非凡品格的人，因为品格就是力量。

积极进取就是力量

人生首要的事情，就是要保持我们的能力，在最理想化的状态下储备我们的精力，维护我们的身体，以使我们对付任何事都能用尽全力，使出狮子捕猎般的气概来。让自己保持最佳状态，这是每个人的一种自然的责任。

现实中有不少青年男女，有可以成大事的本钱，但却只能做些微不足道的琐事，由于处处受牵绊而度过其庸碌的一生，因为他们体力甚缺，也缺少生命力，因此没有能力以排除横在途中的各种阻碍。说到自爱，须从精神上珍爱自身。人在心中怎样评价他自己，他就会变成怎样。他的内外的生命历程，都是他心中所想的体现。所以，假如你自己想成为某一类人，你就该把你自己当作那类人看待。对自己足够重视是自爱的第一要素。

我们可以看见许多办事员整天浑浑噩噩。这是他们不积极的生活、不积极的想法、不积极的习惯造成的结果。这些人在生命中不能做出大成绩来，是不会令人诧异的。有着种种的大好机会，只因自己的精力已在不必要的情形下消耗掉，而没有力量去抓住那些机会，或者虽能暂时抓住，最终还是被溜了过去，这真是人世间所能品尝到的一种最令人沮丧的苦果啊！

很多人对待自己的身体，往往不及对待宝贵的机器或其他可以从中取得丰厚利润的物件那样认真。举个例子，消化系统是供给我们全身能量的机关，然而我们对待它的方法却总是不恰当。我们总是把它绝大多数能量耗费在消化各种过剩的或垃圾的食品上，而在消化必需食品的时候，反而发生问题。有些人，则与上面所说的那些人恰好相反，为着“经济”原因不去充分地摄取必需的各类营养，因之全身的各部分组织，都呈现一种半饥饿的状态。有些人则为了要珍惜时间等理由勤奋过度、放弃了一切应有的休息及娱乐，因而损坏了他们的生命力。

有了才能却因身体孱弱之故不能发挥，才能又有什么用呢？假如你因不健康的生活，或因没有及时地注意和休息，使得身体不健康，生命力减弱，甚至于一举手一投足之间，即显出精疲力竭的样子。那么即使你再聪明，即使可被称为天才，又有什么用处呢？

浪费生命的人是一种至坏的败家子。这种人比那些浪费金钱的败家子还要可恶。他们简直是在自杀，杀掉他们自己生命中的种种机遇、成功。从有限生命的角度来说，不爱自己与不爱他人，同样是一种大罪恶。

效率是人生第一大事。假如你想在世界上有所表现，则你的时间是宝贵的、精力是宝贵的。精力是你的生命资本，你要把它谨慎地抛掷在有意义的地方。

1. 学会管理你的情绪

能控制自己的情绪，统治自己的心灵是每一个伟人的特征。一个善于控制自己情绪的人，可以消除忧虑、解除烦恼，这和化学家以碱来中和酸是一样的原理。不懂化学的人不知道中和的道理，将酸性物质加入酸性溶液中，不但无法实现中和，酸性反而更强。化学家们都了解酸碱的特性，当然不会犯这种错误。一个会控制自己情绪的人，他知道用幸福的解药来消灭灰心丧气的神经、忧郁的思想。用乐观的思想能消灭悲观的思想；用和谐的思想能消除偏激的思想；用友善的思想能消灭仇恨的思想。因为知道种种控制自己情绪的方法，他的心灵便脱离了痛苦。

面对自己思想上的种种忧虑和烦恼，很多人都没法将它们消灭，原因在于他不明白心灵上的化学原理。谁都会面临心灵上的烦恼，不过到了一定时间，我们要用理性的力量来指导自己，用适当的消毒药来消灭心灵上的各种忧虑。一旦你的心中充满了悲观、固执、仇恨的念头，你应该马上转到对立面上，这样就能产生乐观、和谐、友善的念头，这原理如同把冷水管的龙头一开，沸水便会立刻降低温度一样。像调节温度一样调节自己的情绪是我们应努力做到的，在水太热的时候就要把冷水管的龙头打开。发怒时，就马上转到友爱和平的思想上，这样自然就能使怒火烟消云散了。有了友爱的思想，仇恨便被消灭了。有了爱人如己的情绪，就不会产生猜疑和报复的恶念。很多人并不是以善美的思想来代替恶念，他们认为只要把恶念消除掉就可以了，但是他们不了解，驱逐恶念最有效的武器是善念。谁也没办法去掉屋里的黑暗，可是，只要有了光，黑暗便无影无踪。

人的身体由不同的细胞组成，如脑细胞、骨细胞、肌肉细胞等，我们的健康全依赖于各种细胞的健康。身体上的许多细胞都是紧密联系的，每个细胞能否保持健康，有生命还是死亡，都与人的思想有紧密联系。

生理学家通过实验发现，邪恶的思想对人身的细胞损害很大，被激怒而使神经系统受到的损害，要花上数星期才能恢复原状。生理学家还发现，健康、愉悦、和谐、友善的思想，都有益于全身的细胞，都有益于增进细胞的活效，而与此相反的情绪，例如偏激、绝望、悲伤等，都对细胞的活力有害。科斯教授通过实验发现，能使身体受到损伤的是生气和忧愁的情绪，而快乐的情感有滋养身体的力量。科斯教授还说：“不好的情感，对于人体的思想，有着一定的阻碍作用。良好的情感对人有着全面的有利影响。脑神经中的每一个思想，都因细胞的组织而更改，而这更是永恒的。”

每种污染都可以经过化学的方法来中和。污浊、鄙陋的思想同样能由健康的思想、正确的思想来消除。固执、不乐观、不和谐等都是不利于健康的，而只有真实、美满、乐观的思想，才会提高人生的意义。如果人有了健康的思想，那不健康的思想便会被清理得一干二净。

2. 希望就是一切

常言说得好，生命与希望同在。只要你认为你可以享受人生的乐事，只要你自己服从这个乐观的思想就行。

遗憾的是，许多人极端地对待他们自己的生活，他们不在金钱上苛刻对待自己，而是在思想上苛待自己。他们的思想空虚，精神匮乏。他们的心理承受能力不是一般的差，任何一件小事都会左右他们的生活。也有身残但志却不残的人，他们虽然经受着病魔的折磨，但是他们的精神是无法被战胜的，他们不向困难屈服。积极上进的力量加上心律调节器能使他过上一种幸福的生活。那么，就让你的自我心态做你的心律调节器好了。让你那乐观积极的自我心态给你面对困难的力量，坚持不懈，精心打造你美好的未来，你的希望就在这里。

很多人年少时，都认为“智商”是一种特别重要的东西。人们都热衷于做些智商测验，想知道自己有没有成功的潜力。只要他对很多问题都回答正确，那他就是一个“天才”；如果他答错了很多问题，或者根本答非所问，他便被认为愚笨，肯定是个傻瓜、低能儿。任何人，如果在智商测验中获得比较高的分数，人们都相信他肯定会成功，相反，如果得分很低，人们便认为他没有什么前途。事实上，智商评估得出的结论并不能完全相信，这种怀疑已经获得证实。许多年来，不少智商高的人毁了自己的一生，也有不少低智商的人在事业上获得成功，他们有的还取得了很大的成就。从你的幸福角度来想想，你的自我心态要比你的智商实在得多，这是你应该知道的。在我看来，这似乎是非常明显的事情。就算你比爱因斯坦还要聪明，跟艾斯泰尔一样漂亮，跟尼劳斯或格雷普莱尔一样高尔夫球打得非常棒，但是如果不相信自己，找理由使你自己降低标准的话，你的人生肯定一团糟。如果你的自我心态太差，你所有的优点都消失不见，你就会想办法折磨你自己。不管做什么，你都感到痛苦不堪。因此，当你开始新一天的事情时，你要找些很有把握的事情来做，使你好好地开始，不要问你自己："我今天的智商怎么样？"反之，你要扪心自问："我的自我心态怎样？"你的智商一文不值，因为它并不受控于你的主观意识，你的自我心态才是最重要的。它全依靠你对自己的看法而定，如果你不相信自己，你便不能主动地发挥创造的功能。只要你的自我心态完整，你根本不用管所谓的智商，你只管做自己喜欢的事情。当你在街头散步而阳光普照大地的时候，你的心情也和阳光一样灿烂。

我们生活在一个非常复杂的社会里，我们每天的生活都十分忙碌。一个基本的事实是：任何人的心中，都有着要在这个世界上追求成功的本能。阻挡你的因素缠绕着你，正如《窈窕淑女》中的希金斯教授所说的一样，唯有上帝知道你的亲戚会不会报复你。但是，你的心中，你们任何一个人的心中，都有着一种想获得成功的本能，那就是究竟什么机遇能使你获得成功。你的成功离不开这些本能，若把它用于奋斗中，它将能提升你的事业让你成功。你必须自己分辨出谁是谁非；你必须下定决心要过幸福美满的生活；你必须使你自己相信：你有权享受美好的人生。当然，这件事并不好办，因为，我们所受的教训大都是：苦难一直没有离开你。这是一种信念：当你不小心灌了自己一肚子毒药的时候，你除了用最快的速度把它吐出来外，别无他法。你应该时刻提醒你自己：我能够尝到成功与快乐的味道。并且，你还必须有拼搏的标准。它必须是你自我心态之中的一种成功，不然便是一种失败。

我碰到过这样一件事情，很多年前，我在纽约市政厅进行演说时，也说过这个故事。在富兰克林·罗斯福当政期间，我为他太太的一位朋友做过一次手术。罗斯福夫人盛情邀请我到华盛顿的白宫去做客。我在白宫的黄厅中过了一夜，我很高兴，因为当年林肯总统便在我的隔壁睡过，我感到十分高兴。我的心情长时间陷入澎湃中，那天夜里我一直醒着。我用白宫的文具给很多亲戚朋友写了信，另外，我还给我的竞争对手也写了信。小时候，我曾经在纽约附近小镇的一些脏乱街道上玩耍过。“麦克斯，”我在心里对自己说，“你应该清楚你现在在什么地方。”第二天早晨，我下楼用早餐，罗斯福夫人是那里的女主人，她是一位高雅的夫人，眼睛闪着优雅的光彩。我吃着盘中的炒蛋，然后服务员又端上满满一托盘的鲑鱼。我胃口很好，但对鲑鱼一向厌恶，我不喜欢吃那些鲑鱼，但我没有拒绝它们。罗斯福夫人朝我礼貌地致意：“富兰克林喜欢吃鲑鱼。”她说的是总统，这我清楚。我在短时间内思考一下，心里想：“我竟敢拒吃鲑鱼？总统都觉得很好吃，我不应该拒绝它们。”我把炒蛋拌在鲑鱼上，甚至把这些东西都吃完了。结果，那天午后我的肚子一直都闹腾。我不厌其烦地讲这个故事，就是要说明一件事情——我扭曲了自我心态。

我其实是厌恶鲑鱼的。为了表示敬意，我勉励自己刻意仿效了总统。我背叛了我的自我心态，这件事情让我好长一段时间都挺愧疚的。当然，它的后果不严重，没有多久就消失了。我们在走向成功的时候，经常会碰到这样的陷阱，我们必须明白，没有一种成功是靠违背自我心态取得的。

习惯改变你的一生

许多伟人为什么能够百世流芳，一个重要的原因就在于他们十分珍惜自己的生命。他们在一生有限的时间里，为实现他们的人生目标争分夺秒，不断地努力、拼搏、前进。意大利文艺复兴时期，几乎所有的文学创作者同时又都是努力踏实、勤勤恳恳的商人、医生、政治家、法官或者士兵。

著名的物理学家迈克尔·法拉第年轻的时候做过学徒工，在空闲的时候，他不停地做各种实验。有一次，他写信给朋友说：“时间是我最宝贵的东西。我从来不敢浪费我有限的时间。浪费时间对我来说，就是在浪费我的生命。”是啊，只要把一些零零碎碎的时间积攒起来加以利用，什么伟大的事情都能完成。滴水成河，铁棒也能磨成针，贵在点滴积累，持之以恒。不浪费一分一秒，有效地利用一切可以利用的时间，什么事情都可以完成。德国伟大的自然科学家亚历山大·洪堡每一天都要处理很多烦琐的事情，整天都忙忙碌碌，只有在夜深人静的时候或许多人睡梦正酣的凌晨，他才能抽出时间来进行科学实验。

只要每天珍惜时间，甚至惜时如金，并有效地用于自我提高，积累自己的知识，坚持下去，你一定能成功。这样长久坚持，那么，一个毫无知识的文盲可以变成一个博学多才的人。光阴似箭，岁月如梭，时光一去不复返。我们应该加倍珍惜时间，我们应该努力学习一些有价值的东西，不断地积累知识。如果每天花一小时学习知识，一个男孩或女孩可以边思考边阅读地完成20页书，那么一年后，他可以看完7000页的巨著或者更多的书籍。每天坚持阅读一小时将使你人生发生极大的变化，这决定了你是白混日子还是过着一种充实的、有意义的、幸福美满的生活。每天一小时能够使一个名不见经传的人成为一个远近闻名的人。

在懂得了时间的巨大价值之后，你会发现，那么多的青年男女在任意地挥霍自己的时间，每天要浪费两个小时，或者更多的时间，这是一种多么触目惊心的浪费——这简直是在慢性自杀！当生命快要结束、日子不多的时候，他们才想到应该珍惜时间。但是懒惰的恶习已经根深蒂固。

每一个年轻人都不能随意浪费宝贵的、正悄悄流逝的时间，应该学会珍惜并有效地利用时间。你可以把业余时间用于改进你的本职工作，让你的工作做得更好；你也可以将其用于开拓新的领域，让自己有更大的发展。不管是什么，你都要做到珍惜时间，时光像流水一样匆匆过去，不要让时间从你手指间流逝，你应该时刻发奋努力，与时间赛跑。

“据我了解，阻碍一个人成功的最重要因素就是没有明确的奋斗目标，从而虚度年华，”伯克有过这样让人深刻反思的评论，“没有明确的人生理想，他就会四顾茫然、思想消极，不会去积极进取，这样的后果是白白浪费自己的大好年华，结果一事无成。”

谚语云：“一寸光阴一寸金，寸金难买寸光阴。”可见时间是多么宝贵。很多人充分利用了别人随手虚掷的时光，在零零碎碎的时间里获得很多好处。那些总是认为自己太忙碌的人，他们真的在一天里抽不出一个小时用于提高自己的素质修养吗？

查尔斯·弗罗斯特的制鞋手艺在佛蒙特州非常有名，他每天都要挤出一小时进行自我提升。他的努力拼搏最终有了骄人的成功，他在数学上卓有建树，并且在其他领域也取得了骄人的成就。

为了挤出更多的时间从事科学实验，病理解剖学奠基者约翰·亨特对自己严格到每天只睡四个小时。大名鼎鼎的科学家欧文先生花费数十年整理了亨特有关解剖学的材料。他的解剖学材料包括2.4万多件标本，这都是亨特长时间辛苦工作换来的宝贵财富。对于一个几乎没有受过什么学校教育、没有什么文化的人来说，这是多么难能可贵啊！约翰·亚当斯非常讨厌那些耽误他工作的人。一位意大利著名学者也在自己的门上写下了这么一句话：“任何在此逗留的人都不要阻碍我的工作。”这句话使那些上门找他闲扯的人望而止步。卡莱尔、丁尼生、布朗宁以及狄更斯都曾经和街头的手风琴师发生过纠纷，因为那些手风琴师使得他们无法全神贯注地工作。

那些历史上闻名的人，大多数都是在他们正常的工作之外，充分利用别人轻易浪费掉的点滴时间，刻苦勤奋，从而获得成功的。英国哲学家宾塞在爱尔兰担任秘书期间，充分利用闲暇时间不断地进行自我提高，成为一代大家。英国银行家与历史学家约翰·卢伯克以其出色的学术研究在学术界赫赫有名。他们的成功都离不开他们争分夺秒的工作。浪漫主义诗人骚塞因为把时间当作生命，不断努力，最后谱写了伟大的史诗巨著。霍桑是一个勤于动手、喜欢笔录的人，他总是随时把自己闪现出来的灵感记录下来，这些珍贵的材料成为他取之不尽、用之不竭的财富。

对工作非常认真、专注的富兰克林，他尽可能地减少自己用餐和睡眠的时间，为的是使自己可以利用更多的时间学习。当还是一个孩子时，他就对父亲每次在餐桌上滔滔不绝的感恩祷告颇为不满，并询问能否简短地说完所有的祷告词，从而节约时间。他的一些传世杰作，诸如《航海的改进》和《冒烟的烟囱》等，都是利用海上航行的时间完成的。

意大利文艺复兴时期伟大的艺术家拉斐尔也是一个视时间如生命的人。拉斐尔短短的一生像璀璨的流星划过天空一样，这位极富才华的艺术家虽然只活了37年，却留下了很多不朽的传世杰作。对于那些以“没有时间”为借口而随便浪费时间的人，他们挥霍宝贵的时间就等于是在加速死亡的步伐。

1. 办事准时，从不拖延

遵守时间规定对工作很重要，同时也代表了一个人的明智与信誉。商业巨子阿蒙斯·劳伦斯从事商业生涯的前七年里，对工作非常认真负责，以最快的速度做完手头的工作。守时，还是一种有风度的表现。有些人总是手忙脚乱地完成工作，任何时候都是一副匆匆忙忙、慌里慌张的样子，你觉得他们好像总是忙忙碌碌。那是因为他们没有掌握合适的做事方法，所以很难取得一定的进步。商业界的人士大都了解，商业活动中的关键时刻会决定以后几年的业务发展状况。如果你到银行晚了几个小时，票据极有可能无效，而你借贷的信用度也将受到无法估量的损失。

学校生活的显著优势就是有铃声喊你起床，告诉你什么时间该去晨读或者上课，培养你遵守时间的习惯。每个人都必须有一块表可以随时看时间，事事习惯“差不多”对自己不利，从长远来看更是得不偿失。

“哦，我非常喜欢那个无论做什么事情都准时的人！”布朗先生说，“你很快就会发现，他是一个值得信赖的人，并且短时间内就会让他来办一些十分重要的事情。”具有办事一贯准时、从不拖延的良好名誉，这就等于迈出了成功的第一步。有了第一步，成功便不再是很困难的事情。

做事情从不拖延是取得别人信任的前提，这将给你带来好运气。我们的生活和工作是按部就班、整齐有序的，这样别人才能信任我们能出色地完成手中的事情。遵守时间的人一般都不会失言或违约，他们非常值得信赖。

火车司机没有时间概念就会产生严重的车祸事件；一家在本行业名列前茅、资金雄厚的公司倒闭了，是因为代理机构在得到命令后没有把重要的资金按时转移过来；如果赦免令早到五分钟，那个无辜的人就不会冤死刑场；一个人停下来听了十分钟十分无聊的谈话，他坐车或坐船旅行的计划就会因此而只能延期……

2. 学会控制时间的艺术

①目标原则。要选好目标，用目标来合理分配时间，用 ABC 法选择目标，运用目标管理法管理时间。

②计划原则。时间要安排在计划中，要制订计划，进行检查、调节。

③整体原则。整体运用，全面规划。

④优化原则。对时间管理的总体安排、时间预测、工作顺序、使用价值等方面实行优化。

⑤效率原则。向效率要时间，时间是效率的分母，速度是效率的标准，科学是效率的“专家”，拖延扯皮是效率低下的“元凶”。

⑥集中原则。抓住重点、排除干扰、全神贯注、集中使用、分散与集中结合，才能坚持集中的原则。

⑦容量原则。要学会挤时间，要在百忙中挤，用网络法挤，用压缩法挤，要不间断地挤。

⑧动态原则。要把握住今天的动态，反思过去，展望未来。

⑨最佳原则。要抓住最佳年龄，充分利用最佳时间，把握最佳时机，保持最佳精神。

⑩辩证原则。掌握进与退、快与慢、动与静、成与败的辩证法。

⑪有序原则。工作秩序条理化，工作目标明确化，工作方法科学化，工作流程有序化，工作内容简明化。

⑫弹性原则。保持生活整体平衡，文武之道，一张一弛。

3. 学会节约时间

人们拥有的时间是有限的，我们不能使时间增多，但却能节省时间。下面是会浪费时间的十个方面：

①乱买东西。东西买多了，不但浪费人力，付出的也不仅仅是金钱，还要赔上时间。

②随意许愿。知道办不成的事却随意许愿、徒劳奔波，肯定会浪费时间，不如不许愿。

③解决难题。集中精力和时间去解决可以解决的难题，但有些难题是一时半会儿解决不了的，干脆丢下为安。

④不会打断。当别人跟你絮絮叨叨地说话说很长时间时，你得善于做到既能打断对方而又不致失礼。

⑤贪看电视。事先查阅电视预告，仔细地选择你所想看的节目，不要没有目的地随便乱看无聊的电视节目。

⑥缺乏计划。攻一个学位、完成一个项目需要多长时间？每周又能参加几次约会？

⑦杂乱无章。花上半个小时找一件工具比如订书机，是让人最烦恼的事。

⑧轻视维修。维修保养耗费很多钱和时间，轻视维修则要花更多的时间和更多的钱。

⑨空手等待。当你在等待的时候，千万要记得做些事情，不要浪费光阴。

⑩幻想未来。忘记努力，今天将过去，明天也是空想。

4. 夺取时间的方法

①把该做的事，按照重要次序的先后，事先加以排列，把握主动权。

②每天开始工作的时间，应比规定的上班时间早15～30分钟。

节省时间的方法

▲ 定期整理房间并丢弃无用之物

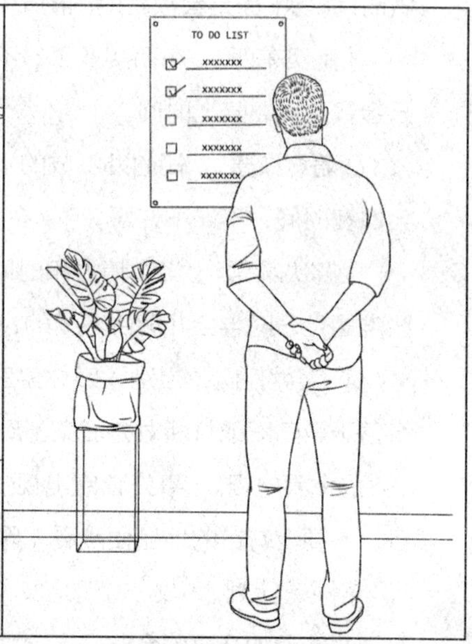

▲ 列出计划并严格按计划推进

▲ 学会拒绝他人占用你时间的行为

▲ 善于利用碎片时间

③开始工作前应把有用的报告、资料在桌上摆好，以免丢三落四，临时查找而浪费时间。

④合理地处理电话、电报和信件的干扰，记住不能过于沉浸其中。

⑤在办公地点尽可能多地放置一些工作需要的手册、书籍、参考材料和工具书，以便在处理工作时随手可得。

⑥每个人一天中均有最佳工作时间，应把最困难的或者最重要的事放在工作效率最高的时间去做，而例行公事则放在精力较差的时间去处理。

⑦勤奋记录。当有了好的创意、构想、观点、依据等灵感时，应立即记录下来，以便需要时随时拿起来使用。

⑧训练速读能力。如果阅读速度提高二到三倍，那么办事效率也会提高更多。因为知识越多，越能闻一知十，举一反三。

⑨随时不忘工作。充分利用等待的空闲时间来工作。

⑩开会的时间最好选择在午餐时或下班前。你会发现，这样处理事情往往更有效率。

⑪当遇到一位健谈的来访者，最好双方都站着。这样可有效地防止来访者转弯抹角，促使他很快地道明来意。

⑫把相关的事归纳在一起，这样处理一件，其他的事即可一块解决。

⑬精力疲乏时，饮口茶，或到窗前伸个懒腰，即可精力充沛。

⑭晚上沉思。每晚花费一小会儿时间回忆一下当天的工作，总结一下成功与失败的经验教训，久而久之，会受益匪浅。

永远不要抱怨工作

世界上大多数人都从事着跟自己的天赋不太匹配的职业，这就好像所有人被彻底地打乱秩序胡乱编排在一起，彼此交换了自己本来应有的位置一样。售货员想当老师，而天生适合当老师的却去做生意了；天性适合做农民的人去做了法官，而适合当法官的人却在管理着每况愈下的农场。于是，每个人都强烈地认为自己怀才不遇从而异常苦闷。

应该埋头苦读希腊语和拉丁语的孩子在环境恶劣的厂里拼命干活，而成千上万本来能够管理好农场或船员工作的孩子则在大学不适合自己的专业，无所事事地浪费时间。本来只会粉刷篱笆的人去做了在画布上涂抹色彩的画家。站在柜台后的店员根本对所卖的产品不感兴趣，所以在那里马马虎虎地接待顾客，同时梦想着能成为伟大的作家……

很多人非常困惑：为什么很多人不去做真正适合他们的工作呢？

富兰克林说："不知道自己适合干什么工作的人最终会一事无成，而只有从事天赋擅长的工作，他才能功成名就。站着的农夫要比跪着的贵族更有尊严。"一个人做什么样的工作能强烈地影响到他的生活。一个人从事他喜欢的职业使他身体强壮、思维敏锐，纠正他的缺点和错误使他更富有创造力。职业使他得以展开自己的抱负，使他开始积极努力，不断奋斗，让他觉得自己是个真正有价值的人，这就很有必要使自己处在真正适合自己的位置上，完成自己真正必须完成的工作，承担自己真正必须承担的责任，并表现出自己真正的勇气与魄力。如果从事的不是自己喜欢的职业，他就觉得自己不是一个完整的人。无所事事的人称不上是完整意义的人，他无法通过工作来展现自己与他人的不同。150 磅的肌肉和骨骼并不是一个真正的人，一个大脑也不足以成为一个真正的人。骨骼、肌肉和大脑必须组合起来，知道什么是适合自己的，进行健全完整的思考，另辟一条成功的蹊径，勇于承担责任，做到这些，才能真正造就自己，使自己功成名就。

1. 精通工作的所有细节

如果你天生只适合做一些微不足道的小事，那么，一定要在这些毫不起眼的事情上做得比别人更好。要竭尽全力、满怀热情、事半功倍地去做，用自己与众不同的工作方法使一件毫不起眼的事情成为一门艺术。要全神贯注、兢兢业业地把一项毫不起眼的工作做成一项有意义的事业。不管它是多么的渺小，都要像研究一项神圣的事业一样对它进行细致的研究，还要用尽全力学会这一工作中包含的所有知识和细节。全神贯注是必不可少的，因为非凡的成就只属于那些专心致志的人，属于那些一旦确定目标就坚持不懈的人。

你想取得成功就必须从小事做起，只要与自己的事业有关，任何事情都要仔细认真，要对所有的细节知道得清清楚楚。这些经验是斯图尔特和约翰·阿斯特成功的秘诀：在自己从事的职业中，他们精通全部的细节。婚姻是爱情的延续，并且只有爱情，才能使婚姻生活的各种问题不解自明。同样，只有对职业本身充满兴趣和热爱之心，才能使大多数人经受得住职业生涯中的挫折与磨难，最终成功，而不管他从事的是商业还是任何其他职业。

“以前我总是觉得自己是带着某种使命来到这个世界上的，到现在我仍坚信，我一定要完成这项使命。”惠蒂埃说这番话的时候吐露了自己的心声，他对自己充满了希望。当今社会，在那些竞争非常激烈的行业，比如法律、生物学、医学、计算机或其他一些行业里，只有那些真正与众不同的、出类拔萃的人才会成功。而天性的召唤、对职业的热爱都是事业成功必不可少的条件。

假如一个人选择自己的职业仅仅是因为他的父辈曾经在这一领域成绩卓越，或者他的母亲希望他这样做，而自己对这一职业并不感兴趣，他还不如去扫大街，在自己选择的平凡职业中，他或许能成为一名出类拔萃的人，而在其他不适合他的“好行业”里，他将可能终生碌碌无为。

2. 集中精力

“如果这样读书，你将受益良多，”西德尼·史密斯说，“那就是读得津津有味的时候，觉得吃饭时间提前了两个小时。比如，拿一本李维的历史书细细地品读，马上能感觉到作者李维仿佛正站在你的身边向你倾诉那些英雄往事。你读书时仿佛自己真的穿越时代了，这时候假如有人敲门，你要费几秒钟的时间才能清醒过来——自己一直就坐在书房里，而不是在伦巴第的平原上兴高采烈地观察汉尼拔历尽沧桑的面容，或是看他一只眼睛放射出明亮的光彩。”

只有专心致志地学习时才能取得好成绩，这是唯一有效并经得住检验的方法，查尔斯·狄更斯说：“我要明明白白地告诉你，我对小说进行的构思或想象，都离不开我所养成的工作习惯，即对十分平凡甚至微不足道的事情进行专心致志的思考，每天做到这样，写成稿子后再不厌其烦地数次改写，精心地推敲。”又有一次，人们问狄更斯他到底是如何成功的，他说：“对于那些应该竭尽全力去做的事情，我从不会三心二意地对待。”

约瑟夫·格鲁尼在给他儿子的信中写道：“不管你在做什么，不管是学习、工作还是嬉戏玩耍，对每件事情都要全力以赴。”年轻人一定要铭记：做事情不要三心二意，一定要一心一意。“我朝着自己确定的目标努力，不能三心二意，好像这个世界上没有什么更好的东西一样。”英国作家查尔斯·金斯利说，“事实上，这也是勤奋工作者的成功经验。当然，大多数人都没有把这种精神带到娱乐活动中去。”

生活中许多人最终一事无成的原因就是他们总是见异思迁，做事情不专注，什么事情都想尝试一下，这样难免会分散精力，这就阻碍了他们的进步，使得他们做不好任何事情。他们没有采取一种更明智的做法——全神贯注地去做一件事情，不达目的誓不罢休，最终成为该领域出类拔萃的泰斗。相反，他们选择了在很多领域成为二流的庸手，他们异想天开，什么行业都有所涉猎，却又都是浮光掠影、浅尝辄止，只弄懂了一点点。

英国社会活动家、作家爱德华·利顿说：“很多人看到我每天都在不停地处理烦琐的事情，什么事都亲自动手竟然还能有时间来研究学问，他们都对我无比好奇：‘你怎么会有那么多时间来完成这样多的著述呢？ 你是不是有什么神奇的魔力可以做完这么多的工作呢？’可能我的回答会令你大吃一惊，答案就是我能有如此大的成就，是因为我从来不同时做几件事情。 一个能把自己照顾得很好的人肯定不会让自己过于劳累。 换句话说，如果他在今天拼命工作的话，那么随之而来的肯定是异常的疲倦，这样的话，他明天就不得不稍微放松自己，这样的工作效率是很差的。 我认为，我真正聚精会神的学习是在工作之余的时间里进行的。 到现在，我觉得我在生活阅历和各种知识的积累方面，比我们这个时代的其他人都要好得多。 我游历了很多地方，见多识广；在政界和各种各样的社会事务中，我也得到了很多知识；除此之外，我在各地出版了很多著作，其中涉及的许多课题是需要深入研究的。 我每天只有三小时研究阅读和写作，我不妨告诉你，事实上还不到三小时，但是，在这三小时之内，我却是一心一意地投入到我的工作中，心无旁骛，全神贯注。”

第五篇　投资自我

（美）奥里森·马登

自我教育，阅读

“沉溺于图书馆中。”这是奥利弗·温德尔·霍姆斯回忆儿童时代自己经常做的事。从图书馆中挑选出那些对生活最有帮助的书本，这种能力价值巨大。这就如同一个人挑选工具去获取知识和提供社会服务一样。

耶鲁大学前校长哈德利曾经说过：“在现实生活中的各个阶层的人，商人、运输司机、或者制造工人，曾对我说他们真正想从学校得到的是：能够拥有挑选书本的能力，从而有效地使用书本。而获得这种能力首先最好的方法是在任何房间里都放置一些优秀的书本。”

图书馆是生活的必需品，而非奢侈品。一个没有书本、杂志报纸的家庭就如同没有窗户的房子。孩子们徜徉于书海之中，他们在触摸书本时不自觉地就汲取了知识。现在所有家庭都可以给孩子们创造一个良好的读书环境。

据说，亨利克雷的母亲也曾在浴池辛苦地挣钱，以供他买书。

倘若可以给孩子购买字典、百科全书、历史类和工作实务类书籍，以及其他各种有价值的书籍，那么他们会不知不觉地接受教育。这样做不仅代价不高，而且还可以让他们学到与自身年龄相符的很多知识，否则这段时间就会被他们浪费掉。如果让孩子在学校、研究所或者学院学习的话，可能需要花费的金钱差不多是这些书本价格的10倍。

此外，如果家中收藏有好的书籍，那么整个房间都会因此熠熠生辉，并且吸引着孩子们的目光，他们愿意待在这个令人非常愉快的地方，而那些没接受过严格教育的孩子却急着跑出去，随波逐流，走进多种多样的陷阱和危险之中。

让孩子身处书海之中是很好的，应该引导他们经常地使用书本、触摸书本，让他们熟悉书籍的封面和标题。一个聪明的孩子能够从好的书本里面学习很多有用的知识，这是非常神奇的事情。

很多人从来不在书本上标记重要东西，从来不在页码上折出痕迹或者划出选好的一个段落。他们的藏书室永远和刚建成的那天一样干净，而他们的头脑，也永远像藏书室一样干净空白。所以，请大胆地在书上做标记，要知道亲自记笔记价值最大。一个从小就喜爱读书的人，在成长过程中读书的效率也会不断提高。

勤俭节约是一种美德，平日里穿旧的衣服和有补丁的鞋子没必要觉得耻辱，但是，如果有些书必须购买，最好不要节省。如果不能送自己的孩子去学校，你不妨让他们接触到一些好的书本，这会让他们从所处的环境中脱颖而出，因为读书能使他们的责任心和荣誉感大大增加。

1. 培养阅读品位，拒绝有害图书

有些书应该精读，因为这些书为我们的自学奠定了基础。

当阅读的范围受到限制时，最好去看那些前人已经翻阅旧了的书籍，它们将对你大有裨益，因为它们已被一代又一代读者挑选过。 如果你只能选几本书，请选择那些世界闻名的经典著作。 找到这些书并不难，因为即使在一个很小的公共图书馆里都会有。

我们必须遵循一条极其重要的规则：不要去读你不喜欢的书。 他人所喜爱的书，不一定就适合你。 图书目录只是为你提供一些建议，如果你过度关注图书目录，你将会被它所约束。应该多选择自己真正感兴趣的书。

你是否想过，自己去寻觅的东西同时也在四处找你，这就是相互吸引的特殊法则。

如果一个人品位比较低俗，总是追随错误的潮流，那么他没有任何必要去四处寻找这些粗俗堕落的书，因为按照上述相互吸引的特殊法则，那些书将会自然出现在他眼前。

一个人的读书品位与他对食物的好恶非常相似。 我们不应当去阅读那些无趣乏味的书籍，远离它们，就像不吃让人恶心的东西一样。 而有些人却喜欢阅读这种书，也很喜欢这类食物。也许在某个国家里，人们都喜欢吃卷心菜或臭鱼，可是我却无法忍受它们的怪味。 每个读者最终都能做出自己的选择，找到钟爱的书，而这些书同样会主动出现在他身边。 任何一个认真的读者都宁愿去看少数几本自己喜爱的书，而不是随波逐流，看一堆不适合自己的书。某个人所认为的最好的书，别人也许并不认同；或者，在别人眼中只有一部分是好书。

印度有一位博学之人，某一天他在家中读书。当翻开某页书本时，忽然觉得手指一阵刺痛，一条小蛇掉到地上，在他看不见的地方慢慢爬行。这位博学者的手指开始肿胀，接着胳膊也开始胀大，一小时后，他因中毒死亡。

没有人意识到，家庭的藏书中也隐藏着“毒蛇”。它们会毒害孩子的思想，改变他们的个性，使他们丧失纯真的天性。

今日那些身陷囹圄的罪犯们，如果在年少时能够读一些好书，那么，恐怕绝大部分人会走上另一条极其不同的人生之路。我们应该多读那些能够振奋精神、有益心智的好书，远离那些“毒书”。

有这样一个故事，克拉克博士在一座大城市里看到到处张贴着醒目的告示：“每个男孩都应当读一读关于西部平原上的暴徒兄弟的传奇经历——他们进行抢劫和谋杀并获得成功，这些奇特的、非常惊悚的冒险经历是前人无法比拟的，定价 5 美分。”第二天早晨，克拉克在报纸上读到：“7 名男孩因入室行窃而被捕，四间商铺被洗劫。其中的一个头目只有 10 岁大。”追踪报道发现，在前一天这些孩子都花了 5 美分去买那本诱使他们犯罪的书。《落基山脉的恐怖杀手——红眼迪克》以及同类型的一些书曾毁掉了许多青年的美好一生。一本诱人堕落的书或者会毁掉你的理想，或者会将你推向堕落的深渊。在你还没有看过这本“毒书”之前，书里的一切内容似乎都是甜蜜、美好而有益的。但是，在读过之后，它会毒害你的人生。它会引诱你想去尝试那些被禁止的愉悦，直到对一切美好、纯洁和健康的事物失去兴趣。这些疯狂的作品只会腐蚀你的精神，让你在人生的各个禁区铤而走险，不顾一切公正和道义。

一个小伙子曾得到一本满是低俗的文字和插图的书，到手不久他便递给自己同伴传阅。后来，此人在教堂里担任一个很高的职务。许多年以后他对朋友说：如果能回到过去，他宁愿用自己的一半所得来消除那本书的毒害。

这些轻浮庸俗的故事书不但不能从道德上教育人，还深深地毒害了我认识的一个开朗的年轻女孩的思想。这如同那些大脑麻木的吸毒者，她的大脑由于接连的精神摧残而变得彻底腐化。这时她满眼都是污秽，对生活中那些健康的一面视而不见。她对生活的理想和抱负已经被彻底改变。阅读那些堕落的、不健康的文学作品是她唯一的乐趣，她于是沦陷于兴奋的幻想之中。

如果我们变得轻佻和肤浅，那么我们原本健康的思想将迅速受到毒害。如果书本不能反映真实的生活，对家庭丝毫没有帮助，没有任何纯粹或健康的哲学的话，那么即便它们还算不上真正的邪恶，也能激发你的欲望，你病态的好奇心会日益增强，这样它们就会在很短的时间内毁掉你最美好的思想。它们会想尽办法毁灭你的理想，让你在阅读好书时的美好感受全然丧失。

在阅读时，我们往往会不自觉地吸入致命的“毒药”，或者也能获得指引我们积极向上的鼓励和灵感。“毒书”里面暗含的“毒药”非常危险，因为它特别善于伪装，从表面上看，邪恶的事物很多都有美好的外表。虽然书中看上去似乎没有什么低俗的言辞，但是它们却隐藏着邪恶的思想。这些作者在写作时，他的头脑里隐含着敏感的动机，全书都渗透着他的思想，影响着与此相关的一切。

你应该阅读那些可以引导自己积极进取的书，它们能够推动你成为更优秀的人才，为世界贡献出自己的力量。要多阅读那些能够让我们反思自我的书，以及那些激发你自信的书。要特别小心那些让信心动摇的书。当你阅读这些具有建设性意义的书本时，它们就是建设者，不过你不要拆散他们的思想。要小心这样一些作家：他们会逐渐侵蚀你对男性的信任和对女性的尊重，动摇你对家庭的神圣信念，嘲笑你的宗教信仰，并渐渐让你漠视道德和责任。

常常翻看那些评价最高的书本，可以更好地展现我们的品位和雄心。倘能仔细观察和分析某人的阅读习惯，即便不认识的人也能够写出一本关于此人的好传记。

我们应该多读书。但是要避免读一些无用或乏味的书。生命是很短暂的，时间更为宝贵，所以要充分利用时间阅读最好的著作。

那些让你读后不思进取的书，没有任何益处。

2. 在家庭中营造良好的读书氛围

家庭是个人获得启蒙教育的地方，在这里，我们养成习惯，规划自己的职业生涯，这对我们终身都有影响。在家庭环境下进行的有规律的、持续不断的智力培训，可以影响到一个孩子的一生。

我听说过一些令人遗憾的事，不少雄心勃勃的青年男女都曾渴望能提高自己的素质，然而，由于受不好的家庭环境的影响，他们无法做到。在家里时，其他人都把晚上的时间用来说话逗乐，不曾努力进行自我完善，不去树立更高的理想。家人偶尔翻翻书本，除了惊险小说别无其他，没有谁去阅读那些有益的书。他们作为家庭中唯一有抱负的成员，可是总是受到家人嘲笑，所以最终只有气馁地放弃抗争。

如果在家庭环境下养成自学的好习惯，那将是非常令人欣喜的事情。年轻人十分愿意学习，如同期待游戏一样。

我认识一个新英格兰家庭，孩子们全和父母亲住在一起。一家人每个晚上都坚持用部分时间进行学习或其他一些形式的自学。吃完晚饭，他们每个人都能自由地消遣娱乐。他们拥有固定的游戏和休闲时间，但这仅有一个小时。当学习时间到来时，整个房间会立刻安静下来，甚至一根针掉下的声音都可以听到。每个人都在自己的房间阅读、写字、学习，或者进行各种各样的脑力工作，所有人不可以讲话抑或打扰其他人。如果家庭中有人由于烦躁或别的原因而不愿学习，那么他必须保持安静，不能干扰到其他人。一家人拥有完全一致的目的——建立一个理想的、适合学习的环境。所有杂事都可能使注意力分散，甚至可能导致思想开小差，任何打扰都会破坏思维的连贯性，所以应该尽力避免这种事情的发生。在安静的环境下，聚精会神地学习一个小时，比起被多次打扰或者思想不集中地学习两三个小时来，前者的收获远多于后者。

但是不少家庭都有可能不珍惜这些宝贵的时间，而虚度每个夜晚。当轻松、愉快与和谐的气氛遍及一个自我学习的家庭的各个角落时，所有家庭成员都会渐渐地变得积极向上，并激励自己去追求更美好的事物。

有时候，家中某个意志坚定的年轻人会彻底改变整个家庭的习惯。他对自己发誓要坚定立场并不甘失败。像这样的有志青年，他们总是设法抓住任何改变命运的机会。而且他的奋斗和努力恰恰反衬了许多同龄人总是浪费宝贵的机会，也缺乏足够的勇气和毅力去做那些有意义的事情的状况。

那些总是重视品德、做事极为认真的人，能够引起所有人的注意，也因此拥有更多的晋升机会。

即使在最忙的时候，我们也浪费掉了生活中大量的时间。但如果作出合理分配，这些被浪费的时间具有很高的利用价值。

很多家庭妇女整天忙忙碌碌，她们想当然地觉得自己没有时间去阅读书籍、杂志或者报纸，但是有种观点则很惊奇地表明：只要可以很好地做完本职工作，她们便可以有很多空余时间。要极大地节约时间，就将事情按轻重缓急排出顺序。我们当然能够去安排自己的生活计划，让自己能有一定的时间来进行自学，使生活质量提高。

优秀的商人在清晨进入办公室，聚精会神地处理最重要的事。他很清楚：如果所有的事都要关注，所有的细节和烦琐的小事就会迎面而来，会见每个想要见他的人，回答人们想知道的每个问题，那么，没来得及去谈一笔大生意，就已经到了离开办公室的时间了。

巨额投资，养成完善自我的习惯

一般说来，教育是人类通过自己读书和老师的培养逐步发展心智的一个过程。然而，由于没有机会或是错失了这个机会，一些人从未接受过教育。这时仍有一线希望，那就是通过“自我完善”来获得教育。我们身边有许多机会可以去完善自我，也有着大量有助于完善自我的资源。现在，我们能找到多种多样有利的资源，比如质优价廉的书籍、免费的图书馆、夜校等。在这种情况下，任何因缺乏资源而不能完善自我的借口都没有丝毫说服力。

回首半个世纪乃至一个世纪之前，我们发现，有诸多困难摆在人类获取知识的路上。那时书少且价高，学习条件无法和现在相比。在每天的繁忙工作之余，人们还要投入学习，借着昏暗的烛光，他们克服身体上的疲倦全身心地投入到学习当中，其中的艰辛可想而知。但是，就是在这样艰苦的条件下，还有那么多的坚忍的人取得了杰出的成就，这不得不让人惊叹和佩服。一些成功人士有时会受病痛的折磨——眼疾、肢体残疾或其他的病痛，然而他们顽强地克服了这些困难。相比之下，我们有优越的学习环境，众多自我完善的机会，书籍等资源无处不在，但我们获取的知识却少之又少，我们难道不该为此感到耻辱并好好反省吗？

完善自我意味着必须具备这样一种感知：渴望改进自己。如果你有这样的渴望，那么只要战胜了自己，战胜那个玩物丧志的自己，最终就会获得成功。我们应该避免做一些无聊的事情，诸如看闲书、打扑克、玩台球、讲故事、漫无目的地闲逛等，好好去利用这些宝贵的时间。对于那些努力进行自我完善的人来说，“在他们的道路上有一头狮子”，这头狮子就是自我放任，他们要想取得进步就必须战胜这个敌人。

我无须知道一个年轻人整天所做的事情，只要知道他晚上都做些什么，我就能够预测他未来一生的状况。他若重视娱乐消遣，那么他未来一生中物质化程度就越高。反过来，他若把玩乐消遣视作自我放任，认为它没有任何意义，只是消磨时间，那么他未来的一生将会取得成就。

人们年轻时在休闲时间做的事情，往往为以后的人生定下了基调。它让人知道他们的内心是否已经死亡，或者他们是否把人生只是看成消遣娱乐的旅程。

很多年轻人也许尚不知道玩物丧志的危害，当你把整个晚上或休假的时间任意地挥霍掉的同时，它并不利于你品格的塑造，相反你的品格在逐渐堕落。

年轻人经常会发现他们在不经意间就被竞争对手超越，但是如果他们能够好好审视自己，就会发现他们曾一度停止过努力，许多宝贵时间都被自己浪费了，他们没有进行广泛的阅读以充实自身的知识体系，这样当别人在进步的时候，自己却在走向堕落。

正确的做法是用休闲时间进行阅读和学习，这也正体现了你高贵的品性。历史上有许多利用休闲时间来进行学习的著名事例。成功人士们不想浪费休闲时间进行玩乐，而是利用一切可利用的时间来学习，即使牺牲一些睡眠和进餐时间。

伊莱休·伯里特曾经的学习环境极度艰苦，但是他却取得了巨大的成功，成为美国著名的慈善家、语言学家和社会活动家。今天的年轻人如果在那种环境下，能成大器者恐怕寥寥无几。伊莱休·伯里特16岁时在一个铁匠铺当学徒，工作一个白天，甚至有时还需要加夜班。但是，在这样艰苦的环境下，他仍利用一切空闲时间阅读以充实自己。 他随时放一本书在口袋里，一有空闲就拿出来看，晚上、休息天，甚至吃饭时他也在看，他利用了任何可利用的时间来学习，而这些时间对大部分人来说都常常是不加利用随意流逝的。 每天早上，当那些家庭富裕的孩子或者贪玩儿的孩子还在床上伸懒腰、打哈欠、刚将眼睛睁开的时候，年轻的伯里特早已起床看书学习了。

由于热切地渴望学习知识和完善自我，他战胜了前进道路上的一切障碍。 一位富有的绅士曾想资助伯里特去哈佛读书，但他没答应。 他认为自己能够自食其力得到教育，即便每天需要花上 12 ~ 14 个小时在铁匠铺里工作。 他有着坚强的毅力和坚定的信念。 他抓住工作间隙中的点滴空暇时间，珍惜它们，充分地利用它们。 他与格拉德斯通一样，都相信现在节约时间，日后会有巨大收获，现在若是浪费时间，自己就会退步。 伯里特在铁匠铺上班之余，凭借自己挤出来的点滴零碎时间学习，一年中就学会了 7 门外语。 在那样艰苦的环境下取得如此惊人的成绩，让我们不敢想象。

因此我们应该知道，我们没能取得成功，并不是由于我们能力欠缺，而是我们缺乏勤奋。 有无数事例可以说明这一点。 职员的脑子要比他们雇主的脑子更聪明，能力也更强。 但是这些聪明的职员们却不去努力提升自己的各项才能，他们的头脑满是享乐主义，把时间和金钱都花在玩乐消遣上了。 随着年龄的增长，他们就越发意识到自己这一生只能靠给别人打工为生，继而开始抱怨自己没有好运气、没有机遇。

1. 利用现有资源提高自己

许多一生只是小职员的人常常受雇于这样的雇主：他们年轻

时认为学写一手好字或懂得职业发展所必需的基础学科价值不大。这种无知，对于许多在工厂、商场或者办公室上班的年轻男女来说，也是相当普遍的。事实上，今天的教育环境很好，机会也很多，那些年轻人本应让自己得到良好的教育，但他们却没有，这是多么令人遗憾的事啊！现今，我们到处可以看到年轻的男女们职位极低，很大程度上，那是因为他们对教育没有足够的重视，在学习时没有集中精力，结果便是他们不得不一生都只做一个小职员。

很多人在年轻时经常不重视学习，认为没有必要花精力去学习，等到老了才发现自己的人生如此不成功。

有许多天资不错的女孩，她们在平凡的岗位上度过了人生中最美好的青春年华。她们觉得自己不需要提升自身的才能，也没有必要去抓住那些可以使自己获得更好岗位的机会，从而导致她们人生的失败。之所以失败，是因为她们年轻时没有意识到学习也是一项任务，相反，她们错误地认为学习没有任何价值。在学校里，她们不去学习基础知识、学习精确地记账、寻找自己适合的事并努力使之发展为将来的职业，因为她们觉得去做这么多事远远比不上找个好丈夫，而从没想过要自食其力。然而，真正靠婚姻取得幸福的人只是极少数，生活中的许多例子都足以说明婚姻并不是以后生活的保障所。

许多年轻人身上也有类似的缺点。他们不舍得在发展自己的才能方面倾注精力，而只希望能够每天工作几小时，干点轻松的活儿，报酬还比较丰厚。在一生中，他们考虑最多的是怎样享乐，而不是如何锻炼自己，使自己有所进步。

许多职员都羡慕自己的雇主，也想自己当老板，雇用他人，但是一旦他们知道要改变现状就必须付出极大的努力时，便退缩了。他们喜欢过一种轻松自在的生活，喜欢能够闲庭信步。但是我们要知道，要想获得更好的职位，领取更丰厚的薪水，就需要不断努力拼搏进取。

有个问题普遍存在，那就是很多人不愿意通过牺牲现在去换取将来的所得。他们不愿意花时间来完善自我，而更乐于享受现在的生活。他们也渴望创造一番事业，但这个渴望并不足够强烈，若是要去实现它，就得牺牲一些当前的时光。他们虽然希望有所成就，但这个希望不足以让他们甘愿付出一切代价换取，正如他们不愿意坚持不懈辛勤学习数年以给自己的人生打下一个良好基础一样。

大部分人的生活都是庸庸碌碌、无所作为的。他们本来有能力改善自己的生活，但却因缺少热情和决心而未能做到。众所周知，只有努力拼搏才能过上高贵的生活，但这些人宁愿轻轻松松地过着平凡的日子，也不愿去努力拼搏。

一个人如果想完善自我，并对此作出了安排，那么他就能找到可利用的机会，“如果没有机会，那就创造机会”，有人曾这样说，下面就有一个源自平常生活的例子。

有一个年轻的爱尔兰人，快20岁了还不会读书写字，因为他所处的地方放纵主义盛行，没有任何学习的机会。于是他离开自己的家乡，并通过学习黑板报掌握了一点阅读能力，后来他在军舰上当上了一个乘务员。他选择到船长室去工作，因为在那里他可以学到更多的知识。他随身携带一本小便笺簿在衣服口袋里，以便于随时随地记下自己听到的新词。有一天，长官看到他正在记录，便怀疑他是一名间谍。最后，当这名长官和其他长官知道了整件事的来龙去脉以后，就设法给这个年轻人更多的学习机会，而这些机会促使他能够很快得到晋升，最终在海军部队里位居高职。只要你能像这位海军官员一样，在通向成功的道路上做好一切准备，你肯定也会取得成功。

2. 能否成功取决于年轻时候

世界上所有伟大的事情都要靠自己的努力。许多年轻人都有着远大的目标，但是由于自己资历不够，就固步不前甚至退缩了。他们开始守株待兔，等待上苍的援助。一分耕耘，一分收获，而这一切都只能依靠自己。要想成功就必须靠长期不懈地艰苦奋斗，而贪恋于奋斗途中各种诱惑的人，往往会半途而废。

正如上面我们所讲述的故事一样，大多数人没有抓住那些可以完善自我的机会，而那些天资聪颖的人们却能够发现和把握这些机会，因此尽管他们身处逆境，也能够比常人取得更加杰出的成就。

我认识一位我所在州的立法机构官员，他才能卓越，名声显赫，为人豪爽热情，极富同情心。但是他有一个缺陷，就是英语发音不标准，听他说话令人觉得很痛苦。

在华盛顿，还有许多这样类似的例子，一个人由于他天资聪慧与品行端正被选举担任重要职务，但是他依然懊恼年轻时浪费时间的行为。

一个人若想成为人中豪杰，就必须掌握独特的才能。但是如果他在年轻的时候没有受过良好的才智教育，他一生也只能做个小职员，这对任何人来说都是一件最为耻辱的事情。要知道，一个人若是有80%～90%的成功可能性，却因为他未曾接受过良好的教育或训练，导致他成功的可能性大大降低，甚至还不到25%。这是一件非常令人遗憾的事情。

换句话说，如果你以前从未受过教育和训练，那是一件令人苦恼的事情，这时你必须依靠自己的力量，努力完善自我，从而提高自己的才能。

一个人本来能够获得巨大的成功，但是当机会降临时，由于他没有做好充分准备，结果只能眼睁睁地看着机会溜走，最终无法成功。除了犯罪之外，恐怕这是世界上最让人伤心、遗憾的事了。

这里有一个例子，让我们觉得非常可惜。有这样一个人，他是个天生的博物学家，有着远大的志向。他在自然科学方面很有天分，他所掌握的自然历史知识极其丰富。当他意识到这一点，想尝试表达自己独特的见解和发现时，却碰到了困难。由于没有特别重视教育，年轻时没能把精力倾注在学习上，他早期学到的词非常少，以至于还不能够写出一个语法正确的句子，更别说充分且清楚地记录自己的观点，使之成为著作留存下来。由于缺乏语言知识，让他用语句来表达自己观点成为一件特别困难的事情，这些都是他年轻时忽视教育的重要性造成的结果。

想想这位杰出人物所承受的痛苦吧，尽管他知道很多自然科学方面的知识，但却不能够用正确的句子表述出来，这多么令人遗憾。

速记员在工作的时候常常会遇到一些他们不熟悉的字、词或短语，为此他们非常烦恼。而这主要是由于他们平常储备的词汇量非常有限。要做一个出色的速记员，仅仅掌握常用的词句是不够的，还必须知道那些不常用的冷僻字词，同时还要建立一个庞大的知识体系，以防出现意外情况。速记员如果常常出现语法错误，或者总被一些生词所牵绊，他们的雇主就会发现其文字功底之差，词汇量积累之少，所受的教育之有限，然后将其解雇或降职。

有一位年轻的女士写信诉说道，因为她以前未曾接受过良好教育，现在做事经常遇到困难。因为她的语句经常出现语法及拼写错误，她甚至不敢给那些知识渊博的人写信。从她的信中可以看出，她的天资不错，但由于教育的缺乏，她经常身处困境。这完全是由于年轻时的掉以轻心而导致了如今的苦恼，这是极其不幸的事情。

经常有很多人给我来信，在读完之后我都为他们感到相当难过。尤其是在读那些年轻人给我的来信时，我可以看出他们都天资聪颖，思维敏捷，但缺乏教育极大地限制了他们能力的发展。从众多来信中，我可以看出他们如同一颗颗未经打磨的钻石，虽然只有一面露出地面，但也足够让光线进入其中，从而显露出他们的潜能。

我经常为这些人感到惋惜，他们虚度了那段在学校学习的美好时光，浪费了他们天生的聪明才智，因而一生碌碌无为。随着年龄的增长，如果他们能够觉悟并开始努力学习，还不算太晚，也有取得成就的可能性。

对于年轻人来说，浪费现有的机会令人深感遗憾。还有另外一个例子，某人具有领导人应拥有的良好资源，但是由于他缺乏教育和其他方面的准备，结果没有成为领导人。而其他人，虽然在天资方面远不如他，但经过勤奋学习和充分准备，接受了更多更好的教育，最终成功地当上了领导人。

我们随处可见，像职员、技工、主管等这类岗位的安排并不是由一个人的天资来决定的。有些人天资聪颖，但缺乏教育，因而也只能处在很低的职位上。他们或无知，不能够撰写一封出色的信函，或没有学好语言，不能很好地与人交流，总之他们没能展现出自己的潜能，因而只能表现平庸。

塑造自我，投资仪表

好的外表包括身体干净和服装整洁这两个方面，通常这两部分是不能分开的。如果一个人服装整洁，说明他很注重个人卫生；反之，如果此人十分邋遢，则表明他不注重外表，这比穿着的好坏更能说明问题。

我们最开始都是通过身体的某些部位来表达自己的情感，身体的外在情况被看作是我们内心的写照。如果一个人纯粹是因为疏忽大意而使得自己的外表不招人喜欢的话，那么我们可以说，他的思想也是同样糟糕。通常来讲只有一个结论，那种理想中的要求严格的工作以及清爽舒适的生活环境与低标准的个人清洁卫生是不相符的。一个常常忘记洗澡的年轻男子也通常不会去整理自己的思绪，他在各方面的表现也会随之越来越差；一个不修边幅、粗心大意的年轻女性很快就令人反感，她会慢慢地消沉下去，直到蜕变成一个不整洁的女子。

好的、健康的、清爽的外形与优秀的、健全的、纯洁的人格关系极其密切。一个人倘若疏忽其中任一方面的话，那么另一方面也不复存在。

在实现“清洁法则”时，审美和道德方面的考虑虽不能少，然而个人的利己思想也非常重要。我们每天都能看见一些人由于没有“做好自己”而遭领导批评。我知道几个能力很强的速记员的例子，他们因为没有保持手指的干净而被开除。我所认识的一个诚实而且聪明的人丢掉了在一家大型出版公司的工作，因为他没有刮胡子和刷干净牙齿。不久前，一位女士提到，她到一家百货公司去买一些装饰用的彩带，可是当她看到销售小姐的手时，马上就改变了自己的主意，决定到其他地方去买。她说：“这么精美的彩带决不能让那肮脏的手触碰，否则，它们肯定会失去鲜艳的颜色。”当然，不会过太久，那个女孩的雇主就会发现她业绩平平，接下来，她就会被公司无情地开除。

勤洗澡是保持良好形象的首要事情。每天洗澡能确保皮肤的清洁干净，只有这样才能使身体健康。重要性仅次于洗澡的是对头发、手和牙齿适当地护理。这不会浪费很长时间，使用一下香皂和水即可。修剪指甲的工具非常便宜，似乎没有人买不起一套这样的工具。如果真的买不起整套工具，你只需购买其中一只以保持手指甲的光滑和清洁即可。

保持牙齿的整洁很简单。但是与其他方面相比，更多的人会在这项特别的清洁工作上出现问题。我认识一些年轻的男士，甚至也有不少年轻的女士，他们衣着靓丽，并自豪于个人的外在形象，然而，他们往往忽视了牙齿保洁方面的细节。他们没有意识到，在个人外表的污点之中，最糟糕的是不干净的牙齿、龋齿或前面的牙齿掉了一两颗；最令人难以忍受的是满嘴恶臭，任何忽视了对牙齿保洁细节的人的下场都不会很好。没有雇主希望招来的书记员或速记员有着前面牙齿少了一两颗的不佳形象，很多求职者在找工作时遭到拒绝就是因为没有好的牙齿。

对于那些免不了会在社会上抛头露面的人来说，关于他们着装最好的建议可用下面一句话概括："穿好看的衣服，但避免太过华丽。"服装最吸引人的地方就在于它的简约。此外，如今有多种不同品位而且价格低廉的服装可供挑选，大多数人都能买到适合自己的衣服。如果的确因为一些客观的原因使你不能拥有一套较好的服装，你也没有必要因为衣着寒酸而感到羞耻。那些穿在你身上的衣服是用你自己的钱买来的，与那些穿着依靠别人的钱买的新衣服的人相比，你理应受到自己和别人更多的尊重。衣服破旧不会使你遭受世人的不满，但倘若是由于你衣着很不整洁那就无法推卸责任了。只要你是根据自己的经济状况来穿着打扮的，不管显得多么寒酸，你都是着装得体恰当的。任何时候都要注意竭尽全力搞好自己的形象，保持非常整洁清爽的外表，不惜代价维护自己的尊严，如此，即使你处于最糟糕的情况下，依然能保持一定风度，而且浑身散发着高贵的气质、无穷的力量和较强的吸引力，这些都会让你赢得他人的尊敬和钦佩。

在很短的时间内赫伯特·H.弗里兰德就从长岛铁路公司一个铁路段的负责人升到了纽约全部路面铁路负责人的职位。他曾在一次《如何获得成功》的演讲中说道："服装无法改变一个人，但是好的着装让很多人得到了理想的工作。假如现在你想找一份工作，自己只有 25 美元，建议你花 20 美元买一套服装，花 4 美元买一双鞋，剩下的钱呢，刮干净胡子，理理发，并把衣领也弄整洁，然后你就可以去找工作了。这样取得的效果远远大于把钱放在口袋里。”

绝大多数的大公司都规定不聘用那些看起来蓬头垢面、十分邋遢或者不修边幅的求职者。芝加哥最大的零售商店的一位负责招聘的职员说：“虽然我们对每一份求职申请进行审核的程序都非常严格，但实际上求职者最终能否被录用，最关键的一点还是其个性特征。”

无论一个求职者多么有才华和能力，他都必须特别注意自己的外在形象。有些注重形象但能力有限的人可能会求职成功，反而有时候一些才华横溢但却不修边幅的人也有可能遭到拒绝。尽管那些依靠良好的形象而获得一份工作的求职者与那些被拒绝的人相比往往有些肤浅，但是既然他们好不容易才得到这样的机会，他们就会努力将工作做好，即使他们的能力还不及那些被拒绝的人的一半。

招聘录用的这些规则在英国也同样适用，这从伦敦服装商记录中就可以得到印证。那里面提到：“那些非常注重个人形象和服装整洁的人，对工作也表现出格外的细致。那些个人生活习惯非常糟糕的工人生产出来的产品也是很不好的，而那些很关注个人形象的工人则相应地很在意他们产品的外观。在柜台后面发生的情况与车间里的状况是一样的。漂亮的售货员小姐往往特别讲究穿衣打扮，她们肯定不会穿脏领口、破袖口的衣服或戴已褪色的领带，难道这不是事实吗？显而易见，对个人生活习惯和外表非常关注往往能够说明这个人细致用心，也表明其对各种不修边幅行为的憎恶。”

所有那些想通过自己的努力创造美好生活、赢得自尊的青年人都会注意因着装太随便而导致的后果，因为“一个人的着装可以反应他的性格”。由于衣着整洁会使人更加优雅和清爽，而破乱肮脏的衣服则会令人感到羞愧和自卑，仿佛没有了尊严。我们的着装毋庸置疑会影响我们的心情和自尊，任何人都可以感觉到哪些是因为穿着合身的新衣所带来的效果，哪些不是。穿着不合适、肮脏的外套特别不利于人的思想和言行。伊丽莎白·斯图亚特·费尔普斯说：“注重穿着整洁的意识孕育了道德，仅次于纯净的心灵。熨烫得很好的衣领和崭新的手套已经帮助许多人脱离险境，渡过难关，要是其中出现一些褶皱或撕裂的瑕疵，也许他们都不会成功。”

注意细节是非常重要的，这是衣着得体的人士真正应该做到的，其重要性可以从一位年轻女性没如愿找到理想工作的故事中得到说明。有一位非常有钱且善良的夫人——我们这一代中有很多这样的人，她创办了一所工业学校，让一些女孩子有机会接受良好的英语教育，并学会自力更生。她需要招一位老师兼监管人员，这时，机构的托管人向她力荐一位年轻的女士，她觉得自己非常的幸运，因为大家都会夸赞此人的能力、学识以及行为举止等各方面，并且都觉得她十分合适这个岗位。后来这位女士接到通知，要她马上去见该校的创办者。显然，这个女士具备了所有的素质和条件。可是，在没说任何原因的情况下，夫人坚决不给该女士一个工作的机会。过了很久以后，夫人的一个朋友问她为何不聘用这个才能卓著的教师，要求她给出一个合理的解释。她回答说：“她的失误只因为一件小事。可是在古埃及象形文字中，一件小事包含了很多意思。 这位女士来见我时衣着非常的时尚靓丽，但是她的手套却非常的肮脏破烂，并且鞋子上一半的扣子都没有扣好。 一个不注重细节的女性绝不适宜做任何女孩的教导者。”可能这个求职者永远也不会知道她为什么最终没能获得这个工作。 毋庸置疑，她在各方面都很得体，除了没有注意着装时的细节这个看似不重要的问题。

依靠自我，推倒成功的最大障碍

每一个正常的人都可以做到独立自主，可是很少有人会注重培养自己这方面的能力。 要想依靠别人，仿效别人或是让别人帮你来思考、制订计划和完成工作，这些是非常容易办到的事，可是对你自己却没多大好处。

典型的美国人最大的毛病之一就是，假如他在某方面缺乏领导才能，他通常会觉得没必要好好去挖掘一下自己这方面的才干。

摒弃这种想法，因为你不是一个天生的领导者，你生来就要依靠他人。 你不具有领导才干不能成为你拒绝培养这方面能力的借口。 只有把我们的能力放到实践中去检验后我们才会了解自己有多大的力量。 有很多人已经证明了他们自己是伟大的领导者，他们看上去并不是天才，起初他们只是表现出了独立自主的迹象。

领导者不会仿效他人，他们的想法与众不同。 他们不断思索、不断创新、不断地制订计划并付诸实践。

真理往往掌握在少数人的手中，绝大部分人不过是些平凡民众，他们组成了一个庞大的群体。 真正能从众人中脱颖而出的人非常之少，但是他们能自食其力。

你所见的人们几乎都在依赖某物或某人。 有的依赖金钱，有的依赖他们的朋友，有的依靠他们的外表，有的依赖他们的家庭。 可是我们很少能看到某个人完全依靠他自己，自食其力，依靠自己的力量去解决生活中的问题。

到后来，我们绝不会原谅那些提供给我们依靠的人，因为我们知道那样剥夺了我们与生俱来的权利。

当一个小孩子看到父亲向他展示怎样去做好某事的时候，他是不会满足的，但当他亲身操作做好这件事情的时候，他是那样高兴和满足。 这种获得成功的全新感觉会加倍增强他的自信心和自尊。

亨利·沃德·比切尔过去常用下面的一个故事展示他年幼时是如何学会独立的：

> 一次上课我被叫到黑板前面，我犹豫不决地走上讲台，嘴里还嘀嘀咕咕。
>
> “你必须学会本课内容。”我的老师以一种平静的语调对我说道，但厉声厉气，他所有的说教让我觉得都是对我极端的轻蔑。“我只要你知道问题所在，我不需要一切有关你为何没有搞清这个问题的理由。”

“我的确学了两个小时。”

“那对我来讲毫无意义，我只要你弄懂这篇课文内容。你或许可以不花时间学习，又或许会花10个小时，都无所谓。我只要求你弄懂课文。”

要达到老师的要求对一个比较青涩的男孩来说是有点困难的，可是这确实锻炼了我。不到一个月的时间，我强烈感到需要具有独立思考的能力和勇气以便准确无误地回答老师的问题。

一天，当我回答老师提的问题时，他用冷淡而又平静的声音打断了我：“不对！”

于是我迟疑了一会儿，然后又重新开始。当我再次说到刚才那个地方时，他又打断了我，用一种坚定的口吻说：“不对，下一个。”我不解地坐下，满脸通红。

另一位同学起初也被打断了，但接着又继续了下去，直到回答完毕。当他坐下的时候老师表扬了他一句：“回答得很好。”

我嘀咕着：“为什么我回答的内容跟你一样你却要说‘不对’，为何你不能说‘正确’，并让我顺利进行下去？”

仅仅学习课堂上的东西是远远不够的，你必须清楚地认识到这一点。直到你对学到的东西坚信不疑时才能说你真正理解它了。如果所有的人都说“不对”，你却要说“对的”，那么就证明给他们看。

老师在给小学生上课时提供的最大帮助就是教育他们学会独

立思考，相信自己有能力去解决问题。 如果年轻人没有培养自强自立的能力，那么他以后将不会成功。

1. 依赖是成功最大的障碍

人们都曾有一个最大的误解，即是觉得通过别人源源不断的帮助，就可以使自己一直受益。

有雄心壮志的人，其目标就是要掌握权力，而一味地效仿或依赖他人却只会导致懦弱。 实力是靠自己的努力得来的，靠整天坐在体育馆里看别人锻炼绝不可能增强自己肌肉的力量。 养成依赖他人的习惯极大削弱了一个人独立生活的能力，一旦你依赖于他人，你将永远不会变得强大。 学会自立，否则你永远别想出人头地。

有的人尽可能地为他的孩子们营造良好的环境，希望他们不用像自己一样艰苦地奋斗。 然而他却没有意识到这实际上非常不利于孩子的发展。 他所谓的给他们提供的好条件反而有可能阻碍他们的进步，因为年轻人所需要的是主动性和干劲。 他们生来就有依赖他人、模仿他人的特质，而且他们很容易就会养成这种坏的习惯。 如果你给他们提供拐杖他们就不会独立行走，只要你帮助他们，他们就会依赖你。

使人的意志和韧劲得到锻炼的是自助行为而不是依赖他人，要自力更生而非事事求人。

爱默生曾说过：“不劳而获的人会丧失奋斗的决心。”

接受他人的资助会使你不自觉地认为自己可以坐享其成，因为有人已经为你做好了一切铺垫。 这样的想法会让你萎靡不振，这对你的个人奋斗和自立的精神会造成致命的影响啊！

我所见过的最让人恶心的情景之一是一个身体无恙的青年男子，他有宽厚的肩膀、健壮的小腿，体重达到75千克，却双手插在裤兜里，立在那里伸手乞怜。

你是否意识到你所熟识的某些人正在等待某些幸运之事的降临。他们中有很多人也不确定他们在等待什么，但他们的确在固执地等待某件事情的降临。他们有一个不确定的想法：也许幸运之神会垂青他们，有一些很幸运的巧合会发生，或是某种为他们打开幸运之门的事将会发生或者他们将会得到某人的帮助。因此，他们不必受到很好的教育，不必做过多的准备或是拥有足够的资本，从而使他们在起步时就比别人具有某种优势。

某些人在等待金钱从天而降，这笔财富可能来自其父亲，或一位很有钱的叔叔、其他某个远房亲戚。还有的人则在等待某种被称为“幸运”或“辅助”的神秘东西的到来会拉他们一把。

我从未见过这种人，他只懂得等待别人的援助，等别人把钱留给他，或是任何形式的资助，或期待幸运降临到他头上，而最后会获得真正的成功。

一般来说，那些视所有依靠和别人帮助于不见、断了自己所有退路而只能依靠自身奋斗的人最终能获得成功。自立可以打开成功的大门，自立是能力的代名词。

没有一种习惯会像总是期望得到别人的帮助那样对自信心的摧残如此之大，所有成就来源于自信。

一个大公司的高级领导最近说，他一直力图把自己的儿子送到另外一家公司去工作，让他在那里经受一些磨炼。他不希望自己的儿子以跟随他作为工作的开始，因为他担心他的儿子可能会依赖于他，指望着老爸的恩惠。

那些被惯坏的男孩子可以在任何时间进入家里的公司工作，只要他们愿意，他们可以随时出入公司，这帮人是很少能有所成就的。只有自信的人才能拥有更强的能力和自信心，只有自力更生、自食其力才能真正培养一个人取得成功的动力和做事的能力。

让一个男孩去依靠他父亲或是某人的恩惠会对他正常的成长具有极大的消极影响。一个人是很难能够在一个可以触碰到底的水池里学会游泳的。一个男孩在能淹没其头部的深水区学游泳将会学得更快，因为他被迫在游和被淹死之间做出选择。当他切断了自己所有的退路之后，就可以没有障碍地游到岸上。我们往往喜欢只要有机会就依靠他人，这是人类的本性；不到万不得已不把事情做完，这也是人类的本性。在我们的生活中往往是那些我们不得不做的事能最大限度地发掘我们的潜力。

一味依靠扶持的男孩子总是难以成功，而当他们完全自食其力、被迫去做一些事情或是让自己承担失败的后果时，他们一般都会在短期内使自己的才干大大提高。

一旦你放弃了寻求别人帮助而是努力变得自强不息，你就迈上了通往成功的大道。一旦你摒弃了外部所有对你的帮助，你就会使你的潜在能力提高。

2. 丢掉拐杖，自尊自强

在这个世界上你的自尊是最具价值的，如果你由原来的自己变成另一个坐享其成的人，你就无法维护自己的尊严。一旦你下定决心打算依靠自己的力量努力奋斗，你就会变得极其强大。外力的助推会被你视为一种恩赐，但实际上它却可能是不幸的祸根，它对人的破坏性很大。你最好的朋友未必就会资助你，真正的朋友会敦促你自己依靠自己、自己解救自己。

在你之前有很多人，他们只有一只胳膊或一条腿，却能很好地生活着；而你有着健康的体魄、强壮的身体，有能力工作，却不想依靠自己的力量。

一个依赖性很强的健康人无法感受到自己是一个真正有出息的人。当一个人拥有一份完全靠自己打拼的工作，他会感到格外充实、满足和有成就感，这是其他什么事都代替不了的。人的才能在强烈的责任感的驱使下会得到进一步的施展。很多年轻人在独立创业后才第一次真正认识到自己的才干，而多年为他人工作的经历都没让他认识到自己的能力。

为他人打工在很大程度上是会埋没一个人的能力的，这样做他会没有动力，没有雄心和激情。即使再任劳任怨，他也无法做到完美。不管他多么尽职尽责，他都无法做到像“上帝”所要求的那样。一个人最大的优点就是独立、有创造力。如果只是机械地为别人服务，将永远也无法达到其最高境界。

在平静的海面上驾驶一艘船对一个人技巧和经验的要求并不高。只有当船只在巨浪滔天、狂风暴雨怒吼的海水中破浪前行时，当船上所有的人都慌乱和无助时，才是真正考验船长控制轮船和驾驶技术的时候。

只有当人的头脑经受最大的考验，当一个年轻人用聪明才智去拯救危局时，他的优点才有可能得到最大限度的发挥。要用一笔很小的资金支撑一家大型企业成功地运作需要花上数十年的努力。正是通过不懈的努力来搞好门面，想尽办法地招徕顾客，才会真正让一个青年人的所有品质体现出来。正是在经济比较紧张、业务前景不容乐观和生活成本比较高的时候，真正的男人才会做出最大的成绩。只有奋斗才能让人有所进步，让个性得到发展。

对于一个有钱购买文凭证书或者花钱请私人教师来帮助自己突击应付考试的年轻人来说，怎么能让他通过自己的努力打造优秀品质呢？他会像某个知道自己身无分文，也不可能有富有、慷慨的亲戚朋友的男孩那样埋头苦读、挑灯夜战，利用节假日抽空学习，争分夺秒地来提升自己吗？

一个总是接受他人安排的男孩如何能学会自立和培养出独立自主的男子汉气概呢？只有不断地锻炼自己的能力才能使其变得强大，只有不懈的奋斗才能让人变得有韧劲。

只有当一个人意识到所有的外援都被切断，只有靠自己的努力来决定自己的命运时，他必须要在取得成就和忍受失败的耻辱中间作出选择。唯有这样他才会使出浑身解数，付出最大的努力去拼搏奋斗。

在一个人被迫陷于孤立无援的境地时，恰恰能显示出一个人最优秀的品质，发挥他最大的努力，正如在发生了一起严重的意外事故或是突如其来的大灾难时，受害者会爆发出惊人的个人能量。他不知从何而来的力量解救了他，他觉察到自己变得强大了，正在做着这场紧急事故到来之前对自己来讲是不可能办到的事情。然而现在到了危急关头，他被关在因事故而起火的车子里，或者如果他不从损毁的船上逃跑就会落水而死。他必须立即采取一些措施，这正如受伤的母亲看到她的孩子处于危难之中时会舍命相救一样，他立刻浑身充满了力量，并且这种前所未有的力量会帮助他脱离危险。

只有到了我们不得不经受考验，某种巨大的危机点燃了隐藏于我们灵魂深处的力量时，那些自身的潜质才能被我们真正认识到。这种情况只会出现于一些紧急的关头，或是做到了一些不可能完成的事，因为我们不知道要达到一个怎样的程度才能拥有那种力量。

在生活中我们做到了一些不可能完成的事仅仅是因为我们不得不那样做。

自立所起的作用可以替代朋友、权势、资本、身世或帮助。和人类的其他品质相比，它能帮助人们跨越更多的障碍、攻克更多的难点、办好更多的企业和完成更多的发明创造。

只有自立的人才能走向成功。他在困难面前毫无畏惧，在挫折面前毫不退缩，他坚信自己生来就具有解决一切难题的能力。

很多人碌碌无为的重要原因就是他们害怕做错事，怕承担责任。他们无法形成独立的思想，不敢正面表达自己的观点。他们因害怕得罪别人而不敢坦率行事，他们总是谨慎地试探一下，看看你持的什么观点，或者在他们充分地表达自己的看法之前先看看你是否赞同他们的观点。于是，他们的立场会因你的立场稍加变换。

投资自己的方式

▲ 投资在阅读方面

▲ 投资在自己的仪表上

▲ 投资在健康方面

▲ 投资在展现自我上

成功法则

人性的弱点

［美］戴尔·卡耐基 著
杨建峰 编译

四川人民出版社

图书在版编目(CIP)数据

成功法则：全五册. 人性的弱点 / (美) 戴尔·卡耐基著；杨建峰编译. —2 版. —成都：四川人民出版社，2022.1
ISBN 978-7-220-12401-3

Ⅰ. ①成… Ⅱ. ①戴… ②杨… Ⅲ. ①成功心理-通俗读物 Ⅳ. ①B848.4-49

中国版本图书馆 CIP 数据核字(2021)第 276202 号

RENXING DE RUODIAN

人性的弱点

(美) 戴尔·卡耐基/著　杨建峰/编译

责任编辑	陈　欣
技术设计	松　雪
封面设计	松　雪
责任印制	李　剑
出版发行	四川人民出版社(成都市槐树街 2 号)
网　　址	http://www.scpph.com
E-mail	scrmcbs@sina.com
新浪微博	@四川人民出版社
微信公众号	四川人民出版社
发行部业务电话	(028)86259624 86259454
防盗版举报电话	(028)86259624
印　　刷	三河市众誉天成印务有限公司
成品尺寸	140mm×203mm
印　　张	4
字　　数	96 千
版　　次	2022 年 1 月第 2 版
印　　次	2022 年 1 月第 1 次印刷
书　　号	ISBN 978-7-220-12401-3
定　　价	128.00 元(全五册)

目　录

CONTENTS

第三章　怎样赢得别人的认可

第四章　掌握说服他人的技巧

第五章　如何使家庭生活幸福快乐

第一章　与人相处的基本技巧

扫码点目录听本书

如欲采蜜，勿蹴蜂房

1931年5月7日，纽约发生了一桩搜捕事件，轰动一时。经过几星期的搜捕，被称为“双枪杀手”的克洛雷，终于在位于西头大街他女友的寓所中被警方擒获。克洛雷确实是一个杀人不眨眼的恶魔，也许你很难想象这样的人是如何在现实中生活的。而出人意料的是，生活中的克洛雷是一个烟酒不沾的人。

当时，150名警方人员与侦探包围了克洛雷藏匿的顶楼。他们把屋顶砸了个洞，还把机关枪架在四周的建筑物上。约1个钟头后，枪声在这幢纽约高级住宅中响起，包括“哒——哒——哒”的机关枪声。那位“警察克星”克洛雷就蹲伏在一个大沙发后面，对着警方开枪。成千上万的市民涌到街上看热闹，这是纽约市前所未有的惊险场面。

克洛雷被抓后，纽约市警察局局长E. P. 马洛里发表谈话时说道：“这是纽约有史以来最具危险性的罪犯。他杀人不眨眼。”但是，这个“双枪杀手”是如何看待自己的呢？那天，克洛雷被包围时，他正在写信给“有关人士”，他如此写道：“我的内心疲惫而善良。”当他写这封信的时候，鲜血在纸上留下深红的痕迹。

被搜捕前，克洛雷和女友正开车行驶在长岛一条乡村公路上。有个警员走上去，让他出示驾照。

克洛雷一言不发，掏出手枪便对警察一阵狂射。警员中弹倒地，克洛雷跳下车，又用警员的左轮枪向倒地不起的尸体开了一枪。难道这就是他自己所说的“疲惫而善良”的内心吗?

克洛雷最终被判处死刑。当他抵达星星监狱（美国关押重罪犯人的监狱）放着电椅的受刑室时，并没有忏悔之意，他反复说：“这就是我自卫的结果。”

整个事件的核心是：“双枪杀手”克洛雷根本不知道自己错在了什么地方。

“我把一生当中最好的岁月用来为别人带来快乐，让大家度过美好时光。可是，却没有人想过我的感受，所以才招致了我这样的下场。”这是美国恶势力组织者阿尔·卡庞说的一段话，他后来在芝加哥被处决。事实上，他认为自己在做善事，只是被社会误解并且不被社会接受而已。达奇·舒尔茨的情形也是一样。他是恶名昭著的“纽约之鼠”，后来被仇人杀害。他生前接受报社记者采访时，也自认为是在做善事。

我曾和刘易斯·洛易斯就这个问题通信，进行讨论。洛易斯在纽约星星监狱担任过好几年的监狱长，他表示：牢里的犯人绝大多数都认为自己是好人。他们会为自己辩解。

他们告诉你打破保险箱的理由，告诉你为什么要开枪杀人。总之，大多数人都能为自己的行为找出动机和理由，不管是不是破坏社会秩序，他们总会为自己的行为进行一番辩解，并且，他们自己因此得出这样的结论——不应该把他们关进牢里。

假如牢里的亡命之徒，他们都从不为自己的行为自责，那么，我们又如何强求正常生活的普通人呢？

闻名遐迩的心理学家 B. F. 史金勒通过动物实验证明：因好行为受到奖赏的动物，其学习速度快，持续力也更久；因坏行为而受处罚的动物，则不论速度还是持续力，都比较差。研究显示，这个原则同样适用于人。批评不能改变事实，只能招致愤恨心理的产生。

另一位心理学家汉斯·希尔也说："更多的证据显示，我们都害怕被别人指责。"因批评而引起的羞愤，常常会使人的情绪大为低落，并且批评一点用也没有。

俄克拉荷马州的乔治·约翰逊是一家营建公司的安全检查员，他的职责之一就是检查工地上的工人是否戴了安全帽。据他报告，每当发现工人在工作时不戴安全帽，他便指责工人，其结果是：受指责的工人常显得不悦，而且等他一离开，便又常常把帽子拿掉。

后来，约翰逊决定改变方式。当他再看见工人不戴安全帽时，便问帽子是否戴起来不舒服，或帽子尺寸是否合适，并且用愉快的声调提醒工人不戴安全帽的危险性，然后提醒他们在工作时最好戴上。这样的效果很好，工人们也都欣然接受。

这类事件真是不胜枚举。我们再举个例子：

西奥多·罗斯福和塔夫脱总统之间有段广为人知的争论——他们因政见不和导致共和党的分裂，而正是这样，伍德罗·威尔逊当选了总统。当时的情形是这样的：1908年，罗斯福搬出白宫，共和党的塔夫脱当选为总统，然后，罗斯福就到非洲去捕猎狮子了。当他回到美国后，看到塔夫脱的保守作风，很是震怒。罗斯福除了公开抨击塔夫脱之外，还准备再度出来竞选总统，并打算另组“进步党”。这几乎导致了老共和党的瓦解。结果，在接下来的那次选举中，塔夫脱和共和党只赢得了两个区的选票——佛蒙特州和犹他州，这是共和党遭受到的有史以来的最大失败。

罗斯福谴责塔夫脱，但是塔夫脱并不承认自己有错，他曾含着眼泪说道：“我到底做错了什么？”

此外，还有一个“石油保留地贪污案件”的例子。这件震惊全美的案子发生在20世纪20年代初，事实是这样的：

> 哈定（美国第29任总统）政府的内政部部长阿尔伯特·胡佛，拥有两处政府保留给海军以供其日后使用的石油保留地的租赁权。当时，胡佛部长并没有公开招标，他直接把这个权力给了好朋友爱德华·杜黑尼，杜黑尼同时也给了胡佛部长10万美金。除此之外，胡佛部长还利用职权之便，驱逐了在爱克陵附近掘油的其他油商。这些油商迫于武力威胁，只好诉诸法庭，这桩贪污案件就这样被揭发出来了。丑闻轰动了全美国，哈定政权也因此垮台。而共和党几乎瓦解，阿尔伯特·胡佛也锒铛

入狱。

大家都认为阿尔伯特·胡佛品行不端，但是他从来没有表现出悔意。事情发生几年之后，赫伯特·胡佛总统在一次公开演讲时透露，因为朋友的出卖，哈定总统最终死于心力交瘁。这话让内政部前部长胡佛的太太大为不满，她又哭又叫："什么？我丈夫出卖哈定了？没有！我的丈夫没有出卖任何人，他从未对黄金钞票动过心。相反，是别人把他出卖了，他才会落得这么狼狈的下场。"

你看，人就是这样，做错事时只会推卸责任，而不去责怪自己。所以，当你想责怪别人的时候，请记住"双枪杀手"克洛雷和阿尔伯特·胡佛等人的例子。这些例子至少会让我们明白：批评就像家鸽，最后总会飞回家里。同时，这也让我们明白：当我们想指责或纠正对方时，他们会为自己辩解，甚至会反过来攻击我们。

1865 年 4 月 15 日的早晨，亚伯拉罕·林肯躺在一处简陋寓所的睡床上，等待死亡。这所住屋就在福特别墅的对街，也就是林肯被约翰·布斯枪杀的地方。林肯颀长的身躯斜躺在松垮的睡床上，墙上挂着一幅简陋名画《马集》，房间里的煤油灯闪着昏黄的光。

林肯临终时，陆军部长史丹顿说道："躺在这里的，是人类有史以来最完美的统治者。"

林肯是如何与人交往的呢？我花了 10 年时间研究林肯的一生，花了 3 年时间写作、修订了一本书——《林肯的另一面》。我相信，我对林肯各方面的研究，比任何人都要详尽彻底，尤其是对林肯待人处世的方法，更有独特的心得。其实，林肯也很喜欢批评别人。他住在印第安纳州的时候，年纪尚轻，他不仅喜欢评论是非，而且喜欢写信、写诗讽刺别人。他常把写好的信丢在乡间路上，当事人很容易就能发现。

林肯在伊利诺伊州的春田镇当律师时，仍改不了这个毛病。

其中，有封信使他刻骨铭心，永生难忘。

1842 年秋天，他在《春田日报》上发表了一封匿名信，嘲弄一位自视甚高的政客席尔斯，全镇哄然，引为笑料。自负而敏感的席尔斯当然愤怒不已，查出写信之人后，要求和林肯决斗。林肯本不喜欢决斗，但迫于情势和为了维护荣誉，只好接受挑战。由于手臂长，他选择了骑兵的腰刀，并且向一位西点军校毕业生学习剑术。到了约定日期，林肯和席尔斯准备在密西西比河上决一生死。幸好，在最后一刻，有人阻止了他们，才终止了这场决斗。

作为林肯终生最难堪的一桩事，这让他懂得了与人相处的艺术。此后，他再也不随便嘲讽别人了；也正是从那时起，他不再指责他人。

南北战争期间，林肯好几次调兵遣将，更换的波普、伯恩赛德、胡克和米地等将领接二连三地出错，几乎使林肯陷入绝境。国人都指责他用人不当，但林肯毫不怨天尤人。他最喜欢的一句名言是：“你不议论他人，他人就不会议论你。”

当时，林肯夫人极力谴责南方人。林肯却说：“不用责怪他们，换作我们，也一样。”

1863 年 7 月 1 日到 3 日，盖茨堡战役爆发。7 月 4 日晚上，李将军开始撤向南方。李将军带着败兵逃到波多马克河边时，正值暴雨，只见前方是高涨的河水，后方是乘胜追击的政府军，李将军进退维谷。林肯知道，这是难得的良机，如果此战胜利，战争很快就可以结束。林肯不但用电报下令，并且另派专差传信，要米地不用召开军事会议，马上出击李将军。

然而，米地完全违背了林肯的命令，先召开紧急军事会议，后又迟疑不决，拒绝攻打李将军。最后，水退了，李将军和军队越过了波多马克河，顺利南逃。

林肯知道后勃然大怒：“这是怎么一回事？他们就在伸手可及的地方，只要我们出击，他们必定跑不掉的。难道我说的话不能让军队移动半步？在这种情况下，任何人都可以打败李将军，连我都可以让他俯首就擒。”

极端失望之余，林肯坐下来给米地写了一封信。虽然此时的林肯言论措辞都比以前保守克制，但这封写于 1863 年的信还是准确表达了林肯内心的极度不满。

亲爱的将军：

你一定也对李将军逃走一事感到遗憾。只要他一就擒，加上我们最近获得的胜利，战争即可结束。但现在，战争还将继续。上星期一，你不能顺利擒得李将军，如今他逃到波多马克河之南，成功又将从何说起呢？期盼你会成功是不明智的，而我也并不期盼你现在会做得更好。良机不再，我实在深感遗憾。

米地将军读完这封信会作何感想？

令人意外的是，林肯并没有把这封信寄出去。后来，别人在一堆旧文件中发现了它。

林肯在写完这封信之后，望着窗外，想到如果当时是自己身在盖茨堡，像米地一样每天看见许多人流血，听见许多伤兵哀号，大概也会做出同样的决定吧。无论如何，事情已成定局，寄出这封信，除了可以让自己一时觉得痛快以外，没有别的用处。而且，米地接到这封信后会为自己辩解，会反过来攻击林肯，到时候只会让双方都不愉快。

于是，林肯把信搁到一边，惨痛的经验告诉他：尖锐的批评和攻击是不会有成效的。

我年轻时，曾写了一封可笑的信给理查德·哈丁·戴维斯。他当时是美国文坛新锐，颇引人注意。那时，我负责帮杂志介绍作家，便写信给戴维斯，请他谈谈他的工作方式。这之前，我曾收到一封信，信后附注："此信乃口授，并未过目。"这话留给我极深的印象，我当时认为，这显示了写信人的忙碌和其身份的重要性。于是，我在给戴维斯的信后也加了这么一个附注。实际上，我当时一点也不忙，只是想给戴维斯留下一个较深刻的印象。

戴维斯把我寄给他的信退回来，并在信后附了一行字："你恶劣的行为，只能更增添原本恶劣的风格。"弄巧成拙的我受到这样的指责并没有错，但我仍十分恼火，甚至当我 10 年后获悉戴维斯过世的消息时，我还能深刻回忆起当初自己受到的伤害。

由此看来，一点刻薄的批评即可引来令人至死难忘的怨恨。

每个人都并非100%的理性，我们的内心充满了情绪的变化、成见、自负和虚荣。

英国著名小说家托马斯·哈代曾因受到苛刻的批评而放弃写作，而诗人托马斯·查特敦年轻的时候并不圆滑，但后来却因出色的外交技巧成了美国驻法大使。他的成功秘诀是：不说别人的坏话，只说别人的好处。

只有愚笨的人才批评、指责和抱怨别人。然而，善解人意和宽恕他人需要有修养、自制的功夫。

托马斯·卡莱尔说过："伟人是在对待小人物的行为中显示其伟大的。"

鲍勃·胡佛是个有名的试飞驾驶员，时常表演空中特技。一次，他从圣地亚哥表演完后，准备飞回洛杉矶。当飞机飞到300英尺①高的地方时，飞机的两个引擎同时出现故障。但他反应灵敏，控制得当，最终使飞机降落，无人伤亡，但机身已面目全非。

胡佛在紧急降落之后检查了飞机用油，原来，飞机装的竟是喷射机用油。

回到机场，胡佛见到了懊悔不已的年轻机械保养工人。他不但毁了一架昂贵的飞机，甚至差点造成3人死亡。但愤怒的胡佛并没有责备那个机械工人，只是伸出手臂，拍拍工

① 300英尺等于91.44米。

人的肩膀说：“为了证明你不会再犯错，请你明天帮我修护我的F－51飞机。”

在家庭生活中，父母很喜欢责备小孩。 但我不会说“别责备小孩”。 我要说的是，在责备之前，请你读一篇有名的文章——《父亲备忘录》。

父亲备忘录

听着，孩子，我想对你说些话。此时你睡得正熟，我偷偷溜进你的房间，因为我的内心不断地受到斥责，使我终于带着愧疚的心情来到你的床前。

我想了许多事，孩子，我常常对你发脾气。你没洗干净脸就准备上学，我责备你；你没有把鞋子擦干净，我责备你；看到你把东西乱扔，我生气地对你吼叫；早餐时，我也对你大呼小叫。

你吃完饭准备去玩，我也准备出门，你转过身，挥着小手喊：“再见，爸爸！”而我仍皱着眉头回答：“肩膀挺正！”

到了傍晚，情况还是一样。我在路上看见你跪在地上玩玻璃弹球，袜子磨破了。我不顾你的颜面，当着别的孩子的面对你吼叫，让你回家。想想看，孩子，这话居然出自为人之父的人口里！

刚才我在书房看报，你怯生生地走过来，眼里带着惊惶的神色，站在门口踌躇不前。我不耐烦地叫道：“你要什么？”

你不说一句话，只是快步跑过来，吻过我就走了。

孩子，就是那时候，报纸从我手中滑落，我突然觉得害怕。因为我已经养成了挑错、呵斥的习惯。孩子，不是我不爱你，只是我对你期望过高，所以不自觉地会对你苛刻。

其实，你的本性善良。这一点从你天真自然、不顾一切地跑过来向我亲吻、道晚安的动作可以看出来。孩子，今晚其余的一切都不重要了，现在我在你的床边，深觉愧疚！

这是一种无力的赎罪。你未必懂得我的意思。但是，从明天起，我会开始认真地做一个真正的父亲！我会成为你的好朋友，无论欢乐、痛苦，都陪在你身边。我会每天告诉自己："你只不过是个男孩！"

我实在不该把你当成大人看待，孩子，现在你疲倦地蜷缩在床上，完全还是婴孩的模样。我对你实在太苛刻了。

由此看来，我们应尽量别责骂别人，让我们尽量设身处地去想他们为什么要这样做。同情、忍耐和仁慈比批评责怪要有益、有趣得多。

了解就是宽恕。

约翰博士也说过："上帝也不愿评判别人，直到末日审判的来临。"

既然如此，你我又何必如此呢？因此，从现在开始，请记住为人处世的第一大原则：

请勿批评、责怪或抱怨他人。

真诚地赞赏他人

你可以用枪威逼他人，要他乖乖交出手表；可以用“炒鱿鱼”来威胁员工听你的话；也可用体罚或恐吓的办法使小孩听话。 但是，这些拙劣的办法会带来极为不良的后果。

在这里我想告诉你，真正有效的方法是给予他人。

弗洛伊德认为，一个人做事的动机有两点：性冲动和渴望。 美国学识最渊博的哲学家之一——约翰·杜威则认为，人类本质里最深远的驱动力就是“满足自己的需要”，“希望具有重要性”这一点非常重要。

那么，一个人到底需要什么？ 其实，人的所求并不多。但不可否认，有一些东西的确是你极希望拥有的。 通常，大多数人需要的东西包括：

（1）健康；

（2）足够的食物；

（3）充足的睡眠；

（4）财富；

（5）未来生活的保障；

（6）性的满足；

（7）后代的幸福；

（8）被人重视的感觉。

一般来说，最后一种需求最难得到满足。这项需求的根深蒂固，以及人们对其的迫切期望绝不亚于其他。这也就是弗洛伊德所说的“渴望伟大”，杜威所说的“希望具有重要性”。

林肯曾在写信时提到，“每个人都希望被人称赞”；威廉·詹姆斯也说过：“人类本质里最殷切的需求是渴望被人肯定。”威廉没有使用“希望”“需要”“盼望”等字眼，而用的是“渴望”这个词。

这种渴望使人脆弱并易于被他人掌控，这是人与动物的最大区别之一。

我小时候住在密苏里州乡间，父亲和我带着自家养的几头品种优良的红色大猪和一头血统优良的白牛参加美国中西部一带的家畜展览，并且获得了特等奖。父亲把特等奖蓝带别在一块白色软洋布上，逢人就炫耀一番。

猪和牛并不在乎凭借自身赢来的蓝带，但父亲却十分珍惜，因为那使他产生“自己具有重要性”的感受。如果我们的祖先没有这种“希望具有重要性”的渴望，也许就不会有现在的一切文明，我们也无法从动物进化为人。

这种渴望曾促使一位未受教育、极度贫苦的杂货店店员去研究他花了5角钱所买到的法律书，他就是林肯。同时，这种渴望促使狄更斯写下了不朽的作品；这种渴望鼓舞克利斯多夫·瑞爵士（英国著名建筑家）在石头上创作出诗篇；这种渴望使洛克菲勒积累了巨大的财富；这种渴望使有钱人建造了超出实际所需的大房子；这种渴望使你想要最新款式的衣服、最新的汽车，或者炫耀一下你聪明的孩子；这种渴望驱使许多青年男女加入了不良帮派。曾担任过纽约市警察局局长的莫洛尼说，许多青年人为了能在报纸上出风头而犯罪，他们渴望可以和那些运动健将、影视明星或政治人物的照片同时出现在报端，他们从不考虑如何度过在监狱的日子。

你如何满足这种“具有重要性”的需要，代表了你是怎样的一个人。这取决于你的人格，因为这是对你最具有意义的事。洛克菲勒让自己觉得“具有重要性”的方法，是捐钱在国外建立一所现代化的医院。狄令格让自己感到“具有重要性”的方法是走上歧途，抢劫银行。他逃到密苏里州的一处农舍，对着惊惶的农民说道：“我是狄令格！我不会做伤害你们的事，但你们要知道，我是狄令格。”他似乎对自己拥有第一号社会公敌的身份感到自豪。

是的，狄令格和洛克菲勒最大的不同之处就是，他们采取截然不同的方式实现自己的价值。

这类例子不胜枚举。乔治·华盛顿喜欢人家称呼他“美国总统阁下”；哥伦布要求女王赐予他“舰队总司令”的头衔；凯瑟琳女皇不接受没有注明“女皇陛下”的信函；林肯夫人因没有接到某一次邀请而大发雷霆。1928 年，好几个百万富翁因渴望用自己的名字命名南极山岭而花巨资资助拜尔德将军到南极大陆探险。雨果甚至希望巴黎能改名为雨果市。甚至连莎士比亚，也千方百计想为自己的家族获得一枚荣誉徽章。

此外，也有人用病痛来引起别人的关注。美国第 25 届总统威廉·麦金利的夫人有一次因为修补牙齿，坚持要丈夫留下来陪她。但总统先生与国务卿约翰·海伊有约，不能留下，夫人还因此大闹了一场。

专家指出，人在幻觉中寻求肯定自己的重要性是出于精神异常的原因。在美国，精神疾病对人的困扰超过任何疾病。

我们无法回答精神失常的原因到底是什么，但是我们知道，有些疾病，比如梅毒，会损坏脑细胞而造成人的精神异常。但事实上，半数的精神疾病都是生理因素引起的，如脑部障碍、酒精、毒素和外伤等。

但是，除了生理因素引起的半数的精神疾病患者，还有一半是脑器官完全正常但精神异常的人。根据死后的验尸报告，这些人的脑部组织和正常人一样健康。那么，为什么这些人会精神失常呢?

我向一家著名精神病医院的主治医师请教这一问题。他很坦然地告诉我，没人知道精神异常的原因。但是，这位医师指出，许多人是因为想到另一种世界去寻求在现实生活中得不到的“被肯定的感觉”，这种行为往往造成了我们所说的精神失常。他还给我讲了一个他现在的病人的例子：这个病人的婚姻极不美满，她渴望得到爱、孩子和社会地位。但是，现实生活摧毁了她所有的希望。她的丈夫并不爱她，她没有孩子，没有社会地位，于是，她发疯了。她想象自己与丈夫离了婚，同一位英国贵族结了婚，并要大家称她为史密斯夫人。

她经常幻想自己有小孩。每次医师去看她时，她都说：“医师，我昨天生了个小宝贝。”

她在想象的世界中能得到满足和快乐。

这是一出悲剧吗？我不知道。医师告诉我：“即使我真能矫正她的病状，我也不会那样去做的，因为她现在很快乐。”

查理·夏布是当年全美国少数年收入超过百万美元的商人。1921年，安德鲁·卡耐基慧眼独具，提名夏布为新成立的“美国钢铁公司”第一任总裁时，夏布才38岁。

为什么安德鲁·卡耐基每年要花100万美元聘请夏布呢？况且，他的日薪是3000多美元。他是个天才？还是他对钢铁生产比别人懂得多？都不是。夏布亲口告诉我，许多人在技术上都比他懂得多。

夏布说，他之所以获得高薪，主要是因为他善于管理人事。我问他是如何做到这一点的，他说了如下至理名言：

> 赞赏和鼓励是促使人发挥自然热情的最好方法。
>
> 来自长辈或上司的批评，最容易使一个人丧失斗志。因此，我从不批评他人，我相信，奖励和表扬一定能激发人工作的热情。真诚、慷慨地赞美他人是我的最爱。

这就是夏布成功的秘诀。但是，一般人则正好相反。假如他们不喜欢一件事，必定会对下属大吼大叫；如果喜欢，就默不作声。

“我接触过各种人。”夏布说道，“我发现，无论多么伟大或尊贵的人，他们和平常人一样，赞美可以使他们奋发工作，指责则会降低他们工作的积极性。”

其实，这也是安德鲁·卡耐基先生取得成功的主要原因。夏布指出，卡耐基常常称赞他人，无论是公开还是私下。卡耐基甚至在自己的墓碑上也不忘记“恭维别人”，他

◇ 人人都喜欢被赞美 ◇

在短短三年内，您是如何成为销售冠军的？
我的秘诀就是真诚赞美客户。

比如说，在拜访客户时我总是称赞对方过去的成就。
您可以举个例子来详细谈谈吗？

每当我赞美他们时，我们之间的沟通就非常顺畅。
他们的反应如何？

人人都希望他人能看到和认可自己的成就。
看来，赞美真是一种绝妙的销售技巧。

为自己写下这样的墓志铭：“这里躺着一个人，他懂得如何奉迎比他聪明的人。”

此外，真诚的赞赏也是约翰·洛克菲勒的管理法宝。举例来说，爱德华·贝德福特是洛克菲勒的合伙人之一，他在一次生意中令公司损失了100万美元。当时，洛克菲勒当然可以指责贝德福特，但是他并没有这样做，因为他知道贝德福特已经尽力了，并且这已经是过去的事了。于是洛克菲勒另找其他的事表扬贝德福特。

我的剪报中有个小故事：

> 有个农妇在劳累了一天之后，为干活的几个男人准备的晚餐竟是干草。愤怒的男人质问她是否发疯了，农妇答道：“嘿，我怎么知道你们不爱吃呢？20年来，我一直煮饭给你们吃，你们从没告诉我你们并不吃干草啊！”

一项对离家出走的妇女进行的调查显示，这些妇女离家的主要原因是“没有人领情”。我相信，离家出走的男人也大概有相同的理由。在生活中，即便我们心存感激，我们也许从未向另一半说出自己的感激之情。

有个朋友的妻子参加了一种自我训练与提高的课程，回家后，她要求先生写出6项对自己不满意的地方。这位先生说道：“这个要求真让我吃惊。坦白地说，这件事再简单不过——我估计能列出上百条。但是，我却说：‘让我想想看，明天早上再告诉你。’第二天，我清早就打电话要花店送6朵红玫瑰给我太太，并且附上纸条写道：‘我不希望你改变，我就喜欢你现在的样子。’傍晚回家的时候，我的太太几乎含着眼泪在门口等着我回家。还好，我没有真的写出几条意见。星期天，她再次去上课的时候，她把事情经过向课上的其他人讲述出来，许多太太走过来告诉她她们的羡慕之情，我也因此体会到了赞赏的力量。”

在日常生活中，我们常常忽略赞赏这一美德。有时候，儿女从学校带回一份好成绩单，我们忘了称赞他们；当孩子们第一次完成了手工作品，我们也忘了鼓励他们。然而，父母的称赞却是每个孩子都渴望的。

下一次，你在餐馆用餐时别忘了称赞厨师和店员。

当演讲者、公共发言人倾其所有给听众，却得不到一丝赞赏时，他们的内心将无比失望。同样的情形也会发生在办公室、店铺、工厂和家里。每个人都渴望被人称赞。通过赞美给他人以欢乐，这是一种美德。

赞美可以使你和他人的生活更加快乐。

下面是一则古老而深刻的格言，我每天都要朗诵几遍：

> 人的生命只有一次，所以，任何能贡献出来的好与善，我们都应该立马付诸实践。不要迟缓，不要怠慢，因为生命只有一次。

爱默生说过：“身边的每个人都可以做我的老师，我可以从他们身上学到很多东西。”

爱默生尚且遵循这样的原则，那我们普通人在日常生活中更应该懂得欣赏和赞美别人。不要老想着自己有多了不起，而应尽量去发现别人的优点，然后发自肺腑地去赞赏他们。

这是待人处世的第二大原则：

真诚地赞赏他人。

激发他人的强烈需求

每逢夏天，我总喜欢到缅因州一带去钓鱼。我很喜欢吃鲜奶油草莓，但鱼只爱吃虫，所以，当我钓鱼的时候，我总是想着鱼儿爱吃什么。我没有用自己爱吃的鲜奶油草莓当诱饵，而是用昆虫，然后，我便可以对鱼儿说："你们要不要尝尝看？"

当你想要他人为你做些什么的时候，这种方法也同样适用。

"一战"期间，英国首相劳合·乔治正是采用了这种做法。有人问他，许多战时领袖——像威尔逊、奥兰多和克里孟梭，都逐渐被人们遗忘，而他如何能一直都位居要职？乔治回答，原因就在于你要钓到什么样的鱼，就得用什么样的诱饵。

为什么要提到我们的需要呢？很简单，每个人都关注自己的需要，但除了你自己，可能再没有人对你感兴趣了。别人和你一样，只注意自己的需要！

所以，天底下只有一个方法可以影响人，那就是提出他人的需要，并且让他们知道怎样去获得，也就是激发他人的需求来影响他人。

所以，记住，从明天起，要想让某人做某事就要激发他人的需求。举个例子来说，假如你想让儿子戒烟，不用说别的什么，只要告诉他们，抽烟可能使他们进不了棒球队，或输掉百米赛，他们就会乖乖听话。这种方法百试不爽。

哈利·欧佛瑞在《影响人类行为》一书中深刻地写道：我们的欲望是行为的动机，无论何时何地。对那些自认为是“说客”的人而言，有句话可以算是最好的方法：要想达到目的，首先引起别人的渴望。凡是能这么做的人，他就能左右逢源、永不寂寞。

安德鲁·卡耐基曾是贫穷的苏格兰少年，刚开始工作时，每小时只赚2美分。但正是这样的一个贫困少年，后来却捐出了3.65亿美元。因为他很早就懂得为他人着想是影响他人的唯一方法。虽然他只上了4年学，却深谙处世之道。

卡耐基有两个侄子在耶鲁大学，但他们经常忘记写信回家，完全不理会家人的担心。安德鲁·卡耐基为此打赌100美元，说他可以让这两位侄子在接到他的信后马上回信，即使他在信里不会提到这一点。于是，他写了一封闲话家常的信给两个侄子，还提到信封里装了5美元，作为礼物送给他们。

当然，他并没有把钞票放进信封里。

很快，两个侄子就回信了，在感谢亲爱的安德鲁伯伯之余，还说没有收到那 5 美元。

你也许也会有机会要求某人做某事。 在你开口之前，请先停下来问你自己：“我怎样才能调动他的积极性呢？”

这样的思考会让我们不至于过分急躁，更不至于徒劳无功，效果也会更好。

有一次，我准备在一家饭店做一个为期 20 天的季节性系列演讲。 就在开讲日期快到的时候，我突然接到通知，饭店要我多付 3 倍的价钱。 那时，我的所有通知都已经发出去了，我自然不愿多付费用。 但是，饭店只注意自己的需要，坚持要我多付钱。 于是，我直接去找他们的经理。

“我对你们的要求非常不满。”我说道，“但是，我并不责怪你们，换作是我，说不定我也会这么做。 你身为经理，当然得为饭店的利益着想，如果不这么做，你的领导一定不高兴。 但现在，让我们拿张纸来，写下让我多付钱这件事可能会对你们产生的影响。”

我拿出一张纸，在上面画出两栏，一栏上面写“利”，另一栏上面写“弊”。 我在“利”栏写上：大厅可作他用。 并且说明：“空下来的大厅可另外租给人跳舞或开会，这样，收入会增加许多。 假如我将大厅占用了 20 个晚上，这当然表示你们失去了赚大钱的可能性。”

“现在，让我们看看弊的部分。 首先，如果我另外择地举行，这就意味着你们将得不到我的这笔收入。 第二点，我的演讲将会邀请许多受过教育的文化人士来到饭店，这是极好的宣传机会。 实际上，假如你们在报上做广告，不但价格不菲，而且不一定能吸引这么多人前来参观，这对饭店来说，其实更划算啊。”

我一面说，一面在“弊”栏写下刚才说的两点。然后对经理说：“希望你仔细考虑一下，并尽快告知我。”

第二天，饭店回信来了，告诉我租金只上涨50%，而不是原来的3倍了。在上述过程中，我完全没有谈价格，我一直谈到的是对方的需要，但却取得了成功。

假如，当时我直接怒气冲冲地跑进办公室里咆哮：“什么，你们把租金上涨了3倍，这不是出尔反尔吗？我的东西都印好了，可你们现在一口气涨了3倍！岂有此理！太不讲道理了！我不会付钱的！”

结果可想而知，当然是唇枪舌剑争闹一番，而且你也知道争闹的结果是什么。纵使我说服对方，使他意识到自己错了，但在自尊心的促使下，他也未必愿意做出太大的让步。

亨利·福特曾对如何处理人际关系提出了如下忠告：“成功的人际关系在于你捕捉对方观点的能力，还有就是，达到双赢。”

这话真是金玉良言，我愿意重述一遍：“成功的人际关系在于你捕捉对方观点的能力。还有就是，看一件事须兼顾双方的利益。”

这道理十分简单明了，每个人都应该能一眼看出此话的合理性。但是，仍有很多人忽视其重要性。

现实中有很多这样的例子。明天早上，看看你接到的信件，你便会发现大多数人忽略了这一原则。一家货运总站的管理人员写下了这样一封信：

敬启者：

敝公司的卸货总站，因货物皆于傍晚到达，致使效率低下。例如，贵公司于11月10日送来510件货物，皆同时于下午4:20抵达。

因此，我们恳请贵公司合作，协助解决因大量货物迟运而造成的种种困难。若能提早送货，我们也好尽快处理。

这样的安排想必亦对贵公司有利。由于卸货迅速，贵公司的作业亦必能在同一天内完成，不致迟延。既能降低成本，又能提高效率。

你最忠诚的JD管理人

奇瑞格公司的业务经理爱德华·瓦米伦阅读此信后，谈了他的看法：

这封信并没有达到其应有的效果。信的开头叙述总站的难处。这样的开场白很难引起我们的兴趣。它要求合作，却忽略了我们的不便之处，一直在提自己的要求。

最后，它提到对他人的要求，不但很难达到要求合作的效果，反而更容易导致他人的反感。

我们可以试着改写这封信，以增强效果。我们不必浪费笔墨，大谈自己的苦经，就依照亨利·福特所讲的，“捕捉对方观点”，“看一件事须兼顾双方的利益”。下面是这封信的一种改进写法：

亲爱的瓦米伦先生：

作为我们最好的主顾之一，14 年来，我们十分感谢贵公司的惠顾，也愿意继续与贵公司合作。

但是，由于贵公司最近大批运货同时于午后到达，致使我们效率降低。因为其他公司的货物同时送达，这样难免造成拥挤，影响卸货，致使有些货物不能按时运送，我们感到十分遗憾。为了避免此种情形发生，如果可能的话，能否请贵公司的货车在上午抵达，这样便不会造成拥挤，也好及时处理货物，我们的员工也可以准时在下班后，享受由贵公司生产的美味面条和通心粉。

当然，无论如何，我们都会尽可能提供最迅速、最热诚的服务。

不用急着回信。

你最忠诚的 JD 管理人

许多推销人员，踏破铁鞋却徒劳无功。为什么？因为他们心里想的都是自己的需要。他们不知道你我并不想买什么东西，即使想也会亲自采购。他们不知道，顾客总是相信自己的选择。

这是个充满竞争、充满经营机遇与风险的世界，少数表现得不自私、愿意帮助别人的人，便能得到极大益处。美国著名律师、商业领袖欧文·扬说过：“能设身处地为他人着想，了解别人心里想些什么的人，永远不用担心未来。”

因此，请记住待人处世的第三大原则：

把他人的需求摆在首位。

第二章　如何使人喜欢你

学会真诚地关心他人

其实，我们大可不必通过阅读书本去学习如何交友，只要我们向世界上最有人缘的动物学习这种技巧，就能受益匪浅。那么，谁最得人缘呢？其实，你每天都能在街上见到它。当你走到距离它 10 英尺附近时，它就会向你摇头摆尾；如果你停下来拍拍它，它就会高兴地舔舔你以示亲热。而且它没有任何企图，它既不会要你买房子，也不是想同你结婚。我想大家都明白我说的是什么了——一只可爱的狗。

你有没有想过，狗是唯一不用工作却能得以生存的动物？母鸡得下蛋，奶牛得产奶，金丝雀得唱歌，但是，狗却仅仅只要对你表示亲热就可以了。

在我 5 岁的时候，父亲花钱买了只小黄毛狗给我，我叫它“蹋皮”。有了它，我的童年也增加了不少欢乐。每天下午 4 点半左右，它会趴在院子里，用那对漂亮的眼睛瞪着门前那条小路。只要一听到我的声音，或看到我拎着饭盒穿过小路，它就飞奔过来欢迎我，而且会高兴地吠个不停。

蹋皮从没学过心理学，可它却能凭着其天赋和本能，在两个月内，借着对人表示亲热而赢得许多朋友。可是，人类很难在两年之内交到知心朋友。

你我都知道，有些人一生都在哗众取宠。当然，这是枉费力气。因为人们根本不会注意你我。他们注意的只是自己，无论何时何地。

纽约电话公司曾采用电话通话做过一项调查，看看人们最常用的字是什么。想必你一定猜到了，正是“我”这一字眼。500 个通话中，这个字约用了 3900 次。

当你见到一张你和别人的团体照时，你肯定先关注自己！如果我们只是想引起别人的注意，想给别人留下印象，我们就不可能交到真正的朋友。想要一位真正的朋友，用这种方法是结交不来的。

拿破仑就曾经用过这种方法，当他在最后一次见他的妻子约瑟芬时，他说道：“约瑟芬，我曾经是世界上最幸运的人，但是现在，你是我唯一的依靠了。”可据历史学家分析，他根本不相信约瑟芬。

你可能读过许多心理学方面的著作，但下面这段话堪称经典。阿德勒的这段话实在发人深省，让人不自觉重温：

> 凡不关心别人的人，有生之年必遭受重大困难，并且会波及他人。人类的种种错失皆源于此。

我在纽约大学进修“短篇小说写作”课程的时候，一家杂志社的编辑曾在课堂上说，每天都有人将自己写的故事送到他桌上，他只要读上一小段，便可以看出作者是不是真正关心他人。“如果作者不关心他人，人们相应地也不会关心他的故事。”他说。

如果写小说是那样的话，那么，在待人接物、为人处世方面就更是如此了。

有一次，我在霍华·舍斯顿的后台更衣间里待了一个晚上。舍斯顿是公认的魔术大师，40 年来，他走遍天下，制造出了各种幻境，令观众惊讶不已，同时也为他带来了巨额的财富。

舍斯顿并没有受过良好的学校教育，因为他很小就离家出走浪迹天涯。他是通过躲在货车里向外看路标的方式，渐渐学会了认字的。

他是不是真的懂得高人一等的魔术呢？不是。变戏法的书籍浩如烟海，变戏法的人多如繁星。但他有两件法宝：第一，他能够在舞台上表现出自己的个性。舍斯顿是个深谙人性的表演大师。他在舞台上的每个动作、手势、声调，甚至扬眉微笑，都会事先小心地演练一下，甚至连时间也不差分毫。但是，除此之外，舍斯顿最大的成功之处在于他关心“人”。他告诉我，许多魔术师在面对观众的时候，会瞧不起观众，但是舍斯顿却绝不如此。他每次上台的时候都对自己说：“我很感谢这些人来看我的表演。因为正是他们，让我变得充实，我要尽量把绝活使出来让大家欣赏。”他曾经说过，他上台前，绝不会忘记对自己反复强调：“我亲爱的观众，我爱我的观众。”这可笑吗？荒唐吗？随便你怎么想，我只是把一个著名魔术家的成功秘诀讲述出来而已。

西奥多·罗斯福的侍仆詹姆斯·爱默森写了一本名叫

《仆人眼中的英雄——西奥多·罗斯福》的书。书中写道：

我太太有次向总统先生问起什么是鹑鸟，因为她从没有见过。总统先生给她做了详细的描述。没过多久，有人给我们打电话（爱默森和太太住在牡蛎湾一栋属于罗斯福产业的小农舍里），我太太跑去接，原来是总统先生亲自打来的，他对我太太说，如果现在从窗户向外看的话，也许她可以看到有只鹑鸟正在窗外。此外，还有诸多类似的小事，它们都显示出总统先生的优秀品质。只要他从农舍经过，一定会过来找我们。有时虽然见不到我们，但可以听见他喊："你好，安妮！""你好，詹姆斯！"这样友善的招呼总是让人感到愉快。

谁都喜欢友善的老板。

在塔夫脱总统任职期间，有一天，罗斯福到白宫来访。总统和夫人刚好有事出去，罗斯福对待下人的诚挚便真实地流露出来了，他能叫出每个仆人的名字。

"当他见到在厨房里工作的女仆爱丽丝时，他问她是否还在烘玉米面包。"阿奇·巴特这样记载道，"爱丽丝说，她只做给仆人吃。"

"他们真不懂得品味。"罗斯福大声说道，"我一定要告诉总统。"爱丽丝用盘子装了一些玉米面包给他。他边吃边走向办公室，并且一路和园丁、工人打招呼，跟每个人寒暄聊天。曾经在白宫当过40年仆役的艾克·胡佛含着眼泪说道："这是我两年来唯一感到快乐的日子，给我多少钱都不换。"

关心每一个平凡的人，还使得新泽西州的一位业务代表挽回了一个客户。这位名叫小爱德华·赛克斯的业务代表，在报告中说道：“好几年前，强生公司派我去麻省一带拜访客户，其中之一是位于兴罕的药品杂货店。每次我去杂货店的时候，都会跟柜台里的职员寒暄几句，然后才去见店主。一天，店主突然告诉我，他不想再买强生公司的产品了，因为强生公司的许多活动都是针对食品市场和廉价商店而设，小药店承受不了这样的伤害。于是，我落荒而走，开着车在镇里漫无目的地徘徊。最后，我决定再回店里，向他们解释清楚。

“走进店里的时候，我照常和柜台员工打招呼，然后进到里面见店主。店主看见我的到来很高兴，欢迎我回来，并且比平常多订了一倍的货。我十分惊讶，忙问发生了什么事。他说在我离开店铺以后，柜台卖饮料的男孩走过来告诉他，说我是到店里来的推销员当中，少数几个会同他打招呼的人之一。他告诉店主，跟我合作会很愉快。于是，店主接受了这个职员的建议，并且从此成了我最好的客户。因此，我铭记对人关心是推销员必须具备的特质。”

我从个人的经验中也发现，只有你真正关心他人，才能赢得他人的注意、帮忙和合作。从凡夫俗子到重要人物，概莫能外。

几年前，我在布鲁克林文理学院讲授“小说写作”课程，我想邀请些有名的作家，讲述他们的写作经验。于是，我们在信中除了称赞他们的工作成就外，还说明了我们如何希望得到他们的一些忠告和成功的秘诀。

我知道他们工作繁忙，于是，我们附寄了一些希望他们回答的问题，以便节省他们备课的时间。结果，他们高兴地接受了这样的安排，并全部答应前来讲座。

如果我们想结交朋友，就要先为别人做些需要花时间、精力、体贴、奉献才能做到的事。当温莎公爵还是威尔士亲王的时候，他曾到南美旅行。临走之前，为了给当地人作演讲，他花了好几个月的时间学习西班牙文，因此，南美洲的人特别尊敬他。

多年来，我一直想知道朋友们的生日。于是，我四处去请教他人占星学，向他们请教生日对一个人性格气质的影响。我借机记下他们的生日。我把这些资料写在日历上，等有人生日到了的时候，便送信或发电报过去。此举效果相当不错，我大概是全世界让他们印象最为深刻的人了！

如果我们想结交朋友，一定要真诚热情地向人致意。现在有许多公司要求接线员在回答电话的时候，要尽量让声音显得关心、热忱。因为这种回话的语调，可以让听的人感觉到这家公司的诚意。让我们在下次打电话时牢牢记住这个要诀。

真诚地关心别人，不仅会让你结交朋友，还会为公司带来利润。位于纽约的一家银行，在出版物里刊登了一封储户玛德琳·罗丝戴尔的来信：

> 我想让你们知道，我十分感谢贵银行的职员。他们个个谦虚有礼，乐于助人。长时间的排队和等候之后，能得到柜台出纳员亲切的问候，真让人感到高兴。

去年，我母亲住院 5 个月，使我常有机会去找玛丽。她只是一个柜台出纳员，却非常关心我母亲，常向我母亲问好。

毫无疑问，罗丝戴尔女士以后会常常光顾这家银行。

此外，让我们再举一例。费城的奈佛先生多年来一直想把燃料卖给一家从外地进货的大连锁店，但这家公司的经理却从不考虑奈佛先生的燃料。因此，奈佛先生有天晚上在我们的课堂演讲时大骂这家连锁店。

他始终不明白，别人为什么不愿买他的燃料。

我建议他改变战略。首先，我们准备在课堂上举行一次辩论会，主题就是连锁店的广泛分布是否对国家弊多利少。我建议奈佛先生加入反方。由于要为连锁店辩护，他便前往拜访了一位他原本瞧不起的连锁店经理，并告诉他："我不是来推销燃料的，我是来找你们帮忙的。"他说明来意，并且说，"我来找你，是因为你能提供很有利的事实。我很希望能赢得这场辩论，无论你提供什么给我，我都十分感激。"

我们让奈佛先生亲自把其余的部分说完：

这位经理同意见我，是因为我原先只要求他抽出一点时间。我说完原因后，他指着一把椅子要我坐下，并且我们谈了整整 1 小时 47 分钟。他请来另一位主管，这位先生写过一本有关连锁店的书。接着，他又给全国连锁店工会写信，替我要来一份有关这个问题的材料。他觉得连锁店为人们提供了最真实而方便的服务，他也为能服务社区而感到骄傲。当他侃侃而谈的时候，两眼发亮，我也只得承认他的确让我明白了许多意料之外的事。他改变了我的整个心态。

当我要离去的时候，他陪我走到门口，用手揽住我的肩膀，祝我辩论赛取得胜利，并且要我告诉他辩论的结果。最后，他对我说："春天来的时候请再来看我，我很愿意向你买些燃料。"

这真是个奇迹，他居然主动提起买燃料的事。由于我对他们连锁店的关心，使他也转而关心我的产品，因而，10 年来我都做不到的事竟然在两个钟头内做到了。

奈佛先生发现的并不是什么新的真理。早在耶稣降生前100 年，有个罗马诗人帕利里亚斯·赛洛斯就说过："关心是相互的。"

关心他人与其他人际关系的原则一样，必须出于真诚。付出关心和接受关心的人都应如此。这样，双方都会受益。

还有，在纽约长岛选修我们课程的马丁·金斯柏报告说，一位护士对他的特别关怀，对他的一生产生了深刻的影响。他的故事是这样的：

在我 10 岁那年的感恩节当天，我在城里一家医院的免费病房里住着，准备第二天进行外科整形手术。那时，我不仅几个月都不能出门，还要忍受疼痛，等待伤口愈合。我的父亲已经过世，母亲和我住在一间小公寓里，接受社会福利救济。那一天，母亲不能来看我。

我感到十分孤单、恐惧和绝望。我知道，母亲一人在家为我担心，而且没有人陪她，没有人同她一起吃饭，她甚至没有钱吃一顿感恩节晚餐。

我忍不住啜泣，我把头埋在枕头和棉被下面，尽量不让自己哭出声来。但我实在太伤心了，因此哭得整个身体都颤动不已。

有位年轻的实习护士听到我哭泣的声音，急忙跑过来。她掀开棉被，拭去我脸上的泪水，然后告诉我，由于工作的原因，她不能和家人团聚，所以也感到很孤单。她问我愿不愿意和她一起用餐，然后便拿了两份食物过来，有火鸡片、马铃薯泥、橘子酱和冰淇淋等。她同我聊天，让我不感到害怕，一直到下午4点换班的时候才离开。而她在晚上11点钟时又回来陪我玩，同我聊天，直到我睡下了才离开。

从那以后，我还度过了无数个感恩节，却只有这个感恩节长留在我心头。在那个特别的日子里，有挫折给我带来的恐惧、孤单，更有来自一位陌生人的温情和关怀。

如果你想要别人喜欢你，或是想改善你的人际关系，那么，要记住，帮助他人也是帮助自己。请记住第一大原则：真诚地关心别人！

不要忘记微笑

最近，我在纽约参加一个宴会，会上有一位客人——一个拥有一大笔遗产的妇人，想给别人留下好的印象。尽管她浪费了很多钱买貂皮、钻石、珍珠，但她的面孔表露出来的还是刻薄和自私的神情。她不明白，其实每个男人都知道这一点，一个女人脸上所表露的神色，远比身上所穿的衣服重要得多。

斯瓦伯告诉我说，他的微笑价值100万美元。因为斯瓦伯的人格、他的魅力、他善于讨人喜欢的能力，几乎就是他取得成功的原因。而其人格中一种最重要的因素，就是那令人倾心的微笑。

我有一次同路易斯·雪佛兰在一起坐了一个下午。他是雪佛兰公司的创始人。但老实说，那一次我并没有什么收获，我失望了。他沉默寡言，与我所预料的截然不同，不过，好在他最后还是露出了微笑。他的一笑，对我而言如同拨云见日。也正是这一笑，改变了他的命运。如果不是因为他的微笑，雪佛兰恐怕还在巴黎继续他父兄的职业。

行为胜于言论，对人微笑就是向他人表明："我喜欢你，你使我快乐，我喜欢见你。"

为什么狗会如此招人喜欢？你看它们是何等喜欢看见我

们，以至于兴奋得心都好像要从肚子里跳出来似的。所以，自然而然，我们喜欢它们。

那么，是否只要我们张嘴笑就可以了呢？没有诚意的笑也没关系吗？不是的，微笑是不能欺骗他人的。如果我们知道那是一种虚情假意的微笑，我们就会心生厌恶。因此，我们这里所说的微笑是一种真诚的微笑，是发自内心的微笑。

美国一家大橡胶公司的董事长告诉我，据他的观察，一个人无论做什么事，如果是极不情愿地去做，那么，他很少会成功。但这位实业界领袖不大相信那句老话：苦干才是我们打开欲望之门的金钥匙。“我认识的人，”他说，“他们成功的秘诀，就在于他们非常乐意经营他们的事业。后来，他们也会感到厌倦，他们的工作也开始变得无聊且单调，最终，他们失去了工作的乐趣，以致失败。”

所以，如果你想别人见到你时高兴，你就必须高兴地去见别人。

我曾建议我班上的商界学员，让他们在一天中的每一小时对每一个人微笑，一星期后到班中来分享他们的体验。效果如何？我们且看这里：纽约证券交易所交易员司丹哈德的一封信。他遇到的情形并非独一无二，事实上，大多数人都遇到过：

> 我结婚超过18年了，在这期间，从我起床到准备出门做事，我都很难得对我妻子微笑。说得难听点儿，我是百老汇街上所有的过客中脾气最坏的一个。
>
> 因为您请我对微笑的经验做一次演讲，所以我就只

能自己先试一周看看。所以，次日早晨，当我梳头的时候，看见镜中沉闷的面孔，于是对自己说："比尔，从今天起改变过去的冷漠。从现在开始，保持微笑。"当我坐下吃早餐的时候，我和颜悦色地对妻子说："亲爱的，早。"

您曾告诉过我，她或许会惊讶。可是，您低估了她的反应程度，她简直惊呆了。我告诉她，这种情形将会继续存在。从那以后到现在，我已经坚持了两个月。

由于我态度的改变，在这两个月中，我的家庭获得了从未有过的快乐。现在，每当我到办公室的时候，也会微笑着对公寓开电梯的人说声早安。我对我遇见的每一个人都报以微笑。

不久，我发现人人都对我报以微笑。对那些向我抱怨诉苦的人，我也和颜悦色地对待。我面带微笑细心聆听，这样，问题就很容易解决了。我觉得微笑每天都带给我许多财富。

我与另一位交易员合用一间办公室，他的秘书是一个可爱的年轻人。我对自己的收获非常满意，所以我和他分享了处理人际关系的新哲学。在与他交心后，他也向我吐露了心事。他承认，当我初来与他同办公室的时候，在他印象中，我是个可怕的、坏脾气的人。近来，他也改变了对我的看法。他夸我微笑的时候人情味十足。

我摒弃批评，欣赏称赞。我已不讲我要什么，而是看别人的观点是什么。所有的这些都真实地改变了我的生活，我变成了另外一个人，一个更快乐的人、一个更充实的人，我因拥有友谊及快乐而更加充实。

记住，这封信出自一位圆滑世故、为人精明的交易员之手。他在纽约证券交易所以买卖证券谋生，自己立有账户。要知道，这是一个多么不容易成功的行当，99% 的人会失败。

看到这里，你也许觉得自己确实该笑了，那到底该怎么去做呢？至少你可以做两件事。第一，强迫自己微笑。如果你独在一处，可做做自己感兴趣的事。做出快乐的样子，你将会感到非常快乐。已故的哈佛大学教授詹姆斯曾说过：“行动好像是跟随感觉走的。其实不是如此，行动与感觉是并行的。我们能使任何行动有规律。”

因此，如果我们真正丢失了欢乐，也就重新得到了欢乐的途径，那就是欢乐地行动、说话，好像欢乐早已存在一样。

每个人都在寻求快乐，行之有效的方法只有一种，那就是控制你的思想。快乐不在于外界的情况，而是依赖于你自己的内心。

不论你是谁、你在何处、你在做什么事，使你快乐或不快乐的因素是你内心的想法。例如，两个人在同一地方，做同一件事情，彼此有同样多的金钱与声望，可最后，一个会痛苦，一个会快乐。为什么？因为心境不同。

“事无善恶，”莎士比亚说，“思想使然。”

林肯曾说：“多数人的快乐同他们所决意要得到的成正比。”他说得不错。下面的例子证明了这一观点。一次，当我正走上纽约长岛车站阶梯的时候，我看到前面有三四十个残疾儿童拄着拐杖艰难地迈上阶梯，其中一个男孩还需要别人

◇ 无论何时都不要忘记微笑 ◇

的帮助才能上去，但他们都非常开心。我对他们的一位管理人提及这一情形。“是的，”他说，“当一个儿童明白他将要终身残疾时，一开始他会惊恐无助，但惊惶过后，他会试着去寻找生活中的欢声笑语，因此，他们比正常儿童还要快乐些。”

我真觉得我该对这些儿童脱帽致敬，我应该铭记这一时刻。

白德格，从前是卡狄纳排名第三的棒球名手，现在是美国一位最成功的保险商。他告诉我说，他多年前研究得出，面带微笑的人会永远受到欢迎。所以，当他在走进一个人的办公室以前，他总要停留片刻，回想他应感谢的许多事，然后面带微笑，满心欢喜地进入室内。

他相信，他所获得的成功与这种简单的技巧是分不开的。

细细品味下面赫巴德明智的建议吧，但一定要亲身实践，如果仅仅停留于理论的层面，那么它对你没有任何作用。

你每次外出的时候，正正颜，抬头挺胸，精神饱满。在阳光中呼吸，对朋友微笑，每次与人握手时集中精神。不要怕被误会，不要在敌人身上浪费时间。要在你心中确定你喜欢做什么，然后不变方向向目的地行进，全神贯注于你喜欢做的伟大事情上。以后，在岁月流逝之中，你会发觉，正如珊瑚虫由潮流中取得所需的营养一样，无形之中，你也已经得到了不可错失的机会。在脑中想象你真正想成为的那种人，而此时，你的思想正改变着你，使你成为那种人。思想是至高无上的，所以，要保持一个正确的心态——勇敢、诚实、欢悦。思想就是创造，所有的事都是由欲望而生，付出就有回报。

中国的古人非常聪明，明于世故。他们有一句格言，你我都应将此牢牢地记在大脑里：非笑莫开店！

所以，如果你希望别人喜欢你，那就应该谨记这第二大原则：

保持微笑。

千万别忘记他人的姓名

1898 年，纽约某地发生了一起悲惨的事件。村里死了个孩子，邻居们正预备赴葬。那天，地上积雪很厚，天气寒冷。发莱到马棚去驾马，马已经好几天没活动了。当它被引到水槽旁时，它在地上打转，双蹄腾空，出乎所有人的意料，它竟然把发莱踢死了。在那一星期里，这个小小的村子就举行了两次丧礼。

发莱遗下一个寡妇、三个孤儿，还有几百美元的保险。

他 10 岁的长子吉姆到砖厂去工作，负责将沙灌进模型中，然后将砖放到一边，让太阳晒干。这男孩从未有机会接受教育，但他有爱尔兰人那种与生俱来的乐观性格和讨人喜欢的本领。后来，他从政了，多年后，他拥有了一种独特的能力——记忆人名。

他未曾见过中学的真实样子，但在他 46 岁以前，4 所大学已授予他学位，他成了民主党全国委员会的主席、美国邮政总监。

我有一次访问吉姆，问他成功的秘诀。他说：“苦干。”我说：“不可能吧，别开玩笑了！”

他问我，我认为他成功的原因何在。我回答说：“我知道你能叫出1万人的名字来。”

他摇摇头说：“不，你错了，我能叫出5万人的名字！”

他就是以这种独特的能力，帮助罗斯福进入白宫的。

之前，吉姆是一家石膏公司的推销员，他发明了一种记忆姓名的方法。

最初，方法极为简单。无论什么时候遇见一个陌生人，他都会询问别人的姓名及家庭情况。当他再次遇到那个人时，尽管那是在一年以后，他也能拍拍他的肩膀，问候他的妻子儿女，问他后院的花草。难怪有那么多人支持他！

在罗斯福开始竞选总统之前的数个月，吉姆每天都会给西部及西北部各州的人写上数百封信。然后他坐上火车，在19天中，用轻便马车、火车、汽车、快艇游历20个州，总行程1.2万公里。他每进入一个城镇，就同他们倾心交谈，然后再奔向下一个州。

回到东部以后，他立即给曾拜访过的一些人写信，请他们将和他谈过话的客人名单寄给他。到了最后，那些名字数不胜数，但名单中的每个人都会收到吉姆的一封私函。这些信都用“亲爱的比尔”或“亲爱的杰”开头，而在信的结尾处，总是签着“吉姆”的大名。

吉姆在早年即发觉，普通人对自己的名字最感兴趣。能喊出他的名字，就是你对他最好的恭维。但如果忘了或记错了他人的姓名，你就会置你自己于极尴尬的境地。例如，我曾在巴黎组织过一次演讲的课程，我给城中所有的美国居民发出过一封印刷信。这位法国打字员英文不好，填错了姓名。有一个人是巴黎一家美国大银行的经理，他写给我一封灼人的责备信，因为他的名字被拼错了。可见，记住对方的名字是多么重要！

“钢铁大王”卡耐基成功的秘诀是什么？

虽然他被称为“钢铁大王”，但他对专业知识知之甚少。但这并不妨碍他的工作，因为有成千上万的人在替他工作，他们懂得的钢铁知识要比他多得多。他知道如何与人相处，这是他致富的秘诀。在早年，他就表现出组织的才能、领袖的才能。他到10岁的时候，就发觉人们极其重视自己的名字，于是他利用这一发现去获得与人合作的机会。当他还是苏格兰的一个小孩童时，曾得到一只公兔和一只母兔。他不久后就有了一窝小兔，可是没有东西喂它们。他想出了一个很好的办法，他告诉邻近的孩子们说：“如果谁愿意出去采集充足的蒲公英与金花菜喂兔，他就以他的名字命名兔子，以此来做纪念。”

这一计划功效神奇，令卡耐基终生难忘。

多年以后，卡耐基在商业上应用了同样的心理学原理，并大获成功。例如，他要将钢铁路轨卖给宾夕法尼亚铁路公司，汤姆生当时是宾夕法尼亚铁路公司的董事长。所以，卡耐基在匹兹堡建造了一所“汤姆生钢铁厂”。结果可想而知。

当卡耐基与普尔门互相竞争卧车经营权时，他再次运用了这一策略。

卡耐基所统管的中央运输公司与普尔门所经营的公司都希望争得联合太平洋铁路卧车的经营权。为此，他们互相排挤、削价、明争暗斗。有一晚，卡耐基在圣尼古拉旅馆遇到了普尔门，他说："晚安，普尔门先生，我们相互争斗一点意思也没有。"

"你的意思是？"普尔门问道。

卡耐基说了他的想法——将他们双方的利益合并起来。他简单明了地说清楚了在互相合作中双方的利益。普尔门注意静听，但未完全相信。最后他问道："那这家新公司叫什么？"卡耐基立刻回答说："啊，当然是普尔门皇宫卧车公司。"

普尔门立刻面带微笑。"到我房里来！"他说，"我们来详细谈谈。"于是，才有了奇迹。

卡耐基这种记忆与尊敬朋友及同事名字的策略是他成为商界领袖的一大秘诀。他为自己能叫出许多工人的名字而感到自豪，并且自夸说，当他亲自管理的时候，从未发生过罢工之事。

贝德茹斯基也是如此，他的专职厨师一直被他称为"考伯先生"，这使那位厨师感到自己很重要。他曾 15 次周游美国，为热情的观众演奏。每次他乘专车旅行，都由同一厨师为他预备音乐会结束后的午夜餐。在那些年中，贝德茹斯基从未用美国普通的称呼叫他"乔治"。他一直传统地称他为"考伯先生"，而考伯先生也喜欢这样的称呼。

人们极重视他们的名字，因而他们想方设法使之延续，即使牺牲自己也在所不惜。

图书馆、博物馆的丰富藏书，常由一些希望自己的姓名流芳百世者捐赠而来，如纽约公共图书馆有爱斯德家族与李诺克斯家族的藏书，爱德门与马根的名字永远地留在了大都会博物馆。几乎每座教堂都将捐赠人的姓名雕刻在彩色玻璃窗上，以表纪念。

多数人记不住别人的姓名，只因为他们没有花时间与精力在这上面。他们给自己找借口：他们太忙。但他们大概不会比罗斯福更忙吧，罗斯福甚至花时间去记忆他所接触的机械师的名字。克莱斯勒汽车公司专门为罗斯福先生制造了一辆装有许多特别装置的汽车，总经理张伯伦及一位机械师将此车送交至白宫。下面是张伯伦写的一封信：

> 我教罗斯福总统如何驾驶一辆装有许多特别装置的汽车，而他教了我许多关于为人处世的艺术。
>
> 当我到白宫访问的时候，总统非常愉快，他称呼我的名字，我倍感荣幸。给我留下深刻印象的是，他认真耐心地倾听我告诉他的事项。这辆车设计完美，能完全用手驾驶。罗斯福对围观的那群人说：“这车真奇妙，你只要按一下开关即可开动，驾驶方便。我认为这车非常好，尽管我不懂它是如何运转的。我真愿意有时间将它拆开，看看它是如何运转的。”
>
> 当时，许多人都羡慕总统，他当着他们的面说：“张伯伦先生，我真感谢您，感谢您为设计这车花费了那么

多的时间和精力。这是一件完美的作品！”他赞赏特别反光镜、钟、特别照射灯、椅垫的式样、驾驶座位的位置和衣箱内有不同标记的特别衣箱。换言之，他注意到了每个细节，可见他花费了许多心思。

当驾驶课程结束之后，总统转向我说：“好了，张伯伦先生，我该回去工作了。”

当时，我带了一位机械师到白宫去，刚见面时，我把他介绍给罗斯福。但他没有同总统谈话，而罗斯福总统也只听到过一次他的名字。他是一个怕羞的人，一直避在后面。但在我们离开以前，总统找寻到这位机械师后，与他握手，直呼他名字，并谢谢他到华盛顿来。他的致谢十分真诚，对于这点，我是能感觉到的。回到纽约数天之后，我收到罗斯福总统亲笔签名的照片，并附有简短的致谢信，再次对我给他的帮忙表示感激。令我激动的是，他竟然会花时间为我这么做。

罗斯福知道一种最简单、最有效的获得他人好感的办法，那就是记住他人的姓名，让别人觉得自己受重视，但我们普通人中又有几个能做到这点呢？

很多时候，我们被介绍给一位陌生人，相互谈了几分钟之后，在临别的时候，甚至会连对方姓什么都不记得。

作为一个政治家，他要上的第一课就是记住选举人的姓名，这是从政的基本才能。 如果忘记了他们的名字，你将会被湮没。

记住姓名的能力在事业与交际上同样重要。

法国皇帝拿破仑三世，即伟大的拿破仑的侄子，曾自夸道，即使公务繁忙，他也能记起他见过的所有人的姓名。

他是怎么做到的呢？ 其实很简单。 如果他没有听清楚姓名，他就说：“对不起，我没有听清姓名。”如果是一个鲜为人知的姓名，他就说：“能告诉我它是如何拼写的吗？”

在谈话中，他费心地将姓名反复记忆数次，并将姓名与人联系起来。 如果这人很重要，拿破仑就更用心了。 在他独处的时候，他会即刻把这人的姓名写在一张纸上，仔细观察，牢记在心，然后将纸撕破。 这样，他看到的印象与听到的印象就完全一样了。

这些事要花费一些时间，但爱默生说：“好礼貌是由小的牺牲换来的。”

所以，让他人喜欢你的第三大原则是：

记住他人的姓名，它是语言当中最甜蜜、最有力的声音。

学会倾听他人讲话

最近，我应邀参加一场纸牌会。 我个人不善于打纸牌，另有一位美丽的女子也不会打，我们正好坐下来聊聊天。 我曾给汤姆森先生当过私人助理，当时他曾到欧洲各地去旅行，我帮助他整理他要播发的有关旅行的资料，所以她说：“啊，卡耐基先生，我想请你告诉我你所有的旅行经历。”

我们坐在沙发上，她提到她同丈夫最近刚去非洲旅行回来。“非洲！”我说，“肯定非常有趣！我总想去看看非洲，但除了在一个小地方停过24小时外，我还没去过其他任何地方。告诉我，你曾游历过经常有野兽出没的乡村，是吗？你太幸运了！我真羡慕你！你在非洲都见过哪些名胜、奇景呢？”

那次的谈话持续了45分钟。她不再问我到过什么地方，也不再问我看见过什么东西了。她不要听我谈论我的旅行经历，她所需要的不过是一个专心致志的聆听者，增加她自己的自尊感，听她讲述她所到过的地方。

在现实生活中，类似这位女子的人很少见吗？不，许多人都如此。

例如，我最近在纽约出版商格利伯的宴会上遇见了一位著名的植物学家。在这之前，我从未同植物学家谈过话，但我觉得他极有吸引力。我安静地坐在椅子上，聆听他讲述各种植物。我自己有一个小室内花园，他非常殷勤地告诉我如何解决我的花园中出现的几种问题。

我前面已经提到过，我们是在宴会中，还有其他客人在场。但我没有遵循所有礼节的定例，忽略了其他人，与这位植物学家进行了数小时的畅谈。

午夜时分，与其他客人告辞时，这位植物学家转向主人，对我极力恭维，说我是“最富激励性的人”，最后，他还说我是一个“最有趣的谈话家”。

一个最有趣的谈话家？我？啊，我哑口无言。如我不换话题，即使要说，也不能说，因为我对植物学的了解并不比对企鹅的解剖学多。但我做到了一点，那就是注意静听，我曾静听，我也真正感兴趣。他也觉察到了这一点，那自然使他更欢喜。由此看来，静听是我们对任何人的最好的恭维方式。

一次成功的商业会谈的秘诀是什么？学者以利亚说："关于成功的商业交往，其实没有什么神秘之处，聚精会神地倾听，这点非常重要。没有别的东西会使人如此开心。"其中的道理很明显，不是吗？即使你没有在哈佛读上4年书也能发觉这一点。但你我都知道，有的商人租用豪华的店面，陈设动人的橱窗，花费千百元的广告费，然后雇用一些不懂得如何静听他人讲话的店员——他们中止顾客谈话、反驳他们、激怒他们，甚至几乎要将客人驱赶出店门。

乌顿的经验可以说是最好的证明。他在我班中讲述过这么一个故事：

> 在近海的新泽西，他在一家百货商店买了一套衣服。但他不满意，因为上衣褪色，弄黑了他的衬衫领子。
>
> 后来，他将这套衣服带回该店，找到卖给他衣服的店员，并讲述了事情的原委。但服务员不听他解释。"这套衣服我们已经卖出了数千套，"这位售货员反驳说，"在你之前还没人来挑剔。"
>
> 正在激烈争辩的时候，另外一个售货员把他们打断。"所有黑色衣服起初都要褪一点颜色，"他说，"那是没有办法的，一分价钱一分货，这不是质量问题，是染料的关系。"

“这时，我气得火冒三丈，”乌顿先生说，“第一个售货员怀疑我的诚实，第二个则暗示我买了一件便宜货。我真的被激怒了，正要与他们争吵，突然间经理走了过来。他懂得他的职责，也正是他，改变了我的态度。他将一个恼怒的人变成了一位满意的顾客。他是怎么做到的？他采取了三个步骤：

“第一，他静听我从头至尾讲我的经历，一句话也没有说。

“第二，当我说完的时候，售货员们又开始要插话发表他们的意见，他站在我的立场说话。他不仅指出我的领子是明显地被衣服所污，并且坚持说，店里不应该出售不能让顾客满意的东西。

“第三，他承认他不知道为什么会褪色，并率直地对我说：‘您想如何处置？我完全照您说的去办。’

“就在几分钟以前，我还想让他们收回这套可恶的衣服。但我现在回答说：‘我只要你的建议，我想知道它是否一直掉色，是否有什么解决办法。’

“他建议我将这套衣服再试穿一个星期。‘如果到那时仍然褪色，’他承诺说，‘请您拿来换一套满意的。非常抱歉给您带来不便。’

“我满意地走出了这家商店。到一星期后，这衣服果然没有再出现过这样的毛病，于是我重新信任那家店了。”

始终挑剔的人，甚至最激烈的批评者，常会被一个有耐心和同情心的静听者降服，因为这位静听者在任何时候、任何场合都能做到静听。

纽约电话公司数年前应付过一个曾咒骂接线生的最可恶的顾客。他咒骂，他发狂，甚至恫吓要拆毁电话。他认为电话费用不合理并拒绝接受。他给报社写信投诉公司，还向公众服务委员会屡屡申诉，最终给电话公司招来数起诉讼。

最后，公司派了一位最有经验的“调解员”去拜访这位暴戾的顾客。这位“调解员”到了以后，静静地听着，并对其表示同情，让这位先生发泄自己的不满。

“他喋喋不休地说着，我静听了大约 3 小时，”这位“调解员”后来叙述道，“以后，我再到他那里去，继续听他发牢骚。我共访问他 4 次，在第四次访问完毕以后，我已成为他正在创办的电话用户保障会的会员。我现在仍是该组织的会员，而且有意思的是，该组织就我们两个会员。

“在这几次访问中，我做的仅仅是静听，并且同情他所说的任何一点。我没有和他争吵，所以他的态度最后也变得友善了。在第一次访问时，我并没有提到我要见他的事，接下来的两次也没提到，但在第四次，我圆满地完成了这次任务，这位先生不仅付清了他欠的所有的账，而且还主动向公众服务委员会要求撤销他对我们公司的申诉。”

毫无疑问，这位先生自认为他是为公义而战，是在保障公众的权利不受剥夺。但实际上，他要的是自重感。他认为自己的这种自重感应首先在挑剔抱怨中取得，但当他从公司代表那里得到自重感后，他也就没有什么“冤屈”了。

多年前，有一个从荷兰移居到美国的贫苦儿童，在学校下课后，为一家面包店擦窗，每星期赚半美元。他家非常贫寒，他平常只能每天到街上用篮子捡拾送煤车落下的碎煤块。那个孩子叫宝克，他只上过 6 年学，但出人意料的是，最后他竟成了美国新闻界最成功的杂志编辑。他是怎么成功的？这说来话长，但我们可以简单地介绍一下他是如何开始的。

他 13 岁离开学校，去西联公司做童工，每星期工资 6.25 美元。但他从来都没有放弃寻求教育的想法。不仅如此，他还自学。他为了攒钱，很节俭，不坐车，不吃午饭，直到足够买一部《美国名人传全书》——一本影响了他一生的书。他读了这些名人的传记后，写信给他们，请他们寄一些有关他们童年的材料给他。他写信给那时正在竞选总统的加菲大将，问他是否曾经做过拉船童工，而加菲大将也回信给了他；他写信给格莱德将军，询问战役情况，格莱德给了这位 14 岁的孩子一张地图并邀请他吃晚饭，他们谈了整整一夜；他写信给爱默生，并请爱默生讲述关于他自己的故事。不久，这个为西联送信的小孩便和全美国的著名人物经常通信。

他不只与这些名人通信，还会在假期拜访他们，成为他们家里受欢迎的一位客人。因为这种经历，他变得信心十足。这些名人激发了他的斗志，改变了他的人生。别人也愿意与他交谈，因为他是个很好的倾听者。

马可先生大概是世界上最优秀的名人访问者，他说，许多人没有给别人留下好印象，是因为他们不注意静听。“有些人只是关心自己下面要说什么，所以他们从不打开耳朵听别人说。一些大人物曾告诉我，对于静听者和谈话者，他们更喜欢前者，但能静听的能力，好像比其他任何好性格都少见。不只大人物要求他人善于静听，就连普通人也是如此。正如《读者文摘》中所说：‘许多人之所以请医生，那是因为他们只是需要一个静听者而已。’”马可先生对我说了这样一段话。

美国内战期间，林肯给在伊利诺斯春田的一位老朋友写信，请他到华盛顿来。林肯说，他有些问题需要他的意见。于是，这位老朋友到白宫拜访。结果，林肯同他谈了数小时关于解放黑奴的宣言是否适当的问题。林肯先将赞成与反对的观点陈述了一番，然后又阅读了一些谴责他的信件及报纸中批评他的文章，有的怕他不解放黑奴，有的却怕他因为解放黑奴而造成混乱。谈论数小时以后，林肯与他的老朋友握手道声晚安，送他回伊利诺斯，而在这整个过程中，他竟然没有征求对方的意见。整个谈话过程中，一直是林肯在说，那好像能使他自己的心情舒畅平静。“谈话之后，他更加平静了。”这位老朋友说。林肯没有要求得到建议，他只是需要一位使他可以发泄内心苦闷的友善的静听者。那样的人同样也是我们在困难中都需要的，愤怒的顾客、不满的雇员、受伤的朋友等，他们都需要这样一位静听者。

如果你希望成为一个善于谈话的人，那就先从倾听他人开始。如果你想使他人对你感兴趣，就先要向别人表示你的兴趣。也就是要投其所好，问他人感兴趣的问题，鼓励他谈论自己及他所取得的成就。记住，对与你谈话的人来说，他的需要、他的问题，比你的问题更让他感兴趣。

因此，下次当你开始谈话的时候，就要充分利用这一点，如果你想让人喜欢你，那就记住第四大原则：

做一个善于静听的人，鼓励别人谈论他们自己。

迎合他人的兴趣

凡是到牡蛎湾拜访过罗斯福的人，都惊异于他的博学多识。“无论是一个牧童、骑士、纽约政客，还是一位外交家，”勃莱特福写道，“罗斯福都知道如何与他们交流。”那么，罗斯福是如何做到这一点的？

罗斯福同所有的领袖一样，懂得与人沟通的秘诀：谈论他人最为感兴趣的事情。耶鲁大学教授、和蔼的费尔普早年就得到了这种教育。

“8 岁的一个周末，我去拜望我的姑母林慈莱，并在她家度假。”费尔普在他的一篇关于人性的文章中写道，“有一天晚上，一个来做采访的中年人在与姑母寒暄之后，便将注意力集中在我身上。当时，我正巧对船很感兴趣，而这位客人谈论的话题似乎正合我意。他走后，我向姑母热烈地称赞他，说他是一个对船特别感兴趣的好人。 而我的姑母却告诉我说，他是一位纽约的律师，他其实对船并不了解。 但他为什么始终与我谈论我最感兴趣的事呢？

“姑母告诉我：‘因为他是一位聪明的人。 他见你对船感兴趣，所以就谈论能让你开心愉悦的事情，这样你才会喜欢他。’姑母的话令我终生难忘。”

当我正在写作本章的时候，我看到了查利夫（原来童子军中最为活跃的一个）的一封信：

> 有一天，欧洲将举行童子军大露营，我需要拉赞助。
>
> 幸而在我拜访这人以前，我听说他曾开了一张100万美元的支票，而这张支票退回之后，被他置于镜框之中。
>
> 所以，我走进他办公室所做的第一件事，就是谈论那张100万美元的支票！我告诉他，我从未见过100万美元的支票，我要告诉我的童子军，我真真切切地看见过一张100万美元的支票。他很欣喜地向我出示那张支票。我流露出对他的羡慕之情，并请他告诉我具体的情形。

你注意到了没有，查利夫先生并没有谈及童子军或欧洲的露营，或他所要做的事。 他只是谈论对方感兴趣的事。 那么，最终的结果如何？

> 过了一会儿，我所拜访的那位经理问我：“哦，请问你来找我有什么事？”我告诉了他我的来意。令我吃惊的是，他不但即刻应许了我的请求，并且还十分大方地给

了我更多的资助。我本来只想请他资助1个童子军赴欧洲，但他在资助了我之外又资助了5个童子军，并建议我们在欧洲玩7个星期。然后，他又给我开了一份介绍信，让朋友到时帮助我们。而且，他还亲自在巴黎接待我们，带着我们游览城市。自此以后，他经常给那些家境贫苦的童子军提供一些工作，而且现在在我们的团体中，他依然是非常活跃的一个。

我知道，如果我不曾先找出他感兴趣的话题使他喜欢我，那他一定很难接近！

在商界，你不得不承认这是一种很有价值的方法。

所以，如果你要使人喜欢你，如果你想让他人对你产生兴趣，请谨记第五大原则：

迎合他人的兴趣。

让他人感到自己重要

在现实生活中，有些人之所以会出现交际上的障碍，就是因为他们没有充分利用一个重要原则——证明自己的重要性。有些人喜欢自我表现，喜欢自卖自夸，一旦事情成功，他们首先表现出的就是自己有多大的功劳、做出了多大贡献。而这样恰恰向他人表明：你们确实不太重要。就这样，无形之中，这些人不仅伤害了别人，也伤害了自己。

有一天，我在纽约第三十二街和第八街交叉口处的邮局里排队等候寄一封挂号信。营业员觉得自己的工作枯燥无味，因为他成天称重、拿邮票、找零钱、写收据……所以我对自己说：“我要让那位营业员喜欢我。而要想实现这一点，我显然必须说些好话——说他的好话。”然后我又自问：“他有什么值得让我称赞一番的地方呢？”有时，这实在是个难题，尤其当对方是你完全不了解的人时。但是，称赞眼前的这位职员似乎并不让我感到困难，我可以马上找到切入点。

当他为我的信件称重时，我热切地对他说：“你的头发发质真好。”

他抬起头，半惊讶地看着我，脸上泛出微笑：“啊，其实这没以前好啦！”他谦虚地应答。我告诉他，虽然它可能已没有原来那么美观，但看起来依然很不错。他十分高兴，和我谈了一会儿，最后说道：“很多人都夸我发质好。”

我敢打赌，这位先生出去吃午饭的时候，一定春风满面、兴高采烈。晚上回家的时候，一定会将此事告诉太太，也一定会照着镜子对自己说：“看看，多么漂亮的头发！”

有一次，我在演讲的时候提起这件事，事后有人问我：“你这么做的目的是什么？你想得到什么？”

我想从那人身上得到什么呢？我又能从那人身上得到什么呢？如果我们真是这么自私，一旦想到在他人那里无所收获，就不赞赏或感谢他人，如果我们的灵魂几乎和野生的酸苹果一样，那么，我们的心灵将会变得多么贫乏。

不错，我是希望从那位先生身上得到一点东西。但那东西本身是无价之宝，而且我也已经得到了。我享受到了助人为乐的快乐，这种感觉将永远存在于我脑海中。

时时让别人感到自己重要，是人类行为的一个重要法则。如果我们遵从这一法则，大概不会惹来什么麻烦，而且还可以得到许多友谊和永恒的快乐。相反，如果我们破坏了这个法则，我们不但得不到友谊和快乐，还会招致麻烦。著名哲学家约翰·杜威曾说："人类本质里最深层的驱动力就是证明自己的重要性。"哈佛著名心理学家威廉·詹姆斯也说："人类本质中最殷切的需求是：渴望得到他人的肯定。"我也曾指出，就是这种需求，把人和动物区别开来；也正是这种需求，催生了人类文明。

你希望得到朋友的认同，需要别人知道你的价值；你希望感受自己的价值；你不喜欢廉价、虚假的恭维，而渴望发自肺腑的赞美；你喜欢友人像查理·夏布所说的一样，去"真诚、慷慨地赞美他人"。因为人人都喜欢被称赞。

所以，请衷心地遵循这一永恒的定律：你希望别人怎么对待自己，那你就应该怎么去对待别人。

那么，我们应该在什么时间，什么地方去做？怎么去做？答案是：随时，随地。

再看看下面这个例子。

罗纳尔德·罗兰是我们在加州开课时的讲师，他同时也教手工课。他曾说过一个关于他学生的故事：

> 克里斯是个安静、害羞、缺乏自信心的男孩，平常在课堂上，他总是默默无闻，很少引人注意。一天，我

见他正在伏案用功，便走过去与他搭话。他的内心深处似乎有一股看不见的火焰，当我问他喜不喜欢这门课时，这个年仅14岁的男孩脸上的表情立刻变了。我可以看出他的情绪波动很大，眼里还含着泪水。

“您的意思是，我表现得不够好吗，罗兰先生?”

“啊，不！克里斯，你误解了，你表现得很好。”

那天，上完课，克里斯用那对明亮的蓝眼睛看着我，并且坚定地说：“谢谢您，罗兰先生!”

克里斯给我上了非常难忘的一课，让我看到了我们内心深处的自尊。为了使自己不致忘记，我在教室前方挂了一个标语：“你是重要的。”这样，不但每个学生都可以看到，它也能时时刻刻提醒我：你面对的每一个学生都是重要的。

这是一个未加任何渲染的事实：几乎你所遇见的每一个人，都自以为在某些地方比你优秀。所以，要打动他们内心的最好方法，就是表达出你对他们的重视。

曾统治过大英帝国的迪斯雷利说道：“人们更愿意对方谈论自己。”所以，如果你想使别人喜欢你，请不要忘记第六大原则：

让他人感到自己重要，而且要让人感觉你是在诚心诚意地赞美。

第三章　怎样赢得别人的认可

避免与人辩论

第二次世界大战结束后不久的一个晚上，我在伦敦得到了一个无价的教训。 我当时是史密斯爵士的私人助理。 在战争期间，他曾担任澳大利亚空军飞行员，被派往巴勒斯坦工作。 而在宣布和平之后不久，他因在30天内环绕地球飞行半周而轰动了全世界，因为从来没人有过这样惊人的举动。这件事轰动一时，澳大利亚政府奖给他5万先令，英国国王封他为爵士。 从那以后，他成了英国人民讨论的焦点人物。 有一个晚上，我参加一个欢迎罗斯爵士的宴会，在席间，坐在我旁边的一个人讲了一个幽默的故事，这故事正好应验了这样一句格言："神早已为世人写下结局，世人辛苦挣扎又怎能摆脱。"

这位讲述故事的人提到了这句话出自《圣经》。 于是，为了得到自重感并突显我的优秀，我讨人嫌地想纠正他。 但他坚持他的看法："什么？ 出自莎士比亚？ 不可能！ 不近情理，那句话出自《圣经》！"

这位讲故事的人坐在我右边，我的一位老朋友加蒙坐在我左边。加蒙先生曾花了很多时间专心研究莎士比亚，所以，我们同意加蒙先生当裁判。加蒙先生静静听着，在桌下用脚碰碰我，然后说道：“戴尔，确实是你错了，这位先生是对的，是出自《圣经》。”

当晚回家的时候，我对加蒙先生说：“老实说，你肯定知道那句话出自莎士比亚。”

“我当然知道，”他回答说，“是在《哈姆莱特》第五幕第二场。但我是盛会的客人，为什么要证明一个人是错的？他喜欢有人这么做？为什么不给他留足面子？他并没有征求你的意见，他也不需要你的意见。你为什么要和他争论不休呢？记住，要永远避免这种正面的冲突。”

“永远避免正面的冲突。”说这句话的人现在已经永远地离开了，但他给我的教训却一直留在我的记忆中，而且这一教训影响了我的一生，因为我向来是一个执拗的辩论者。在我少年的时候，我和我的兄弟会辩论一切事情。大学的时候，我研究逻辑及辩论术，并参加过辩论比赛。后来，我在纽约教授辩论术。我不得不承认，我有一次曾计划写一本关于辩论的书，从那时开始，我曾静听、批评，参加数千次的辩论，并注意它们的影响。从这些结果中，我得出了一个结论：避免争论是最好的方法。

十之八九，辩论结束之后，每个争论的人都比以前更坚信自己是绝对正确的。

你不可能在辩论中获胜，因为如果你辩论失败，那你当然失败了；如果你得胜了，你还是失败的。为什么？假定你胜过对方，把他的理由贬得一文不值，并证明他是错的，那又怎样？ 你觉得很好，但他怎样？ 你使他觉得脆弱无助，你伤了他的自尊，他要反对你的胜利。

波恩互助人寿保险公司为他们的推销员定了一个规则："不要争论不休！"真正的推销术，不是辩论，更不是类似于辩论。 辩论并不能改变别人的思想。

多年前，有一位名叫亚哈亚的爱尔兰人加入了我的训练班。 他没怎么受过教育，但很喜欢争执。 他当过司机，他到我这里来，是因为他从来没有成功地卖出过一辆载重汽车。我对他稍加询问，就看出他总是与正在交易的人争执并触犯他们。 如果别人挑剔他的车，他就会恼怒地打断那人的话头。 当然，他确实胜了不少辩论。 后来，他对我说："当我走出一个人的办公室时，我总是说：'我又教给那家伙一些东西了。'我教会了他一些事，可他并没有因此而买我的东西。"

当时，我的第一任务不是教亚哈亚学习如何讲话，而是训练他如何保持冷静，不要讲话，并避免口头冲突。 如今亚哈亚先生已是纽约汽车公司的一位明星推销员了。

充满智慧的老富兰克林常说："如果你辩论不休、争强好胜，你或许有时能获得胜利，但这种胜利是空洞的，因为对方还是没有认可你。"

所以，你自己考虑考虑，你想要的到底是什么？ 一种暂时的、口头的、表演式的胜利，还是一个人的长期好感？ 但是，你很少能鱼与熊掌兼得。

在你进行辩论的时候，你也许是对的，甚至绝对正确。但你别想改变别人的思想，一如你无法改变已有的事实一样。

我认为，不论一个人的智力如何，我们不可能说服别人改变思想。

所得税顾问帕森斯与一位政府税收稽查员为一份 9000 美元的账单争辩了一个小时之久。帕森斯先生声称这 9000 美元确实是一笔死账，不可能收回来了，当然不应纳税。“死账？胡说！”稽查员反对说，“纳税是必需的。”

“这位稽查员冷淡、傲慢、固执，”帕森斯先生在班里讲述事情的经过时说，“他根本不听人解释，我们辩论得越久，他越固执。所以，我决定避免辩论，改变话题，给他赞赏。

“我说：‘我想这事与你必须做出的决定相比，应该算是微不足道吧。我也曾研究过税收问题，但我只是从书本中得到知识，而你是从实践中获得真知，我有时更愿意从事像你这样的工作，因为我可以从中学习到很多。’我每句话都是出于真心。

“于是，那稽查员在椅子上伸了伸腰，向后一倚，讲述了他自己的工作经历，甚至告诉我他所发现的巧妙舞弊的方法。他的声调渐渐地由冷漠变为友善，片刻后，他又讲起他的孩子来。当他走的时候，他告诉我，他会考虑我的问题，并会尽快给我答复。

“3 天之后，他到我的办公室告诉我，他已经决定不征收那 9000 美元的税了。”

这位稽查员恰恰表现出一种最普通的人性特点，他需要一种自重感。帕森斯先生越是与他辩论，他越想扩大自己的权力，以获得自重感。但一旦帕森斯先生承认了他的重要性，辩论便立即停止，因为他找到了自重感，他会立刻变得友善。

拿破仑家中的管家常与约瑟芬打台球。这位管家在他所著的《拿破仑私生活的回忆》中的第一卷第71页中说：“我虽然技术不错，但我还是设法让她赢我，这样她会非常欢喜。”从这一个故事里，我们应该学到一个有用的教训，那就是：我们要使我们的顾客、丈夫、妻子在偶然发生的细小讨论上胜过我们。

“恨不止恨，爱能止恨。”辩论永远不可能消除误会，只有我们站在别人的立场才能消除误会。

林肯有一次责罚一个青年军官，因为他与同僚激烈争执。“凡决意成功的人，”林肯说，“不能费时于个人的成见，更不能费时去承受结果，包括丧失自制时无法控制的脾气。你不要锋芒毕露，要让步，即使你是完全正确的，也不妨向对方做些让步。与其为争路权而被狗咬，不如给狗让路。因为即使你将狗杀死，也不能抚平受伤的伤口。”

所以，要赢得别人的认可，就必须谨记第一大原则：

避免与人辩论。

尊重他人的意见

西奥多·罗斯福在白宫的时候承认，如果他判断的正确率高达75%，那么，就达到了他的最高期望标准。

这样的伟人判断的正确率也只有75%，何况你我呢？

如果你能确定自己的判断有55%是对的，便可以到华尔街去日进斗金。如果你不能确定自己的判断是否有55%是对的，那你凭什么指责别人的错误？

你可以利用各种身体语言、眼神、音调，或是手势来指责别人的错误，这和言辞表达一样有力。但是，当你指出对方的错误时，对方就能同意你的观点吗？绝对不会的！因为你已一拳伤害了他们的自尊心，他们会反击，而不会改变他们的观点。也许你会用柏拉图或康德的逻辑理论说服他们，但还是没有用，因为你早已伤了他们的感情。

因此，千万不要一开始就宣称："我要证明给你看。"这就等于向他人表明："我比你聪明，我要让你改变想法。"这种做法是非常不明智的，甚至会引起冲突。在这种情况下，你要想改变对方的观点，可能性几乎为零。为什么要弄巧成拙？为什么要给自己添麻烦呢？如果你想证明什么，也应在别人不知不觉的情况下不留痕迹地去做。正如诗人波普所说："你在教人的时候，要表现得若无其事。"要神不知鬼不觉地提出事情，好像已被人遗忘一样。300多年以前，科学家伽利略说过："你不能教人什么，你唯一能做的就是帮助他们去发现。"

查斯特菲尔德爵士也告诉过儿子："你可以聪明过人，但别让他们知道。"

苏格拉底也一再告诉门徒："我只知道我什么都不知道。"

好了，我们不可能比苏格拉底更加聪明。所以，从现在开始，最好不要再指责别人的错误，那是要付出代价的。如果你认为有些人的话不对，你最好还是这样讲：“啊，慢着，对这件事我有不同的想法，不知对不对。假如我错了的话，希望你们纠正我，让我们共同探讨这件事。”

很奇妙，尤其是像这样的话：“我可能不对，让我们来共同探讨这件事。”说这样的话，世上绝不可能有人再反对你。

我的一位学员哈洛·雷恩克，他是道奇汽车在蒙大拿州的代理商，他就曾用这种方式处理过顾客纠纷。雷恩克在报告时指出，由于汽车市场面临着巨大的市场压力，在处理顾客投诉案件时，汽车公司方面常常显得冷漠无情，这很容易引起公愤，不仅生意做不成，还会带来很多麻烦。

他告诉班上的其他学员：“后来，我想清楚了，这样确实无济于事。于是就改变了策略。我转而向顾客这么说：‘对我们公司犯的错误，我深表遗憾。请你把经过再叙述一遍。’

“很显然，这种方法消除了顾客的敌意。情绪一放松，顾客在处理事情的过程当中就比较讲道理了。许多顾客感谢我的体谅，甚至后来还带来自己的朋友买车。在竞争激烈的市场上，我们需要的就是这种顾客。而我相信，尊重顾客的意见，对待顾客周到有礼，都是赢得竞争的本钱。”雷恩克这样说。

承认错误并不会带来麻烦，反而能平息争论，引导对方也能同你一样公正宽大，甚至或许会承认他也错了。

著名心理学家卡尔·罗杰斯在他的一本书中写道：“了解别人的想法会使你受益。也许你会觉得奇怪，真有必要去了解别人的真正想法吗？ 我想是的。 我们对许多‘陈述’的第一个反应常常是‘评估’或‘判断’，而不是去‘了解’。每当有人表达自己的感受、态度或是信念时，我们的第一反应是做出判断。 我们很少自己去了解陈述者话中的真正含义。”

有一次，我请了一位室内装潢师设计家中的窗帘，等账单送来时，看到价钱，我吓了一跳。

隔了几天，有个朋友来访，看到了那些窗帘。 她问起价钱，然后很夸张地大声说：“什么？ 你肯定受骗了！”

我想她说得不错，但很少有人希望听到他人这样的评判。 于是，我为自己辩解，说便宜没好货。

第二天，又有一个朋友来访，对那些窗帘赞不绝口，还说她希望自己能买到它。 我做出了与前一天截然不同的反应：“啊，老实说，我也差点付不起。 我买贵了，真后悔没先问好价钱。”

当我们犯错的时候，也许会在私底下自己承认。 当然，假如别人的态度温和一些，或显得有些技巧，我们也会向他们认错，甚至觉得自己坦白、心胸宽大。 但是，假如对方故意为难你，那情况就不同了。

我现在确信，过于直接地指出别人的错误，即使是再好的意见，别人也不会接受，你甚至还会受到很大的伤害。 你剥夺了别人的自尊，也让自己成为讨论中最不受欢迎的一个人。

有人曾问马丁·路德·金：为何身为一个和平主义者，却欣赏白人空军将领尼尔·詹姆斯，而非黑人高级官员？ 他回答："我以别人的原则而不是我的原则去做出判断。"

同样的，罗伯特·李将军有次同南方联邦总统杰斐逊·戴维斯谈麾下的一名军官。李将军对其称赞有加。另一位军官很诧异，他问李将军："难道你不知道那个人一直在攻击你、诽谤你吗？""我知道。"李将军回答，"但总统问的是我对他的看法吗？"

别与顾客、配偶或敌人发生冲突，别指责他们的错误，别激怒他们。如果你非得与人发生对立，也得运用一点技巧。所以，请重视赢得别人认可的第二条原则：

尊重他人的意见，千万别说："你错了。"

如果错了，当即承认

离我家不远处有一片森林。春天来临之时，野花盛开，松鼠筑巢育子，草长得与马头齐高，这块完整的林地叫作森林公园。那真是一片森林，我发现它时就像哥伦布发现了美洲大陆。我常带着我的波斯狗瑞克斯到园中散步。它是一只乖巧可人的小狗，因为园中平时人很少，所以，我会解开它的绳子。

一天，我们在公园中遇见一位警察——一个爱显示他权威的警察。

"你既不给那狗戴上口笼，也不用皮带系上，还让它在公园中乱跑，这是什么意思？”他很生气地问我说，“你不知道这样做违法吗？”

“是的，我知道是犯法的，”我轻柔地回答说，“但这里没人，不至于产生问题。”

“你认为不至于就不至于吗？ 法律可不管你怎么想。 那狗也许会伤害松鼠，或咬伤儿童。 这次我放你过去，但如果我再在这里看见这只狗不戴口笼、不系皮带，那你就只能去和法官谈了。”

我谦逊地答应遵守他的命令。

而我真的遵守了几次。 但瑞克斯不喜欢口笼，我也不喜欢，所以，我们决意碰碰运气。 起初倒没什么，后来发生了一件事情。 一天下午，瑞克斯同我跳过一个小丘，霎时间，我惊惶地看见了“法律的权威”，他骑着一匹栗红色马。 瑞克斯冲向了那警察。

我知道事情已无法扭转，所以，我没等警察开口说话，就先发制人。 我说：“警官，您已当场把我抓住了，我是犯了法，我也不想找借口。 您上星期警告我，如果我再把没有口笼的狗带到这里，您就要罚我。”

“哦，现在，”这警察用温柔的声调说，“如果周围没人的话，让这样一只小狗在这儿跑一跑，的确令人开心。”

“那的确是诱人的事，”我回答说，“但那是犯法的。”

“像这样一只小狗是不会给其他任何人带来伤害的。”警察辩护说。

“是的，它也许不会伤人，但它也许会伤害松鼠。”我说。

“哦，你别太当真了，”他告诉我说，“我告诉你一个办法，你只要使它跑过那土丘，这样我就可以假装没有见过它。”

其实，那位警察也挺有人情味的，他只不过想要得到一种自重感。当我主动承认错误时，他唯一能滋长自重感的办法就是采取宽大的态度，以显示自己的宽容。但假使我要为我自己辩护，你知道的，与一个警察辩论会有什么样的结果。

我不与他争辩，因为我承认他是绝对正确的，我绝对错误。我坦率地承认，我们各取所需，这件事也妥善解决了。

当我们知道自己势必要遭到责备时，主动承认错误，这样岂不比让别人责备好得多？听自己的批评，绝对比忍受别人的斥责容易得多。如果你将别人正想要批评你的事情在他有机会说话以前说出来，他就会采取宽大的态度，以减轻你的错误感，正如那骑着马的警察对待我与瑞克斯一样。

任何愚蠢的人都会绞尽脑汁为自己的错误进行辩护，而聪明的人则敢于承认自己的错误，且通常会得到别人的谅解，并给人一种谦虚、不卑不亢的感觉。例如，历史记载了关于罗伯特·李将军的一件最完美的事——毕克德在葛底斯堡冲锋失败后，李将军主动自责。

毕克德在战场上无畏冲锋，是美国的一位英雄人物。毕克德也是个风流的人物，他赭色的头发留得长及肩背，而且像拿破仑在意大利的战役中一样，他在战场上几乎每天都写下热烈的情书。那是一个惨痛的7月的下午，他歪戴着漂亮的帽子，得意地骑着马率领着大批士兵向联邦军的阵线冲去，人挤着人，大旗飞扬，刺刀在阳光中闪烁，场面壮观。联邦军看见他们时，忍不住发出了一阵低声的赞美。

毕克德的军队踏着轻快的脚步，迅速前行。突然，他们的队伍遭到敌人大炮的轰击。片刻间，埋伏在石墙后面的联邦军步兵向毕克德的军队猛烈地开火，一轮又一轮。瞬间，整个山顶变成火海，成了一个杀戮的场所。短短的几分钟内，只有一位军官幸存，5000个冲锋的士兵中有五分之四的人倒下去了。

阿密斯旦带领着军队，做最后一次冲杀。他跃过石墙，把军帽放在他的刀顶上摇着，大呼："杀啊，孩子们！"

士兵们挺着刺刀跟着跳过墙头，与联邦军展开了一场生死搏斗，终于获胜了。

但大旗在那里只是昙花一现。毕克德的冲锋虽然光荣、勇敢，然而这却只是战争进入尾声的转折点。李将军战败了，他不能深入北方。南方早就注定失败了。

李将军悲痛万分，他向南方联盟政府的总统戴维斯提交辞呈，要求另派"一个年富力强的人"。如果李将军想将毕克德冲锋的惨痛失败归罪于别人，他可以随便编个理由，如有些师长指挥错误，马队到得太迟，不能协助步兵进攻……总之，这事错了，那事不对。

但李将军没有责备任何人。当毕克德打了败仗，带着流血的军队挣扎退回联盟阵线的时候，李将军亲自骑马去迎接他们，并发出自责："这全是我的错，"他承认说，"我，我一个人战败了。"

历史上，有几个将领能有这样的胆识和品格，并做出这

样的自责呢？

不要忘了那句古语：“如果极力争夺，你永远得不到满足，但如果你能做到让步，退一步海阔天空。”

如果你要赢得别人的认可，那就谨记第三大原则：

如果你错了，迅速坦诚地承认。

友善地对待他人

早在1915年的时候，小洛克菲勒就开始管理父亲的公司，当时发生了美国工业史上最激烈的罢工，并且长达两年之久。由于群情激愤，公司的财产遭受破坏，军队前来镇压，因而造成流血事件，射杀了许多罢工的工人。

在那样的情况下，可以说是民怨沸腾。但小洛克菲勒后来却说服了罢工者，他是怎么做到的？

小洛克菲勒花了好几个星期结交朋友，并到处演讲。那次的演讲可算得上是一篇杰作，它不但平息了众怒，还使自己得到了别人的认可。演说的内容是这样的：

> 这是我一生当中最值得纪念的日子，因为这是我第一次有幸能和这家大公司的员工代表、行政人员、管理人员见面。很荣幸能够站在这里，有生之年我都不会忘记这次聚会。

假如这次聚会提早两个星期举行，你们根本不认识我，我也只认得少数几张面孔。自从上个星期以来，我有机会拜访整个南区矿场附近的营地，私下和大部分代表沟通过。我拜访过你们的家庭，与你们的家人见过面，因而现在对你们而言，我已不再是陌生人，甚至可以说是你们的朋友了。基于这份互助的友谊，我很高兴有这个机会和大家一起探讨我们的共同利益。

这次聚会是由资方和劳工代表所促成，承蒙你们的好意，我才能够坐在这里。虽然我并非股东或劳工，但我从内心感到你们很亲切。从某种意义上说，我也代表了资方和劳工。

多么出色的一番演讲，这可是化敌为友的一种最佳的方式。假如小洛克菲勒采用的是另一种方法，用不堪入耳的话与矿工们争论不休，或暗示他们错了，用各种理由证明矿工的不是，你想结果会如何？那只会招惹更多的充满怨愤的暴行。

假如有人对你心怀不满、对你印象恶劣，你用尽办法也无法说服他们，想想那些好责备的双亲、专横跋扈的上司、唠叨不休的妻子。我们都应该明白：人的思想不易改变。你不能强迫他们同意你，但只要你友善地对待他们，就完全有可能使他们信服。

这些都是林肯在100年前所说的话，他还说道：“这是一句亘古不变的真理：‘一滴蜂蜜要比一加仑的胆汁能招引更多的苍蝇。’人也是如此，如果你想赢得人心，首先要让他人信服于你。那样就像有一滴蜂蜜吸引住了他的心，因而也就有了通往内心深处的一条光明大道。”

商界人士都知道，对罢工者表示友善至关重要。举例来说，怀特汽车公司的某一工厂有250个员工，他们为了获得加薪而举行罢工。当时的公司总裁罗伯·布莱克没有采取任何强硬的做法，而是在报刊上刊登了一则广告，称赞那些罢工者“用和平的方法放下工具”。由于发生了罢工事件，监察员无事可做，布莱克便买了许多球棒和手套让他们在空地上打棒球。有些人喜欢保龄球，于是，他还租下了一个保龄球球场。

布莱克先生充满人情味的举动，也得到了相应的回报。那些罢工者找来了扫把、铲子和垃圾推车，把工厂附近的纸屑、烟头、火柴等垃圾扫除干净。不可思议吧，一群罢工工人在争取加薪、承认联合公司成立的时候，他们还清除工厂附近的垃圾。这在漫长、激烈的美国罢工史上是空前绝后的。罢工在一星期内获得和解，而且没有产生任何不快或怨恨。

著名律师丹尼尔·韦伯斯特被许多人奉若神明。尽管他名震四方，但他那极具权威的辩论始终充满了温和的字眼，如“这有待陪审团的考虑”“这也许值得再深思”“这里有些事实，相信您没有疏忽掉”“这一点，根据您对人性的了解，相信很容易看出这件事的重大意义”。这样的话语经常出现在他的辩论中，没有恫吓，没有高压手段，没有强迫说明的企图。韦伯斯特用的都是最温和、最平静、最友善的处理方式，但仍不失其权威性，这正是他成功的动力。

也许你并没有机会去处理罢工风潮，也许你并没有机会在陪审团成员面前发表演说。但是，你可能有机会遇到类似下面这样的情况：

史特劳伯先生是个工程师，他想要求房东降低房租，但听说房东很难说服。“我写了一封信给他。”史特劳伯在训练班上报告道：“我告诉他，等租约一到，我就要搬走。事实上，我并不想搬家，只想降低房租，而且我很愿意继续住下去。但情况并不乐观，其他房客都不愿继续住。他们告诉我，这位房东极难应付，要特别小心。我对自己说，我正选修一门处世训练的课程，这正好可以证明一下学习的效果。

“房东一接到信后就来找我，我在门口与他热情、真诚地打招呼。我没有提到房租费高的事，只告诉他我很喜欢这栋公寓。请相信我，我当时确实是在‘真诚、慷慨地赞美’他。我继续恭维他很会管理房子，要不是付不起房租，我很愿意继续住下去。

“他一定从来没有碰到过这样的房客，所以一时不知如何是好。

“后来，他告诉我一些他的困扰，并抱怨那些房客。有人写了14封信给他，其中有些明显是在侮辱他。还有人威胁他让楼上的房客停止打鼾，否则就要取消租约。‘像您这样的房客，真让我省心。’他说。后来，他主动减少了房租，但我仍无法承受。于是，我就说出了我心目中的理想数目，他也没多说什么，便爽快地答应了。

“在他准备离去的时候，他忽然转过身问我：‘房子有需要装修的地方吗?’

“试想，如果我用别的房客的方法要求减租，我跟他们的下场也会一样。这就是友善、同情、赞赏所产生的力量。”

记住林肯所说的话，苍蝇宁愿要一滴蜂蜜，也不要一加仑胆汁。

当你要赢得别人的认可时，请谨记第四大原则：

以友善的方式开始。

让对方开口说“是”

与别人交谈时，不要先把注意力放在你不同意的事上，要先强调，而且不停地强调你所同意的事。因为你们的最终目的是一致的，所以，你们的相异之处只是在方法上，而不是在目的上。

让对方在一开始就说“是，是的”。假如有可能的话，最好不要给对方说“不”的机会。

根据哈利·欧佛瑞博士的说法，“不”是最难克服的障碍。当你说了一个“不”字之后，你那本性里的自尊就会迫使你继续坚持下去。虽然，你以后也许会发现这样的回答不一定正确，但是，你的面子往哪里摆呀？一旦说了“不”，你就会发觉自己很难再摆脱它。所以，应尽量让对方第一时间做出肯定的反应，这将对你们的结果起到意想不到的作用。

一个懂得说话技巧的人，会在一开始就得到许多“是”的答复。这可以引导对方向肯定的方向发展。就像撞球一样，一旦稍有偏差，球碰回来的时候，就完全与你期待的方向相反了。

“是”的反应其实并不难，却为大多数人所忽略。也许有些人以为，在一开始便提出相反的意见，这样不正好可以显示出自己的智慧和主见吗？但事实并非如此，在现实生活中，让人说“是”的这种方法很有效。詹姆斯·艾伯森是格林尼治储蓄银行的一名出纳，他就是采用这种办法挽回了一位差点与其失之交臂的顾客：

> 有个年轻人走进来要开个户头，我让他填写几份表格，但他断然拒绝填写其中的一些资料。
>
> 在我没有学习人际关系课程以前，我一定会不假思索地告诉这个客户，假如他拒绝向银行提供一份完整的个人资料，我们是没办法给他开户的。但今天早上，我突然想，顾客的需求才是首要的。所以，我决定一开始就先诱使他回答“是，是的”。于是，我先同意他的观点，告诉他，那些他所拒绝回答的资料，其实是可有可无的。
>
> “但是，一旦发生意外，你是否愿意银行把钱转给你所指定的亲人？”我问他。
>
> “是的，当然愿意。”他回答。

“那么，你不觉得你应该把这位亲人的名字告诉我们，以便我们届时可以依照你的意思处理，而不致出错或拖延吗？”我继续问他。

“是的。”他再度回答。

年轻人的态度已经缓和下来，他知道填写资料是为了他的利益。所以，最后他不仅填写了所有资料，而且还在我的建议下，开了一个信托账户，指定他母亲为法定受益人。当然，他也填写了他母亲的有关资料。

由于我一开始就让他回答“是，是的”，这样，反而使他忘了原本存在的问题，而高高兴兴地去按我的建议做。

约瑟夫·艾利森是西屋电气公司的一位业务代表，他在培训课上讲述了自己的经历：

在我的辖区内有个人，公司一直很想和他做生意。我的前任代表和他接洽了10年，也没做成一笔生意。等我接管以后，又与他联系了3年，还是没有取得实际效果。最后，他经不住我们一再商谈、打电话，终于买了些发动机。万事开头难，既然有了开始，以后就不难再继续下去。我始终抱定这样的想法。

3个礼拜之后，我信心十足地再次拜访。

接待我的是他们的总工程师，他告诉我一个惊人的消息：“艾利森，我不能再买你们的发动机了。”

“为什么？”我惊讶地问道。

“因为你们的发动机发热量大，温度太高了，把手放上面会烫伤。”

我知道，这时争论是没有用的，因为我有很多这方面的经验，所以我想起了“是”反应的原则。

“啊，史密斯先生，”我说道，“您说得很对。要真是这样，就不要再多买了。您这里一定有符合电气公司标准的发动机吧？”

他说：“是。”于是，我得到了第一个“是”反应。

“电气公司一般规定发动机的温度可高出室温72华氏度，是吗？”

“是的。”他又表示同意，“但你们的产品温度太高了。”

“工厂里的温度是多少？”我温和地问道。

“啊，大概是75华氏度左右。”他回答。

“应该不可能。”我说道，“假如工厂内的温度是75华氏度，则发动机的温度就高达147华氏度以上了，您把手放上去是不是会烫伤呢？”

“是的。”他无奈地说。

“很好。”我轻声说道，“那么，您是不是以后不要再把手放在发动机上了呢？”

“我想你说得很正确。”他承认。在往后数个月里，我们又成交了将近3.5万美元的生意。

加州奥克兰的爱迪·史诺先生也谈到了他如何成为一家商店的主顾。这也是因为“是”反应原则的运用。

爱迪喜欢狩猎，因而花了不少钱去添购器材和装备。一天，他的哥哥来访，建议他改用租的方式。于是，爱迪到他常常去的店里询问。但店员说他们没有这项业务。于是，爱迪又打电话到别处询问，以下是爱迪的叙述：

> 有位愉快的男士接了电话。他听完我的叙述，表示非常遗憾，因为他们店里已不做这种服务了。然后他问我以前是否租过，我回答："几年前租过。"他提醒我，那时一把弓的租金是不是在25美元到30美元之间。我又回答："是的。"接着，他问我是不是个喜欢节约的人，我当然回答："是的。"接着，他解释道，他们正好有一套特价销售的弓箭，包括所有小装备，总价才30多美元。言外之意就是，我只需多付几美元便不须租借，而可以拥有整套的器材。他还解释，这就是他们店里不再办理租借的原因，因为那样太不划算。后来，我买下了那套器材和配件。从此以后，我成了他们店里的常客。

苏格拉底是人类历史上最伟大的哲学家之一，他改变了人类的思维方式。至今，大家仍尊他为最具智慧的说服者，因为他对这个纷争的世界影响很大。他的秘诀是什么？直接指责别人的错误吗？当然不是。他的方法现在被称为"苏格拉底法则"，也就是我们提到的"是"反应技巧。他首先问些对方同意的问题，然后将对方引向自己的方向。对方只好继续不断地回答"是"，等到对方觉察时，他就能得到早已被设定好的结论了。

下次你要指出别人错误的时候，请记住苏格拉底法则，问些温和的问题——一些能引发别人做出“是”反应的问题。中国有句最能反映东方人智慧的格言：以柔克刚。

如果你想赢得别人的认可，请不要忘记第五大原则：

首先让对方开口说“是，是的”。

给他人说话的机会

很多人为了让别人同意自己的想法，一直不停地说话。尤其是那些推销员，他们更易犯这种错误。其实，你不如让对方畅所欲言，因为每个人一定比别人更了解自己，所以，不如问他一些问题，让他给你讲述有关的一些事情。

如果你不同意他人的意见，最好也不要阻止他，因为这样做并不会有什么效果。如果他还有话要说，他只会关注自己。所以，你要忍耐一点，用一颗开放之心听取他人的话，并诚恳鼓励他说出内心真正的想法。

这一原则在商业中更是意义非凡，我们一起看下面的例子：

数年前，美国最大的一家汽车公司正在接洽采购一年中所需要的坐垫布。3家有名的厂家已经做好样品，并接受了汽车公司高级职员的检验，然后，汽车公司发出通知，给各厂最后一次展示的机会。

有一个厂家的代表R先生来到了汽车公司，当时他正患着严重的咽喉炎。“当我参加高级职员会议时，”R先生在我的训练班中叙述他的经历说，“我嗓子哑得几乎不能发出声音。我被引进办公室，与纺织工程师、采购经理、推销主任及该公司的总经理进行会晤。我站起身来，很想表达自己的想法，但我的声音很奇怪。

“大家都围桌而坐，所以我只好在本子上写了几个字：诸位，很抱歉，我嗓子哑了，无法开口。

“‘我替你说吧。’汽车公司总经理说。后来他真替我说话了。他陈列出我带来的样品，并极力称赞它们的优点，引起了在座其他人活跃的讨论。那位经理在讨论中一直站在我这边说话，我在会上只是微笑点头并做出少数手势。

“结果很出乎我的意料，我得到了那笔订单，汽车公司订了50万码的坐垫布，价值160万美元，这是我得到的最大的订单。

“我知道，如果我嗓子没事，我很可能会失去那份合同，因为我对整个过程的考虑是错误的。通过这次经历，我真的发现，给他人说话的机会有时是多么有价值。”

有一家电气公司的业务员范勃也深有同感，下面是他提供的例子：

有一次，范勃先生正在宾夕法尼亚进行一次农业考察。

“为什么这些人不用电器?”他经过一家整洁的农家时向该区代表问道。

“他们是守财奴，一毛不拔，”区代表厌烦地回答说，“并且他们对公司也不感兴趣。我已经试过多次了，彻底放弃吧。”

虽然没有希望，但范勃还是坚持要试一试。他走过去叩一户农家的门，老罗根保夫人从门缝中探出头来。

“她一看见公司代表，”范勃先生讲述说，“就当着我们的面把门一摔。我再叩门，她又把门开了一点，告诉我，她对公司的产品没兴趣。

“‘罗根保夫人，’我说，‘我很抱歉打搅了你，但我不是来向你推销电器的。我只想买些鸡蛋。’

“她将门再打开了点，探出头来用疑惑的眼神望着我们。

“‘我知道你有一群很好的都敏尼克鸡，’我说，‘而我想买一打新鲜鸡蛋。’

“门又打开了一点。‘你怎么知道我的鸡是都敏尼克鸡?’她感到好奇。

“‘我自己也养鸡，’我回答说，‘但你这里的鸡是我见过的最好的都敏尼克鸡。’

“‘那你为什么不用你自己的鸡蛋?’她还有些不相信我。

“‘因为我的来格亨鸡生白蛋。你是会烹调的，自然知道在做蛋糕时，白蛋比不上精蛋。’

“这时，罗根保夫人大胆地走了出来，来到廊中，态度也温和多了。我环顾四周，发现农场中置有一个很好的牛奶棚。

“‘罗根保夫人，实际上，’我接着说，‘我可以打赌，你的鸡肯定比你丈夫的牛奶棚赚钱。’

“嘿！她高兴极了！当然，确实是她赚得多！她听我这么说就更加高兴了，但可惜她顽固的丈夫不会承认这一点。

“她请我们参观她的鸡舍，我留意她所造的各种小设备，我介绍了几种食料及几种温度，并在几件事上询问了她的看法及经验。片刻间，我们就很高兴地交换了经验。

“过了一会儿，她说她几位邻居在他们的鸡舍里装置了电灯，据说效果很好。她询问我：‘这种方法真的有效吗?’我给予了她肯定的回答。

“两星期以后，罗根保夫人的都敏尼克鸡也见到了灯光，它们在电灯的照耀之下叫唤着、跳跃着。我得到了我的订单，她的鸡蛋也大卖，皆大欢喜。

“但如果我不先将她诱入圈套，这位守财奴式的妇女是永远也不会买我的电器的。”

事实上，每个人都喜欢谈论自己的成就而不愿听别人吹嘘他们的成就，即便是朋友也如此。法国哲学家罗西法考说：“如果你想树敌，就胜过你的朋友；但如果你要得到朋友，那就让你的朋友胜过你。”

这是为什么呢？ 因为当我们的朋友胜过我们时，他们获得了一种自重感；但当我们胜过他们时，他们会产生一种自卑感。

德国人有一句俗语：“最纯粹的快乐，是幸灾乐祸。”是的，你有些朋友，恐怕从你的困难中比从你的胜利中得到的快乐会更多。 所以，不要时时炫耀自己，我们要谦虚，这样才能永远使人喜欢你。

我们应当谦虚，因为你我都没有什么了不起的。 你我都要逝去，过百年之后彻底被人遗忘。 生命过于短促，不要总是谈论我们小小的成就，那样使人厌烦。 反之，请给别人说话的机会。

综上，赢得别人认可的第六大原则是：

让对方多说话。

别将自己的意见强加于人

有一家汽车展示中心的业务经理阿道夫·赛兹，发现公司的业务员办事无精打采、态度散漫。 为了改善这种状况，他召开了一次业务会议，鼓励下属说出他们对公司的期望。他把大家的意见写在黑板上，然后说道：“我会尽量满足大家的要求。 现在，你们知道我对你们的期望是什么吗？”紧接着，他提出了自己的要求：忠诚、进取、乐观、合作、每天 8

小时热心地工作等。会议结束的时候，大家精神百倍、干劲十足，有个业务员甚至自愿每天工作14小时。赛兹说，那次会议以后，公司的业务果然蒸蒸日上。

“这些人跟我做了一次道德交易。”赛兹先生说，“只要我能主动实践自己的诺言，他们就会实践他们的诺言。我征询他们的愿望和期待，这一做法正好满足了他们内心的需求。”

没有人喜欢接受推销，或被人强迫去做一件事。我们都喜欢自由，或按照自己的意思行动，我们喜欢别人征询我们的愿望、需求和意见，而不是强迫接受。

韦森先生专门从事将新设计的草图卖给服装设计师和生产商的业务。3年来，他每星期或每隔一星期，都亲自登门拜访纽约最著名的一位服装设计师。“他每次都接见我，但也从来没有买过我所设计的东西。”韦森说道，“他每次都仔细地研究我带去的草图，然后说：‘对不起，韦森先生，我今天又不会买你的产品！’”

经过150次的失败，韦森发现自己一定是过于墨守成规，所以，他决心研究一下人际关系的有关法则，以帮助自己获得一些灵感。

后来，他采用了一种新的处理方式。一次，他带着几张没有完成的草图去见设计师。“我想请您帮点小忙。”韦森说道，“不知道能否帮我完成这几张草图，以更加符合你们的期望？”

设计师没说什么，只看了一下草图，然后说：“草图留下，过几天再来找我。”

3天之后，韦森回去找设计师，然后把草图带回工作室，并按照他的意见把它们画完。 结果呢？ 从那时起，这位买主订了许多图样，当然，这些全是照他的意见画的，韦森从他那里赚了1600多美元。 韦森说道：“以前，我一直希望他买我设计的东西，这是不对的。 后来，我征求他的意见，发现他才是设计者。 我并没有把东西推销给他，是他自己买了。”

此外，还有一则发生在一个医师身上的例子，也可以很好地说明这一点。

医师在纽约布鲁克林区的一家大医院工作。 医院需要添购一套X光设备，许多厂商听到这一消息，纷纷前来推销自己的产品。

但是，有一家制造厂商则采用了一种独特的方法。 他们写来一封信，内容如下：

> 我们工厂最近完成了一套X光设备，前不久才运到公司来。由于这套设备并非完美无缺，为了能进一步改良，恳请您拨冗指教。为了不耽误您宝贵的时间，请您随时与我们联络，我们会派车去接您。

“接到信，我非常惊讶，”医师说道，“以前从没有厂商询问过我们的意见，所以，这封信让我感到了自己的重要性。那一星期，我每天都很忙，但还是腾出时间去看了看那套设备。 最后我发现，我真的很喜欢那套设备。”

“没有人向我推销，是我建议医院购买的。”这个医师说道。

另外，有个加拿大人也运用这种方法影响了我。 那时，我正打算前往加拿大的新布朗斯威克省去钓鱼划船，便写信给旅游局索取资料。显然，我的名字列上了邮寄名单，因为我收到了许多从营地和向导家寄来的信件，我不知道如何选择。后来，有个聪明的营地主人寄来了一封信，内附许多姓名和电话号码，都是曾经去过他们营地的纽约人。他要我打电话询问这些人，便可详细了解他们营地所提供的服务。

令我惊喜的是，我在名单上发现了一个朋友的名字，便打电话给他，向他请教。最后，我又打了个电话给营地，通知他们我到达的日期。

其他人都强行向我推销，但这个营地却让我自己选择。因此，他胜利了。

老子曾说过一番话，也许对今日的许多读者仍有益处："江海所以能为百谷王者，以其善下之，故能为百谷王。是以欲上民，必以言下之；欲先民，必以身后之。是以圣人处上而民不重，处前而民不害……"

所以，如果你要赢得别人的认可，请谨记第七大原则：

别将自己的意见强加于人。

善于从他人的角度考虑问题

生活中常常会有这种情形：对方对自己的错误不以为然。在这种情况下，不要指责他人，因为这是愚人的做法。

你应该从他的角度去考虑问题，且只有聪明、宽容、特殊的人才会这样去做。

对方为什么会有那样的思想和行为，其中自有一定的原因。探究清楚了其中缘由，你便得到了了解他人行动或人格的钥匙。而要找到这种钥匙，就必须诚实地站在他人的立场上考虑问题。

假如你对自己说：“如果我遇到他这样的困难，我会怎么做？”这样，你就可省去许多时间与烦恼，也可以学到许多处理人际关系的技巧。

多年来，我常到离家不远的公园中散步、骑马，以此作为消遣，像古时的高尔人一样。我很喜欢橡树，因此，每当我看见一些小树被烧毁时就非常痛心。这些火不是由粗心的吸烟者引发的，它们几乎都是因到园中野炊的孩子们摧残所致。有时，这些火蔓延得很凶，必须叫来消防队员才能扑灭。

公园边上有一块布告牌，上面写道：禁止放火，违者罚款。但由于这布告牌竖在偏僻的地方，所以儿童基本上看不见它。有一位骑马的警察负责照看这一公园，但他对自己的工作不太尽责，火仍然经常蔓延。有一次，我跑到一个警察那边，告诉他公园着火了，要他通知消防队。但他却冷漠地回答说，那不关他的事，因为那不在他的管辖区中！我急了，所以从那时起，当我骑马的时候，我就担负起了保护公共环境的义务。最初，我没有试着从儿童的角度来看待这件事。当我看见树下起火时，就非常生气，急于想阻止他们。我上前警告他们，用威严的口气命令他们将火扑灭。而且，如果他们拒绝，我就叫警察来抓他们。其实，我只是在发泄我的情感，却忽略了孩子们的感受。

结果呢？ 那些儿童怀着一种反感的情绪遵从了。 但当我离开以后，他们又重新生火，并恨不得将整个公园烧尽。

多年以后，我决定改变一些我的有关处理人际关系的方法。 于是，我不再发布命令，甚至威吓他们，而是温和地说道：“孩子们，这样很惬意，是吗？ 你们在做什么晚餐……我小时候也喜欢玩火，我现在依然很喜欢。 但你们知道在这公园中生火是非常危险的，我知道你们不是故意的，但别的孩子们不会这样小心，他们看见你们生了火，所以他们也会学着生火，回家的时候也不扑灭，以致引起大火。 如果我们再不小心，这里就不会有树林了。 而且，因为生火，你们也可能会犯罪。 我知道，我不应该干涉你们的快乐，而且我也喜欢看到你们如此快乐。 但请你们即刻将所有的树叶扒离火远些。 在你们离开以前，要记得用土把它盖起来。 下次请你们到沙滩中生火，好吗？ 那里不会有危险。 多谢了，孩子们。 祝你们快乐。”

这样，说服效果大不一样！ 它使孩子们产生了一种同你合作的欲望，没有怨恨，没有反感。 他们没有被强制服从命令，他们保全了面子。 他们的感觉良好，我也感觉很好，因为我在处理这事情时，是从他们的角度考虑的。

如果你读这本书的结果是学到了一点：站在他人的立场上看问题，那么，这或许将成为影响你终身事业的一个关键因素。

所以，如果你要赢得别人的认可，请谨记第八大原则：

善于从对方的角度看事情。

第四章　掌握说服他人的技巧

称赞并欣赏他人

在柯立芝总统执政期间，我的一位朋友在一个周末去白宫做客。当走进总统的私人办公室时，他听到柯立芝正在称赞他的一位女秘书说：“你今早穿的衣服很好看，你真漂亮。”

这恐怕是一向寡言的柯立芝总统一生中给一位秘书的最动人的称赞了。这确实有点出人意料，那女子受宠若惊，不知所措。柯立芝于是说道：“不要不好意思，我说这些话只是为了让你觉得舒服一些。从现在起，我希望你多注意一下你的缺点。”

尽管柯立芝总统采用的方法似乎太明显了，但他确实运用了一种心理技巧——当我们听完别人称赞自己的优点后，再去听一些批评的话，自然不会觉得太难受。这正如理发师在替人修面之前，总是先涂上一层肥皂一样。这也是麦金利在1896 年竞选总统时所采取的一种做法。

当时，有一位著名的共和党人写了一篇演讲稿。他自我感觉良好，且这位先生非常自信地将他那不朽的演讲稿大声朗读给麦金利听。这篇演讲稿确实有它的优点，但麦金利总觉得有些地方不大合适，因为它会引起一场批评的风波，可是，麦金利又不愿伤害这位作者的自尊心。他不想泼冷水，但又不得不说“不”。那么，他是怎样巧妙处理的呢？

“我的朋友，这确实是一篇极好的演讲稿，一篇不朽之作。”麦金利说，“没有人能准备这么好的一篇演说稿，在许多场合，我可以这样说。但在特殊场合却未必合适。也许从你的立场来看，这是非常合适的，但我必须从我所代表的政党的立场来考虑它所产生的影响。现在，你回家去，按照我的修改意见，再重写一稿。”

那人按照麦金利所说的做了。麦金利加以修改，帮助他重新写好了第二篇演讲稿。后来，他成为竞选中一位很有影响的演讲员。

下面是林肯所写的第二封最著名的信（他的第一封最著名的信是写给毕克斯贝夫人的，对她在战争中失去了 5 个儿子表示哀悼）。林肯只花了 5 分钟写这封信，但在 1926 年公开拍卖时，它卖了 1.2 万美元（林肯苦干 50 年也得不到这么多）。

这封信是在 1862 年 4 月 26 日（内战最黑暗的时期）写的。18 个月来，林肯的军队屡战屡败。数千名兵士从军中逃脱，甚至参议院的共和党议员都有人叛乱，并强迫林肯退出白宫。“我们现今处在灭亡的边缘上，”林肯说，“好像上帝都在反对我们了。我基本上陷入了绝望的境地。”这封信写于那个黑暗、动乱的时期。

下面我们来看看这封信的内容，从中我们便可以知道林肯是如何改变一位喧哗的将军的，而且是在全国的成败命运可能维系在这位将军的行动上的时候。这估计是林肯在做总统以后所写的最尖锐的一封信，但他还是在批评胡格之前先表扬了他一番。

是的，那的确是些严重的错误，但林肯没有这样指出它们，而是用了更委婉、更富外交性的手段。下面是致胡克将军的信：

我已经将你放在军队的首位。当然，我这样做是有充足的理由的，但我想，你最好知道，在有些方面，我对你不是十分满意。

我相信你是一位智勇双全的将军，我也非常欣赏你这点。我也相信，你不会将政治与你的职务混淆起来，在这件事上，你是对的。你所拥有的自信是一种有价值的、不可缺少的性格。

你有志气，在某种程度上是件好事。但我想要柏恩赛将军带领军队的时候，你出于个人的原因，竭力阻挠他。在这件事上，你对国家、对一位战功显赫的同僚长官犯了一个大错。

据我所知，你最近曾说过，军队与政府都需要一位领导者。当然，不是因为这个，更没有必要去考虑这个，我方给了你统治权。

只有拥有胜利的将领，方能成为领导者。如果你能取胜，为此我不惜冒独断专行的风险。

政府会尽力帮助你，就像帮助其他将领一样。我深怕你以前带到军队中的那些思想——批评及不信任将领，现在将回报到你的身上。但是，我会尽力帮助你肃清这种思想。

当这种精神存在于军队中时，不管是你，还是拿破仑（如果他还活着），对军队都毫无好处。现在，你要小心，不要匆忙，要坚持不懈地努力前进，使得我们获得最终胜利。

这封信的字里行间都流露出严肃的谴责，但字面上却依然委婉诚恳，娓娓动听。那位将军读完此信，怎能不衷心感动而甘愿效忠呢？这就是林肯的过人之处。

当然，你不是柯立芝、麦金利或林肯，但你要知道，这种处世哲学对你的日常生活和工作是相当有用的。下面，让我们再看看费城华克公司的高伍先生的例子吧。

高伍先生是一位普通人，他是我的学生，他在班中的一次演说中叙述了这样一个故事：

华克公司在费城承包了一幢办公大厦的建筑工程，要求在规定期限内完工。一切都进行得很顺利，即将完工时，建筑物外部装饰材料的供应商突然声称他不能按期完成供货。这样，就因这一个人，整个建筑工程都要受到影响，这将产生巨额的罚金、惨重的损失！

于是，高伍先生被派赴纽约去拔这头狮子的胡须。

“您知道吗？您的姓名在勃罗克林是独一无二的。”高伍先生进入这位经理的办公室的时候问道。这位经理很惊异：“不，我从来也不知道。”

“哦，”高伍先生说，“当我今天早晨下火车后，我在通讯录中寻找您的住址，结果发现现在勃罗克林的电话簿中只有一个叫您这个姓名的。”

“我从不知道，”经理说，接着，他兴致勃勃地查阅电话簿，“那不是平常的姓名，”他自豪地说，“我的祖先在200年前从荷兰迁到纽约。”他花了几分钟时间谈论他的家庭及祖先。当他说完后，高伍先生恭维他有多么大的一家工厂，并且是他参观过的同类厂家中最好的一个。

“我一生的时间几乎都花在了这项事业上，”经理说，“我很自豪。我带你参观工厂吧！”在这次参观的时候，高伍先生恭维他的构造系统，并告诉他为什么那儿看起来比其他厂家要好，优势在哪里。高伍先生评论了几种特别的机器，经理自豪地告诉他那些机器如何运转及它们所造出的产品如何优良，随后，他坚持要请高伍先生吃午餐。请不要忘记，直到这时，高伍先生也只字未提自己来访的目的。

午餐以后，经理说：“现在，言归正传，我自然知道你来的真正目的。我想不到我们的聚会会这样愉快，你可以带着我的承诺回费城去。只要制造好材料，我马上派人送过去，即使别的订货不得不延迟。”

高伍先生甚至没有请求，就得到了所要的东西。材料按期交到，整个建筑工程在规定的时期内完成了。如果高伍先生在这件事中采取的是一般人所采用的方法，他未必能得到这种结果。

因此，如果你想说服他人，请不要忘记第一项原则：

从称赞与真诚的欣赏开始。

间接委婉地指出他人的错误

很多大公司或机构的主管通常难以接近。没错，他们确实很忙，但更多的时候是被下属挡掉了。他们为了减轻上司的负担，挡掉了不少求见者。卡尔·朗佛曾当过佛罗里达州奥兰多市的市长，那里是迪士尼乐园的所在地。他在任的时候实行“开门政策”，经常要下属让百姓进来见他，但是，市民还是常常被秘书和管理人员挡驾。

后来，市长想了一个解决的办法，把办公室的门拆了！这一举动，显示了市长对此事的决心，助手们这才把上司的话当回事儿。

有许多人在真诚地赞美他人之后，喜欢拐弯抹角地加上“但是”两个字，接踵而至的便是一连串的批评。举例来说，有人想改变孩子漫不经心的学习态度，很可能会这样说：“杰克，你这次成绩进步了，我们很高兴。但是，如果你在代数上多花点时间，那就更好了。”

在这个例子里，原本受到鼓舞的杰克，在听到“但是”两个字之后，很可能会怀疑前面一句话里对他赞美的真假。对他来说，赞美是批评的前奏。这样，不但赞美的真实性在杰克心中大打折扣，而且对杰克的学习态度也不会有什么帮助。

但如果我们改变几个字，效果就会大不一样。我们可以

◇ 指出问题时要间接委婉 ◇

一个月后

这么说：“杰克，你这次的成绩进步了，我们很高兴。 如果你在数学方面继续努力下去的话，下次一定会更好。”

这样的话，杰克听了一定会很高兴，因为后面没有附加转折，而在这个过程中，我们也间接提醒了他应该改进的事项，他便知道该如何做以达到我们的期望。

间接提醒比直接指出错误更有效，且不会引起别人的强烈反感。 玛姬·贾可布有次谈到，她如何使懒散的建筑工人养成事后清理的好习惯。

贾可布太太请了几位建筑工人加盖房间。一开始，每次她回家的时候，总发现院子里乱七八糟，到处是木头屑。但他们技术很好，贾可布太太不想让他们反感，便想了一个解决的办法。等工人们离去之后，她便和孩子把木屑清理干净，堆到园子的角落里。第二天早上，她把领工叫到一旁，对他说：“你们昨天把前院清理得很干净，邻居们也不说闲话，对此我很满意。”从此以后，工人们每天完工之后，都把前院清理干净，领工也每天检查前院有没有保持整洁。

如果你要说服他人，就应该谨记第二项原则：

不要直接指出他人的错误。

不要总是责怪他人

3 年前，我的侄女乔瑟芬・卡耐基到纽约来担任我的秘书。她当时只是一名 19 岁的高中毕业生，没有任何工作经验。如今，她已是一位十分干练的秘书了。在刚开始的时候，她十分敏感、脆弱。有次，我准备指责她，但转念一想对自己说："等一下，戴尔，等一下。你几乎有乔瑟芬两倍的年纪，更有多出她好几倍的做事经验，怎么可以要求她能有你的看法、判断和主动自发的精神？何况你自己也不怎么样。还有，戴尔，你在 19 岁的时候是什么样子？记得你像蠢驴一样干下的蠢事吗？记得你做过这些……还有那些……吗？"

一想到这里，我只能如实地下个结论：乔瑟芬比我当年好多了。而实在惭愧得很，我从来没有称赞过她。

从此，一遇到乔瑟芬犯错时，我总是这样说："乔瑟芬，你犯下了一个错误。但是，老天知道，我以前也常常如此。判断力并非与生俱来，那是靠经验的积累，何况我在你这个年纪的时候还不如你呢。我实在没有资格批评你或别人，但是，依我的经验，假如你这么做的话，不是会更好些吗？"承认我们的错误很难，但假如对方谦卑地自称他们也并非完美，那我们就比较容易接受了。

加拿大有位工程师叫迪利斯通，他发现秘书常常在口授的信件中拼错词，每页总有几个错词。那么，他是怎么处理的呢？

“就像许多工程师一样，在别人眼里，我的英文或拼写也不那么好。我有个保持了好几年的习惯，就是常常随身带着一本小笔记簿，随时记下我常拼错的词。我虽然常常指正秘书所犯的错误，但她还是常常拼错，一点长进也没有。我决定改变方式，等第二次又发现她拼错时，我坐到打字机旁耐心地告诉她说：‘这词看起来似乎不对，也是我常拼错的许多词之一，幸好我常常带有拼写簿（我打开拼写簿，翻到所要的那页）。哦，就在这里。我现在非常注意拼写，因为别人常常因此而评判我们，而且拼错词也显得我们外行。’

“我不知道她是否采用了这种方式。但很显然，自那次谈话之后，她就很少再拼错词了。”迪利斯通说道。

承认自己的错误，即使你还没有改正，但这也可以帮助你进一步改善它。下面是克莱伦斯·泽休森讲述的故事：

> 他发现15岁的儿子正学着抽烟。“我当然不愿意他抽烟，”泽休森说道，“但是他的妈妈和我都抽烟，我们没有给孩子做出好榜样。我向大卫解释，自己如何也在年轻的时候开始抽烟，如何为烟瘾所害，到现在已经是无力回天了。我提醒他，我常咳嗽得很厉害，如果他抽上几年，情况也会跟我一样。我没有劝他不抽，或是告诉他抽烟的危害。我只是讲述自己如何上瘾，然后受到怎样的影响。”

大卫想了一阵子，决定在高中毕业前暂不抽烟。好多年过去了，大卫再也不抽烟了。

“那次谈话之后，我也决定戒烟，在家人的支持和帮助下，我终于成功了。”泽休森说道。

如果你要说服他人，那么请遵循第三项原则：
不要总是责怪他人，先想想自己的错误。

不要指使他人

有一次，我极荣幸地与资深的传记作家伊达·塔贝儿共进晚餐。我说到自己正在写这本书，于是我们便讨论起怎么与人相处这个话题。她告诉我，在她写《欧文·扬传》的时候，曾和一位与扬先生共事3年的人谈话。这位先生宣称，他从未见过扬命令别人，他只是建议。譬如欧文·扬不会说“去干这个、干那个”或“应该这么做，应该那么做”，他会说“你考虑过这样吗”或“你觉得那样有用吗”……他常常在口授一封信之后说：“你的意见呢？”接过助手写的信之后，他会说：“这样写是不是更好呢？”他不教助手做什么，而是让他们自己去做，让他们自己在错误中学习。

这种办法有利于一个人改正错误，保持个人的尊严，给他一种自重感。这样，他就会与你保持合作，而不是背叛。

无礼的命令只会导致更坏的结果，即使这个命令可以用来改正他人明显的错误。

宾夕法尼亚州有位教师丹·桑塔雷利给我讲述了这样一件事：

> 有个学生把车子停错了地方，因而挡住了别人的通道。有个老师冲进教室很不客气地问："是谁把车子停在那儿挡住了通道？"等汽车主人回答之后，这位教师厉声说道："马上把车子移开，否则我叫人把车拖走。"
>
> 这个学生是犯了错，车子的确不应该停在那里。但是，从那天开始，不只那个学生对老师心存不满，别的学生也故意捣蛋，使那位老师不得安宁。如果那位老师用不同的方式处理这一事情，结果也许就不一样了，他可以好好地问："谁的车挡住了通道？"然后，建议这位学生移开车，以方便别人进出。我相信这个学生会听他的，而不致让他引起公愤。

还有这样一件事：

> 伊恩·麦克唐纳是南非约翰内斯堡一家小工厂的总经理。这家工厂的主要业务是制造精密机器零件。有人愿意向他们订购一大批货物，但要麦克唐纳先生保证到期交货。由于工厂进度早已安排好，要在短时间内另外赶出一大批货，他也没有把握。麦克唐纳没有催促工人赶工，他只是召集了所有员工，把事情的来龙去脉说了

一遍，便开始提出问题：

“我们现在该怎么办?”

“有没有人有好的办法，看我们是否可以赶出这批货?”

“有没有什么办法可以调整一下时间或个人分配的工作，以确保如期完工?”

员工们各抒己见，并坚持接下订单。结果他们接下订单后，如期完工。

作为一位有头脑的领导者，如果你想说服他人，那么，应该坚持的第四项原则是：

不要指使他人。

保全他人的面子

几年前，通用电气公司遇到了一个难题，公司不知该如何给一位部门主管查理·史坦梅兹安排新职务。他以前在电气部门时是个一级天才，但调到计算机部门当主管后，公司却发现他无法胜任新工作。但公司领导不愿意伤他的自尊，毕竟他是一个不可多得的人才，何况他还是个敏感的人。于是，公司给了他一个新头衔：通用电气公司咨询工程师——他还是干了他的老本行，只不过换了一个新头衔，而公司则趁机换

◇ 不要驳他人面子 ◇

小美，你这双鞋子可真好看。

是啊，这是 Jimmy Choo 这季的新款。

我们公司最近在研究他们的当季新品，但我不记得有出过这么一款。

那可能是我记错了吧，我老公好像在冲我招手呢，我先过去了。

你何必要直接指出她鞋子的问题呢？这样等于当众驳她面子。

我也开始有点后悔了。

了另一个人当计算机部门主管。

史坦梅兹对这一结局非常满意。通用电气公司当然也很高兴，因为他们终于把这位易怒的明星成功遣调，而且没有引起什么风暴——公司给他留下了足够的面子。

保全他人的面子，非常重要！而我们却很少会考虑到这个问题。我们常喜欢摆架子、我行我素，挑剔、恫吓、在众人面前指责孩子或雇员，忽视别人的感受，但是，若你讲几句关心的话，换位思考一下，也许可以缓和许多不愉快的场面。

下一次，当我们必须解雇员工或惩戒他人的时候，请记住这点。

一位注册会计师马歇·葛伦杰说："解聘别人和被人解雇都很没趣。我们的业务具有季节性，所以，在所得税申报热潮过了之后，我们要开除许多人。我们这一行有句笑话：没有人喜欢挥动斧头。因此，大家变得麻木不仁，只想尽快结束。通常，例行谈话是这样的：'请坐，史密斯先生。旺季已经过去了，你的事也做完了。当然，你也明白我们只是在旺季的时候雇用你，因此……'

"这种谈话会让当事人失望，而且极其伤人。所以，若非情非得已，我绝不轻言解雇他人，而且会肯定他的工作并告诉他：'史密斯先生，你的工作做得很好（如果真的很好的话）。上次我们要你去纽瓦克，那工作很棘手，但你处理得很好，我们想要你知道，公司十分以你为荣，也相信你的能力，愿意永远支持你，希望你记得这些。'结果如何？被遣散的人觉得好过多了，至少不会觉得'伤自尊'。他们知道，假如我们有工作岗位的话，还是会继续留他们做的。或是等我们又到了旺季时，他们还是很乐意再回来的。”

另外，宾夕法尼亚州的弗雷德·克拉克和我说起了发生在他们公司的一段插曲：

> 有一次开生产会议的时候，副总裁提出了一个有关生产过程中管理方面的尖锐问题。他气势汹汹，矛头直指生产部总督，一副盛气凌人的样子。为了在同事面前保全面子，生产部总督对问题避而不答。这使副总裁更加生气，直骂生产总督是个骗子。
>
> 再好的工作关系，都会因这样的火爆场面而毁坏。平心而论，那位总督是个很好的雇员。但后来他辞职了。几个月后，他转到了另一家公司，据说表现很不错。

安娜·玛桑也谈到了相同的情形，但结果却大不相同。玛桑小姐在一家食品包装公司当市场调查员，她做的第一件事就是为某一项新产品做市场调查。她说道：

> 当结果出来的时候，我几乎崩溃，由于我计划工作的一系列错误，导致整个结果完全错误，必须从头再来。祸不单行的是，报告会议即将开始，我已经没有时间了。
>
> 当他们要求我做报告的时候，我非常害怕。我尽量使自己不至于哭出来，免得又惹得大家嘲笑。因为太激动了，我简短地说明了一下情形，并表示要改正过来，下次会议再汇报。坐下后，我等待老板的批评。
>
> 出乎意料地，老板表扬我工作勤奋，并表示新计划

不会十全十美。他相信新的调查一定正确无误，会对公司有很大帮助。他在众人面前肯定我，相信我已尽了力，并说我缺少的是经验，而非能力。

我昂首挺胸离开会场，并下定决心不会再让我的老板失望。

假使别人绝对是错的，而我们是对的，我们也不应该不顾及别人的颜面，而毁了这个人的自尊。 可见，说服他人应当遵守的第五项原则是：

保全他人的面子。

称赞对方最微小的进步

我认识派洛，他终身随同马戏团到处巡回演出。 我喜欢看他驯狗，我留意到一点，只要狗有些许进步，他便轻轻地拍拍它、称赞它，并给它肉吃，而且绝对表现出一副郑重其事的样子。

那不是什么新鲜事，数百年来，训练动物大都是采用同样的方法。 我感到很奇怪，当我们要改变一个人的时候，为何不采取同样的方法呢？ 为什么我们不以肉代鞭？ 为什么我们不用称赞代替指责？ 即使是一丁点进步，我们也要称赞、激励以便他能继续进步。

劳斯狱长已经发觉，即使是对星星监狱①里的罪犯，称赞其最微小的进步，也会收效显著。“我已经发觉，”劳斯狱长在写给我的一封信中说，“对于罪犯所做出的努力进行适当的激励，比批评惩罚更有效，并能有助于他们完善自己的人格。”

我从未被拘禁在星星监狱中——至少现在还没有，但我回想起自己的生活，发现有些时候几句称赞的话的确影响了我的一生。在你的一生中，是否也有过与此相同的情形呢？历史上，因称赞而走向成功的奇迹，简直数不胜数。

50 年前，一位 10 岁的孩子在一家工厂中做工，他的理想是成为一名歌唱家，但他的第一位教师给了他一个沉重的打击。“你不适合唱歌，”他说，“你五音不全，那听起来像风雨吹打中的百叶窗发出的难听的声音似的。”

但他的母亲——一位贫苦的农家妇女，抱着自己的孩子告诉他，她知道他可以实现理想，她看出了他的点滴进步。她平日赤着脚，为的是省下钱来供孩子学音乐。这位农家母亲的称赞与鼓励改变了孩子的一生，你也许认识他，他的名字叫卡鲁沙。

多年前，伦敦有一位青年希望成为一个作家，但事事看来都十分不顺。他仅读了 4 年书，他的父亲因为负债被捕入狱。这位青年饱尝饥饿的痛苦。最后，他找到了一份工作，在一间老鼠肆行的货房中帮别人在黑油瓶上粘贴上签条。夜里，他睡在一间破旧的阁楼中，同两个来自伦敦贫民窟的肮

---

① 星星监狱：全美最大的监狱之一，关押重刑犯的监狱。

脏顽童住在一起。他不相信自己的著述能力，因此，他在沉寂的夜里偷偷地出去，将他的稿件寄出去，以免别人笑话他的故事被拒绝。最后，激动人心的一天到来了，他的稿件终于有一篇被接受了。实际上，他没有得到一先令的报酬，但一位编者称赞了他。他非常高兴，以致在街上漫无目的地游荡，泪流满面。

一篇故事被刊出所获得的称赞及承认改变了他的一生。如不是因为那个鼓励，他或许将终身在老鼠肆虐的工厂中工作。那个孩子就是狄更斯。

1922 年，有一位住在加利福尼亚的青年，他非常贫困，甚至养不起他的妻子。他星期日在教会唱诗班中歌唱。他不能住在城中，所以在葡萄园中租了间破屋子，每个月只交 12.5美元的租金。房租虽低，但他还是付不起，他欠了 10 个月的租金，以至于不得不在葡萄园中做摘葡萄的工作以代付房租。他告诉我，有时除葡萄以外，他简直没有别的东西吃。他失望透了，差不多就要放弃歌唱事业，去改行推销载重汽车。在这个时候，一位牧师称赞了他。牧师对他说：“你有副好嗓子，你应到纽约去深造。”

那位青年最近告诉我说，就是这一点称赞和轻微的鼓励成就了他的终身事业，他借了 2500 美元踏上了去纽约的路。

讲到改变人，假如你我愿意鼓励每一个我们所接触的人，使他们认识自己的可贵之处，那么他就一定会脱胎换骨。

所以，如果你要说服他人，应该谨记第六项原则：

称赞别人微小的进步，要“诚于嘉许、宽于称道”。

学会给人“戴高帽”

我有一位朋友琴德夫人，她雇了一个女仆，并告诉她下星期开始上班。然后，琴德夫人打电话给那女仆以前的女主人了解情况，发现她有许多缺点。当女仆开始上班的时候，琴德夫人说：“赖莉，我那天打电话给你以前做事的那家太太，她说你诚实可靠，不仅会做菜，还会照顾孩子，但她说你不爱干净，从不将屋子收拾干净。现在我想她是在说假话，你穿得很整洁，人人可以看得出来这一点。我敢打赌你收拾的屋子一定同你的人一样整洁干净。我们也会相处得很好。”

她们后来真的相处得很好。赖莉要顾全名誉，并且她真的这样做了。她把屋子收拾得发光，她情愿多费一小时打扫，而不愿使琴德夫人对她失望。

雷布兰克在她的《我同马克林的生活》一书中曾写到过一个平凡的比利时女仆的惊人变化：

> 隔壁旅馆的一个女仆来给我送饭，我称她为“洗碗的玛莉”，因为她开始做这个工作时是一个二厨。她好像是一个鬼怪，斜眼、弯腿，精神和肉体都可怜。
>
> 有一天，当她给我送饭时，我爽直地对她说：“玛

莉，你知不知道你身上有许多内在的美?”

惯于约束情绪的玛莉等了几分钟，不敢流露自己的情绪。她将盘子放在桌上，叹了口气，巧妙地说：“夫人，我以前从来不会相信。”她没有怀疑，没有发问，只是默默地回到厨房，对别人重复了我所说的话，表现得很有信心。从那天起，甚至开始有人体恤她。但最奇怪的变化却发生在卑微的玛莉本身。她相信自己身上有种无形的东西，她开始非常注意自己的面部及身体，并开始掩饰起自己的平凡，使她枯干的青春好像开起花来了。

两个月以后，我即将离开时，她宣布她要结婚了，新郎是厨师的侄子。“我将要做太太了。”她向我表示感谢。我的一句话竟改变了她的整个人生。

当吕士纳要影响在法国的美国士兵的行为时，他也采用了同样的办法。哈伯德将军——一位最受人欢迎的美国将军，曾经这样对吕士纳说，他觉得这200万美国兵，是他曾遇到过或接触过的最清洁、最合乎理想的军人。

这种称赞是不是太过分了？或许是的。但我们来看看吕士纳是如何应用它的。

“我从未忘记告诉兵士们那位将军所说的话，”吕士纳写道，“我从不怀疑它的真实性，但我知道，即使不真实，它也将激励将士达到标准。”

有一句古语说：“给狗一个恶名，不如把它吊死。”但如果给它一个好名，会怎么样?

几乎所有人——富人、穷人、乞丐、盗贼——都会极力保全别人给他的这份名誉。

“如果你必须应付盗贼，”监狱长劳斯说，“有一种有效的方法——把他当作一个很体面的君子。你必须把他看成是规规矩矩的人。这样，他就会受宠若惊，因而有所反应，不辜负别人的信任。”

可见，如果你要说服他人，应当遵守的第七项原则是：

给人一个美名，让他为此而努力奋斗。

学会给他人“权威”

1915 年，正值第一次世界大战时期，欧洲各国狼烟滚滚，战争的规模之大，在人类历史上从未有过。美国政府极为惊骇。有可能实现和平吗？答案不得而知，但威尔逊总统决意尝试，他要派遣一位私人代表作为和平特使，与欧洲军方进行会晤。

主张和平的国务卿布莱恩很想获得这次机会，他知道这是名垂青史的一个机会。但威尔逊却委派了另一个人——布莱恩的挚友赫斯上校。赫斯上校当然很乐意，但麻烦的是，他得将这一不好的消息告知布莱恩并且不能激怒他。

赫斯上校在他的日记中写道：当听说去欧洲做和平特使的人是我时，布莱恩显然很失望，他认为自己最适合。

“我回答说，总统认为任何人正式地去干这事都不大合适，而派他去则会引起注意，人们会不解，为什么他到那里去？”

从赫斯上校的话中我们可以看出其中的暗示，赫斯实际上是在告诉布莱恩，他太重要了，不适宜这一工作。布莱恩再也无话可说了。

赫斯上校十分精明且饱经世故，他在处理这一事情的过程中遵守了一个人际关系的重要准则：永远使对方乐于接受你的建议。

当拿破仑创立荣誉军团时，共颁发了1500枚徽章给他的兵士，拔擢了18位将军为“帝国元帅”，称他的部队为“大军”，别人都觉得他很孩子气。

人们批评拿破仑给老练的精兵一些“玩物”，而拿破仑回答说：“人们本来就受着玩物的统治。”这种给人授衔和权威的方法，能为拿破仑所用并极为有益，当然也能为你所用。

获得权威，这是人类的一种天性，所以，如果你想说服他人，应当遵守的第八项原则是：

给对方“权威”，使对方乐于做你所建议的事。

第五章　如何使家庭生活幸福快乐

不要试图改造对方

英国伟大的政治家迪斯雷利说过："我一生或许会犯许多错误，但没有爱情，我是不会结婚的。"他直到 35 岁还没有结婚。后来，他向一位有钱的、头发花白且比他大 15 岁的寡妇求婚。也许我们都会问，他们之间存在爱情吗？她知道他不爱她，知道他娶她是为了钱！所以她只要求他一件事：请他等一年，给她一个研究他人品的机会。一年快到了，她与他结了婚。

这故事荒谬可笑，迪斯雷利的婚姻，是一段最富有生气的婚姻。他所选择的是一个苍老、丑陋、笨拙的有钱寡妇。她说话时常犯一些文字或历史的错误，令人发笑。例如，她永远不知道古希腊人和古罗马人哪一个在先。她对服装的审美古怪，她对房屋装饰的偏好诡异，但她的确是个天才，她知道如何做好婚姻中最重要的事——如何巧妙地处置好男人。

她没有用她的智力与迪斯雷利对抗。当他一整个下午与机智的公爵夫人们钩心斗角地谈得精疲力竭以后回家时，玛丽安娜的轻松闲谈使他越来越快乐，对他来说，家是一个避风港，而且他还可以沐浴于玛丽安娜宠爱的温暖之中。这些与年长于他的妻子在家所过的时光，是他一生中最快乐的时光，她是他的伴侣、他的亲信、他的顾问。每天晚上他从议会匆匆回来，向她讲述白天的新闻。而最重要的是——无论他从事什么，玛丽安娜都相信他会成功。

30 年来，玛丽安娜为迪斯雷利而活，她尊重自己的财产，因为那能使他的生活更加安逸。但是她所得到的回报呢？她成了他的女英雄，在她死后他才成为伯爵；但在他还是一介平民时，他就劝说维多利亚女王擢升玛丽安娜为贵族，所以，在 1868 年，她被封为毕根菲尔特女爵。

尽管玛丽安娜在公共场合中显得既愚蠢又笨拙，但他从不批评她，他从未说过一句责备的话；而且，如果有人敢讥笑她，他会立即起来英勇无畏地保护她。玛丽安娜不是完美的，但 30 年来，她非常喜欢谈论她的丈夫，喜欢称赞他。结果呢？“我们已经结婚 30 年了，”迪斯雷利说，“我也没有对她感到厌倦。”

“谢谢他的爱，”玛丽安娜常常告诉他与她的朋友们，“我的人生才有无尽的快乐。”在他俩之间有一句笑话。“你知道的，”迪斯雷利会说，“无论怎样，我只是为了你的钱才同你结婚。”玛丽安娜笑着回答说：“是的，但如果你有机会重新选择，你就会为爱情而与我结婚，是不是？”而他也承认那是对的。

正如詹姆斯所说的：“与人交往，首先应学会的事情就是不要干涉他们使自己快乐的特殊方法，只要那些方法与我们不冲突。”

所以，如果你要你的家庭生活快乐，应当遵守的第一项原则是：

不要试图改造你的配偶。

不要批评对方

迪斯雷利在日常生活中最难缠的对手是格莱斯顿，这两个人每次见面都会激烈争辩，发生激烈的冲突，但他们有一个共同点，即他们的私人生活都无比快乐。

格莱斯顿夫妇共同生活了 59 年。我喜欢想到格莱斯顿——英国最尊贵的首相，想到他握着他妻子的手，在炉前的地毯上跳舞，唱着他们心中的歌。在公众面前，他令人敬畏，但在家中他却永远都不会批评别人。当他早晨下楼用餐时，看见家人还在睡觉，他就用一种温柔的方式表示责备。他提高嗓门使屋中充满了神秘的声音，以此来提醒他的家人：英国最忙的人独自在楼下等候吃早餐。他善于体谅人，又有高超的外交手段，并竭力来避免家庭中的批评。

叶卡捷琳娜二世也常这样做。叶卡捷琳娜二世曾统治历史上最大的帝国之一，掌握了千百万臣子百姓的生杀大权。在政治上，她是一个强权的君主，发动非正义的战争，十几个仇人都被她判了死刑并用射击队杀戮。但如果厨役将肉烤焦，她却毫不计较，而是微笑着吃下去。

◇ 不要批评对方 ◇

我该怎么办啊？我好迷茫。

我只是爱批评他而已，他就提出离婚了！
你别激动，没什么是不能解决的，冷静下来好好说。

没有人会喜欢妻子无休止的批评，你要调整自己的做法了。
我试着改正一下。

现在夫妻恩爱了吧？
真是多谢你当年的一席话，让我明白了与丈夫相处的技巧。

狄克斯是婚姻问题的专家，他认为，所有的婚姻，一半以上是失败的。 他知道使许多浪漫之梦撞击离婚礁石的一个原因，就是批评——毫无意义且伤人的批评。

所以，如果你想要拥有快乐的家庭生活，应当遵守的第二项原则是：

不要批评你的丈夫或妻子。

真诚地欣赏对方

男性对于女性追求美观及装束得体的努力应表示欣赏。所有的男人都常常会忘记——尽管他们也知道这点——女人对自己的衣着打扮是非常在意的。 例如，如果一男子同一女子在街上遇见另一男子同另一女子时，对于那个男子，女子也许并不在意，但她会不时地瞟一眼另一女子的穿着打扮。

数年前，我的祖母在 98 岁时死去。 她去世前不久，我们给她看一张她自己在 30 多年前拍摄的相片。 她的老花眼已看不清相片，但她只问了一句："那时我穿着什么衣服？"试想一下，一位仅有最后 12 个月生命的老太太，虽然年事已高、卧床不起，甚至都不能辨认她自己的女儿了，心里却还想着自己 30 多年前的穿着打扮怎么样！ 她问这问题时，我在她床边，这事在我脑海中留下了深刻的印象。

对很多男人来讲，他们也许不记得自己 5 年前穿的是什么样的外套，什么样的衬衫，他们也丝毫没有意识去记住它们，但女人则不同。法国上流社会的男子都要接受训练，他们不但要夸奖女人的衣帽，而且还要频繁地夸奖。千万法国男人都在这么做，其中自有道理！

莫斯科与圣彼得堡的那些养尊处优的贵族曾很有教养。那时上层人都有一种习惯，当他们享受过美味的菜肴后，定会将厨师召入食堂，并且称赞他们。

要记得多体恤你的妻子。下次，当她烧鸡烧得很嫩时，你可以像这样赞美她，使她知道你欣赏她的手艺——你不是在吃草。或像格恩常说的："好好地称赞一番这位小妇人。"因为她们都喜欢被人这样称赞。

当你正要做出这样的表示时，不要怕她知道她给你带来了无数的幸福和快乐。迪斯雷利这位英国著名的政治家，正如我们所知，他就乐于使全世界都知道他从他的小妇人那里"得到多少"。有一天，当我浏览一册杂志时，从对埃第·康德的访问中看见这么一段话：

> 我从我妻子那里得到了许多帮助。我小时候，她曾是我最好的朋友，她帮助我勇往直前。在我们结婚以后，她节省每一镑钱，然后再进行投资，我们的积蓄有她一大半的功劳。我们有5个可爱的孩子，她为我营造了一个美丽温馨的家庭，如果我有所成就的话，全都归功于她。

好莱坞的婚姻似乎都缺少安全感，甚至伦敦的劳慈保险公司也不愿承接其保险，而在少数的几桩快乐的婚姻中，巴克斯德便是一个。巴克斯德夫人结婚后离开了舞台，但她事业上的牺牲并没有因此而使他们失去应有的快乐。“她失掉了来自舞台的掌声，”巴克斯德说，“但我已尽力使她完全感觉到我的欣赏和支持。如果一个女子完全要在她丈夫那里求得快乐，她必须在他的欣赏与真诚中得到。而如果那欣赏与真诚是真实的，那么他也会从中得到爱与幸福。”

现在你应该明白了，要想家庭生活幸福愉快，应当遵守的第三项重要的原则是：

给予对方真诚的欣赏。

在家庭内部也应有礼貌

丹姆罗希与勃雷的女儿结婚了，勃雷是美国一位著名的演说家，曾经被提名参加总统选举。多年前，他们自从在苏格兰卡耐基的家里认识以后，丹姆罗希夫妇就一直过着令人羡慕的快乐生活。这是为什么呢？

“除了慎重选择自己的伴侣外，”丹姆罗希夫人说，“我认为结婚后的礼貌是最重要的。年轻的妻子们对她们的丈夫应该像对刚认识的人一样有礼貌！因为没有男人会喜欢一个泼妇的口舌。”

无礼，会一点点地侵蚀掉爱情。也许这一点我们每个人都知道，但是我们对待自己的亲人，有时竟然比不上对待陌生人那样有礼貌。我们决然不会未经许可而拆朋友的信，或窥探他们的私人秘密。而我们却敢对自己家中的人我们最亲近的人，当他们犯了小错时羞辱、指责他们。

让我们看看狄克斯曾经说过的一句话："有一个现象很惊人，唯一真实地对我们说出刻薄、侮辱、伤感情的话的人，正是我们的亲人。"

詹姆斯曾写过一篇文章——《人类的某种盲目》。"本文所谈及的人类的盲目，"他如此写道，"是我们人人都患有的关于与我们不同的动物及人的感情的盲目。"

"人人都患有盲目"，许多男性对顾客，或对他们工作中的伙伴都会做到耐心细致全极，但却会不假思索地对他们的妻子狂吼。但就他们的个人快乐而言，婚姻比他们的工作更加重要，与他们的关系更加密切。

幽居天堂的快乐也比不上婚姻幸福的普通人的快乐。俄国著名小说家屠格涅夫受到文明世界各国的敬仰。但他却说："如果在某个地方能有个女人关心我回家吃饭，我情愿放弃我所有的天才及我所有的书籍。"

婚姻幸福的概率究竟有多大？我们已经说过，狄克斯认为成功的可能不足半数，但鲍本诺博士却反对他这一观点。

对于这件事，狄克斯是这样解释的：

> 与婚姻相比，出生不过是一生的一幕，死亡不过是一件琐屑的意外。女人永远都不会明白，为什么男人不用同样的努力来使他的家庭成为一个发达的机关，就如同他使他的事业成功那样。有一个妻子、一个和平快乐

的家庭，对一个男人来说万金不换。女人永远不明白，为什么她的丈夫不用一点外交手段来对待她，为什么不能更温柔一点，以平息本来可以平息的冲突和矛盾。

大凡男人都知道，他只要先让妻子快乐，她就会帮他做各种事，并且不需付任何报酬。他知道，他只要恭维她几句，说她管家如何好，她如何帮他的忙，她就会忙碌且快乐着。每个男人都知道，如果他夸他妻子说，她穿上去年的衣服如何美丽、可爱，她也许就不会再买更时髦的巴黎进口货了。每个男人都知道，他在妻子的眼睛上热情地一吻，她就会盲如蝙蝠而温柔地依从于他；他只要在她唇上热情地一吻，她便会停止在他耳边唠叨。

而且每个妻子都知道她的丈夫也明白这些，因为她已经早就将此告诉过他。但是她的丈夫情愿和她争吵拌嘴，去吃那难以下咽的饭菜，或者把钱花在为她购买新衣服、汽车、珠宝上，却不愿意夸奖她几句，不愿以她所希望的方式来满足她。对此，她对他的感情就说不上是喜欢还是讨厌了。

可见，若想要一个幸福快乐的家庭，应当遵守的第四项原则是：

对你的妻子（丈夫）要有礼貌。